Die Austreibung der Kritik aus der Wissenschaft

Gerhard Vinnai ist Professor für analytische Soziologie an der Universität Bremen.

Gerhard Vinnai

Die Austreibung der Kritik aus der Wissenschaft

Psychologie im Universitätsbetrieb

Campus Verlag
Frankfurt/New York

Die Deutsche Bibliothek - CIP-Einheitsaufnahme

Vinnai, Gerhard : Die Austreibung der Kritik aus der Wissenschaft : Psychologie im Universitätsbetrieb / Gerhard Vinnai. - Frankfurt/Main ; New York : Campus Verlag, 1993
ISBN 3-593-34877-2

Umschlaggestaltung: Atelier Warminski, Büdingen
Druck und Bindung: KM-Druck, Groß-Umstadt/Semd
Dieses Buch wurde auf säurefreiem Papier gedruckt.
Printed in Germany

Inhaltsverzeichnis

Einleitung

Der bestehende Universitätsbetrieb bedarf der grundlegenden Kritik. Mit meinem Buch will ich sie exemplarisch am Fach Psychologie üben, wo die Misere der Wissenschaft besonders drastisch zum Ausdruck kommt. Aufklärerisches Denken, das Menschen helfen soll, sich aus äußeren und inneren Zwängen herauszuarbeiten, darf heute nicht schlicht mit wissenschaftlichem Denken gleichgesetzt werden. Es hat heute nicht zuletzt dessen Kritik als Selbstkritik der Aufklärung zu leisten. Die Kritik der wissenschaftlichen Rationalität hat deren repressive Züge sichtbar zu machen und auf Perspektiven ihrer Überwindung hinzuweisen. Es ist notwendig, aufzuhellen, mit welchen sozialen Verhältnissen diese Rationalität verknüpft ist und mit welchen Arbeits- und Verkehrsformen sie an der Universität durchgesetzt wurde und wird. Die Struktur der Universität verhält sich Formen und Inhalten des wissenschaftlichen Denkens gegenüber keineswegs neutral. Sie begünstigt bestimmte Arten zu denken und blockiert andere. Universitäres Denken wird aber nicht nur durch objektive institutionelle Zwänge eingeengt, es ist auch von fragwürdigen psychischen Determinanten abhängig, die mit diesen verknüpft sind. Eine Kritik des Wissenschaftsbetriebes muß sich deshalb auch um eine «Psychopathologie» der Institution Hochschule bemühen.

Die Psychologie an der Universität wird von Vertretern einer Wissenschaftsrichtung beherrscht, die sich am naturwissenschaftlichen Erkenntnisideal orientieren. Sie vertreten ihr Wissenschaftsverständnis, vom Verband der Universitätspsychologen unterstützt, an den Hochschulen nahezu mit einem Monopolanspruch. Sie sorgen dafür, daß es in der Psychologie einen Wissenschaftspluralismus so gut wie nicht gibt. Die universitäre Stellenvergabe, die Prüfungs- und Studienordnungen, die Forschungsfinanzierung werden von Vertretern dieser Wissenschaftsrichtung sehr weitgehend festgelegt. Dieses Buch soll aufzeigen, welche fatalen Konsequenzen das für das Fach Psychologie hat. Die Kritik, die darin an der Universitätspsychologie geübt wird, möchte nicht nur auf fragwürdige Denkformen hinweisen. Sie hat darüber hinaus das Ziel, mit aller Deutlichkeit auf einen sozialen Skandal hinzuweisen, der an der Universität institutionalisiert ist. Die Kritik an der akademischen Psychologie wird in diesem Buch mit einer umfassenden Auseinandersetzung mit der modernen wissenschaftlichen Rationalität verbunden. Eine naturwissenschaftlich geprägte instrumentelle Vernunft, die an der Universität vorherrscht, zeigt ihre Schattenseiten besonders in einem Gegenstandsbereich, der ihr so wenig angemessen ist wie der der menschlichen Subjektivität. Freilich müßte die Kritik des naturwissenschaftlichen Denkens in dessen eigenem Terrain anders akzentuiert sein und würde dort zu weniger eindeutigen Ergebnissen führen.

Die Kritik, die hier an der gegenwärtigen Psychologie geübt wird, fällt radikal aus. Die durch eine ritualisierte Betriebsamkeit verhüllte Krise des Faches Psychologie hat ein solches Ausmaß erreicht, daß ein 'goldener Mittelweg' der Kritik der einzige ist, der mit Sicherheit nicht zur notwendigen Veränderung führt. Die Radikalität, mit der im Fach Psychologie an der Universität zumeist ein offenes, unreglementiertes Denken ausgetrieben wird, bringt es mit sich, daß die Wahrheit bis auf weiteres nur in der Übertreibung zu finden ist.

Mit meinem Text will ich keine wertfreie Wissenschaft liefern. Die vom positivistischen Wissenschaftsverständnis propagierte Trennung zwischen Tatsachenfeststellungen und Bewertungen ist nicht zu halten. Die Analyse geht davon aus, daß unsere Gesellschaft ihre demokratischen Ansprüche ernst nehmen sollte, und fragt, ob z.B. das Selbstbestimmungsrecht der Menschen oder das Recht auf die freie Entfaltung der Persönlichkeit in einer ihrer zentralen Bildungsinstitutionen zum Tragen kommt. Meine Kritik will solche Ansprüche entschieden wertend auf das beziehen, was im Rahmen der Universitätspsychologie veranstaltet wird. Bei meinen Untersuchungen wollte ich mich auch keineswegs, wie vom gängigen Wissenschaftsideal gefordert, von Emotionen freihalten. Ich glaube, daß man als Intellektueller zugleich leidenschaftlich und nüchtern denken sollte. Daß die Analyse auch von einem Gefühl der Wut lebt, soll keineswegs geleugnet werden. Es erfüllt mich mit Zorn, daß an der Universität Generationen von Psychologiestudentinnen und -studenten um eine sinnvolle Ausbildung betrogen wurden und daß gegen Versuche, sich dem zu widersetzen, ständig massive Hindernisse aufgerichtet wurden und werden. Im Text wird begründet, warum es nicht sinnvoll und möglich ist, Gefühle aus dem Wissenschaftsprozeß auszugrenzen. Sie sollten vielmehr bewußt und von einer kritischen Selbstreflexion bearbeitet in die Analyse eingehen. Nur dadurch kann diese wirklich lebendig werden.

Anhänger der etablierten Universitätspsychologie werden bei der Lektüre meiner Kritik wahrscheinlich des öfteren zu dem Ergebnis kommen, daß ich mich mit ihren wissenschaftlichen Anstrengungen unseriös auseinandersetze, daß ich sie einseitig und verzerrt darstelle. Man wird mir wohl vorwerfen, daß ich sie wegen ideologischer Scheuklappen nicht erfassen kann. Ich gehe aber davon aus, daß die Vertreter der etablierten Psychologie ihre eigene Praxis nicht wirklich begreifen. Nur die Darstellung dieser Praxis aus einer anderen Perspektive als der ihrigen ist nach meiner Ansicht in der Lage, deren geheime, schlimme Wahrheit sichtbar zu machen. Diese Psychologen tun etwas ganz anderes als sie glauben. Man muß ihnen ihre eigene Praxis erklären, die sie nur mit falschem Bewußtsein machen können. Mein Buch soll ihrer Psychologie die angemessene Melodie vorspielen, in der Hoffnung, die Gewißheiten, auf denen sie fußt, ins Wanken zu bringen.

Dieses Buch ist in mancher Hinsicht altmodisch. Um einen Horizont der Kritik zu gewinnen, nimmt es uneingelöste bürgerliche Emanzipationsversprechungen ernst, wie sie frühere Epochen hervorgebracht haben, und wendet sie entschieden gegen den bestehenden Universitätsbetrieb. Es will nicht, auf eine heute modische Art, das Ende des Individuums oder das Scheitern der Aufklärung proklamieren. Es sollen vielmehr Ansprüche, die mit derartigen Begriffen verknüpft worden sind, gegen eine Institution gewendet werden, die einmal angetreten war, ihnen zu ihrem Recht zu verhelfen. Eine vernunftgeleitete radikale Kritik wird nicht dadurch falsch, daß sie gegenwärtig nicht allzuviel Macht hinter sich hat, weil sie sich gegen mächtige gesellschaftliche Tendenzen stellt. Es sollte nicht die Aufgabe des theoretischen Denkens sein, seine eigene Kapitulation vor der Übermacht des Bestehenden zu rationalisieren. Der von mir gewählte Interpretationshorizont bringt freilich die Gefahr mit sich, daß der Eindruck entsteht, ich wolle Begriffe wie den des Subjekts oder den der Vernunft unkritisch festschreiben. Geschichtlich gewordene Begriffe wie diese bedürfen der permanenten Kritik und Fortentwicklung, die allein ihren weiteren Gebrauch rechtfertigen. In meinem Text kommt dieses Bemühen manchmal etwas zu kurz, dieses Problem bedarf weiterer Klärungen.

Die Krise der Wissenschaft hat mit einer übersteigerten wissenschaftlichen Arbeitsteilung zu tun. Diese kann zwar mitunter den Fortschritt in der Erforschung von Detailfragen begünstigen, führt aber zugleich zum Realitätsverlust des theoretischen Denkens, das diesen Namen dann kaum noch verdient. Im Fach Psychologie geraten dadurch soziale Zusammenhänge aus dem Blickfeld, die durchdrungen werden müssen, um der Qualität des Psychischen gerecht zu werden. In meinem Text versuche ich deshalb, wenn seine Inhalte es verlangen, mich nicht an bornierte universitäre Fachgrenzen zu fesseln. Er verknüpft psychologische Einsichten mit philosophischen, soziologischen oder historischen Befunden und bezieht sich auf wissenschaftliche Traditionen, die an umfassenden Analysen interessiert sind. Bei diesem Vorgehen besteht die Gefahr, daß Einschätzungen mitunter etwas zu pauschal ausfallen. Dies kann meiner Ansicht nach hingenommen werden, weil es im Text weniger um philologische Detailgenauigkeit als um den Versuch geht, Problembewußtsein zu provozieren und neue Interpretationshorizonte aufzuzeigen.

Der Streitschrift-Charakter des Textes hat auch mit meinen eigenen Erfahrungen als Hochschullehrer zu tun. Er ist auch eine Antwort auf Erfahrungen mit intellektuell nicht legitimierter, autoritärer bürokratischer Machtausübung, mit der in der Psychologie das Bestehende verteidigt wird. An der Universität Bremen habe ich mich lange Jahre um eine andere Psychologie bemüht. Die schmerzlichen Erfahrungen der Zerstörung vieler Bemühungen um eine Öffnung des Denkens und demokratischere Verkehrsformen zwischen Lernenden und Lehrenden fließen in den Text mit ein. Bei der Wahl des Hochschullehrerberufs hatte ich, aufgrund meiner Studienerfahrungen außerhalb der Psychologie, den Wunsch, eine liberale, weltoffene bürgerliche Universitätstradition, deren letzte Blüte meine Frankfurter Lehrer verkörperten, mit den demokratischen, egalitären Elementen der 68er-Studentenbewegung zu verknüpfen. Bei diesem Anspruch hatte ich von Anfang an große Schwierigkeiten mit der intellektuellen und menschlichen Kleinkariertheit, die in psychologischen Studiengängen und anderswo an der Universität produziert wird. Mein Buch lebt von dem Bemühen, auch mir selbst diese Beschränktheit zu erklären und dadurch eine Identität als kritischer Intellektueller zu bewahren.

Auch wenn das nicht immer offen zum Ausdruck kommen mag, ist das Unbehagen an der akademischen Psychologie wie an der bestehenden Universität insgesamt heute sehr verbreitet. Es gibt wohl kaum noch Studierende des Faches Psychologie, die ihr Studium als Medium der Befreiung erfahren, das helfen könnte, sich lebendig und kritisch mit anderen Menschen und eigenen psychologischen Problematiken auseinanderzusetzen. Das Studium wird vor allem als ein permanenter Initiationsritus erfahren, den man hinter sich bringen muß, um bestimmte berufliche Berechtigungsscheine zu erlangen. Studentische Streiks Ende der 80er Jahre aber haben gezeigt, daß bei Studierenden nicht nur Anpassungsbereitschaft, sondern auch ein verborgenes Bedürfnis nach Veränderung verbreitet ist. Die lustlose, leere Routine, der viele Wissenschaftler verfallen sind, weist darauf hin, daß auch sie an der Sinnhaftigkeit ihres Tuns geheime Zweifel hegen. Dieses Unbehagen könnte die Chance in sich tragen, eine andere Gestalt anzunehmen und sich in eine angemessene theoretische und praktische Kritik zu verwandeln. Das Buch richtet sich an Wissenschaftler und Studierende, die ihr Leiden an der Universität besser begreifen möchten und den Willen haben, durch soziales Handeln an seiner Überwindung zu arbeiten.

Der Text ist in drei Teile gegliedert. Ein erster Teil hat seinen Schwerpunkt in der Kritik psychologischer Denkmodelle und Forschungsmethoden. Ein zweiter Teil bemüht sich um eine allgemeine Kritik des bestehenden Universitätsbetriebes und der ihm entsprechenden wissenschaftlichen Rationalität. Ein dritter Teil will auf Perspektiven der Veränderung in der Psychologie hinweisen. Weil, vom Besonderen der Psychologie ausgehend, immer auch allgemeine Reflexionen über das moderne wissenschaftliche Denken angestellt werden und die allgemeine Hochschulkritik immer wieder Beispiele aus der Psychologie einbezieht, sind die drei Teile in der Sache eng verbunden.

Zu den Abschnitten des ersten Teils: Das Eingangskapitel über »Die Schule der Sprachlosigkeit« gibt am Beispiel des Schicksals der Sprache und des Sprechens an der Universität erste Hinweise auf die Misere des Faches Psychologie wie des Universitätsbetriebs insgesamt. Die naturwissenschaftlich orientierte Psychologie will mit Hilfe von Experimenten die Kontrolle über Psychisches erlangen, mit

Hilfe von quantitativen Methoden will sie es berechenbar machen: Sie ist damit bewußt oder unbewußt auf die Beherrschung von Menschen ausgerichtet. Daß bei einer derartigen Orientierung die Suche nach Erkenntnis allzu leicht durch das Bemühen um eine Kontrolle ersetzt wird, die totalitäre Züge annehmen kann, zeigt das Kapitel über »Die Herrschaft der Kontrolleure«. Die akademische Psychologie ist stolz darauf, kritische Erfahrungswissenschaft zu sein und sich bloßen Glaubenssätzen zu widersetzen. Wie sich dieser Anspruch in sein Gegenteil verkehrt, wie in der Forschung das Bestehende mystifiziert und blinde Anpassung an dieses begünstigt wird, zeigt das Kapitel »Empirische Forschung als angepaßte Realitätsverleugnung« anhand einer Kritik der experimentellen Psychologie. Das experimentelle Vorgehen, das in der positivistischen Psychologie bevorzugt wird, verbindet diese mit quantitativen Methoden. Im Kapitel »Unter der Diktatur des Quantitativen« geht es um eine grundlegende Kritik an diesen Methoden.

Zu den Abschnitten des zweiten Teils: Der Abschnitt über »Utopie und Wirklichkeit der Universität« macht deutlich, welche Ansprüche in die Idee der modernen Universität eingegangen sind und welche sozialen Prozesse die Verwandlung der Universität in eine Wissenschaftsfabrik bewirkt haben, die diese Ansprüche weitgehend geopfert hat. Das Kapitel »Curriculum macht alle dumm« liefert eine Kritik des vorherrschenden Zustandes der universitären Lehre. Am Beispiel des Faches Psychologie zeigt es auf, wie kritischem Denken die Basis entzogen wird und autoritäre Anpassungsbereitschaft entsteht. Der Abschnitt »Die Universität als Berufsfachschule« macht deutlich, wie ein verkürztes Verständnis des Verhältnisses von Theorie und Praxis das offene, kritische Denken an der Universität blockiert.

Zu den Abschnitten des dritten Teils: Das Kapitel über »Die Leugnung der Differenz« zeigt auf, wie die vom positivistischen Denken negierte Geschlechterdifferenz unterschwellig in die Wissenschaft eingeht. Es versucht Hinweise darauf zu geben, wie ein produktiverer, herrschaftsfreierer Umgang mit dieser Differenz die Wissenschaft verändern könnte. Der Text »Zur Rekonstruktion der Erfahrungsfähigkeit« gibt Hinweise darauf, auf welchen Erfahrungsbegriff und welches Verhältnis zur menschlichen Subjektivität eine veränderte Psychologie angewiesen ist.

Die Kapitel des Buches weisen unterschiedliche Schwierigkeitsgrade auf. Sie sind in sich relativ abgeschlossen; jedes kann den Einstieg in seine Thematik ermöglichen - also für sich gelesen werden. Es ist möglich, den allgemeinen Teil an den Anfang der Lektüre zu stellen, um dann die spezielleren, die Psychologie betreffenden Teile anzuschließen.

Die Geschlechterdifferenz, der ein Kapitel des Buches gewidmet ist, hat mir beim Schreiben Schwierigkeiten bereitet. Es ist mir nicht gelungen, Universitätsangehörige nach ihrem Geschlecht zu bezeichnen, ohne ab und zu ins Stolpern zu geraten. Dies Stolpern scheint mir auf das ungelöste Problem des Geschlechterverhältnisses an der Universität hinzuweisen. Bezeichnet man z.B. die Lernenden an der Universität als Studenten und geht davon aus, daß es männliche und weibliche Studenten gibt, so fühlen sich Studentinnen diskriminiert. Ständig Studentinnen und Studenten zu schreiben scheint mir etwas zu aufwendig. Die bei jüngeren Jahrgängen übliche Praxis, sich als StudentInnen zu bezeichnen, schiebt etwas auf problematische Art ineinander, was in seiner Differenz erfahren werden sollte. Meistens habe ich den Ausdruck Studierende benutzt oder bewußt eine männliche Perspektive gewählt, deren Problematik mir bewußt ist. Es scheint mir sinnvoll, diese Irritation nicht zu verlieren, sondern sie für die weitere Wissenschaftskritik fruchtbar zu machen.

Mein Wunsch ist, daß mein Buch helfen möge, den einschüchternden Anspruch der etablierten Wissenschaft als weitgehend hohl zu durchschauen. Dadurch könnte es unkonventionellem, offenem Denken Mut machen. Es möchte gegen das einschüchternde Diktat wissenschaftlicher Rituale eine theoretisch fundierte »sekundäre Naivität« aufrichten helfen, die dabei hilft, deren Bann zu brechen und ins Freiere zu denken. In Hans Christian Andersens Märchen »Des Kaisers neue Kleider« hat nur ein Kind den Mut, den nackten Kaiser als nackt zu bezeichnen. Etwas von diesem naiven Mut, der sich mit notwendigem Wissen verbindet, gehört zu einem Denken, das sich von der Magie des Tatsächlichen nicht dummachen lassen will.

Johannes Beck, Wolfgang Bock, Cornelia Kornek, Elfriede Löchel, Brigitte Scherer, Helmut Reichelt, Bernd Rohring, Carmen Westedt und Adam Zurek danke ich für kritische Anmerkungen, die sie zum Manuskript des Buches gemacht haben. Sie sind in den Text eingeflossen, ohne daß sie etwas an ihm zu verantworten haben. Ohne Herma Merkelbachs bewunderswerte Geduld bei der Niederschrift der verschiedenen Textfassungen wäre das Buch nicht zustande gekommen. Mein ganz besonderer Dank gilt meinen Analytikern Edith Raisich-Jordt und Ekkehard Gatting, die mir geholfen haben, meine Wahrnehmungsfähigkeit für die unbewußten Determinanten des Wissenschaftsbetriebes zu schärfen.

Die Schule der Sprachlosigkeit

I.

Man kann davon ausgehen, daß diejenigen, die an die Universität kommen, um Psychologie zu studieren, mehr oder weniger bewußt vor allem eines lernen wollen: das Sprechen. Sie möchten lernen, mit anderen Menschen angstfrei und gehaltvoll zu sprechen, sei es in privaten Beziehungen, sei es im Beruf - etwa als Therapeut - oder in der Sphäre politischen Handelns. Vielleicht ohne es formulieren zu können, hoffen sie, an diesem Ort die Fähigkeit zu erwerben, dem Leiden an der Realität, ebenso wie der Sehnsucht nach seiner Überwindung, einen angemessenen Ausdruck zu verleihen. Sie wünschen sich, zu erfahren, wie man nicht nur mit seinem Kopf und seinem Mund, sondern auch mit seinem Leib sein Begehren so ausdrücken kann, daß andere es annehmen können. Mehr oder weniger deutlich leuchtet das Ziel auf, verhindern zu können, daß gegenwärtige äußere Zwangsverhältnisse oder blinde verinnerlichte Mächte aus der Vergangenheit die Sprache des Verlangens, der Trauer und des Zornes zerstören. Studentinnen und Studenten haben meist ein Interesse daran, zu erfahren, wie man diffuse Ängste, die einen überwältigen und dadurch starr und dumm machen, durch Aufklärung in sprachlich faßbare, realitätsangemessene Furcht verwandeln kann. Denn nur diese kann zur Kraft werden, mit der man die Übel bekämpfen kann, die solche Ängste hervorrufen. Der bei Studierenden der Psychologie sehr verbreitete Berufswunsch, Therapeut zu werden, zielt darauf, den eigenen psychischen Problemen einen Ausdruck zu verschaffen, der ihre Bearbeitung erlaubt, und ebenso anderen bei diesem Bemühen behilflich zu sein. Die Praxis des Psychologen, die als Studienziel vorschwebt, besteht nicht zuletzt darin, zu reden und dadurch sich und anderen zu helfen, Probleme zur Sprache zu bringen.

Es deutet wenig darauf hin, daß die bestehende Universität besonders dafür geeignet wäre, Sprechen zu lehren. Vieles deutet vielmehr darauf hin, daß sie eher das Reden unterbindet oder es bloß zum leerlaufenden Ritual macht und damit Dummheit statt Aufklärung produziert. Wo wird an der Hochschule noch so gesprochen, daß sowohl die Sprechenden als auch die Sache, über die gesprochen wird, wirklich zu ihrem Recht kommen? Das Lernprogramm an psychologischen

Studiengängen verspricht allenfalls den Erwerb von »kommunikativer Kompetenz«. Schon dieser Begriff aus einem technokratischen Jargon, über den jeder stolpern müßte, der psychologisch und sprachlich sensibilisiert ist, weist darauf hin, daß hier sprachliche Äußerungen bloß noch als Instrument eingesetzt werden sollen. Sie sollen dazu dienen, andere nach bestimmten Interessen zu steuern und zu beeinflussen. Die Verbindung des Sprechens mit der Wahrhaftigkeit der Sprechenden wie mit der Wahrheit dessen, was über die Realität ausgesagt wird, kann dieser Begriff kaum zum Ausdruck bringen.

Die intellektuelle Verknüpfung zwischen dem Individuum und seiner Welt, die die Sprache herstellen kann, kommt an der Universität kaum angemessen zustande. Die Verbindung von individuellen Erfahrungen und umfassenden theoretischen Einsichten ist meistens blockiert. Mit Hilfe der Sprache werden im universitären Psychologiebetrieb einerseits abstrakte Theoriekonstruktionen und technische Verfahren vorgeführt, zu denen man eigene Erfahrungen und Wünsche kaum lebendig in Beziehung setzen kann. Andererseits dient sie in einem therapeutisierenden Milieu häufig bloß dazu, das eigene Selbst auf narzißtische Art so aufzublähen, daß dahinter andere Realitäten verschwinden. An der Universität hat das Sprechen zunehmend nur noch den Zweck, sich auf fragwürdige Art Geltung zu verschaffen: Man möchte Anweisungen erteilen, sich in Konkurrenzritualen behaupten oder andere dazu bewegen, dem eigenen Selbst Bestätigung zu verschaffen. In der expementellen Praxis, die die empirische Forschung wesentlich bestimmt, dient die Sprache dazu, Menschen als Versuchspersonen und damit als Objekte der Forschung einzuweisen, anstatt einen Austausch mit ihnen zu ermöglichen, in den ihr Subjektsein eingeht. In den therapeutischen Subkulturen, in die Psychologen außerhalb der Universität flüchten, dient die Sprache häufig nur dem Raunen der Gurus oder dazu, durch vorgegebene Interpretationsmuster standardisierte Identitätskrücken zu verpassen, anstatt wirkliche Erfahrungen angemessen zum Ausdruck zu bringen. Die Klienten oder potentiellen Klienten demonstrieren mit ihren sprachlichen Ritualen, daß sie sich ängstigenden Erfahrungen entziehen müssen. Ihre Worte werden der Tendenz nach zu Duftmarken, mit denen die Zugehörigkeit zu einer Therapieriege signalisiert wird. Die psychoanalytisch Orientierten reden beispielsweise häufig bloß noch von Mutterbindungen, die Anhänger der Bioenergetik, die ihre Sprache der Elektroindustrie verdanken, meist bloß noch von »Energieverteilungen«. Weil die Sprache ein Instrument der Macht und ein Mittel der Verschleierung sein kann oder auch weil mit ihr manchmal allzu Schmerzliches ausgedrückt wird, möchten viele möglichst weitgehend auf verbale Äußerungen verzichten und sich bloß der Sprache ihrer Gefühle überlassen. Das kann manchmal, wo Gefühle nicht zu bedrohlich werden müssen, sinnvoll sein. Aber wo gibt es in einer Gesellschaft, die voll von Konflikten ist, die Menschen möglichst vernünftig durch das Miteinander-Sprechen bewältigen sollten, einen sozialen Uterus, in dem eine Harmonie vorhanden ist, die durch Sprechen nur gestört würde?

Die Universität ist voll von Ängsten, die um das Sprechen zentriert sind und die dort eher gefördert als abgebaut werden. An der Universität herrschen Formen der Sprachmagie, die auf vielfältige Art stumm machen. Vielen Studierenden erscheint die Sprache der Wissenschaft vor allem als etwas, das sie im universitären Machtspiel unten hält, anstatt sich als Medium der Befreiung anzubieten. Viele haben panische Angst davor, sich in Lehrveranstaltungen oder hochschulpolitischen Versammlungen sprachlich zu äußern, aus Furcht, andere könnten sie mit Hilfe des Geäußerten diskriminieren. Und wer nicht reden kann, kann auch nicht schweigen. Anstatt mitunter auf gelassene Art den Mund zu halten, sind viele mit einer gräßlichen Angst vor der Stummheit geschlagen, die sie dazu drängt, das Reden nicht enden zu lassen. Wo aber kein Schweigen möglich ist, gibt es kein Zuhören, das allein ein Gespräch möglich macht. Vor und nach Lehrveranstaltungen fürchten sich viele davor, angesprochen zu werden, und noch mehr fürchten sich davor, nicht angesprochen zu werden. Das Reden ist zumeist mit ebenso zwanghaften Elementen behaftet wie das Schweigen. Manchmal wird an der Universität sogar noch wirklich gesprochen, aber sehr viel häufiger wird mit Hilfe von Worten an den Sachen vorbeigeredet, Stummheit erzeugt, gemenschelt oder agitiert.

Die Sprache darf an der Universität kaum noch ein Gehäuse zur Verfügung stellen, in dem Menschen zusammenkommen, um ihre subjektiven Probleme zu bearbeiten. Sie darf auch immer weniger das Medium sein, in dem eine politische Öffentlichkeit gedeiht. Der Mangel an diskutierender Öffentlichkeit, die gemeinsames demokratisches Handeln anleiten kann, kennzeichnet die existierende Wissensfabrik. Die traditionellen öffentlichen Ausdrucksformen der kritischen Intelligenz sind durch ihren Mißbrauch und falsche Gewohnheit abgenutzt, neue haben sich aus Mangel an Räumen kaum entwickeln können. Die Sprache des Bürokratischen, die auf Anweisungen aus ist, die den öffentlichen Diskurs überflüssig machen, ist heute die Sprache, die die Universität beherrscht. Verwaltungstechnische Anleitungen verdrängen ein Sprechen, das den Menschen erlaubt, sich um Mündigkeit zu bemühen.

II.

Was tut die Universitätswissenschaft Psychologie, um dem Leiden von Universitätsangehörigen an ihrer Sprachlosigkeit zu einem Ausdruck zu verhelfen? Leistet sie einen Beitrag zur Überwindung des Verstummens? In ihrer vorherrschenden naturwissenschaftlichen Ausrichtung dient sie, trotz aller Beredsamkeit, die manche ihrer Vertreter auszeichnen mag, ungleich mehr einem lähmenden Schweigen als einem lebendigen Sprechen. In ihrer positivistischen Gestalt ratifiziert sie die Übel, die sie bekämpfen sollte.

Die subjektiven Regungen der Menschen, die im Wissenschaftsbetrieb tätig sind, also auch ihre Schwierigkeiten und Ängste, die mit dem Sprechen verknüpft sind, erscheinen in der universitären Psychologie als etwas so Fragwürdiges und den Erkenntnisprozeß Störendes, daß sie, soweit als irgend möglich, aus den akademischen Diskussionsprozessen ausgeschaltet werden sollen. Das subjektive Leiden der Wissenschaftler wie der Studierenden an der Realität gilt hier als zu vernachlässigende, bloß vorwissenschaftliche Regung. Wer aber sein eigenes Leiden, das letztlich die Auseinandersetzung mit der Psychologie motiviert, nicht als wesentlichen Gegenstand intellektueller Bearbeitung ernst nehmen darf, nimmt sich selbst nicht ernst. Und wer sich selbst als menschliches Subjekt im Wissenschaftsbetrieb nicht ernst nimmt, nimmt mit seiner Wissenschaft auch kaum die Subjektivität anderer Menschen ernst. Unter diesen Voraussetzungen kann man allenfalls an technischen Regeln interessiert sein, mit denen man andere bzw. sich selbst lenken kann, nicht aber an einer Sprache, die psychischen Schwierigkeiten zu einem angemessenen Ausdruck verhilft.

Derartige Einstellungen werden durch ein bestimmtes Wissenschaftsideal gerechtfertigt. Die naturwissenschaftlich orientierte Psychologie ist auf »objektive« Erkenntnisse aus. Diese können, nach einer dogmatischen Setzung, der sie anhängt, nur durch die Ausschaltung von Erfahrungen zustande kommen, die als »bloß« subjektiv gelten. Dieses Wissenschaftsideal, auf das Forschung und Lehre verpflichtet sind, kommt in der experimentell orientierten Forschung besonders deutlich zum Ausdruck. Sie verlangt den standardisiert reagierenden, austauschbaren Beobachter und die standardisiert reagierende, austauschbare Bezugsperson, nicht aber ein Subjekt, das seine psychologischen Probleme mit Hilfe des sprachlichen Austauschs und der Selbstreflexion bearbeitet. Die individuelle Besonderheit der Subjekte wie der Objekte der Erkenntnis soll im Wissenschaftsprozeß ausgeschaltet werden. Nur indem man von der Individualität absieht, glaubt man, zu den angestrebten allgemeingültigen Gesetzesaussagen gelangen zu können. Wo aber das individuelle Subjekt mit seinen besonderen Erfahrungen gezielt aus dem Erkennen ausgeschaltet wird, werden auch automatisch seine individuellen sprachlichen Möglichkeiten, mit denen es sich zu anderen Menschen und zu sich selbst in Beziehung setzen kann, unwesentlich.

Die naturwissenschaftlich orientierte Psychologie will exakte Wissenschaft sein. Ziel ihrer Wissenschaftspraxis ist das Auffinden präzise faßbarer »Tatsachen«, deren Auftauchen möglichst exakt berechenbar gemacht werden soll. Vieldeutige Worte sollen für sie möglichst durch klare Zahlenangaben ersetzt werden. Die Findung der eindeutigen, beobachtbaren »Tatsachen«, auf die sie aus ist, wird durch den sprachlich vermittelten Austausch zwischen Menschen nur erschwert. In der privilegierten experimentellen Forschungspraxis, der die Lehrenden als Ideal anhängen und für die die Studierenden sozialisiert werden, tauchen Menschen üblicherweise nur als zu beobachtende Objekte auf: Sie erscheinen nicht als Subjekte, die auf einen möglichst unreglementierten sprachlichen Umgang angewiesen sind. Das Vielschichtige, Mehrdeutige, Fließende des lebendigen Sprechens läßt sich nur gewaltsam in die eindeutigen instrumentellen Definitionen und formelhaft faßbaren Regelhaftigkeiten pressen, die von der nomologisch ausgerichteten Forschungspraxis angestrebt werden. Das führt bei dieser Psychologie zu einer Abwehr der lebendigen sprachlichen Ausdrucksfähigkeit. Die naturwissenschaftlich orientierte Psychologie ist quantitativ orientiert, das Rechnen ist ihr sympathischer als das Reden. Die Möglichkeiten, die die Sprache - im Gegensatz zur Mathematik, die der Erfassung von quantitativen Größen dient - zur Verfügung stellt, werden von ihr damit negiert. Während nämlich die Mathematik qualitative Besonderheiten auf allgemeine quantitative Größen reduzieren muß, vermag die Sprache Besonderes und Allgemeines an Menschen, ebenso wie deren Beziehung zueinander, zum Ausdruck zu bringen. In Diskussionen zwischen Menschen läßt sich das Allgemeine an individuellen Erfahrungen ausfindig machen, ohne daß die Besonderheit von individuellen Erfahrungen einer leeren Allgemeinheit geopfert werden muß.

Eine Psychologie, die gezielt die sprachliche Bearbeitung subjektiver Erfahrungen erschwert, um dadurch zu angeblich objektiven Äußerungen zu gelangen, eignet sich als Abwehrsystem gegen die Beschäftigung mit bedrohlichen psychischen Problemen. Wenn schmerzliche subjektive Erfahrungen wie bei ihr bloß vorwissenschaftlich bedeutsam sein sollen, braucht man sich ihnen als Wissenschaftler nicht zu stellen. Alle wesentlichen psychologischen Probleme haben etwas mit Gewalt, Triebhaftigkeit, Tod und Wahnsinn zu tun, die Beschäftigung mit ihnen ruft deshalb notwendig Angst hervor. Die methodisch organisierte Betriebsamkeit, die für das Fach Psychologie typisch ist, erlaubt es, sich den Ängsten, die mit dem offenen Ansprechen von entscheidenden psychologischen Problemen verknüpft sind, zu entziehen. In der akademischen Psychologie wird unter anderem deshalb so fanatisch gerechnet, weil man damit die Sprachlosigkeit gegenüber den eigenen Ängsten vertuschen kann. Psychologen lernen an der Universität nicht zuletzt etwas, was ihr Denken hemmt, nämlich ihre subjektiven Probleme mit Hilfe einer ritualisierten akademischen Betriebsamkeit abzuwehren, anstatt sich ihnen mit Hilfe der Sprache zu stellen.

Die Psychologie müßte, um einem kritischen Anspruch gerecht zu werden, eine allgemeine »Verrücktheit« der Menschen in der bestehenden Kultur zu ihrem zentralen Thema erheben. Da das einschließt, daß Psychologen auch mit der Aufgabe konfrontiert wären, sich ihrer eigenen »Verrücktheit« durch gemeinsame Selbstreflexion zu stellen, halten sie sich gerne an akademische Rituale, die ihnen diese beängstigende Aufgabe ersparen. Daß Methodenprobleme und Rechenaufgaben im Rahmen der Psychologie eine ungleich größere Rolle spielen als etwa in der Soziologie oder der Kulturwissenschaft, ist kaum vom Inhalt der Psychologie her zu legitimieren. (Allenfalls ist es aus den Verwertungsinteressen an psychologischem Wissen abzuleiten. Psychologen verdienen ihr Geld nicht zuletzt mit Hilfe von Tests.) Die im Vergleich mit anderen Humanwissenschaften größere subjektive Betroffenheit, die die Beschäftigung mit psychologischen Problemen mit sich bringen kann, provoziert besondere Ängste. Es scheint so, daß aufwendigere akademische Abwehrrituale gebraucht werden, um diese Ängste in Grenzen halten. Die positivistische Psychologie hat mit großem Aufwand an handwerklicher Intelligenz ihre Forschungsmethoden entwickelt, aber diese Methoden haben viele Psychologen dümmer gemacht, als sie sein müßten. Was man im positivistischen Betrieb als redliche wissenschaftliche Bescheidenheit ausgibt, nämlich nur eine bestimmte Art von subjektlosem Erfahrungswissen zuzulassen, ist in Wahrheit ein Versagen gegenüber den wirklichen Problemen von Menschen. Man analysiert Menschen auf eine Art, die das schmerzliche Verstummen legitimiert, durch das ihre äußere und innere Unfreiheit verfestigt wird. Nicht universitär verbildetete Menschen erwarten zu Recht von Psychologen, daß sie ihnen zu einer Sprache verhelfen, mit der sie ihre schmerzlichen subjektiven Probleme formulieren können, um zu ihrer Bearbeitung fähig zu sein. Die etablierte Psychologie genießt Ansehen, weil man glaubt, in ihr wären Menschenkenner tätig, die solche Fähigkeiten besitzen. Akademische Psychologen verdanken damit ihr Ansehen einem Mythos: dem Mythos, sie wüßten viel von dem, was sich unverbildete Menschen - ganz zu Recht - von der Psychologie erwarten. Universitätspsychologen beklagen gerne, daß Laien üblicherweise eine falsche Vorstellung von ihrem Tun haben; aber sie profitieren gerne von der Aura, die sie den Vorurteilen verdanken, die man ihnen gegenüber hegt. Im Grunde ahnt wohl jeder akademisch verbildete Psychologe, daß es seine wesentliche Aufgabe sein müßte, die Sprachlosigkeit von Menschen gegenüber ihrem Leiden und ihren Wünschen überwinden zu helfen, und daß er sich vor dieser Aufgabe üblicherweise drückt. Aber der Universitätsbetrieb versorgt ihn mit genügend wissenschaftlichen Rationalisierungen, um diese Regungen des schlechten Gewissens abzuwehren. Die eigentümliche Boshaftigkeit, mit der etablierte Psychologen an der Universität häufig über diejenigen herfallen, die sich nicht an ihr Reglement halten wollen, rührt daher, daß sie fürchten müssen, vieles an ihrer Wissenschaft könnte von diesen als überflüssige Betriebsamkeit entzaubert werden. Ihr Wissenschaftsideal, das sie allzu leicht von den wirklichen Problemen lebendiger Menschen wegführt, verleiht ihrem Denken autoritäre Züge, mit deren Hilfe das abgewehrt wird, was sie an ihr Versagen erinnert. Man will die zum Schweigen bringen, die die eigene Sprachlosigkeit offenbaren könnten.

III.

Die akademische Sprachlosigkeit ist ein Produkt der Universität, sie ist aber keineswegs allein ihr Produkt. Die Stummheit, mit der die Menschen trotz aller Beredsamkeit geschlagen sind, ist Ausdruck umfassender sozialer Zwangszusammenhänge, die durch die Menschen hindurchgehen. Sie ist Teil einer kollektiven, gesellschaftlich produzierten psychischen Verfaßtheit. In anderen Kulturen hat das gesprochene Wort eine ungleich größere Bedeutung als in der modernen westlichen Zivilisation. In der Bibel z.B., deren Texte vorindustriellen sozialen Verhältnissen entspringen, hat das Wort einen zentralen Stellenwert. Luthers protestantische

Bibelinterpretation bringt dies auf besonders deutliche Art zum Ausdruck. Seine Übersetzung des Johannes-Evangeliums im Neuen Testament beginnt mit der Festellung:

»Im Anfang war das Wort, und das Wort war bei Gott, und Gott war das Wort.
Dasselbe war im Anfang bei Gott. Alle Dinge sind durch dasselbe gemacht und ohne dasselbe ist nichts gemacht, was gemacht ist.
In ihm war das Leben, und das Leben war das Licht des Menschen.« (Johannes 1, 1-4)

Im ersten Buch Mose kommt die Schöpfung durch das Sprechen Gottes zustande. »Und Gott sprach: Es werde Licht! Und es ward Licht.« (1,3) Gottes Wort erzeugt Menschen und Tiere:

»Und Gott sprach: Die Erde bringe hervor lebendige Tiere, ein jegliches nach seiner Art: Vieh, Gewürm und Tiere auf Erden, ein jegliches nach seiner Art und es geschah also.« (1,24)

Die Propheten des Alten Testaments wirken, nachdem Gott sie durch sein Wort ausgesandt hat, mit Hilfe der Macht ihrer Rede. Im Buch des Propheten Jeremia heißt es:

»Und der Herr reckte seine Hand aus und rührte meinen Mund an und sprach zu mir: 'Siehe ich lege mein Wort in deinen Mund.
Siehe, ich setze dich heute dieses Tages über Völker und Königreiche, daß du ausreisen, zerbrechen, zerstören und verderben sollst und bauen und pflanzen.'« (1, 9 und 10)

Im Neuen Testament tut Jesus, indem er spricht, Wunder, die seine Macht bezeugen sollen. Er kann durch sein Wort Kranke gesund und Blinde sehend machen oder anderes Leiden von Menschen nehmen:

»Und siehe, ein Aussätziger kam zu ihm und betete ihn an und sprach: 'Herr, so du willst, kannst du mich wohl reinigen.' Und Jesus streckte seine Hand aus, rührte ihn an und sprach: 'Ich will's tun; sei gereinigt.' Und alsbald ward er von seinem Aussatz gereinigt.« (Matthäus 8, 2-6)

Jesus ist kein Schriftgelehrter wie seine pharisäischen Gegenspieler, er wirkt durch sein lebendiges Wort. Es kann nicht nur Wunder bewirken, es löst auch Menschen aus bisherigen sozialen Bindungen und setzt sie neu zueinander in Beziehung. Das Wirken des göttlichen Wortes macht Menschen erst wirklich zu sozialen Wesen, indem es Geschwisterlichkeit unter ihnen stiftet.

Die Utopie des gesprochenen Wortes ist besonders bei den Außenseitern der christlichen Tradition wirksam. Franz von Assisi spricht sogar zu den Tieren - sie stehen für die Wesen, mit denen sonst niemand spricht -, Hildegard von Bingen spricht selbst mit den Pflanzen. Thomas Münzer und die Wiedertäufer, die sich der klerikalen Gnadenanstalt widersetzen, predigen vor der Öffentlichkeit der kleinen Leute den Aufruhr, indem sie sich auf das Wort Gottes berufen.

In der kirchlichen Tradition hat die Predigt, die Verkündigung des göttlichen Wortes, einen zentralen Stellenwert. Diese Tradition geht in die Wissenschaft, die ursprünglich theologisch geprägt war, lange Zeit unterschwellig mit ein. Der Lehrstuhl stammt von der Kanzel ab, die Vorlesung von der Predigt. Die Theorie und die Praxis der Rhetorik waren an den frühen Universitäten ein zentraler Bestandteil der Ausbildung. Mit Hilfe der öffentlichen Disputation wurde häufig der Streit der Vertreter verschiedener kirchlicher Richtungen ausgetragen. Die von der Scholastik und dem Humanismus geprägten Universitäten waren ein Ort, an dem diese Art des Meinungsstreites eingeübt wurde. In gelingenden wissenschaftlichen Kontroversen wirkt noch etwas von dieser Streitlust nach. Vor der Erfindung des Buchdrucks und der modernen Massenmedien kommt der Macht, die man mit der öffentlichen Rede ausüben kann, eine wichtige Bedeutung zu. Wo Gewalt nicht ausreicht, um soziale Zusammenhänge zu stiften, sollen sie vom Wort gefestigt werden.

Auch in der antiken Kultur kommt dem gesprochenen Wort eine besondere Bedeutung zu. In den griechischen Stadtstaaten, in denen die Idee der Demokratie ihren Ursprung hat, spielte die öffentliche Rede eine zentrale Rolle. Auf den Volksversammlungen der Polisbürger mußten die Mächtigen durch ihr Wort beeindrucken. Aber auch »normale« Bürger konnten dort unter Umständen zu Wort kommen und dadurch öffentlichen Einfluß gewinnen. (Sklaven oder Frauen konnten freilich an der Macht des öffentlichen Wortes nicht teilhaben.) Die Bedeutung des »Wortes« kommt in der Philosophie von Sokrates und Platon anders als in der christlichen Tradition zum Ausdruck. Sokrates schreibt keine Bücher, er wirkt durch sein Wort, mit dem er andere in Gespräche verstrickt. Die Polisbürger diskutieren miteinander, das Wort wird nicht bloß - wie in der christlichen Tradition - von oben verkündet. Platons Philosophie ist in Dialoge gefaßt. In seinen Texten treffen sich gebildete Individuen an einem Ort, der dem Gegenstand ihrer Unterredung angemessen ist, um miteinander über philosophische Fragen zu diskutieren. Philosophisches Denken ist an den Dialog gebunden, an Rede und Gegenrede; das Wort »Dialektik« hat hier seinen Ursprung. Die platonische Akademie soll kein Ort sein, an dem die Wahrheit autoritär verkündet wird, hier soll sie vielmehr diskutierend gemeinsam gefunden werden, indem man sich mit verschiedenen Weltinterpretationen auseinandersetzt. Dieses Element der Idee der platonischen Akademie hat spätere Universitätsvorstellungen mitbestimmt. Das neuhumanistische Universitätsideal, das mit dem Namen Wilhelm von Humboldts verknüpft ist, will die Universität zu einem Ort machen, an dem der freie, öffentliche Austausch von Wissen die Entwicklung des theoretischen Denkens und die Bildung der Hochschulangehörigen fördert. Humboldt, Schleiermacher oder andere Stammväter der »klassischen« deutschen Universität waren nicht zufällig auch mit sprachwissenschaftlichen Problemen beschäftigt. Bei Schleiermacher heißt es: »Denken kommt im Reden zur Vollendung«[1], sei es im Gespräch oder im inneren Monolog, der das Gespräch fortsetzt. Für ihn wie für seine Mitstreiter soll die Universität kein Forschungs- und Lernbetrieb, sondern eine freie Vereinigung diskutierender Individuen sein.

Mit dem Heraufkommen der bürgerlichen Gesellschaft tritt die Bedeutung des »Wortes« hinter die des praktischen Tuns zurück. Vor allem das Machen, Erzeugen, Produzieren erscheint nun als wesentlich für den Menschen - er wird zum Homo Faber. Im Bereich der Kultur und auch der Politik spielt die öffentliche sprachliche Äußerung weiterhin eine wichtige Rolle, aber ihre Bedeutung tritt hinter die des instrumentellen Handelns im ökonomisch-technischen Bereich zurück. Für Goethes Faust, der die Probleme des bürgerlichen Subjekts zum Ausdruck bringt, soll es nicht mehr heißen: »Im Anfang war das Wort«, es soll vielmehr gelten: »Im Anfang war die Tat«. Nicht das Reden soll vor allem zählen, sondern das Tun. Der Gott der Neuzeit wird stummer. Im naturwissenschaftlich beeinflußten Weltbild wird er zum Baumeister, zum Ingenieur, der die Weltmaschine erzeugt hat, um ihr dann mehr oder weniger ihren Lauf zu lassen. In der Antike oder im Feudalismus zeigen diejenigen, die als Tyrannen, Fürsten oder Bischöfe das Sagen haben, Distanz zur Sphäre der Arbeit. Andere müssen, im Schweiße ihres Angesichts, ohne etwas zu sagen zu haben, als Sklaven oder Leibeigene für sie arbeiten. Die besondere Bedeutung des »Wortes« in der Bibel oder der antiken Philosophie weist darauf hin, daß sie in Epochen entstanden, in denen sich die Herrschenden für die Arbeit zu schade waren. Mit der Durchsetzung des Kapitalismus mischen sich auch Angehörige sozialer Gruppen, die Macht in der Gesellschaft haben, durch Arbeit unmittelbar in ökonomische Prozesse ein. Der Bürger hat ein anderes Verhältnis zur Arbeit als frühere Träger von Macht. Er redet nicht bloß wie ein Kleriker; er ist nicht, wie ein Feudalherr, vor allem damit beschäftigt, Krieg zu führen; er ist als Unternehmer tätig und sucht die Herstellung von Waren im Interesse seines Profits effizient zu betreiben. Die Adligen und Kleriker erscheinen den Bürgern, die gegen sie um ihre Emanzipation kämpfen, als Nichtstuer und sie kämpfen darum, daß in Zukunft nur noch die Arbeit adeln soll. Selbst diejenigen, die nur vom Denken leben, erscheinen in der bürgerlichen Epoche als Produzierende. Theoretisches Denken, das antike Philosophen noch mit Kontemplation und Muße in Verbindung brachten, wird jetzt als Prozeß des aktiven Erzeugens intellektueller Gebilde interpretiert.[2]

Erst dadurch, daß der Begriff der Arbeit ins Zentrum des gesellschaftlichen Bewußtseins rückt, wird auch die sozialistische Theorie möglich, die das Schicksal der arbeitenden Klassen zum Gegenstand hat und auf die Befreiung ihrer Arbeit drängt. Wo das Augenmerk des dominierenden Denkens auf die Arbeit gerichtet ist, wird auch das mit ihr verbundene Leid durch kritische Intellektuelle thematisierbar. In einer Kultur, in der sich auch Mächtige nicht mehr zu schade für die Arbeit sind, kann leichter über eine Organisation der Ökonomie nachgedacht werden, die die Belastungen für die Arbeitenden verringert. In der kapitalistischen Arbeitsgesellschaft ist das Bewußtsein der Herrschenden wie der Beherrschten aufgrund lebenspraktischer Anforderungen vor allem um die Arbeit zentriert - dadurch wird die Bedeutung des »Wortes« leicht aus den Augen verloren. Das vulgärmaterialistische Alltagsbewußtsein, das um das Geldverdienen zentriert ist, nimmt ebenso wie das materialistische Denken Marxscher Prägung die Potentiale, die im sprachlichen Ausdruck und in der sprachlichen Verständigung liegen, kaum angemessen zur Kenntnis. Die Bedeutung der Sprache und des gesprochenen Wortes für die Entfaltung menschlicher Möglichkeiten erschließt sich kaum für Bewußtseinsformen, die zu sehr auf den Begriff der Arbeit fixiert sind.

In den Anfängen der bürgerlichen Epoche werden Sprechen und Arbeiten, Reden und Tun noch in einer engeren Verbindung gesehen, als dies später der Fall ist. Arbeit gilt hier nicht bloß als instrumentelles Handeln zur Erzeugung von Gegenständen, durch sie teilt sich der Mensch auch anderen Menschen mit. Der gläubige protestantische Bürger arbeitet nicht nur, um Güter zu erzeugen und Geld zu verdienen, seine Arbeit dient auch dem Lobe Gottes. Werke, die im calvinistischen Geiste der Frömmigkeit vollbracht werden, sind Zeichen, die auf Gottes Gnade hinweisen können. Die protestantische Ethik betont, daß Menschen durch fleißige Arbeit ihre Tugendhaftigkeit zum Ausdruck bringen, daß das Werk seinen Meister lobt, daß die Qualität beruflichen Tuns den Charakter eines Menschen ebenso wie seine Beziehung zu Gott mitteilt. »Nicht nur im Gebet soll Gott verherrlicht werden, sondern auch im Tun. In dem sich der Calvinist durch Arbeit heiligt, dankt er zugleich Gott für die Gabe des ewigen Lebens.«[3]

Das sprechende Moment der Arbeit ist aus der entfremdeten, mechanisierten Massenproduktion weitgehend verschwunden. Die standardisierte, von oben verplante industrielle Produktion erlaubt den Arbeitenden kaum noch, ihre individuellen Fähigkeiten in Produkten sichtbar zu vergegenständlichen. Sie können in ihrer Arbeit kaum noch ihre besonderen Wesenskräfte zum Ausdruck bringen und sich dadurch mitteilen. Eine berufliche Arbeit, die Spuren individueller Existenz hinterläßt, wird immer weniger Menschen zugebilligt. In der künstlerischen Produktion kommt das sprechende Element hingegen noch zum Ausdruck. Das Kunstwerk, als Produkt der Arbeit des Künstlers, sagt etwas über dessen Beziehung zur Realität aus. Die Erzeugnisse künstlerischer Arbeit wollen anderen Menschen etwas in der Sprache der Literatur, der Musik oder der Malerei mitteilen. Aber selbst in der modernen mechanisierten Arbeitswelt wird die Verwandtschaft von instrumenteller Vernunft und kommunikativer Vernunft wieder sichtbar.[4] Wo die mit Arbeit verwandte instrumentelle Vernunft zum Bau und Einsatz von Maschinen wie dem Computer führt, muß sie sich mit Zeichen auseinandersetzen und zeigt damit, daß Arbeit und Sprache miteinander verwandt sind. Der Begriff der Information, der freilich die Möglichkeiten, die in der Sprache liegen, nur auf sehr reduzierte Art enthält, verbindet beide miteinander.

IV.

In der kapitalistisch geprägten Gesellschaft muß die Sprache verkümmern, weil die Verbindung der Menschen vor allem durch den »stummen Zwang der ökonomischen Verhältnisse« (Marx) mit Hilfe des »Steuerungsmediums« Geld gestiftet wird.[5] Der Marktmechanismus, der Geld-, Waren- und Kapitalströme lenkt, an die die Menschen gebunden sind, stiftet weit mehr die entscheidenden sozialen Beziehungen als die sprachliche Verständigung. Offene physische Gewalt wird damit tendenziell überflüssig, der ökonomische Sachzwang, hinter dem sich soziale Interessen verbergen, hält die Menschen bei der Stange. Eine freiere Gesellschaft würde ihre lebensweltlichen Zusammenhänge nicht derart einem stummen Systemzwang unterordnen. In ihr würde der sprachlichen Verständigung eine ganz andere und für das Zusammenleben der Menschen entscheidende Bedeutung zukommen. Die Freisetzung menschlicher Möglichkeiten lebt nämlich von der Entfaltung von Ausdrucksmöglichkeiten.

Wer nichts zu sagen hat, hat nichts zu sagen. Diese Feststellung meint keineswegs, daß, wer nichts Wichtiges mitzuteilen hat, den Mund halten soll. Sie besagt vielmehr, daß die Sprache und das Sprechen da verkümmern müssen, wo sie nichts Wesentliches bewegen können. Oder umgekehrt formuliert: Nur wo Menschen etwas zu sagen haben, wo ihr Wort in der Lebenspraxis etwas gilt, entfaltet sich auch der sprachliche Ausdruck. Horkheimer konstatiert:

»Wir beklagen, daß man nicht mehr sprechen kann. Die Menschen sind stumm, soviel sie auch reden mögen. Allzuleicht jedoch vergessen wir, daß die Sprache deshalb tot ist, weil der Einzelne, der zum anderen spricht, als Einzelner, sagen wir als denkendes Subjekt, nichts mehr zu sagen hat - in dem Sinn, wie es heißt: 'Der hat nichts zu sagen', das heißt, der ist ohnmächtig, er kann nichts vollbringen, auf sein Wort hin geschieht nichts. Es hat nichts zu sagen, heißt, es hat keine Konsequenzen, es bedeutet nichts, es tut nichts, es macht nichts.«[6]

Die Verkümmerung des Sprechens an der Universität und anderswo wäre demnach Ausdruck eines mangelnden Rechts zur Mitsprache, die wirklich etwas bewirken könnte. Wo man nichts mitzureden hat, wird das Sprechen zum Gerede oder zum bloß technischen Instrument und bringt kaum noch etwas angemessen zum Ausdruck. Die Verkümmerung sprachlicher Möglichkeiten ist die Konsequenz eines Mangels an realisierter Demokratie. Die Demokratie ist auf diskutierende Öffentlichkeiten angewiesen, sie wird um so wirklicher, je mehr das Wort aller Menschen bei der Gestaltung sozialer Verhältnisse etwas gilt. Mit der institutionalisierten Öffentlichkeit der Parlamente, der Gerichte oder der Massenmedien, in der immer nur wenige zu Wort kommen, kann sich eine wirkliche Demokratie nicht begnügen. Sie verlangt möglichst vielfältige Formen der Öffentlichkeit, in deren Rahmen sich soziale Interessen artikulieren können. Die Entwicklung von Formen der Produzentenöffentlichkeit, in der Arbeitende mit Entscheidungsrechten zu Wort kommen, wäre eine Voraussetzung dafür, daß die Entfremdung der Produktion und das mit ihr verbundene Arbeitsleid reduziert werden könnten. Diejenigen, die dafür plädieren, endlich etwas zu tun, weil sie das bloße Reden satt haben, sollten sinnvollerweise nur Formen der Praxis anstreben, durch die und auf die das vernünftige Wort mehr Einfluß gewinnen kann. Das Machtwort von oben muß in einer Demokratie dadurch überwunden werden, daß so viel Menschen wie möglich qualifiziert mitreden können. Die gegenwärtige Krise der osteuropäischen Gesellschaften ist nicht zuletzt Ausdruck ihres früheren Mangels an Öffentlichkeit, die helfen kann, politisches Handeln vernünftiger und transparenter zu machen. Volksvertretungen werden nicht zu wenig geachteten »Schwatzbuden«, weil in ihnen viel geredet wird, sondern weil das Reden dort keinen Einfluß auf Entscheidungen hat, die anderswo getroffen werden. Demokratie verlangt, daß eine Minderheit mit

Hilfe einer diskutierenden Öffentlichkeit Mehrheit werden kann, daß auch Minoritäten zu Wort kommen und gehört werden, daß die soziale Praxis durch kritische Diskussionen legitimiert werden muß. In einer Demokratie kann niemals zuviel miteinander geredet und gestritten werden, es kann allenfalls auf falsche Art, am falschen Ort und zur falschen Zeit geredet werden.

Diejenigen, die Macht haben und das Reden diskriminieren, sind meist auch dieselben, die sich davor fürchten, daß unangenehme Wahrheiten ausgesprochen werden oder daß Menschen, die auf Veränderung drängen könnten, mehr zu sagen haben. Diejenigen dagegen, die machtlos sind und kein Vertrauen in das Reden haben, sind meist dieselben, denen man es verwehrt hat, ihre Ausdrucksfähigkeit zu entwickeln, und die deshalb die Erfahrung machen müssen, daß das Wort von Mächtigen sie zum Schweigen verurteilt. Man kann durch Reden auch täuschen und verschweigen, was zu Mißtrauen dem Sprechen gegenüber berechtigt. Aber dieses Mißtrauen sollte nicht mit einem verhängnisvollen Vorurteil gegen das Reden und die Ausdrucksfähigkeit überhaupt verbunden werden, von dem antidemokratische Einstellungen leben.

V.

Umstrukturierungen in der Arbeitssphäre, die mit dem Verschwinden traditioneller Formen körperlicher Arbeit einhergehen, rauben dem überkommenen Arbeitsbegriff in den fortgeschrittenen Industriegesellschaften zunehmend seine Bedeutung. Immer mehr Arbeit fließt in Bereiche, wo sie weniger mit der Herstellung von Produkten als mit der Herstellung von Informationen oder mit »kommunikativem Handeln« zu tun hat. In der Datenverarbeitung, der Werbung, der Kulturindustrie oder im Bereich der psychologischen Therapie verdienen immer mehr Menschen ihr Geld durch die Produktion von Zeichen, die soziale Beziehungen herstellen. Dieser soziale Wandel schlägt sich auch im Bereich der Wissenschaft nieder. Das Zeichen, die Information, die Kommunikation werden immer mehr zum Gegenstand theoretischer Analysen. Aufgrund dieser Tendenz kann auch die Bedeutung des »Wortes« vom kritischen Denken wieder leichter erfaßt werden. Theoretiker wie Habermas, Foucault oder Lacan haben seiner Wiederkehr den Weg geebnet.

Michel Foucault hat aufgezeigt, daß die akademische Suche nach Erkenntnissen mit »Ordnungen des Diskurses«[7] verbunden ist, die freilich mehr sind als Ordnungen des Sprechens. In »diskursive Formationen«, die festlegen, wie Prozesse der Wissensgewinnung organisiert sein sollen, gehen gesellschaftliche Machtverhältnisse ein, und sie zeitigen ihrerseits Machtwirkungen, die die soziale Realität verändern. Die herrschenden Ordnungen des Diskurses legen unter anderem auch fest, was an der Universität besprochen werden darf und was nicht besprochen werden darf, sie bestimmen, wer etwas zu sagen hat und wer nichts zu sagen hat, sie normieren, auf welche Art etwas zum Ausdruck gebracht werden muß und wie etwas nicht zum Ausdruck gebracht werden darf. Die Ordnungen wissenschaftlicher Diskurse fungieren als Ausschluß- und Einschlußregeln. Sie organisieren, kontrollieren, selektieren und kanalisieren intellektuelle Äußerungen. Aufgabe dieser Regelungen ist es, Verunsicherungen, die intellektuelle Auseinandersetzungen heraufbeschwören könnten, unter Kontrolle zu halten, das Unberechenbare von Ereignissen zu bannen oder die Behandlung von Bedrohlichem zu umgehen.

»In einer Gesellschaft wie der unseren kennt man sehr wohl Prozeduren der Ausschließung. Die sichtbarste und vertrauteste ist das Verbot. Man weiß, daß man nicht das Recht hat, alles zu sagen, daß man nicht bei jeder Gelegenheit von allem sprechen kann, daß schließlich nicht jeder beliebige über alles beliebige reden kann. Tabu des Gegenstandes, Ritual der Umstände, bevorzugtes oder ausschließliches Recht des sprechenden Subjekts - dies sind die drei Typen von Verboten, die sich überschneiden, verstärken oder ausgleichen und so einen komplexen Raster bilden, der sich ständig ändert.«[8]

Es gibt vor allem zwei Bereiche, in denen derartige Raster oft eng und die Tabus damit zahlreich werden: den Bereich des Sexuellen, Triebhaften und den Bereich des Politischen.

»Offensichtlich ist der Diskurs keineswegs jenes transparente und neutrale Element, in dem die Sexualität sich entwaffnet und die Politik sie befriedet, vielmehr ist er ein bevorzugter Ort, einige ihrer bedrohlichsten Kräfte zu entfalten. Der Diskurs mag dem Anschein nach fast ein Nichts ein - die Verbote, die ihn treffen, offenbaren nur allzubald seine Verbindung mit dem Begehren und der Macht. Und das ist nicht erstaunlich. Denn der Diskurs - die Psychoanalyse hat es uns gezeigt - ist nicht einfach das, was das Begehren offenbart (oder verbirgt); er ist auch Gegenstand des Begehrens; und der Diskurs - dies lehrt uns immer wieder die Geschichte - ist auch nicht bloß das, was die Kämpfe oder die Systeme der Beherrschung in Sprache übersetzt: er ist dasjenige, worum und womit man kämpft; er ist die Macht, deren man sich zu bemächtigen sucht.«[9]

Foucault glaubt, daß der Macht diskursiver Formationen nicht zu entkommen ist, daß selbst diejenigen an sie gebunden bleiben, die sie brechen wollen. Trotzdem müssen die, die um andere Machtverhältnisse und andere Formen des Begehrens ringen wollen, auf andere Formen des Diskurses aus sein, die ein anderes Sprechen und intellektuelles Suchen möglich machen. Die geltenden Regeln universitärer Wissensproduktion legen fest, was in der Wissenschaft tabuisiert wird und was diskutiert werden soll, wie sich Wissenschaftssprache und Alltagssprache zueinander verhalten, ob und wie Frauen in traditionellen Männerdomänen zu Wort kommen oder auf welche Art eine in der Wissenschaft auch organisierte Realitätsblindheit zum Ausdruck kommt.

Eine Wissenschaft, die die Entfaltung von mehr menschlichen Möglichkeiten anstreben will, muß darum kämpfen, daß neue Felder des Sprechens eröffnet werden, damit bisher Tabuisiertes bearbeitet werden kann und diejenigen zu Wort kommen können, die bisher zum Schweigen verurteilt waren. Sie muß um Orte des Sprechens ringen, an denen Ängste und Wünsche sprachlich so bearbeitet werden können, daß sie zur Kraft zu werden vermögen, die erlaubt, die Realität im Interesse der Menschen zu verändern. Der Kampf um eine bessere Universität lebt vom Mut, das zum Ausdruck zu bringen, was die etablierten wissenschaftlichen Konventionen der Thematisierung entziehen. Vieles von dem, was bisher nur vor oder nach offfiziellen Veranstaltungen zum Gegenstand des Gesprächs wird, muß zum Gegenstand legitimer intellektueller Auseinandersetzung gemacht werden. Das bedeutet nicht, daß die Universität in eine Art Tagungsort für Selbsterfahrungsgruppen verwandelt werden sollte oder daß jedes beliebige Reden dort akzeptiert werden müßte. Es bedeutet, daß offene Räume des Sprechens erkämpft werden müssen, die den Inhalten, die die Diskussion verlangen, und den Bedürfnissen und Interessen derer, die zu Wort kommen sollten, möglichst angemessen sind. In Platons Dialogen, die eine Utopie des intellektuellen Diskurses enthalten, wird durch die Inhalte festgelegt, an welchem Ort wer wie mit wem spricht. Die bürokratische Machtlogik mit ihren starren Ordnungsregeln, die heute die Universität regiert, erlaubt kaum ein Sprechen, das sich der Qualität von Forschungsgegenständen und der Besonderheit der Forschenden anschmiegen kann - kritisches Denken kann erst beginnen, wenn man sich von deren Diktat nicht mehr stumm machen läßt.

VI.

Die positivistische Psychologie tendiert dazu, die Bedeutung des gesprochenen Wortes zu negieren. Im Gegensatz hierzu hat im Rahmen des psychoanalytischen Denkens eine Wiederentdeckung seiner Wirkungen stattgefunden. Die nach-freudsche Psychoanalyseinterpretation, die von so unterschiedlichen Theoretikern wie Reich, Fenichel oder Marcuse repräsentiert wird, war lange Zeit vor allem um die materialistischen Züge der Psychoanalyse zentriert, die den Menschen als sinnliches, triebhaftes Wesen zeigen. Die Versuche der Verbindung von Psychoanalyse und kritischer Gesellschaftstheorie interessierten sich im Anschluß an Freuds »Das Unbehagen in der Kultur« meist auf verkürzte Art für den unterdrückten Trieb. Sie verdrängten die Einsichten in die Sprache des Unbewußten, die Freud vor allem in der Traumdeutung vorgeführt hat. Herbert Marcuse z.B. setzt in seinem prominenten Buch *Triebstruktur und Gesellschaft* Verdrängung tendenziell mit Triebunterdrückung gleich. Daß Verdrängung etwas mit Sprachzerstörung zu tun hat und daß sich das Verdrängte in Symptomen »sprachlich« äußert, wird von ihm nicht thematisiert. In neuerer Zeit hat sich hingegen eine Hinwendung zu den Aspekten der Freudschen Theorie ergeben, die darauf hinweisen, daß die menschliche Psyche von symbolischen Ordnungen strukturiert wird. In der strukturalistischen Psychoanalyseinterpretation Jaques Lacans z.B. wird dem »Wort« wieder eine Rolle zugemessen, die nahezu an seine einstige theologische Bedeutsamkeit erinnert. Die Verbindung von Psychoanalyse und Sprachwissenschaft hat neue Interpretationshorizonte eröffnet, die Freud und die traditionelle Psychoanalyseinterpretation noch nicht für sich nutzen konnten. Die Fesselung Freuds an das naturwissenschaftliche Erkenntnisideal, von dem er als Mediziner herkommt, hat ihm nicht erlaubt, die Radikalität seiner Entdeckungen voll auszuschöpfen. Mit Hilfe der Sprachtheorie kann man den Versuch unternehmen, sie präziser zu fassen. Lacan stellt sich die Aufgabe, zu zeigen, daß die zentralen psychoanalytischen Begriffe »ihren vollen Sinn erst dann gewinnen, wenn sie sich im Feld der Sprache orientieren und sich der Funktion des Sprechens einordnen.«[10] Es kann hier nicht diskutiert werden, wie

Lacan zu interpretieren ist und ob sein Anspruch der Psychoanalyse wirklich gerecht wird. In freier Anlehnung an ihn soll nur auf mögliche Interpretationshorizonte in der psychoanalytischen Theorie hingewiesen werden.

»Ob sie sich als Instrument der Heilung, der Berufsausbildung oder der Tiefeninterpretation versteht, die Psychoanalyse hat immer nur ein Medium: das Sprechen des Patienten«.[11] Das Hören auf das, was der Patient mit seinen verbalen Äußerungen, mit seinem Schweigen oder seiner Körpersprache aussagt, fordert zu einer Antwort heraus und macht damit die Psychoanalyse möglich. Die Psychoanalyse hat aufgezeigt, daß Menschen von einer schmerzlichen inneren Wahrheit, die sie nicht bewußt auszusprechen vermögen, zerstört werden können. Sie hat demonstriert, daß ein »volles« Sprechen[12] die inneren Verliese der Neurose öffnen kann und die Auferstehung des Fleisches zu erlauben vermag. Die Befreiung aus dem Gefängnis der Neurose, die Transformation des Begehrens, der Zugang zu lebendigeren leiblichen Erfahrungen und produktiverer Arbeit gelingt der Psychoanalyse mit Hilfe des Sprechens - ein »Wunder«, dem sich die psychoanalytische Theorie kaum wirklich gestellt hat. Dies »Wunder« kann nur gelingen, weil die menschliche Psyche ihre Ordnung wesentlich durch die Sprache erhält. Es ist daran gebunden, daß, nach Hölderlins dunkler Formulierung, wir Menschen »ein Gespräch sind«. Das unendlich viele, dem Bewußtsein häufig entzogene Bedeutsame, das sich im Laufe unseres Lebens in unsere Psyche eingeprägt hat, ist dort in sprachliche Strukturen eingelagert. Das Unbewußte ist wie eine Sprache strukturiert; was sich lebensgeschichtlich in uns eingeschrieben hat, gehorcht einer symbolischen Ordnung. Die unendlich vielfältigen Signifikanten, von denen wir eine Prägung erfahren haben, werden in einer Ordnung wirksam, von der wir gesprochen werden, die uns bedeutet. Sobald wir uns in eine Beziehung zu anderen Menschen setzen oder gesetzt werden, werden sie zu unbewußten Adressaten dessen, was uns, aufgrund von Einschreibungen in unsere Psyche, spricht. Wir können uns bemühen, mit Hilfe der Psychoanalyse zu lernen auf das zu achten, was uns in bestimmten Konstellationen unbewußt gesprochen hat und was diejenigen für uns repräsentieren, an die sich unbewußte Anteile unseres Sprechens richten. Was ordnungswütige Positivisten an der Sprache stört, nämlich daß sie mehrdeutig und vielschichtig ist und daß sie damit erlaubt, mit allem, was gesagt wird, zugleich auch noch unbewußt anderes zu sagen, was wir mit einem »dritten Ohr« (Reik) hören können, macht die Psychoanalyse möglich. Die Vielschichtigkeit der Sprache erlaubt es, daß ein Sprechen verschiedene Texte zugleich spricht und daß so, neben dem, was bewußt ausgesprochen wird, auch das zum Ausdruck kommen kann, wovon Menschen bewußtlos bestimmt werden.

Die Psychoanalyse hat, in Verbindung mit ihrem um die Couch zentrierten Setting, ein Feld des Sprechens eröffnet, das es begünstigt, daß Mitteilungen des Unbewußten zum Ausdruck kommen können und daß auf sie gehört werden kann. In diesem Feld des Sprechens kann der Kampf um die Anerkennung des Begehrens geführt werden, für den Leib kann ein Sprachkörper gefunden werden, in dem sich das Begehren neu ordnen kann. Die Psychoanalyse kann helfen, einen angstbesetzten bewußten Weg zu dem zu finden, was uns bewußtlos regiert, weil es der Verdrängung verfallen ist. Die Bewußtmachung von Unbewußtem kann diesem seine versklavende Macht nehmen und damit dem Subjekt neue Freiheitsspielräume eröffnen. Wenn die Macht des Begehrens sich mit dem analytischen Wissen verbindet, wird es möglich, angstfreier auf das zu hören, was uns lebt, denkt und spricht. Durch seine bewußte Bearbeitung kann dieses verwandelt werden. In den Leidenssymptomen des Neurotikers kommen die schmerzlichen Geheimnisse seiner individuellen Geschichte sprachlich strukturiert zum Ausdruck. Symptome haben, wie Freud aufgezeigt hat, einen Sinn, sie sind Zeichen, mit denen das Subjekt ihm verborgene Wahrheiten seiner Existenz mitteilt. Symptome sprechen die geheimen Wahrheiten einer Lebensgeschichte aus; in einer gelingenden Analyse werden diese Wahrheiten mit Hilfe des Analytikers in ein volles, bewußtseinsfähiges Sprechen überführt, das das »Wunder« vollbringt, ihren Bann zu brechen. Die Psychoanalyse hat nach Lacan bewußt gemacht, daß das Symptom »wie eine Sprache strukturiert ist, und daß es eine Sprache ist, deren Sprechen befreit werden muß«.[12]

In der Analyse können die zensierten, von der Lüge besetzten Kapitel einer individuellen Geschichte, die in die Neurose mündeten, bewußt gemacht werden. Es kann dem Subjekt gelingen, ihre Wahrheit auf erlösende Art auszusprechen.

Wo das Symptom in den Leib eingeschrieben ist, kann die Befreiung des Sprechens auch der Sinnlichkeit wieder andere Ausdrucksformen verschaffen. Wenn unbewußte quälende Inschriften in den Leib entziffert und anderswo registriert worden sind, können sie aufgelöst werden. Eine frühe Patientin der Psychoanalyse, die Wesentliches zu den psychoanalytischen Entdeckungen beigetragen hat, bezeichnet die psychoanalytische Therapie, wie Freud zustimmend mitteilt, als »talking cure«.

Jeder, der wirklichen Menschenkennern begegnet ist, konnte die Erfahrung machen, daß sie etwas auszusprechen vermögen, was man immer schon wußte, aber noch nicht sagen konnte. Das weist darauf hin, daß wir eine Wahrheit nicht nur bewußt, sondern auch vorbewußt oder unbewußt in uns tragen können. Die Psychoanalyse hat aufgezeigt, daß Individuen mit ihren neurotischen Symptomen schmerzliche unbewußte Wahrheiten ihres Lebensschicksals zum Ausdruck bringen müssen. In ihren Sprachmustern, in ihrem Verschweigen, in ihren Bewegungen, in ihren Erstarrungen drücken sich die Wahrheiten einer vergangenen und gegenwärtigen Existenz aus, die sie am Leben hindern. Sie können diese Wahrheiten nicht bewußt aushalten, solange sie mit Ängsten verknüpft sind, die das Ich so überwältigen, daß sie das Opfer des Bewußtseins verlangen.

Für die Psychoanalyse kommen im Sprechen der Symptome verleugnete Wahrheiten der individuellen Existenz zum Ausdruck. Gibt es nicht vielleicht auch soziale Symptome, die die Wahrheit über kollektive Existenzformen aussprechen, die die Gesellschaft nicht hören will? Könnte nicht vielleicht auch in den institutionell organisierten Verblendungen, von denen die akademische Psychologie lebt, etwas von dem zum Ausdruck kommen, von dem die Psychologen nichts wissen wollen? Sagen die Texte wissenschaftlicher Psychologen nicht vielleicht etwas ganz anderes aus, als sie glauben? Wahrscheinlich ist die Wahrheit so mächtig, daß selbst diejenigen, die als »aufgeklärte« Positivisten nicht mehr an sie glauben, sie auf unbewußte Art zum Ausdruck bringen müssen. Man kann sie wohl kaum ganz verschweigen, sie spricht uns immer auf irgendeine Art. Die folgenden Kapitel stellen Versuche dar, das zu verstehen, was die akademische Psychologie ausdrückt, ohne es zu wissen.

Anmerkungen

1 F. Schleichermacher, *Auswahl in 4 Bänden*. Hrsg. O. Braun und J. Bauer, Leipzig 1910, Band 3, S. 7

2 Siehe hierzu E. Bloch, *Neuzeitliche Philosophie I. Leipziger Vorlesungen zur Geschichte der Philosophie*. Frankfurt/M. 1985

3 B. Lang und C. Mc Daunell, *Der Himmel. Eine Kulturgeschichte des ewigen Lebens*. Frankfurt/M. 1980, S. 209

4 Jürgen Habermas, der die Trennung von instrumentellem Handeln und kommunikativem Handeln besonders herausgearbeitet hat, verkennt, daß im Nichtidentischen auch Identisches enthalten ist.

5 Siehe hier z.B. Klaus Ottomeyer, *Ökonomische Zwänge und menschliche Beziehungen*. Reinbek 1977

6 M. Horkheimer, *Notizen 1950-1969*. Frankfurt/M. 1947, S. 26

7 Siehe hierzu: M. Foucault, *Die Ordnung des Diskurses*. Berlin 1977

8 Ebd., S. 7f.

9 Ebd., S. 8

10 J. Lacan, Funktion und Feld des Sprechens und der Sprache in der Psychoanalyse. in: *Schriften I*. Freiburg 1973, S. 83

11 Ebd., S. 84

12 Zum Begriff des vollen Sprechens siehe Lacan [Anm. 10]

13 A.a.O., S. 109

Die Herrschaft der Kontrolleure

Es gibt kaum einen universitären Psychologen, der nicht glaubt, durch seine wissenschaftliche Arbeit - wie vermittelt auch immer - an Aufklärungsprozessen beteiligt zu sein und damit der Befreiung der Menschen von blinden Zwängen zu dienen. Durch die Zerstörung von Aberglauben und die Erzeugung von gesichertem Wissen will man am Fortschritt der Wissenschaft mitarbeiten, der unmittelbar oder mittelbar der Entfaltung menschlicher Möglichkeiten dienen soll. Diesem Anspruch steht die Logik der etablierten Forschungsmethoden und Theoriekonstruktionen entgegen. Durch sie verfällt die Suche nach Erkenntnis, die darauf aus sein sollte, die Qualitäten des Psychischen zum Ausdruck zu bringen und seine offenen Möglichkeiten zu benennen, einem wildgewordenen Kontrollzwang, der alles negiert, was sich ihm nicht fügen will. Anstatt über die Befreiung des Menschen von äußeren und inneren Zwängen nachzudenken, verwandeln Psychologen seine Psyche in das Objekt einer autoritären Kontrollwut. Der Mangel an gesellschaftstheoretischem Bewußtsein und die Blockade von kritischer Selbstreflexion, die von der vorherrschenden Universitätspsychologie als vorwissenschaftlich denunziert wird, verhindern, daß ihre Vertreter das Wesen ihres Tuns begreifen. Sie exekutieren blind das, was sie kritisieren sollten. Die Anhänger der experimentell orientierten Psychologie fürchten nichts mehr als »Variablen«, deren Kontrolle ihnen mißlingen könnte. Es gibt für sie nichts Schlimmeres als Faktoren, die sie mit ihren Versuchsanordnungen nicht beherrschen können. Mehr unbewußt als bewußt wollen sie dazu beitragen, dem Verhalten von Menschen seine spontanen, nicht festgelegten Züge zu rauben, um es endlich präzise voraussagbar und damit beherrschbar zu machen. Mit Hilfe von quantitativen Methoden soll das ängstigende Dunkle und Vieldeutige aus dem Nachdenken über das Seelische verbannt werden: Psychisches soll endlich durch exakte Berechenbarkeit transparent gemacht werden und damit der Macht der psychologischen Experten unterwerfbar sein. Sie streben eine Macht an, der die menschliche Freiheit zuwider ist. Im folgenden soll diese provozierende Behauptung durch exemplarische Hinweise auf die Geschichte der Psychologie gestützt werden.

Von der Nachkriegszeit bis in die 60er Jahre wurde die Universitätspsychologie von Vertretern des Behaviorismus beherrscht, der entscheidend die Geschichte der naturwissenschaftlich orientierten Psychologie geprägt hat. John B. Watson, der Stammvater des Behaviorismus, schreibt unter der Überschrift »Psychologie, wie sie der Behaviorist sieht«: »Psychologie, wie sie der Behaviorismus sieht, ist ein vollkommen objektiver, experimenteller Zweig der Naturwissenschaft. Ihr theoretisches Ziel ist die Vorhersage und Kontrolle von Verhalten«.[1] Es geht ihr darum, »ein System zur Vorhersage und Kontrolle von Reaktionen im allgemeinen auszuarbeiten«.[2] Mit diesem System hat Watson Großes vor: »Der Behaviorist glaubt, daß seine Wissenschaft eine Grundlage für die Ordnung und Kontrolle der Gesellschaft ist.«[3] Die Ordnungssysteme, die der Behaviorismus anstrebt, fordern nach Watson das Opfer des Bewußtseins. Als Bewußtlose eignen sich die Menschen am besten als Kontrollobjekte. Selbstreflexion als wesentliches Element menschlicher Subjektivität wird tabuisiert, sie wird als »Introspektion« abgewertet. Der Behaviorist träumt von einer Psyche ohne Bewußtsein. Die »Abschaffung der Bewußtseinszustände« wird zum »eigentlichen Forschungsgegenstand« der Psychologie.[4]

»Der Behaviorismus behauptet, daß das Bewußtsein weder ein erklärbarer noch ein nützlicher Begriff ist. Der Behaviorist meint weiterhin, daß der Glaube an die Existenz des Bewußtseins aus den alten Zeiten des Aberglaubens und der Magie herrührt.«[5]

Wo die Abschaffung des Bewußtseins noch nicht möglich ist, soll dem Denken seine Lebendigkeit und Spontaneität ausgetrieben werden. »Denkprozesse werden damit ebenso mechanisch wie Gewohnheiten«.[6] Da diese Mechanisierung Schwierigkeiten bereiten kann, ist es konsequent, das Bewußtsein als Forschungsobjekt völlig zu negieren: »Die Zeit scheint gekommen zu sein, da die Psychologie jeden Bezug auf das Bewußtsein aufgeben muß«.[7] Daß Watson nicht sein eigenes Bewußtsein, sondern bloß das seiner Versuchspersonen und aller anderen potentiell vorhandenen Manipulationsobjekte im Sinn hat, ist bei einem ambitionierten Kontrolleur wie ihm selbstverständlich. Für die Informationen, die er sucht, soll gelten: »Sie dienen uns als Leitfaden bei der 'Kontrolle' des Verhaltens anderer«.[8]

Watson interessiert, wie sich Menschen »mit Hilfe einer ererbten oder gewohnheitsmäßigen Ausstattung an ihre Umwelt anpassen«.[9] Daß diese Anpassung in der bestehenden Gesellschaft von den Menschen häufig verlangt, daß sie ihre spezifisch menschlichen Möglichkeiten opfern und sich in ihrem Verhalten auf das Niveau von niederen Tieren herabdrücken lassen müssen, wird vom Behaviorismus kritiklos akzeptiert: Der Behaviorist »erkennt keine Trennungslinie zwischen Mensch und Tier an.«[10] Die Fähigkeit des Menschen, vernünftiges Denken lernen zu können, die schon Aristoteles in seinen psychologischen Schriften als entscheidend für die Differenz zwischen Menschen und Tieren ansah, soll für Watson keine Bedeutung mehr haben.

»Besonders in der experimentellen Pädagogik kann man das Bemühen erkennen, alle Ergebnisse vollkommen objektiv zu halten. Wenn man das tut, sind die Untersuchungen am Menschen mit den Tieruntersuchungen direkt vergleichbar. Zum Beispiel hat Mister Ulrich an der Hopkins-Universität einige Ergebnisse über die Verteilung der Lernanstrengungen gewonnen, wobei er als Versuchsobjekte Ratten heranzog. Er kann vergleichbare Ergebnisse anführen über die Ausführungen, wenn ein Tier die Aufgabe einmal pro Tag, dreimal pro Tag oder fünfmal pro Tag durchgeht, ob es ratsam ist, das Tier nur ein Problem oder drei gleichzeitig lernen zu lassen. Wir müssen ähnliche Experimente mit Menschen machen und uns bei der Durchführung des Experiments genauso wenig um seine 'Bewußtseinsprozesse' kümmern, wie wir es bei der Ratte tun.«[11]

Aristoteles sah die Verwandtschaft von Tieren und Menschen darin, daß sie beide eine an ihre Körperlichkeit gebundene Lebendigkeit auszeichnet. Der Behaviorist, der die Welt seinem Kontrollzwang unterwerfen will, steht dieser Lebendigkeit gleichgültig gegenüber. Er will beide in Maschinen verwandelt sehen. »Wir versuchen, uns den Menschen als eine zusammengesetzte organische Maschine vorzustellen«.[12] Nachdem Menschen vom behavioristischen Verstand in Teile zerlegt worden sind, gilt es, »den Menschen wieder zusammenzusetzen und ihn als komplizierte, funktionstüchtige, organische Maschine zu betrachten«.[13] Die Zerlegung soll die Kontrolle der einzelnen Teile ermöglichen, deren Zusammensetzung soll die Kontrolle über die menschliche Gesamtmaschine zulassen. Daß die Elemente des Psychischen sich in einer psychischen Totalität durch ein lebendiges, aber auch konfliktreiches Wechselspiel gegenseitig in ihrer Qualität bestimmen, will Watson nicht denken. Daß die lebendige Psyche dafür sorgt, daß sie sich in einem psychischen Gesamtzusammenhang prozeßhaft aufeinander beziehen und dadurch in ihrem Wesen bestimmt werden, muß von einer Psychologie geleugnet werden, der lebendige Prozeßstrukturen zuwider sind, weil sie sich nicht einer mechanisierten Kontrolle fügen.

Wer Macht ausüben will, muß andere Menschen verdinglichen, er muß sie möglichst zu bloßen Objekten machen. In der bestehenden Gesellschaft ist Macht an die Verfügung über soziale »Megamaschinen« (Mumford) gebunden. Der Einsatz dieser Apparate in Gestalt von Schulen, Fabriken oder Universitäten verlangt es häufig, daß Menschen ihre Lebendigkeit ausgetrieben wird, daß sie in gewisser Weise mechanisiert werden. Das latente totalitäre Potential der bestehenden Gesellschaft besteht vor allem darin, daß Menschen von den »Sachzwängen« von Institutionen zu Material verdinglicht werden, daß sie gezwungen werden, zum Anhängsel von »maschinellen« Strukturen zu werden. Sie werden von der Macht, die tote Warendinge im Interesse von anderen Menschen über sie ausüben, gezwungen, sich ihnen anzugleichen. Auch die behavioristische Kontrollwut will helfen, Menschen zu entlebendigen und zu mechanisieren. Sie will sie so behandeln, wie die mechanische Physik tote Dinge behandelt:

»Das Interesse des Behavioristen am Verhalten des Menschen ist mehr als bloße Neugier - er möchte die Reaktionen des Menschen kontrollieren, so wie die Physiker andere Naturgegebenheiten kontrollieren und manipulieren möchten.«[14]

Nicht nur Menschen, auch Tiere findet Watson erst richtig schön, wenn sie mechanisiert sind. Nachdem er eine Ratte solange durch ein Labyrinth gejagt hat, bis sie exakt nach Vorschrift funktioniert, jubiliert er: »Vom 35. Lauf an lief sie durch das Labyrinth wie eine wunderbare Maschine.«[15] Solange Tiere nicht wie Maschinen funktionieren, sind sie bei Watson vor allem dazu da, Menschen Angst einzujagen. Die Funktion lebendiger Tiere ist es vor allem, Kinder in Schrecken zu versetzen.

»Hier ist eine Liste der Dinge, vor denen sich ein dreijähriges Kind in unserem Laboratorium fürchtet: Dunkelheit, Kaninchen, Ratten, Hunde, Fische, Frösche, Insekten, mechanische Tierspielzeuge.«[16]

Kinder unter seine Kontrolle zu bringen und mit Hilfe von Tieren in Angstzustände zu versetzen, ist eine von Watsons Lieblingsbeschäftigungen. Für Dreijährige hat er sich z.B. folgendes ausgedacht:

»Angenommen, wir beginnen mit Dreijährigen: Wir gehen hinaus in Stadt und Land und holen sie zusammen. Wir gehen auch in die Häuser der Reichen. Wir bringen alle Kinder in unser Laboratorium und konfrontieren sie mit bestimmten Situationen. Nehmen wir an, wir lassen einen Jungen zuerst in ein gut beleuchtetes Spielzimmer gehen und mit seinem Spielzeug spielen. Plötzlich lassen wir eine kleine Königsschlange oder ein anderes Tier los. Das nächste Mal nehmen wir ihn mit in ein dunkles Zimmer und zünden dort plötzlich ein kleines Feuer mit Zeitungspapier an.«[17]

Soll die behavioristische Zurichtung von Menschen erfolgreich sein, muß sie möglichst früh anfangen. Watsons Machtphantasien richten sich deshalb besonders auf Kinder, die er mit seiner Kontrollwut überziehen will. Dabei gilt bei Anwendung seiner Methode die Grundregel: »Man beginne nie ein Experiment mit einem Kind oder Säugling, wenn man keine vollständige Kontrolle hat«.[18] Orte, an denen das nicht erlaubt wird, sind für die experimentelle Arbeit, die Watson anstrebt, nicht geeignet. Für eine soziale Institution, die sie verweigerte, galt: »Der Ort war für unsere experimentelle Arbeit nicht ideal, weil uns nicht die vollständige Kontrolle über die Kinder zugestanden wurde.«[19] Hat er ein »Laboratorium« zur Verfügung, in dem er ein Kind unter Kontrolle hat, will der Behaviorist mit ihm allerhand anstellen. Für einen kleinen Jungen bedeutet das:

»Um ein Bild seines emotionalen Verhaltens zu gewinnen, müssen wir ihn testen, wenn er von seiner Mutter getrennt ist. Wir müssen ihn mit unterschiedlichen und ungewohnten Nahrungsmitteln testen, ihn untersuchen, wenn fremde Leute ihn füttern, fremde Kinderschwestern ihn baden, an- und ausziehen und zu Bett bringen. Wir müssen ihm sein Spielzeug oder Dinge, mit denen er gerade spielt, fortnehmen. Wir müssen ihn von einem stärkeren Jungen oder Mädchen ärgern lassen. Wir müssen ihn an hochgelegene Plätze und Vorsprünge bringen (wobei allerdings jede Verletzung ausgeschlossen sein muß) und ihn auf den Rücken von Ponys oder Hunden setzen.
Ich geben dem Leser hier ein Bild von unserer Arbeitsweise, um ihn von der Einfachheit, Natürlichkeit und Genauigkeit unserer Methoden zu überzeugen, um ihm zu zeigen, daß für objektives Experimentieren ein weites Feld offensteht.«[20]

Wo auf solche Art willkürlich mit Kindern umgegangen wird, herrscht der Geist der autoritären Anweisung. Watson bekennt:

»Wäre ich ein experimenteller Moralforscher, würde ich auf die Bedeutung von Maximen hinweisen und zeigen, wie einflußreich kurze, trockene, verbale Formen als Reize für die Ausbildung unserer eigenen Reaktionen sind. Das gilt insbesondere für solche Formen, die von Autoritätspersonen benutzt werden - von Eltern, Lehrern und Beratern.«[21]

Der Kritik am Abstoßenden seines Umgangs mit Kindern begegnet Watson mit folgender Feststellung:

»Die Gesellschaft hat sich daran gewöhnt, sie zu Hunderten verhungern und in Spelunken und Slums aufwachsen zu sehen, ohne sich besonders darüber aufzuregen. Aber wenn ein fleißiger Behaviorist eine experimentelle Untersuchung des Kindes oder gar eine systematische Beobachtung anstellt, taucht sofort die Kritik auf.«[22]

Als ob eine Gemeinheit keine mehr wäre, wenn anderswo noch schlimmere begangen werden. Es gehört zur Struktur des autoritären, antidemokratischen Denkens, die vom eigenen Lager begangenen Unmenschlichkeiten mit dem Hinweis auf anderswo in noch größerem Umfang begangene zu legitimieren.

Watson will nicht nur dafür sorgen, daß Kinder besser unter Kontrolle gebracht werden, er sorgt sich auch um die Kontrolle, mit der man Frauen in Abhängigkeit halten kann. Im Fortschritt der Frauenemanzipation sieht er die Gefahr eines bedrohlichen Kontrollverlusts.

»In den letzten 20 Jahren konnten wir viele Veränderungen im sozialen Status der Frau beobachten, die Schwächung der ehelichen Bindung, die abnehmende Gründlichkeit bei der Kontrolle von politischen Parteien (das bedeutet praktisch die Auflösung aller Monarchien), den deutlich verminderten Einfluß der Kirche auf die wirklich Gebildeten und die Abschwächung der Sexualtabus. Es besteht jetzt natürlich die Gefahr, daß die Kontrolle zu schnell nachläßt.«[23]

Nicht nur für die Kontrolle von Frauen und Kindern, sondern für die Kontrolle all derer, deren Abweichung droht, erklärt sich Watson für zuständig. Die von ihm propagierten Erziehungsmethoden sollen endlich überall auf unsentimentale Art für Ordnung sorgen.

»Die Gesellschaft sollte darauf achten, daß die sozial ungeübten Menschen, die nicht geisteskrank oder psychopathisch sind, dorthin gebracht werden, wo sie trainiert werden können, in Schulen geschickt und ohne Rücksicht auf ihr Alter dazu veranlaßt werden, einen Beruf zu erlernen, sich Kultur und Bildung anzueignen und sozial zu werden. Ferner sollten sie während dieser Zeit irgendwohin gebracht werden, wo sie anderen Mitgliedern der Gruppe nicht schaden können. Eine solche Erziehung und Übung kann 10-15 Jahre oder auch länger dauern. Gelingt es nicht, ihnen das nötige Training zu vermitteln und sie für den Wiedereintritt in die Gesellschaft auszurüsten, sollten sie immer in Gewahrsam gehalten und dazu gebracht werden, ihr tägliches Brot in großen Fabriken oder landwirtschaftlichen Einrichtungen zu verdienen, aus denen ein Entkommen unmöglich ist. Natürlich sollte keinem menschlichen Lebewesen - sei es kriminell oder etwas anderes - Luft, Sonnenschein, Nahrung, körperliche Übung und andere physiologische Faktoren, die für eine optimale Lebenssituation notwendig sind, entzogen werden. Andererseits tun 12 Stunden anstrengender Arbeit am Tag niemand weh. Menschen, die so für zusätzliches Training ausgegliedert werden, sollten selbstverständlich unter der Aufsicht von Behavioristen bleiben.«[24]

Für Menschen, die sich für solche behavioristische Konditionierung nicht eignen, schlägt Watson unter Umständen »nüchtern« faschistische Lösungen vor. Er propagiert offen und ohne moralische Skrupel die Euthanasie, die Vernichtung psychisch Kranker als »lebensunwertes Leben«.

»Natürlich tauchte immer wieder einmal die Frage auf, ob man unheilbar Geisteskranke einschläfern sollte. Dagegen kann es keine anderen Gründe geben außer übetriebener Gefühlsduselei und mittelalterlichen, religiösen Geboten.«[25]

Watsons Hang zur totalitären Kontrolle äußert sich auf vielen Ebenen. Er will Menschen zu bestimmten Verhaltensweisen bringen, ohne ihnen zu erlauben, über diese mit Hilfe ihrer Vernunft nachzudenken. Wo kritische Selbstreflexion und kritisches Nachdenken über die Verfaßtheit der Welt derart explizit oder implizit denunziert werden, muß es auch der Sprache an den Kragen gehen. Sie wird so reduziert gefaßt, daß nur gelten soll: »Sie ist in Wirklichkeit eine Manipulationsgewohnheit«.[26] Nachdem das Bewußtsein denunziert wurde und das Sprechen seine Beziehung zur Wahrheit und Wahrhaftigkeit eingebüßt hat, glaubt der Behaviorist, Menschen endlich dadurch unter Kontrolle bringen zu können, daß er selbst Emotionen methodisch in seinem Sinne aufbaut. Watson glaubt sich sicher zu sein, »daß emotionale Reaktionen auch methodisch aufgebaut werden können, und zwar in jeder Weise, die die Gesellschaft vorschreibt«.[27] Er versucht, durch sein Tun dabei zu helfen, die Gesellschaft auf das Niveau einer »behavioristischen Freiheit« zu heben. Er ist wider Willen so ehrlich zuzugeben, daß er nicht sagen kann, was diese mit wirklicher Freiheit zu tun hat:

»Denn die Welt wird sich ändern, wenn man seine Kinder nicht nach der Freiheit des Freiheitsfanatikers aufzieht, sondern gemäß der behavioristischen Freiheit - einer Freiheit, die wir noch nicht einmal in Worten darstellen können, so wenig wissen wir von ihr.«[28]

Watsons Psychologie trägt offen totalitäre Züge. Sein einflußreichstes Werk *Behaviorismus* wurde nicht zufällig 1930, also in der Ära des Faschismus, veröffentlicht. Psychoanalytisch Gebildete können am Denken Watsons leicht Züge des autoritären Zwangscharakters mit seinem latenten Sadismus ausmachen. Warum konnte ein solcher Theoretiker in der akademischen Psychologie eine derart herausragende Bedeutung erlangen? Warum konnte in der Nachkriegszeit der Behaviorismus als demokratische amerikanische Alternative zu einer vom totalitären Faschismus infizierten deutschen Psychologie gehandelt werden, obwohl er selbst totalitäre Züge trägt? Warum nehmen Psychologen, wenn sie heute eine zu einseitige Ausrichtung des Behaviorismus kritisieren, das widerwärtig Autoritäre eines derartigen theoretischen Systems nicht wahr? Begünstigt die akademische Psychologie, daß vor allem Menschen in ihrem Bereich Karriere machen, deren Charakterstrukturen denen Watsons derart verwandt sind, daß sie über sein Werk nicht zu erschrecken vermögen?

Die machtbesessene Kontrollwut, die Watson auszeichnet, ist keineswegs nur sein individuelles Problem. Das technokratische autoritäre Denken, das das Wesen des Behaviorismus ausmacht, zeichnet auch andere seiner Vertreter aus. Skinner, der sich als Kritiker des Bestehenden gibt, hat ein Buch mit dem Titel *Jenseits von Freiheit und Würde*[29] geschrieben, in dem er für die Abschaffung dieser Begriffe im Bereich der Psychologie eintritt. Sein Werk *Walden Two*[30], in dem er eine Sozialutopie mit durchaus kapitalismuskritischen Zügen vorstellt, trägt totalitäre Züge, sobald diese mit der Macht wissenschaftlicher Experten verknüpft wird. In seinem Werk *Was ist Behaviorismus?* wird Wissen schlicht mit Verhaltenskontrolle gleichgesetzt. Ihm zufolge ist der Behaviorismus um »jene Verhaltenskontrolle, die wir als Wissen bezeichnen«[31], bemüht. Sein Ziel ist ein System der »Vorhersage und Kontrolle«. Die »Kontrolle der Umwelt ist die große Aufgabe der modernen Psychologie«.[32] Diese Kontrolle fordert die Mechanisierung der Realitätsbezüge:

»Sobald es von Bedeutung ist, sich über einen Gegenstand wirklich Klarheit zu verschaffen, wird ausschließlich ein technisches Vokabular verwendet werden können.«[33]

»Operantes Verhalten«, das Skinner anstrebt, ist für ihn »seinem Wesen nach Machtausübung«.[34] Die Verbindung von Wissen und Macht, die der Behaviorismus aufzeigt und zu der er sich offen bekennt, verleiht seinem Denken nicht notwendig totalitäre Züge. Michel Foucault, dem man kaum antidemokratische Einstellungen nachsagen kann, hat auf einem ganz anderen intellektuellen Niveau auf eine notwendige Verknüpfung von Erkenntnis und Machtwirkungen hingewiesen. Das mehr als Fragwürdige am behavioristischen Denken besteht darin, daß es unfähig ist, dieses Verhältnis kritisch zu analysieren. Es muß damit alle Sozialbeziehungen auf Systeme der Kontrolle reduzieren. »Jeder Mann soll Herrscher und jede Frau eine Herrscherin sein«[35], heißt es bei Watson. Kontrolle kann für ihn wie für Skinner allenfalls durch Gegenkontrolle eingeschränkt werden.

»Die Menschen lernen ziemlich leicht, andere zu kontrollieren. So entwickelt zum Beispiel ein Säugling bestimmte Methoden, um seine Eltern zu kontrollieren, indem er sich in einer Weise verhält, die sie zu bestimmten Arten des Handelns führt. Lange bevor Kinder sich selbst kontrollieren können, erwerben sie Techniken der Kontrolle Gleichaltriger.«[36]

Den Menschen bleibt nichts übrig, als ständig darauf aus zu sein, ihre Umwelt, die Reaktionen anderer oder auch sich selber zu kontrollieren. In diesem Weltbild kann es so etwas wie Liebe, Hingabe oder Versöhnung nicht geben. Es gibt sicher in unserer Welt keine menschliche Lebensäußerung, die nicht mit Formen eines »Willens zur Macht« verknüpft ist, - Nietzsche hat das in seinen Werken aufgezeigt - aber sie kritiklos darauf zu reduzieren, ist Ausdruck intellektueller Barbarei.

Mit der »kognitiven Wende« in den 60ger Jahren soll in der Psychologie alles anders geworden sein. Man gibt vor, die »Psychologie ohne Bewußtsein« überwunden zu haben, ohne freilich ihr totalitäres Potential wirklich intellektuell aufgearbeitet zu haben. Ist die Herrschaft der Kontrolleure damit zu Ende? Bewußtsein wird auch nun keineswegs an die kritische Selbstreflexion gebunden oder an das kritische Nachdenken über soziale Verhältnisse und geschichtliche Prozesse, die fragwürdige psychische Prozesse hervorbringen. Bewußtsein darf kaum als Kraft wirksam werden, die Emanzipationsprozesse antreibt: Es wird an den Computer gefesselt. Die Erfassung kognitiver Prozesse in Verbindung mit Computermodellen, die mit dieser »Wende« einsetzt, hebt die Herrschaft der Kontrolleursmentalität keinesweg auf, sie hilft vielmehr, sie auf einer anderen Ebene zu organisieren. Menschen dürfen nun für Psychologen so reduziert und standardisiert denken, als ob ihr Bewußtsein vom Computer organisiert würde; ihre Handlungen dürfen nun so roboterhaft ritualisiert sein, als würden sie von Steuerungsmaschinen geregelt. Während der traditionelle Behaviorismus mit seinem »Black-Box-Modell« noch dem tendenziell gleichgültig gegenüberstand, was in den Menschen vorgeht, während man sie zu angepaßtem Verhalten drängt, soll der Zugriff der Kontrolldenkens nun auch auf ihre Innerlichkeit erfolgen. Nicht nur ihr Verhalten, sondern auch ihr Bewußtsein soll kontrollierbar maschinisiert werden.

Der Behaviorismus orientiert sich an den mechanischen Modellen der klassischen Physik, die z.B. zu erfassen suchen, welche Bewegungen von Körpern durch Kräfte hervorgerufen werden, die auf sie einwirken. Er orientiert sich an der klassischen Mechanik, etwa der von Newton, die mit der Konstruktion »traditioneller« Maschinen, wie etwa der Dampfmaschine, verknüpft ist. Diese Psychologie steht in einer mechanistisch-materialistischen Tradition der Psychologie, die mit Descartes beginnt.[37] Dieser versuchte, physische und emotionale Prozesse mit Hilfe von Maschinenmodellen zu erfassen, wies aber zugleich, im Gegensatz zum Behaviorismus, dem Bewußtsein einen davon abgehobenen Sonderstatus zu, der mit seiner Verknüpfung mit dem christlichen Seelenbegriff zu tun hat. Diese nicht unproblematische Auftrennung findet sich in anderer Gestalt auch noch bei Wundt, dem Stammvater der modernen positivistischen Psychologie. Seit es Computer gibt, lassen sich auch Denkprozesse mechanisch erfassen, und man versucht, kognitive Prozesse mit Hilfe von Computerprogrammen zu simulieren. Die Psychologie hat damit eine Maschine gefunden, mit der sie ihr Kontrollbedürfnis weniger reduziert als im Behaviorismus ausdrücken kann. Der Mensch als informationsverarbeitendes oder handlungsregulierendes System liefert das neue Paradigma der Pychologie. Seine Lebendigkeit und Freiheit, das, was im Begriff der Seele mitschwingt, seine Vernunft, die sich über den bloß technischen Verstand zu erheben vermag oder seine Gesellschaftlichkeit und Geschichtlichkeit sind in diesem Denken nicht vorgesehen. Computerwissenschaftler haben inzwischen leidvoll akzeptieren müssen, daß Computer komplexen menschlichen Bewußtseinsprozessen und »natürlichen« Sprachen nicht gewachsen sind und es wohl auch in Zukunft nicht sein werden.[38] Trotzdem halten Psychologen verbissen an der Verbindung zur Forschung über künstliche Intelligenz fest, um kognitive Prozesse zu erfassen: Sie ist die Hoffnung der intellektuellen Kontrolleure und Mechanisierer.

Es kann durchaus sinnvoll sein, zu fragen, inwiefern ein Denken, das sich an Maschinenmodelle anlehnt, psychische Strukturen treffen kann.[39] Nur ein fragwürdiges Menschlich-Tun kann leugnen, daß Körper und Psyche von Menschen einem Mechanismus verwandt funktionieren können. Die sinnvolle Nutzung von Maschinenmodellen setzt aber voraus, daß deren Grenzen sehr genau bestimmt werden und daß vor allem sehr gründlich darüber nachgedacht wird, ob sie nur deshalb etwas an der Psyche treffen, weil diese auf oft sehr leidvolle Weise vom herrschenden Industrialismus mechanisiert wurde. Wer dazu unfähig ist und Begriffe nicht, wie es für kritisches Denken selbstverständlich sein sollte, als Instrumente zur Kritik des Bestehenden einführt, hilft im Dienste einer entfesselten Ökonomie und Technik, die Verdinglichung des Menschen voranzutreiben. Maschinenmodelle können, wenn sie kritisch genutzt werden, dabei helfen, Verhärtungen am Psychischen aufzuzeigen oder einen falschen menschelnden »Humanismus« zu destruieren. Wo sie aber ohne kritische Intentionen ins Spiel gebracht werden, können sie auf sehr fragwürdige Art dazu beitragen, daß menschliches Leben aufs bloße Funktionieren reduziert wird.

Die Kontrolle einer Realität gelingt am perfektesten, wenn der Mensch sie mit eigenem Willen und Bewußtsein zu erzeugen vermag und dabei auf ihr Wesen, das sich den Wünschen des Konstrukteurs sperren könnte, nicht allzuviel Rücksicht nehmen muß. Das künstlich erzeugte Maschinelle kann deshalb zum idealen Objekt der Beherrschung werden. Eine Maschine kann aus exakt berechenbaren Teilen hergestellt werden, deren Zusammenwirken sehr präzise festgelegt werden kann. Wenn man mit der Psyche ähnlich verfahren könnte, hätte man sie gänzlich unter Kontrolle. Der künstliche Mensch, der dabei herauskäme, wäre der ideale Diener von Menschen, die sich als Herren aufspielen wollen. Wie dieser Traum eher undurchschaut als bewußt in der kognitiven Psychologie wirksam ist, soll an einem Beispiel verdeutlicht werden. Miller, Galanter und Pribram, die wichtiges zur »kognitiven Wende« und der Entwicklung von psychologischen Handlungstheorien beigetragen haben, wollen mit Hilfe ihrer Liebe zum Computer die Psychologie entscheidend voranbringen. Sie glauben, mit Hilfe des Computers eine »aktive Verkörperung« psychischer Prozesse erreichen zu können. Er soll als zielgerichtete Maschine psychische Prozesse von Menschen möglichst exakt simulieren helfen.

»Die Entwicklung der modernen Computer hat Wissenschaftlern mehr denn je die Mittel in die Hand gegeben, im großen die Prozesse aktiv zu verkörpern oder zu simulieren, die sie untersuchen wollen.«[40]

Miller, Galanter und Pribram beziehen sich bei ihrer Arbeit auf eine Hauptströmung in der Psychologie, die glaubt, dem »Subjektivismus« entrinnen zu können, sobald sie psychische Prozesse ins Maschinelle übertragen kann. Schon der Behaviorist Hull meinte, daß das Bauen von Robotern eine »Prophylaxe gegen anthropomorphen Subjektivismus« sei, und empfahl seinen Lesern:

»Betrachten wir den Organismus als einen sich völlig selbst erhaltenden Roboter, gebaut aus irgendwelchen Materialien. Die technischen Einzelprobleme, die sich beim Bau einer solchen Kreatur ergeben, müssen wir dabei nicht zu lösen versuchen. Eine heilsame und aufschlußreiche Übung ist es jedoch, die vielen offenen Probleme der allgemeinen Verhaltensdynamik näher anzusehen, welche beim Bau eines sich wirklich selbst erhaltenden Roboters gelöst sein müssen. Die Versuchung, eine Entelechie, eine Seele, einen Geist oder gar einen Dämon im Roboter unterzubringen, ist gering; man sieht verhältnismäßig leicht ein, daß die Unterbringung der Entelechie beim Bau eines Roboters keine Hilfe wäre; denn es würde noch immer das Problem übrigbleiben, die Entelechie selbst zu bauen. Somit wäre das ganze Kernproblem wieder da. Das Roboter-Bauen hilft uns somit, dem sehr natürlichen, aber kindlichen Hang zu widerstehen, zwar leichte, aber falsche Lösungen zu wählen. Es beraubt uns aller Ausreden, uns den Problemen nicht geradewegs und ohne Ausflucht zu stellen.«[41]

Miller, Galanter und Pribram übertragen diese Einstellung auf den Bau von Computern:

»Es scheint uns Autoren, daß die Versuche, psychologische Prozesse mit Maschinen zu simulieren, größtenteils dem Wunsch entspringen, zu prüfen - oder zu demonstrieren -, daß der Entwerfer die zugrundeliegende Theorie verstanden hat. Aus der Geschichte geht hervor, daß der Mensch sozusagen alles bauen kann, was er sich klar vorstellen kann. Die Schaffung eines Modells ist der Beweis für die Klarheit der Einsicht. Wenn wir eine Sache so gut verstanden haben, daß wir sie uns selber bauen können, muß unser Verständnis fast perfekt sein.«[42]

Der Subjektivismus, den die positivistischen Psychologen wie der Teufel das Weihwasser fürchten, soll paradoxerweise durch einen wildgewordenen Subjektivismus ausgetrieben werden. Was willkürlich von ihnen erzeugt werden kann, ohne daß man sein Angemessensein an wirkliche psychische Strukturen genau bestimmen kann, erscheint ihnen als objektiv. Das ist die Willkürlichkeit eines Subjektivismus, der nur darum nicht auffällt, weil er im Wissenschaftsprozeß kollektiviert ist. Die Maschinenmodelle, an denen man sich orientiert, stellen willkürliche Setzungen dar, sie sind kaum theoretisch begründbar. Führende Vertreter der modernen Naturwissenschaften, von denen die Orientierung an Maschinenmodellen herkommt, haben längst erkannt, wie unangemessen diese den offenen Prozeßstrukturen des Lebendigen sind.[43] Miller, Galanter und Pribram zeigen manchmal eine

Ahnung davon, daß die scheinbare Überwindung des Subjektivismus mit Hilfe mechanischer Modelle ein Akt willkürlicher Setzung ist:

»Gewiß ist mehr daran als ein bloßer Triumph über den Subjektivismus, wenn der Psychologe bei jeder geglückten mechanischen Simulation materialistische Befriedigung spürt und seinen Theorien besser vertraut. Aber Maschinen sind nicht die einzige Methode, um sich 'Problemen gerade und ausweglos zu stellen'. In Wirklichkeit ist es vielmehr so, daß Psychologen am ehesten für die Funktionen, deren objektiver Charakter am wenigsten in Frage steht, Maschinen konstruieren, also dort, wo der drohende Subjektivismus am entferntesten ist.«[44]

Der Subjektivismus, den die positivistischen Psychologen als so extrem bedrohlich erfahren, erscheint ihnen immer dann, wenn menschliche Subjekthaftigkeit auftaucht. Ihren scheinbaren Kampf gegen den Subjektivismus führen sie undurchschaut primär gegen eine menschliche Subjektivität, die sich ihrem entfesselten Kontrollzwang nicht fügen will. Wo das menschliche Subjekt mit seinen potentiell offenen Möglichkeiten, seiner Selbsttätigkeit, seiner Spontaneität, aber auch seinen irrationalen Seiten auftaucht, wird es für die Positivisten zum Gegner. Was als menschliche Freiheit erscheinen könnte, ebenso wie das Dunkle des Unbewußten oder das Unberechenbare des Lebendigen, erzeugt bei ihnen rigide Abwehr. Es provoziert bei ihnen ängstigende Regungen, die sie mit Hilfe von Maschinenmodellen bekämpfen müssen. Ihre willkürliche Negation des Subjekthaften, das nicht im mechanisierten Kontrollzwang aufgehen will, erscheint den Agenten der autoritären Verdinglichung als frei von subjektiver Willkür. Der rationalisierte Kontrollzwang, von dem ihr Denken lebt, sorgt auch für Kontrollen, die verhindern, daß man sich dem Wesen seiner Praxis angemessen intellektuell zu stellen vermag.

Die Liebe zur umfassenden Kontrolle ist auch Psychologen eigen, die sich fortschrittlicher geben als die etablierten »Technokraten«. Klaus Holzkamp, das Schulhaupt einer Richtung der Psychologie, die sich als »Kritische Psychologie« bezeichnet, hat zweifellos einige wichtige Beiträge zur Kritik der positivistischen Psychologie geleistet, zeigt aber in seinen Texten mitunter eine Wortwahl, die vermuten läßt, daß auch er den Drang zur Herrschaft des Kontrolleurs nicht hinter sich gelassen hat. Die Begriffe, mit denen er das Bestehende analysiert und zukünftiges Besseres bestimmen will, drängen den Verdacht auf, daß das Ziel der menschlichen Emanzipation auch für ihn insgeheim darin besteht, daß sich Menschen als effizientere Kontrolleure betätigen dürfen. Der Fortschritt einer Gesellschaft mißt sich für ihn daran, in welchem Maß die Menschen in ihr zur »bewußten gesellschaftlichen Realitätskontrolle«[45] in der Lage sind. Solche Wortwahl sollte den, der über eine sprachliche Sensibilität verfügt, die für einen kritischen Psychologen selbstverständlich sein sollte, stutzig machen. Was heißt eigentlich »bewußte Realitätskontrolle«? Welche Realität sollte besser kontrolliert werden? Sicher wäre es sinnvoll, wenn die Menschen vorhandene gesellschaftliche Überstände so kontrollieren könnten, daß sie zu ihrer Abschaffung in der Lage wären. Aber sollen sie sich danach selbst noch ausgiebiger kontrollieren? (Das wäre die Utopie des Zwangsneurotikers.) Sollen sie andere Menschen noch mehr kontrollieren? Soll die äußere Natur, sollen etwa die Tiere einem menschlichen Kontrollverband noch mehr anheimfallen? Wäre eine freie Gesellschaft eine freie Assoziation von Kontrolleuren? Wäre in einer wirklich freien Gesellschaft die Realität primär zum Kontrollieren da? Man darf sich doch wohl vorstellen, daß sie dort so verändert wäre, daß man sie vielleicht eher lieben könnte, daß man sich häufiger mit ihr versöhnen könnte und damit der Kontrolle über sich selbst und die Realität im Zustand der Hingabe ledig wäre. Wenn Holzkamp nicht noch mehr kontrollieren will, ruft er nach mehr »Verfügung über die Lebensumstände«. Muß ein Sozialwissenschaftler mit einiger intellektueller Sensibilität das Wort »Verfügung« nicht mit obrigkeitlichen Anordnungen in Verbindung bringen?

Auch Freud, der Stammvater der Psychoanalyse, bei dem man lernen kann, welche unbewältigten psychischen Probleme die Kontrolleure unbewußt zu ihren Realitätsbezügen treiben, ist mitunter nicht ganz frei von Zügen ihrer Mentalität. »Wo Es war soll Ich werden«[46] lautet ihm zufolge die zentrale Aufgabe der Psychoanalyse. Eine solche Formulierung legt, auch wenn sie sicherlich noch andere Ausdeutungen zuläßt, den Gedanken nahe, daß das Subjekt allein dadurch mehr Freiheit erlangen kann, daß es danach strebt, sein Unbewußtes und seine Triebhaftigkeit einer möglichst umfassenden Kontrolle durch das Ich zu unterwerfen. Als ob es für die Freiheit des Subjekts nicht auch wesentlich wäre, zu lernen, sich vom Drängen des Es möglichst lustvoll treiben lassen zu können. Als ob das Ich nicht auch seine zwangsneurotische Abhängigkeit überwindet, indem es akzeptiert, daß die unendlich vielen, im Unbewußten gespeicherten lebensgeschichtlichen Erfahrungen, die das Subjekt als innere Mächte leben, niemals alle vom Bewußtsein des Ichs zu erfassen sind.

Freud war trotz solcher problematischen Formulierungen so klug, daß er wußte, daß der für die bestehende Gesellschaft typische Sozialcharakter als »Zwangscharakter« bezeichnet werden kann. Ihm zufolge ist für die westliche Kultur ein Typus Mensch repräsentativ, der tendenziell vom Zwang vergiftet ist, den er sich selbst antun muß, und der zugleich die Realität zwanghaft so zu kontrollieren bestrebt sein muß, daß sie nicht ein lebendiges Begehren wachruft, das seine rigide Selbstkontrolle bedroht. Nach dem, was oben angedeutet wurde, gibt es kaum einen Bereich, in dem der Zwangscharakter mehr zu Hause zu sein scheint, als in der universitären Psychologie. Die akademischen Kontrolleure, die die Psychologie, und nicht nur sie, dominieren, sind Opfer einer Gesellschaft, die sie ständig zwingt, sich zusammenzureißen und während ihrer Berufsarbeit ihre Sinnlichkeit zwanghaft zu negieren. Die mit Privilegien verbundenen Freiheiten, die ihnen an der Universität gewährt werden, erlangen sie nur dann, wenn sie sich ständig selbst, durch ihre verinnerlichten Polizisten, zu bestimmten Formen akademischer Diszipliniertheit zwingen können. Wer aber sich und die äußere Realität tendenziell auf bloße Objekte der Kontrolle zu reduzieren gezwungen ist, hilft, beiden das Leben auszutreiben. Da das sehr schwerfallen kann, rufen die Kontrolleure gerne nach machtvollen äußeren Autoritäten, die ihnen helfen, durch äußeren

Druck dieses schwierige Geschäft zu besorgen. Oder sie basteln an Gehäusen der Hörigkeit, in der Hoffnung, innere durch äußere Kontrollen abzustützen, die sie sich selbst auferlegen. Die Angst der Kontrolleure vor der Freiheit zwingt sie dazu, ständig selbst ihre eigene Unfreiheit, zu der ihr unfreies Denken gehört, zu organisieren.

Die Misere der Kontrolleure ist Ausdruck einer allgemeinen Misere der Subjektivität in der bürgerlichen Kultur, die deren Schattenseiten, losgelöst von ihren freiheitlichen Potentialen, repräsentiert. Die Vorstellungen von subjektiver Autonomie, die die bürgerliche Gesellschaft hervorgebracht hat, setzen auf einen Menschen, der sich mit Hilfe seiner Vernunft möglichst weitgehend selbst beherrschen soll. Daß zur menschlichen Freiheit auch gehört, sich von seinem Begehren möglichst genußvoll leben lassen zu können, kommt dabei leicht zu kurz. Das Subjekt, das allein auf die Autonomie seines Ichs setzt und dabei alles dessen kontrollierendem Verstand unterwerfen will, macht sich leicht eher zum Objekt der Selbstkontrolle als zum wirklich freien Menschen. Daß jeder sozusagen sein eigener Eigentümer sein soll, entspringt einer Ordnung des Privateigentums, die zu so rigiden Umgrenzungen der eigenen Sphäre zwingt, daß Offenheit sich oft kaum halten kann. Wo die Menschen freier sein wollen, müssen sie das kontrollierende Ich und seinen Verstand in Frage stellen können. Das bedeutet keinen neuen Irrationalismus, sondern aufklärerische Kritik an einem Ich, das zum lebensfeindlichen Instrument der Kontrolle verkommen ist. Die Freiheit der Menschen wächst nicht schlicht mit dem Maß der Kontrolle über das eigene Selbst und die äußere Realität. Sie hat eher mit dem Maß an Offenheit zu tun, das man anderen gegenüber aushält, sie hat mit der Fähigkeit zu tun, sich auf seine Mitmenschen einzulassen. Das Subjekt, das freier werden will, muß nicht mehr denken, es kann es denken lassen.[47] Es muß nicht sprechen, es kann es sprechen lassen. Es muß nicht lieben, es kann es lieben lassen. Es versucht nicht ständig, sein Leben einem kontrollierenden Verstand zu unterwerfen, es kann sich vielmehr leben lassen und ein lebendiges Denken entwickeln, das ihm dabei behilflich ist. Ein wirklich starkes Ich wäre weniger Kontrollinstanz, es könnte sich vielmehr die Schwäche leisten, sich vom Leben zum Tanzen bringen zu lassen. Das wäre freilich in der bestehenden Gesellschaft ein Tanz auf dem Vulkan. Aber ohne ihn ist weder ein richtiges Denken und Sprechen noch ein richtiges Leben zu erlangen. Man kann die Freiheit nicht bloß wollen, man muß sie auch geschehen lassen können: Das ist für den akademischen Zwangscharakter, auch für den, der sich als kritisch und links versteht, oft das Schwerste. Vielleicht fürchten wir alle nichts mehr als die Katastrophen der Befreiung, die manches an uns hinfällig sein lassen würden.

Anmerkungen

1 J.B. Watson, *Behaviorismus*. Köln 1968, S. 13
2 Ebd., S. 17
3 Ebd., S. 72
4 Ebd., S. 28
5 Ebd., S. 36
6 Ebd., S. 26
7 Ebd., S. 17
8 Ebd., S. 20
9 Ebd., S. 20
10 Ebd., S. 13
11 Ebd., S. 23
12 Ebd., S. 266
13 Ebd., S. 265
14 Ebd., S. 44
15 Ebd., S. 225
16 Ebd., S. 157
17 Ebd., S. 160
18 Ebd., S. 186
19 Ebd., S. 178
20 Ebd., S. 160
21 Ebd., S. 74
22 Ebd., S. 133
23 Ebd., S. 182
24 Ebd., S. 194f.
25 Ebd., S. 194
26 Ebd., S. 229
27 Ebd., S. 262
28 Ebd., S. 295
29 B.F. Skinner, *Jenseits von Freiheit und Würde*. Reinbek 1972
30 B.F. Skinner, *Futurum zwei*. Reinbek 1971
31 B.F. Skinner, *Was ist Behaviorismus*. Reinbek 1974, S. 40
32 Ebd., S. 42
33 Ebd., S. 28
34 Ebd., S. 160
35 Watson, a.a.O., S. 285
36 Skinner, a.a.O., S. 213
37 Siehe hierzu: R. Descartes, *Über die Leidenschaften der Seele*. Berlin 1911
38 Siehe hierzu z.B.: H.L. Dreyfuß, *Die Grenzen der künstlichen Intelligenz*. Frankfurt/M. 1980 oder: J. Weizenbaum, *Die Macht der Computer und die Ohnmacht der Vernunft*. Frankfurt/M. 1980
39 Siehe hierzu: A. Bamme u.a., *Maschinen-Menschen. Mensch-Maschine*. Reinbek 1983
40 Miller, Galanter, Pribram, *Strategien des Handelns*. Stuttgart 1973, S. 208
41 zitiert nach Miller u.a., a.a.O., S. 48
42 Ebd., S. 50
43 Siehe hierzu: H.-P. Dürr, *Das Netz des Physikers*. München 1988, S. 47
44 Miller u.a., a.a.O., S. 49
45 K. Holzkamp, *Gesellschaftlichkeit des Individuums*. Köln 1978, S. 161
In seinem Hauptwerk *Grundlagen der Psychologie* geht Holzkamp zum Glück mit dem Begriff der Kontrolle vorsichtiger um.
46 S. Freud, *Neue Folge der Vorlesungen zur Einführung in die Psychoanalyse*. GW XV, S. 86
47 Diese Feststellung will auf nichts irgendwie Metaphysisches hinaus. Sie will darauf hinweisen, daß Denkprozesse nicht unbedingt dem Willen des denkenden Subjekts gehorchen, sondern zustande kommen, wenn sie an der Zeit sind, wenn soziale Prozesse oder psychische Befindlichkeiten sie zulassen. Schon Nietzsche meinte, daß Gedanken dann kommen, wenn sie wollen. Ähnliche Feststellungen gelten für die folgenden Sätze.

Empirische Forschung als Form angepaßter Realitätsverleugnung - Zur Kritik der Experimentellen Psychologie

An der Universität gibt eine Richtung der Psychologie den Ton an, die sich am naturwissenschaftlichen Modell orientiert. Wissenschaftlichkeit ist für diese positivistische Psychologie gesichert, wenn methodische Standards eingehalten werden, die im Bereich der Naturwissenschaften entwickelt wurden. Diese Psychologie, die, unterstützt durch den Psychologenverband, Forschung und Lehre beherrscht, sieht im Experiment einen Königsweg zur Erfahrungsgewinnung, der theoretische Konstruktionen eindeutig zu überprüfen erlauben soll. Vor allem im Bereich der Grundlagenforschung dominiert die experimentell orientierte empirische Forschung. Wo »weichere« Methoden angewandt werden, weil akzeptiert wird, daß lebensweltliche Realitäten sich der Künstlichkeit vor allem des Laborexperiments widersetzen, wird der Verlust an Exaktheit gegenüber dem bedauert, was das strenge Experiment verspricht. Man bemüht sich deshalb darum, die methodische Abweichung vom strengen Ideal möglichst gering zu halten, dieses wird aber niemals grundlegend in Frage gestellt.

Die experimentelle Psychologie vermag mit durchaus sympathischen Ansprüchen aufzutreten: Sie will der Aufklärung über psychologische Sachverhalte dienen, indem sie die organisierte Erfahrung gegen die wildgewordene Spekulation hochhält. Sie propagiert die Orientierung an Tatsachen anstatt an bloßen Kopfgeburten, die reflektierte Beobachtung anstatt blindem Glauben. Diesem Anspruch steht eine ganz andere Realität im Bereich der Psychologie gegenüber. Experimentelle Betriebsamkeit dient hier der Austreibung des Geistes aus der Wissenschaft. Sie stellt pseudoreligiöse Grundhaltungen zur Verfügung, die der Realitätsverleugnung und der Heiligsprechung des Bestehenden dienen. Sie besorgt eine autoritäre Verhaltenskonditionierung, die unkritische Formen der Anpassung erleichtert.

Diese Behauptungen sollen im folgenden durch Elemente einer radikalen Kritik der experimentellen Psychologie untermauert werden. Diese Kritik will keine konsistenten Ableitungen versuchen, sie will nicht alle Widerspruchsebenen benennen, die in der Wissenschaftspraxis vorkommen mögen. Ihr Interesse ist es vielmehr, psychologische, soziologische und wissenschaftstheoretische Aspekte einer Kritik vorzutragen, die zum Nachdenken provozieren sollen. Anhänger der experimentellen Psychologie neigen dazu, die Kritik an ihrem Tun für überholt zu erklären. Die grundlegende Kritik an ihrer Praxis, die in der Vergangenheit geübt wurde, soll angeblich durch deren neuere Entwicklungen überholt sein. Analysiert man aber gegenwärtig repräsentative Werke dieser Richtung der Psychologie, wie z.B. das von Sarris und Parducci herausgegebene *Die Zukunft der experimentellen Psychologie*[1], so kann man unschwer zu dem Ergebnis kommen, daß die kritische Reflexion der eigenen Praxis immer dann abgebrochen wird, wenn die überkommenen Regeln wirklich zur Disposition gestellt werden müßten.

I. Gedankenexperimente zu psychologischen Experimenten

Wissenschaft und Gehorsamsbereitschaft

Experimentelle Psychologen, die sich kritisch vorkommen, ohne es wirklich zu sein, stellen gerne das Milgram-Experiment vor.[2] Mit seiner Hilfe wollen sie dartun, wie man mit Experimenten demonstrativ auf schockierende Realitäten hinweisen kann. Bei dieser sehr bekannten Untersuchung soll es sich um ein Experiment zur Gehorsamsbereitschaft gegenüber der Autorität handeln. In seinem Rahmen sollte überprüft werden, ob man Versuchspersonen mit Hilfe der Anweisung von Versuchsleitern dazu bringen kann, andere Menschen, die bei der Durchführung bestimmter Aufgaben versagt haben, mit Hilfe von Elektroschocks zu bestrafen. Die Durchführung des Experiments zeigte, daß eine erschreckend hohe Zahl von Versuchspersonen bereit war, anderen Menschen auf Anweisung Elektroschocks zu verabreichen. Wären die Versuchspersonen nicht getäuscht worden und hätten sie die verordneten Schocks wirklich verabreicht, hätten diese extrem schmerzlich gewirkt oder gar zum Tode führen können. Milgram faßt die Methodik seiner Untersuchung folgendermaßen zusammen:

»In unserer Experimentalsituation muß die Versuchsperson einen Konflikt zwischen zwei miteinander unverträglichen Forderungen der Gesellschaft lösen. Sie kann beständig den Befehlen des Versuchsleiters gehorchen und dem Schüler zunehmend stärkere Schocks zufügen, oder sie kann sich weigern, die Befehle auszuführen, und statt dessen auf das Flehen des Schülers achten. Die Autorität des Versuchsleiters operiert nicht in einem wertfreien Feld, sondern gegen den beständig zunehmenden Gegendruck der bestraften Person.

Diese Situation im Labor bietet uns den Rahmen, innerhalb dessen wir die Reaktionen der Versuchsperson auf den Hauptkonflikt unseres Experiments untersuchen können. Noch einmal: dieser Konflikt besteht zwischen der Forderung des Versuchsleiters, die Versuchsperson soll weiterhin die Elektroschocks anwenden, und den zunehmend dringlichen Bitten des Schülers, das Experiment abzubrechen. Die Schwierigkeit unserer Untersuchung liegt darin, daß die Faktoren die wir als maßgebend für eine Änderung des Ausmaßes an Gehorsam vermuten, systematisch variiert werden müssen und daß wir herausfinden müssen, unter welchen Bedingungen Unterordnung unter Autorität am meisten wahrscheinlich ist und unter welchen Umständen Widerspruch gegen Autorität bewirkt wird.

Die Laborsituation konzentriert die Grundfaktoren, die bei Gehorsamsakten im normalen Lebensbereich auftreten, in einer Weise, daß sich die wesentlichen Bestandteile auf einem relativ begrenzten Schauplatz zeigen und hier wissenschaftlich genau untersucht werden können. Die Bedeutung der Laborsituation ergibt sich aus der Tatsache, daß wir in ihr (und die Versuchsperson an sich selbst) erfahren können, in welcher Weise sich gleichzeitige antagonistische Kräfte auswirken, die in einem normalen Lebensbereich kaum jemals im gleichen Moment auftreten«.[3]

Bei der Analyse der schockierenden Ergebnisse seiner Versuchsreihen bedient sich Milgram sehr vager generalisierender Interpretationen. Die Gehorsamsbereitschaft hat bei ihm mit dem Wert von Hierarchien für das Überleben der Menschen zu tun. Sie wird mit Hilfe der Sprache der Kybernetik erklärt. Das Verhalten der Versuchspersonen wird mit Hilfe sehr abstrakter Gleichgewichtsmodelle gedeutet, in denen »Bindungsfaktoren«, »Agens-Zustände« oder ein bestimmtes Verhältnis von »In- und Output« wirksam werden sollen. Derartige Deutungsmuster weisen auf ein später darzustellendes typisches Dilemma der experimentellen Psychologie. Der reflektierten Konstruktion von experimentellen Realitäten folgt die sehr problematische Übertragung der Ergebnisse von Experimenten auf die soziale Realität.

Milgrams generalisierende Interpretationen können der Verleugnung eines realen Problems dienen: der Verleugnung des Problems, daß das Verhalten der Versuchspersonen nicht durch die Autorität im allgemeinen, sondern durch die Autorität der Wissenschaft, in diesem Fall durch die Autorität der Psychologie, bzw. derjenigen, die sie repräsentieren, hervorgebracht wird. Die Weigerung, darüber nachzudenken, was es bedeutet, daß die erschreckende Gehorsamsbereitschaft, die vorgeführt wird, zunächst eine Gehorsamsbereitschaft gegenüber der Autorität des wissenschaftlichen Psychologen ist, verweist auf einen Mangel an kritischer Selbstreflexion bei Psychologen, der erstaunen sollte. Dieser Mangel ist übrigens nicht nur bei Milgram auszumachen, sondern auch bei denen, die sein Experiment, etwa unter moralischen oder methodischen Gesichtspunkten, kritisieren.

Die Versuchspersonen Milgrams wurden durch einen öffentlichen Aufruf für das Experiment gewonnen, der von »Prof. Stanley Milgram, Department of Psychology, Yale-University, New Haven Connecticut«[4] an sie gerichtet wurde. »Das Experiment wurde in dem eleganten Laboratorium für zwischenmenschliche Beziehungen der Yale-Universität durchgeführt. Dieser Umstand ist für die von den Versuchspersonen angenommene Legitimität des Experiments von Bedeutung«.[5] Der Versuchsleiter stellt die Versuchspersonen mit Hilfe von Instruktionen auf die experimentelle Situation ein, aus denen klar hervorgeht, daß sie Psychologen bei der Überprüfung von Theoriekonstruktionen behilflich sein sollen. Alle diese Faktoren weisen darauf hin, daß im Experiment primär Gehorsamsbereitschaft gegenüber Psychologen und ihrer Wissenschaft sichtbar wurde und nicht Gehorsamsbereitschaft im allgemeinen. Die Versuchspersonen gehorchen Wissenschaftlern, die als Repräsentanten der Universität auftreten und ihr Verhalten mit Hilfe der Wissenschaft Psychologie begründen.

Stellt man das in Rechnung, kann man das Experiment ganz anders interpretieren, als es Milgram tut. Man kann z.B. zu folgenden Schlüssen kommen: »Normale« Menschen zeigen typischerweise ein infantiles, unreifes Verhalten gegenüber Psychologen, sie zeigen ihnen gegenüber eine blinde Gläubigkeit und Autoritätshörigkeit. Psychologen wollen nicht wahrhaben, daß sie eine Rolle spielen, die bei anderen autoritäre Abhängigkeit hervorruft. Dies vermutlich deshalb, weil sie sich gerne auf unkritische Art mit der Autorität des qualifizierten Menschenkenners schmücken, die für Laien mit fragwürdigen Formen der Aura verknüpft ist und damit dem Experten problematischen narzißtischen Gewinn beschert. Gestattet man sich derartige Vermutungen, so ist man mit der Frage konfrontiert, ob die psychologische Wissenschaft, die vorgibt der Aufklärung und damit der Befreiung der Menschen von blinden Zwängen zu dienen, nicht eher eine Institution ist, die dazu dient, Formen der Unterwerfungsbereitschaft hervorzubringen oder zu stabilisieren. Die Untersuchung kann auf ein Problem hinweisen, dessen Verleugnung Milgrams eigene Interpretation dient, indem sie es nur bei den Versuchspersonen ansiedelt. Auf das Problem nämlich, inwiefern die psychologische Wissenschaft ein totalitäres Potential in sich trägt, über das Wissenschaftler nachzudenken hätten.

Der Mensch als Störfaktor

Das psychologische Experiment soll, der etablierten Forschungslogik zufolge, einen Königsweg zur Erfahrungsgewinnung zur Verfügung stellen. Zu ihrem Bedauern muß die Sozialpsychologie des Experiments darauf hinweisen, daß in experimentellen Situationen »Störfaktoren« auftreten können, die diesen Königsweg in Frage stellen.[6] Experimente werden von »Störfaktoren« bedroht, die darin begründet sind, daß Menschen nicht exakt kontrollierbar und verplanbar sind. Mit Hilfe eines Experiments soll, simpel formuliert, die Abhängigkeit zwischen unabhängigen und abhängigen Variablen überprüft werden. Soll diese Überprüfung exakt gelingen, müssen andere, in der experimentellen Situation wirksame Faktoren möglichst weitgehend unter Kontrolle gehalten werden. Dabei erweisen sich die Versuchspersonen als »Träger von Faktoren«, die diese Kontrolle gefährden. Die Forschung verweist unter anderem auf folgende »Störfaktoren«:

- Die verschiedenen Versuchspersonen bringen besondere lebensgeschichtliche Erfahrungen in die experimentelle Situation ein. Bestimmte individuelle Erfahrungen beeinflussen die Einstellung gegenüber der experimentellen Situation. Das hat zur Konsequenz, daß Versuchspersonen der experimentellen Situation einen verschiedenen Sinn und eine verschiedene Bedeutung verleihen, die nur schwer zu kontrollieren sind. Die von der experimentelle Methode verlangte Austauschbarkeit der Versuchspersonen ist damit in Frage gestellt.
- Die Versuchspersonen lernen durch die Erfahrungen, die sie während der Durchführung eines Experiments machen. Das kann zur Konsequenz haben, daß die Wiederholung eines Experiments mit denselben Versuchspersonen zu einem

anderen Ergebnis führt, als es beim ersten Mal auftrat. Dies stellt die methodische Forderung nach der Wiederholbarkeit von Experimenten in Frage.

- Versuchspersonen wollen sich nicht vom Versuchsleiter in Unwissenheit halten lassen oder täuschen lassen. Sie suchen vielmehr eine ihnen verborgene oder durch systematische Täuschung verhüllte Hypothese, die mit Hilfe des Experiments getestet werden soll, zu raten und richten ihr Verhalten danach aus.
- Versuchspersonen machen häufig etwas anderes, als sie tun sollen, sie sind nicht bereit, sich strikt an Anweisungen des Versuchsleiters zu halten.
- Versuchspersonen lassen sich durch die subjektive Besonderheit des Versuchsleiters in ihrem Verhalten beeinflussen. Ob sie den Versuchsleiter sympathisch oder unsympathisch finden, beeinflußt zum Beispiel ihre Reaktionen und erschwert es, allgemeingültige Muster zu finden.

Was die Störfaktorenforschung ermittelt hat, kann man auch auf andere Art ausdrücken: Versuchspersonen in psychologischen Experimenten denken zuviel, sie sind nicht dumm und teilnahmslos genug. Sie lernen durch Erfahrungen. Sie folgen Anordnungen von oben nicht unbedingt. Sie wollen nicht darauf verzichten, die Realität zu gestalten. Sie nehmen die individuelle Besonderheit anderer Menschen zur Kenntnis, sie sind, in anderen Worten, zu human. Zusammengefaßt formuliert: Was Menschen zu Subjekten macht, was ihr Potential an menschlicher Freiheit ausmacht, wird in experimentellen Situationen zum Störfaktor. Die ideale Versuchsperson ist eine, die sich den Wahlspruch des Helden in einem Stück von Bertolt Brecht zu eigen macht: »Ich will aber gar kein Mensch sein.«

Erkenntnisgewinn durch Tierquälerei?

Um den wesentlichen Problemen zu entkommen, die die menschliche Psyche aufwirft, hat die akademische Psychologie verschiedene Lösungswege eingeschlagen. Weil es in der Praxis Schwierigkeit macht, ihnen zu entrinnen, kann man sie wenigstens in der Theorie abschaffen, indem man sie methodisch begründet nicht in seine Denkgebäude aufnimmt. Man kann auch, anstatt die Methoden der menschlichen Psyche anzupassen, versuchen, Menschen durch Druck den Methoden anzupassen, man kann sie zu Einstellungen und Verhaltensweisen bewegen, die sich diesen fügen. Man kann Menschen in experimentellen Situationen die aus methodischen Gründen allein interessierenden kontrollierbaren und berechenbaren Verhaltensweisen abverlangen. Da Menschen dazu häufig zuviel menschliche Autonomie zeigen, hat die Psychologie sich lange damit beschäftigt, sie durch Tiere zu ersetzen, die sich in ihrem Sinn besser beherrschen lassen. Donald O. Hebb, ein führender naturwissenschaftlich orientierter Psychologe, schreibt in seiner *Einführung in die moderne Psychologie*[7], die unzählige Anfängerstudenten in sich aufnehmen mußten: »Man kann am Menschen nicht nur keine experimentelle Chirurgie durchführen, man kann mit ihm auch keine Züchtungs- und Aufzuchtsexperimente machen. Wir können Kinder nicht in vollkommener Isolierung aufziehen, nur um zu sehen, ob eine solche Behandlung sich in irgendeiner Form auf die Intelligenz auswirkt oder zu anderem abnormen Verhalten führt. Mit Tieren hingegen kann man das machen. Aber abgesehen davon sind Menschen für Aufzucht- und Züchtungsexperimente allein deshalb ungeeignet, weil es solange dauert, bis ein Kind endlich herangewachsen ist.«[8] Tierexperimente spielten für die Entwicklung der sowjetischen Psychologie und für den amerikanischen Behaviorismus, der lange Zeit die westliche Psychologie dominierte, eine zentrale Rolle. Beide Theorierichtungen wirken noch heute in der Psychologie fort, weil sie u.a. entscheidenden Einfluß auf die Entwicklung experimenteller Settings im Rahmen der Psychologie gehabt haben. Tierexperimente finden heute weniger Interesse, weil man akzeptiert hat, daß Menschen und Tiere sich durch ein unterschiedliches phylogenetisches Entwicklungsniveau auszeichnen und in ihrem Verhalten auf eine unterschiedlich artspezifische Umwelt bezogen sind, was die Übertragung von Befunden aus der Tierforschung auf Menschen problematisch macht. Trotzdem wird in den gängigen Psychologielehrbüchern noch häufig auf Experimente verwiesen, die mit Tieren gemacht wurden.

Bisher hat, was eigentlich im Zeitalter der Ökologie erstaunlich sein müßte, kaum eine kritische Reflexion auf das stattgefunden, was Psychologen Tieren in Experimenten angetan haben. Ein prominenter wissenschaftlicher Autor wie Seligman schreibt zum Beispiel im Vorwort zu seinem Buch *Erlernte Hilflosigkeit*:

> »Da der Stoff dieses Buches zum größten Teil aus Experimenten stammt, muß ich zunächst ein paar Worte über ethische Fragen sagen. Viele der Experimente, die ich beschreiben werde, mögen besonders Naturwissenschaftlern grausam vorkommen: Tauben erhalten kein Futter, Hunde bekommen elektrische Schläge, Ratten werden in kaltes Wasser geworfen, Affenkinder werden von ihren Müttern getrennt, und alle Experimentaltiere werden ihrer Freiheit beraubt und in Käfigen gefangen gehalten. Sind solche Manipulationen ethisch vertretbar? Meiner Ansicht nach sind sie nicht nur im großen und ganzen vertretbar, sondern es wäre vielmehr unvertretbar, wenn Wissenschaftler, deren grundsätzliche Verpflichtung darin besteht, menschliche Not zu lindern, derartige Experimente unterließen. Meiner Meinung nach sollte sich jeder Wissenschaftler, der ein Tierexperiment plant, eine Frage stellen: wie wahrscheinlich ist es, daß die Schmerzen und Entbehrungen, die dieses Tier erleiden wird, eindeutig durch die dadurch erreichbare Erleichterung menschlicher Schmerzen und Entbehrungen aufgewogen wird? Lautet die Antwort: 'sehr wahrscheinlich', dann ist das Experiment gerechtfertigt.
>
> Jeder, der einige Zeit mit schwer depressiven Patienten oder erwachsenen Schizophrenen verbracht hat, kann das Ausmaß ihres Leidens einschätzen; sich der Forderung, auf Tierexperimente zu verzichten, anzuschließen, hieße, das Leiden von Mitmenschen zu ignorieren. Tierexperimentelle Forschung unterlassen bedeutet, Millionen Menschen ihrem Elend zu überlassen.«[9]

Auch wenn man die Ansicht vertritt, daß Tierexperimente im Interesse kranker Menschen ihre Berechtigung haben können, sollte einen ein derartig gutes Gewissen erschrecken. Es wäre doch zuerst einmal genau nachzuweisen, wo Tierexperimente zur Überwindung von menschlichem Elend wirklich etwas geleistet haben. Empirisch orientierte Forscher sollten ihre Äußerungen, ihrem Anspruch nach, auch empirisch überprüfen. Zum anderen ist die Gleichgültigkeit gegenüber dem

Leiden von Tieren, von der Tierexperimente notwendig geprägt sind, auf jeden Fall eine genauere psychologische Analyse wert.

Im folgenden soll ansatzweise versucht werden, sie in Auseinandersetzung mit Donald Hebbs schon erwähnter *Einführung in die moderne Psychologie* in Angriff zu nehmen. Andere Bücher können ohne weiteres an seiner Stelle stehen. Hebb steht in der behavioristischen Tradition, die jahrzehntelang die westliche Universitätspsychologie bestimmt hat. Der Behaviorismus mißtraut der menschlichen Selbstreflexion, der Fähigkeit der Menschen zu dem, was er als »Introspektion« bezeichnet, er hat deshalb die Psychologie auf äußerlich beobachtbares Verhalten verwiesen. Mit der Beobachtung von tierischem Verhalten sollen Lerngesetze ermittelt werden, die auf menschliches Verhalten übertragen werden können. Zu den vielen Untersuchungen an Tieren, die Hebb vorstellt, gehören z.B.:

- Es wird untersucht, ob Ratten Formen und Gestalten unterscheiden können, wobei ein besonderes Interesse der Wahrnehmung von Dreiecken gilt.
- Tiere, besonders Ratten, werden in Labyrinthe gesperrt, um herauszufinden, ob man bei ihnen Lernprozessen provozieren kann, die es ihnen erlauben, einen Weg nach draußen zu finden.
- Tiere werden in sozialer Isolierung gehalten, um zu untersuchen, wie sich das auf ihr Verhalten auswirkt. So wurden Hunde, nachdem sie in völliger Isolation aufgezogen wurden, mit einer Nadel gestochen, mit einem glühenden Streichholz verbrannt, oder es wurde ihnen auf den Schwanz getreten, um zu sehen, welche Reaktion sie darauf zeigten.
- Besonderer Beliebtheit erfreuen sich Versuchsanordnungen, mit deren Hilfe man Tieren elektrische Schläge verpassen kann. Die elektrische Ladung eines Gitterrosts bringt Tiere dazu, zu scheißen oder sich vor Schmerzen zu krümmen, bevor es ihnen gelingt, Hindernisse zu überwinden, mit denen sie dieser Situation unter Umständen entkommen können. Man kann untersuchen, wieviel Stromschläge welcher Stärke man braucht, um Tiere dazu zu bewegen, Hebel zu drücken, über Hindernisse zu springen oder zu verenden. Besonders berühmt ist ein Experiment von Miller, das als »Grundexperiment« zur Angsterzeugung gilt. Es läßt sich folgendermaßen zusammenfassen:

»Der amerikanische Psychologe N.E. Miller hat für das Lernen von Angst-Reaktionen bei Ratten 1948 eine einfache Versuchsanordnung verwendet, die seither zum Grundexperiment der Angst-Erzeugung geworden ist. Für die Versuchstiere wird ein zweigeteilter Käfig bereitgehalten. Die eine, weiß gestrichene Kammer hat einen Metallrost als Boden, durch den elektrische Schläge appliziert werden können. Sie ist von der danebenliegenden, schwarz gestrichenen Kammer durch eine Zwischenwand getrennt, die vom Versuchsleiter entfernt, aber auch von der Ratte mittels einer drehbaren Rolle oder eines Hebeldrucks geöffnet werden kann. Im Vorversuch überzeugt man sich davon, daß das Versuchstier ohne elektrische Reizung und bei geöffneter Tür keine der beiden Kammern bevorzugt. Dann wird ein Tier nach dem anderen in der Kammer mit dem Rost zehnmal hintereinander elektrisiert. Wenn es sogleich in die offene Kammer nebenan flieht, schließt sich die Tür hinter ihm, und das Tier hat 30 Sekunden in dem elektrizitätsfreien dunklen Käfigabteil Ruhe. Es lernt dabei zunächst einmal, sich in den harmlosen, reizlosen Raum zu flüchten. Diese einfache Fluchtreaktion lernen alle Versuchstiere. Darauf wird jedes Tier fünfmal in die Kammer mit dem Rost gebracht, der nicht mehr unter Strom steht. Wenn sich jetzt das Tier der geschlossenen Tür zum Nebenabteil nähert, wird diese vom Versuchsleiter sogleich geöffnet, so daß es Einlaß in den ungefährlichen Raum erhält. Sich auch ohne neue Elektrisierung in den geöffneten Nebenraum zu flüchten, lernen wiederum alle Versuchstiere. In einer weiteren Versuchsreihe von 16 Durchgängen ohne Stromschläge lernt aber nur mehr die Hälfte der Versuchstiere, sich der Rolle oder des Hebels zu bedienen, um in den gefahrlosen Nebenraum zu entkommen, falls die Tür nicht vom Versuchsleiter geöffnet wird. Die restlichen Tiere, die das nicht lernen, zeigen ein angstanaloges Verhalten, indem sie urinieren, koten, sich krümmen, ohne daß erneute elektrische Schläge auf sie einwirken .... Spätere Versuche von Miller ergaben eine Intensivierung dieses Meidetriebs bei steigender Schmerzeinwirkung, gemessen an der Reaktionsgeschwindigkeit bzw. an der Herabsetzung der Latenzzeit.«[10]

- Man versucht, die Festigkeit von Verhalten zu untersuchen. Dafür ist es z.B. interessant, Tiere zu kastrieren und dann zu sehen, ob sie trotzdem noch versuchen, ein Paarungsverhalten zustande zu bringen. Das Ergebnis:

  »Sogar bei Tieren, deren Genitalien entfernt sind, kann Paarungsverhalten beobachtet werden, das bis zu dem Punkt abläuft, an dem Begattung und Ejakulation erfolgen sollten. Hier fehlt ein wichtiger Reflex, trotzdem ist das instinktive Verhalten erkennbar und, soweit es mechanisch möglich ist, auch vollkommen.«[11]

- Man zerstört Hunden das Rückenmark, um zu sehen, auf welche Reize sie danach noch zu reagieren in der Lage sind. Das Ergebnis:

  »Hunde, deren Rückenmark in der Halsgegend durchgetrennt ist, reagieren noch.«[12]

Sogar wenn man nicht davon ausgeht, daß derartige Forschungen, trotz gegenteiliger Beteuerungen, kaum etwas dazu beigetragen haben, menschliches oder tierisches Leid überwinden zu helfen, sollte man sich die Frage stellen können, wieviel latenter Sadismus in einer Wissenschaft enthalten sein muß, die eine derartige Neigung zum Quälen von Tieren entwickelt hat. Man könnte zu der Forderung kommen, daß das »Psychologenpack« wenigstens die Tiere in Ruhe lassen könnte!

Versucht man einen derart obzönen Umgang mit Tieren zu verstehen, so kann man mit Hilfe einer psychoanalytisch inspirierten Spekulation auf den Gedanken kommen, daß Psychologen an Tieren unbewußt die Probleme exekutieren, denen sie sich intellektuell nicht zu stellen vermögen. Tiere müssen in Experimenten vielleicht verwandte Formen der Gewaltsamkeit erfahren, wie sie Menschen in der bestehenden Gesellschaft erleiden, Formen der Gewaltsamkeit, die von Psychologen bewußtlos weitergegeben werden, anstatt sie kritisch auf den Begriff zu bringen. Eine Psychologie, die die Selbstreflexion aus methodischen Gründen diskriminiert, weil sie sich am naturwissenschaftlichen Erkenntnisideal orientieren will, erlaubt es nicht, sich dem eigenen, subjektiv erfahrenen Leiden zu stellen. Wird es deshalb an Tieren bewußtlos dargestellt? Kehren die verdrängten subjektiven Erfahrungen in Tierexperimenten wieder?

Der prominente amerikanische Behavorist Tolman behauptet paradoxerweise, »daß er seine Tierversuche in der Weise entwirft, daß er sich zuvor fragt, was er selbst in einer gegebenen Situation tun würde.«[13] Er sieht also Tiere so, wie er sich selbst sieht. Watson, der Stammvater des Behaviorismus, läßt in einer biographischen Skizze verlauten, warum ihm Tierexperimente lieber sind als Menschenexperimente. Er komme sich Menschen in Experimenten gegenüber unsicher und künstlich vor, aber »with animals I was at home«.[14] Der englische Philosoph Russel äußerte dem prominenten Behavioristen Skinner zufolge, »daß die Tiere, die von amerikanischen Behavioristen in ihren Experimenten untersucht würden, sich wie Amerikaner benehmen, während sich die Versuchstiere der Deutschen wie Deutsche verhalten«.[15] Nimmt man diese Äußerungen prominenter Psychologen im Hinblick auf ihre unbewußten Nebenbedeutungen ernst, kann man zu der Vermutung gelangen, daß Psychologen ihre zentralen psychologischen Probleme mit Tieren »veranstalten«, weil sie von ihnen selbst nicht angemessen intellektuell bearbeitet werden können. Wenn das stimmt, agieren sie unbewußt mit Hilfe von Tieren schmerzliche Probleme aus, denen sie begriffslos verfallen sind. Man kann im Horizont eines solchen Gedankenexperiments zum Beispiel die folgenden Fragen in Bezug auf den unbewußten Gehalt der oben angeführten Tierexperimente aufwerfen:

- Müssen Tiere in eigentümlichen Veranstaltungen Dreiecke anstarren, weil Dreiecke für Menschen eine besondere Bedeutung erlangen können? René Spitz hat aufgezeigt, daß die Wahrnehmung des Säuglings, der das Gesicht der Mutter fixiert, an ein Dreieck gebunden ist, das von ihren Augen und ihren Zähne gebildet wird.[16] Die erste spezifisch menschliche Wahrnehmung, über die Psychologen nachzudenken hätten, wäre danach mit einem Dreieck verknüpft. Tiere, besonders Ratten, haben etwas »Tierisches« an sich, das es erlaubt, sie symbolisch mit sexuellem Begehren in Verbindung zu setzen. Ratten- und Mäusephobien haben nach psychoanalytischen Einsichten etwas mit verdrängtem sexuellem Begehren zu tun. Haben die Dreiecke, die Ratten in Experimenten wahrnehmen sollen, nicht vielleicht etwas mit den Dreiecken zwischen den Beinen zu tun, bei denen man nie genau weiß, ob man sie ansehen darf oder nicht, und an denen sich die bedrohliche Geschlechterdifferenz zeigt. Sollten derartige Vermutungen sinnvoll sein, wäre es wohl angemessener, unmittelbar über die Schwierigkeiten nachzudenken, die Menschen haben, anderen unter die Augen zu treten oder die schmerzlichen Geheimnisse ihrer Sexualität zu ergründen.
- Lassen vielleicht Psychologen Tiere durch Labyrinthe irren, aus denen sie einen Ausweg suchen sollen, weil sie ihre Psyche als ein Gefängnis erfahren, in das sie eingesperrt sind, in dem sie wie in einem Labyrinth herumirren müssen? Sind Menschen in dieser Gesellschaft nicht allzu häufig in soziale Gefängnisse gesperrt, aus denen sie kaum einen Ausweg zu finden vermögen?
- Hat die grausam inszenierte Isolierung von Tieren nicht etwas mit der schmerzlichen Einsamkeit zu tun, zu der viele Menschen bei uns verurteilt sind?
- Haben die Ängste, die bei Tieren gewaltsam erzeugt werden, um sie zu bewegen, Hierarchien von Hindernissen zu überwinden, nicht etwas mit dem Leiden zu tun, das Menschen angetan wird, damit sie z.B. bestrebt sind, angepaßt in sozialen Hierarchien höherzuklettern?

- Werden vielleicht Tiere kastriert, weil - in einem sehr verschiedenen Sinn - Impotenten nicht klar ist, ob sie noch vögeln können?
- Wird vielleicht Tieren das Rückgrat zerstört, weil Psychologen zu wenig davon haben?

Derartige Spekulationen kann ein »seriöser« Psychologe als bloße, empirisch kaum überprüfbare Behauptungen abtun. Psychologen aber, die zum Denken wirklich fähig wären, hätten die massenhaft gesellschaftlich erzeugten psychischen Probleme von Menschen kritisch zu analysieren, die ihre Kollegen an Tieren bewußtlos exekutieren.

II. Zur wissenschaftstheoretischen Kritik der Experimentellen Psychologie

Objektivität als kollektivierte subjektive Willkür

Für die gängige positivistische Psychologie ist objektive Erkenntnis, die subjektive Willkür hinter sich läßt, durch die Anwendung von Methoden erreichbar. Objektivität wird für sie durch die Beachtung von bestimmten methodischen Standards garantiert. Für naturwissenschaftlich orientierte Psychologen soll die experimentelle Beobachtung objektive Erkenntnis garantieren helfen. Wiederholbare Experimente, die zu gleichen Ergebnissen führen, sollen die Basis von gesicherten Erfahrungen liefern, die dem bloß Subjektiven entronnen sind. Austauschbare Beobachter und Versuchspersonen sollen die Wissenschaft dem Subjektivismus entreißen. Das methodische Ideal ist die experimentell reproduzierbare Tatsache, deren Beschreibung die Form allgemeingültiger Sätze hat. Der Einsatz des Experiments als methodisches Instrument, das in der Psychologie wissenschaftliche Seriosität garantieren soll, kann sich aber, von seinen Anhängern unbemerkt, als abhängig von theoretischer Schlamperei entpuppen, hinter der sich willkürlich subjektivistische Setzungen verbergen.

Dem naiven wissenschaftstheoretischen Verständnis der meisten experimentellen Psychologen zufolge soll das Experiment der kontrollierten Beobachtung der Realität dienen. Dabei wird leicht übersehen, daß sich das Experiment keineswegs notwendig an der vorhandenen Realität orientiert: Die experimentelle Realität wird nämlich nach theoretischen Konstruktionen künstlich erzeugt. Die Wirklichkeit des Experiments wird sozusagen nach einem Gedanken, nach einer Idee erzeugt; die experimentelle Psychologie verfährt »vulgäridealistisch«. Psychologische Alltagsrealitäten oder natürliche Realitäten erscheinen im Experiment keineswegs unmittelbar, die experimentelle Realität ist eine vom Forscher konstruierte Realität. Mit Hilfe des Experiments sucht der Verstand keineswegs einen Dialog mit seinen Forschungsgegenständen, in dem er auf ihr Wesen hört, er sucht vielmehr herauszufinden, ob er sie sich unterwerfen kann. Die Vernunft hält, wie schon Kant herausgearbeitet hat, mit Hilfe des Experiments »Gericht über die Realität«. Im Vorwort zur zweiten Auflage der *Kritik der reinen Vernunft* schreibt Kant in bezug auf naturwissenschaftliche Forschung:

»Als Galilei seine Kugeln die schiefe Fläche mit einer von ihm selbst gewählten Schwere herabrollen, oder Torricelli die Luft ein Gewicht, was er sich zum voraus dem einer ihm bekannten Wassersäule gleich gedacht hatte, tragen ließ, oder in noch späterer Zeit Stahl Metalle in Kalk und diesen wiederum in Metall verwandelte, indem er ihnen etwas entzog und wiedergab: so ging allen Naturforschern ein Licht auf. Sie begriffen, daß die Vernunft nur das einsieht, was sie selbst nach ihrem Entwurfe hervorbringt, daß sie mit Prinzipien ihrer Urteile nach beständigen Gesetzen vorangehen und die Natur nötigen müsse, auf ihre Fragen zu antworten, nicht aber sich von ihr allein gleichsam am Leitbande gängeln lassen müsse; denn sonst hängen zufällige, nach keinem vorher entworfenen Plane gemachte Beobachtungen gar nicht in einem notwendigen Gesetze zusammen, welches doch die Vernunft sucht und bedarf. Die Vernunft muß mit ihren Prinzipien, nach denen allein übereinkommende Erscheinungen für Gesetze gelten können, in einer Hand, und mit dem Experiment, das sie nach jenen ausdachte, in der anderen, an die Natur gehen, zwar um von ihr belehrt zu werden, aber nicht in der Qualität eines Schülers, der sich alles vorsagen läßt, was der Lehrer will, sondern eines bestallten Richters, der die Zeugen nötigt, auf die Fragen zu antworten, die er ihnen vorlegt. Und so hat sogar Physik die so vorteilhafte Revolution ihrer Denkart lediglich dem Einfalle zu verdanken, demjenigen, was die Vernunft selbst in die Natur hineinlegt, gemäß, dasjenige in ihr zu suchen (nicht ihr anzudichten), was sie von dieser lernen muß, und wovon sie für sich selbst nichts wissen würde.«[17]

und

»Bisher nahm man an, alle unsere Erkenntnis müsse sich nach den Gegenständen richten; aber alle Versuche, über sie a priori etwas durch Begriffe auszumachen, wodurch unsere Erkenntnis erweitert würde, gingen unter dieser Voraussetzung zunichte. Man versuche es daher einmal, ob wir nicht in den Aufgaben der Metaphysik damit besser fortkommen, daß wir annehmen, die Gegenstände müssen sich nach unserem Erkenntnis richten.«[18]

Etwas von dem, was Kant schon vor 200 Jahren feststellte, hat inzwischen auch die wissenschaftstheoretische Reflexion von positivistischen Psychologen erreicht. Dies freilich, ohne daß diese die angemessene Konsequenz daraus ziehen, nämlich den Bankrott ihrer wissenschaftlichen Anstrengungen zu akzeptieren. Wie der aufgeklärte Positivist Theo Hermann herausgearbeitet hat, bezieht sich die experimentelle Psychologie nicht auf irgendwelche, den Menschen widerfahrende Alltagsereignisse. Es gilt vielmehr:

»Empirische Ereignisse, auf die sich Theorien beziehen, sind so in spezifisch geregelter Weise gemacht; sie sind theoretisch konstituiert. Theorien beziehen sich nicht schlechthin auf irgendwelche den Menschen widerfahrende Ereignisse des Alltags.«[19]

Und:

»Unsere theoretisch-methodische Tätigkeit geht zugleich in die Bestimmung dieses Tatsächlichen ein. Insofern widerfahren uns theoretisch konstituierte Ereignisse nicht, sondern wir machen (!) sie auf der Basis spezifischer Voraussetzungen und Vorkehrungen.«[20]

Hermann verweist auf den Neukantianer Cassirer, der um die Jahrhundertwende konstatierte: »Die theoretischen Bestimmungsmittel treten nicht nachträglich zum bloß Tatsächlichen hinzu, sondern sie gehen in die Definition des Tatsächlichen selbst mit ein.«[21] Das bedeutet für Hermann: »Das Tatsächliche, um das es bei nomologischen Theorien geht, ist selbst theoretisch konstituiert.«[22]

Wenn die Realität des psychologischen Experiments, die die exakte Beobachtungen erlauben soll, als künstlich gemachte interpretiert wird, taucht das Problem auf, inwiefern diese künstlich erzeugte Realität der Lebenswelt der Menschen angemessen ist. Es stellt sich die Frage, ob und wie die Realität des Experiments die wirklichen psychischen Realitäten widerspiegelt. Inwiefern es also in empathischem Sinn objektive Erkenntnis erlaubt, die das Wesen einer Sache trifft, und damit auch die wirklichen Probleme der Menschen, die mit ihrer Lebenspraxis verbunden sind, einfängt.

Ein aufgeklärter Positivist wie Hermann kommt zu dem Ergebnis, daß im Horizont der naturwissenschaftlich orientierten Psychologie über die Angemessenheit theoretischer Konstrukte und der nach ihnen erzeugten experimentellen Realität an die wirkliche soziale Realität nichts ausgesagt werden kann. Der Wissenschaftsbegriff, an dem sich die naturwissenschaftlich orientierte Psychologie orientiert, erlaubt es nicht, derartige Fragen zu beantworten. Ihr Theoriebegriff erlaubt im strengen Sinn nur Gesetze, die der experimentellen Prüfung zugänglich sind, er erlaubt damit keine Gesetze, die über das Verhältnis von experimenteller Realität und wirklicher sozialer Realität Aussagen machen. Theo Hermann muß zugeben, daß das, was sich nomologische Psychologie nennt, keine Aussagen darüber machen kann, wie sich künstlich erzeugte experimentelle Modelle auf die Alltagsrealität beziehen:

»Um die Repräsentanz eines solchen Modells abschätzen zu können, müßte man ja u.a. die Merkmalsstruktur dessen, wovon es Modell sein soll, hinreichend zuverlässig bestimmen können. Dazu braucht man eine Theorie (!) der Alltagsrealität, die es nicht gibt, die im Verhältnis zu wissenschaftlichen Theorien eine vorgeordnete 'Supertheorie' wäre, bei deren Konstruktion aber die Alltagsrealität selbst konzeptualisiert und somit einerseits modellhaft reduziert und andererseits theoretisch konstituiert würde, so daß sie nicht mehr das schlicht Widerfahrende bliebe, an dem man die betreffende Theorie eigentlich messen wollte.«[23]

Nimmt man diese Aussage ernst, so läßt sich nicht mehr bestimmen, ob die experimentelle Praxis, an der die meisten Psychologen hängen, etwas mit wirklicher Erkenntnis zu tun hat oder ob es sich bei ihr nur um eine institutionalisierte Form einer Art von Gesellschaftsspiel handelt. Wenn nicht gesagt werden kann, wie das methodisch Veranstaltete mit dem zusammenhängt, was die Menschen existentiell bestimmt, hört die Erkenntnis auf, Erkenntnis zu sein. Was vorgibt exakte Wissenschaft zu sein, hängt in einer Luft, die auf den Glauben angewiesen ist.

Das Dilemma, vor dem die naturwissenschaftlich orientierte Psychologie üblicherweise steht, ohne sich seine Bedeutsamkeit klarmachen zu können, ließe sich allenfalls mit Hilfe einer sozialwissenschaftlich orientierten Psychologie bearbeiten, die Aussagen über das Verhältnis von gesellschaftlicher Alltagspraxis und wissenschaftlicher Praxis zu machen erlaubt. Es ließe sich allenfalls von einer Psychologie in Angriff nehmen, die vorwissenschaftliche Erfahrungen mit wissenschaftlich organisierten Erfahrungen in eine fruchtbarere Beziehung setzen kann, als dies die naturwissenschaftlich orientierte Psychologie zuläßt.

Experimentell orientierte Psychologen geben vor, zur Objektivität in der Wissenschaft durch die Ausschaltung von Subjektivem zu gelangen. In Wahrheit organisieren sie aber einen wildgewordenen Subjektivismus, der nur deshalb nicht ins Bewußtsein tritt, weil er kollektiviert ist. Was als objektiv gilt, wird in der experimentellen Psychologie willkürlich gesetzt, indem man es von methodischen Regeln abhängig macht, über deren Verhältnis zur Realität keine Aussagen gemacht werden können. Wo aber keine zureichende Reflexion über das Verhältnis von Gegenstand und Forschungsmethode vorhanden ist, verfährt die Wissenschaft willkürlich. Wo Methoden mit ihren Gegenständen ohne zureichende theoretische Reflexion auf deren objektive qualitative Verfaßtheit umspringen, muß sie der Vorwurf des Subjektivismus treffen. Die oben vorgeführten Ergebnisse der »Störfaktorenforschung« zeigen auf, daß experimentelle Settings völlig willkürlich mit dem umgehen, was in einer demokratischen Gesellschaft als spezifisch menschlich gelten sollte. Die oft große Präzision bei der Planung und Durchführung experimenteller Prozesse ist üblicherweise mit einer sehr willkürlichen Generalisierung ihrer Ergebnisse gekoppelt, weil man allenfalls Ahnungen über das Verhältnis von experimenteller Realität und Alltagsrealität besitzt. Der soliden handwerklichen Planung und Durchführung von Experimenten korrespondiert üblicherweise intellektuelle Schlamperei, wenn experimentelle Ergebnisse auf die soziale Realität bezogen werden. Die Annahmen, daß z.B. das Milgram-Experiment eine allgemeine autoritäre Gehorsamsbereitschaft untersucht, daß Wahrnehmungsexperimente, die sich mit dem Sehen von Dreiecken beschäftigen, Wesentliches über die menschliche Wahrnehmung aussagen können oder daß Denkexperimente, die Denken bloß als Problemlösung in Anlehnung an Computerprozesse sehen können, Wesentliches am menschlichen Denken treffen, sind kaum theoretisch begründet. Solche Annahmen sind nicht wirklich theoretisch fundiert und haben wenig mit wesentlichen Einsichten in soziale Realitäten zu tun. Sie basieren auf willkürlichen Setzungen, die nur das als Realität zu sehen erlauben, was sich vorgegebenen methodischen Regeln fügt. Anstatt zu versuchen, auf Realitäten so einzugehen, daß ihre objektive Qualität getroffen werden kann, wird die Realität aus der Methode abgeleitet. Psychologische Experimente erlauben keine wirkliche Erfahrung, die auf dem Sich-Einlassen auf soziale Realitäten basiert. Sie taugen allenfalls dazu, zu demonstrieren, daß man eine intellektuelle Konstruktion gefunden hat, nach der die Realität, unter Befolgung bestimmter Regeln, willkürlich erzeugt werden kann.

In der Soziologie, in der es einen Wissenschaftspluralismus gibt, den die naturwissenschaftlich orientierte Richtung in der Psychologie mit ihrem Monopolanspruch weitgehend unterbindet, wurde und wird das Verhältnis von Forschungsgegenstand und Methode sehr viel gründlicher diskutiert als in der Psychologie. Im »Positivismusstreit«, der in den 60er Jahren zwischen den Vertretern der »Kritischen Theorie« und den Vertretern des Neopositivismus ausgetragen wurde, hat

Adorno aufgezeigt, wie problematisch das positivistische Kriterium der Objektivität ist. Das Fatale an einer Wissenschaft, die sich durch ihrer Methode entspringende »instrumentelle Definitionen« dessen, was Realität sein soll, Realität willkürlich zurechtbiegt, wird von ihm präzise benannt:

»Die Dinghaftigkeit der Methode, ihr eingeborenes Bestreben, Tatbestände festzunageln, wird auf ihre Gegenstände, eben die ermittelten subjektiven Tatbestände, übertragen, so als ob diese Dinge an sich wären und nicht vielmehr verdinglicht. Die Methode droht sowohl ihre Sache zu fetischisieren wie ihrerseits zum Fetisch zu entarten. Nicht umsonst - und aus der Logik der in Rede stehenden wissenschaftlichen Verfahren mit allem Recht - überwiegen in den Diskussionen der empirischen Sozialforschung Methodenfragen gegenüber den inhaltlichen. Anstelle der Dignität der zu untersuchenden Gegenstände tritt vielfach als Kriterium die Objektivität der mit einer Methode zu ermittelnden Befunde, und im empirischen Wissenschaftsbetrieb richten sich die Auswahl der Forschungsgegenstände und der Ansatz der Untersuchung, wenn nicht nach praktisch-administrativen Desideraten, weit mehr nach den verfügbaren und allenfalls weiterzuentwickelnden Verfahrungsweisen als nach der Wesentlichkeit des Untersuchten. Daher die unzweifelhafte Irrelevanz so vieler empirischer Studien. Das in der empirischen Technik allgemein gebräuchliche Verfahren der operationellen oder instrumentellen Definition .... sanktioniert den Primat der Methode über die Sache, schließlich die Willkür der wissenschaftlichen Veranstaltung. Prätendiert wird, eine Sache durch ein Forschungsinstrument zu untersuchen, das durch die eigene Formulierung darüber entscheidet, was die Sache sei: ein schlichter Zirkel. Der Gestus wissenschaftlicher Redlichkeit, der sich weigert, mit anderen Begriffen zu arbeiten als mit klaren und deutlichen, wird zum Vorwand, den selbstgenügsamen Forschungsbetrieb vors Erforschte zu schieben. Vergessen werden mit dem Hochmut des Ununterrichteten die Einwände der großen Philosophen gegen die Praxis des Definierens; was jene als scholastischen Restbestand verbannte, wird von den unreflektierten Einzelwissenschaften im Namen wissenschaftlicher Exaktheit weitergeschleppt. Sobald dann, wie es fast unvermeidlich ist, von den instrumentell definierten Begriffen auch nur auf die konventionell üblichen extrapoliert wird, macht sich die Forschung eben der Unsauberkeit schuldig, die sie mit ihren Definitionen ausrotten wollte.«[24]

Die experimentelle Beobachtung soll dadurch objektiven Charakter erhalten, daß sie wiederholbar ist, daß Versuchspersonen und Beobachter austauschbar werden. In der Praxis ist dieses Postulat kaum einzuhalten. Entweder beobachten nur Mitglieder der »Scientific Community«, was zur Konsequenz hat, daß deren Beobachtungen, die auf spezifische Weise »wissenschaftlich« ausgerichtet sind, bestimmen, was als Allgemeines an Beobachtung gelten solle, oder die »Scientific Community« legt fest, auf was andere bei ihrer Beobachtung besonders zu achten haben. Diese Festlegungen orientieren sich explizit oder implizit an der theoretischen Konstruktion, nach der die experimentelle Realität erzeugt wurde. Die Methode dieser Erzeugung, die festlegt, was als Tatsache gelten soll, legt auch fest, was die Beobachter zu beobachten haben: Sie nimmt ihnen also die Freiheit, auch anderes zu sehen.

Wie die moderne positivistische Wissenschaftstheorie herausgearbeitet hat, werden beim experimentellen Vorgehen nicht einfach beobachtete Phänomene mit Hypothesen, also theoretischen Sätzen, konfrontiert. Es werden vielmehr »Beobachtungssätze«, also Sätze, in denen Phänomene auf bestimmte Art beschrieben werden, mit den theoretischen Sätzen konfrontiert, die in die Konstruktion des Experiments eingegangen sind. Die Kommunikationsgemeinschaft der Forscher einigt sich dazu auf Beobachtungssätze, die gültigen Charakter haben sollen. Der führende neopositivistische Wissenschaftstheoretiker Popper schlägt vor, als Indiz für die Objektivität eines »Basissatzes« den Konsens einer »idealen« Forschergemeinschaft anzunehmen. Eine solche Forschergemeinschaft ist, selbst für Popper, bei ihren Feststellungen immer von gesellschaftlichen und politischen Konstellationen abhängig, die ihre Wahrnehmung festlegen:

»Was man als wissenschaftliche Objektivität bezeichnen kann, liegt einzig und allein in der kritischen Tradition, die es trotz aller Widerstände so oft ermöglicht, ein herrschendes Dogma zu kritisieren. Anders ausgedrückt, die Objektivität der Wissenschaft ist nicht eine individuelle Angelegenheit der verschiedenen Wissenschaftler, sondern eine soziale Angelegenheit ihrer gegenseitigen Kritik, der freundlich-feindlichen Arbeitsteilung der Wissenschaftler, ihres Zusammenarbeitens und auch ihres Gegeneinanderarbeitens. Sie hängt daher zum Teil von einer ganzen Reihe von gesellschaftlichen und politischen Verhältnissen ab, die diese Kritik ermöglichen.«[25]

Jede experimentelle Beobachtung muß sich, ob sie will oder nicht, mit »geisteswissenschaftlichen«, hermeneutischen Prozeduren verbinden, mit Prozeduren also, die nach dem Sinn und der Bedeutung von Beobachtungen für die Beobachtenden fragen. Das gilt unabdingbar, obwohl hermeneutische Prozeduren im Horizont einer naturwissenschaftlich orientierten Psychologie nicht als legitim gelten. Theoretiker wie Habermas oder Apel haben herausgearbeitet, wie auch deren Objektivitätsstandards an die intersubjektive Verständigung einer forschenden Kommunikationsgemeinschaft gebunden sind, die sich sinnverstehender Prozeduren bedient:

»Die Wissenschaft hat in der Tat vor aller Erklärung der Phänomene die sogenannten 'Basissätze' der Erklärung zugleich als Tatsachenprotokolle und als menschliche Deutungen der Phänomene zu 'verstehen'. Denn jede Beschreibung einer neuentdeckten Tatsache versteht sich selbst schon sozusagen stillschweigend als allgemeinverbindliche Deutung im Rahmen der institutionalisierten Interpretiergemeinschaft, welche die Experimentiergemeinschaft der Naturforscher zum geisteswissenschaftlich relevanten Tatbestand macht. Die Notwendigkeit des 'Verstehens' ergibt sich hier primär nicht als Notwendigkeit psychologischer Einfühlung, sondern als Notwendigkeit der Teilnahme am intersubjektiven Gespräch. Insofern eine solche Notwendigkeit besteht - was zumindest für die Interpretationsgemeinschaft der Wissenschaftler zugestanden werden muß -, kann sie auf keinen Fall durch objektive Methoden der Erklärung des 'Behaviors' ersetzt werden. Objektive Tatsachen-Erklärung und intersubjektive Verständigung über das, was erklärt werden soll, sind vielmehr 'komplementäre' Erkenntnisfunktionen (im Sinne von N. Bohr). Sie schließen einander aus und setzen einander voraus. Niemand kann nur 'verstehen', ohne dabei ein Sachwissen im Sinne potentieller 'Erklärung' vorauszusetzen. Andererseits kann aber auch kein Naturwissenschaftler etwas 'erklären', ohne dabei - als potentieller Geisteswissenschaftler - an einer intersubjektiven Verständigung teilzunehmen.«[26]

Die wissenschaftlich geschulten Beobachter im Bereich der experimentellen Psychologie und diejenigen, die sie als Beobachtende geschult haben, haben sich üblicherweise stillschweigend auf einen »abstrakt allgemeinen Theoriemonsterblick« geeinigt. Dieser legt, unter der meist bewußtlos erfolgenden Ausschaltung von subjektiven Erfahrungen, die als nicht zur Sache gehörig erachtet werden, fest, was als zu beoachtende Tatsache zu verstehen ist. Man muß sich, um sich das klarzumachen, nur vorstellen, daß Beobachter wahrscheinlich etwas ganz anderes sehen würden, wenn man sie auffordern würde, als Gegner der Experimentellen Psychologie, als Mann oder Frau, als Kind oder als Angehöriger einer fremden Kultur einen experimentellen Prozeß zu beobachten. Zu jedem Bild der objektiven Realität gehört, wie Philosophen wie Schelling oder Hegel schon vor 200 Jahren herausgearbeitet haben, notwendig ein bestimmtes Bild des eigenen Selbst. Objektives und Subjektives sind unaufhebbar verschränkt. Was der Beobachter in der experimentellen Psychologie sieht, sieht er nur, weil er sich als »abstraktes« unpersönliches Individuum sehen gelernt hat. Auch ungeschulte Beobachter geben nur das zu Protokoll, von dem sie, zum Beispiel aufgrund dessen was sie in der Schule gelernt haben, meinen, daß es die Wissenschaftler von ihnen erwarten. Die Erfahrungen, die im Horizont der naturwissenschaftlich orientierten Psychologie gemacht werden, werden von Menschen gemacht, die gelernt haben, sich als austauschbar zu erfahren. Was im Bereich der experimentellen Psychologie als Erfahrung auftaucht, ist bewußt oder unbewußt so vordefiniert worden, daß es zur Methode paßt. Was als Erfahrung gelten soll, ist vorher festgelegt worden. Die Erfahrung, an der die Theorie überprüft werden soll, wird zuvor gegen jede unreglementierte Erfahrung immunisiert, die die Methoden in Frage stellen könnte, mit denen Theorien verknüpft sind.

»Objektivität« als Produkt einer totalitären Veranstaltung

Daß von naturwissenschaftlich orientierten Psychologen Objektivität durch einen kollektivierten Willkürakt gesetzt wird, entspricht der totalitären Logik des Experiments. Die gewaltsamen Züge dieser Logik fallen kaum auf, weil sich experimentelle Psychologen, vor allem in der Grundlagenforschung, mit Problemen beschäftigen, deren Relevanz für eine wissenschaftlich unverbildete Öffentlichkeit meist kaum einsichtig wäre. Sie können nicht sichtbar werden, solange die experimentelle Praxis zu einer institutionalisierten weltfremden Pseudoaktivität tendiert, nach deren Bedeutsamkeit in der Zwischenzeit nicht nur kritische Psychologen fragen. Wirklich realitätsnahe Experimente, die sich auf zentrale psychologische Probleme beziehen, also z.B. etwas mit Gewalt, Wahnhaftigkeit oder Sexualität zu tun haben, sind wissenschaftsethisch zum Glück meist nicht vertretbar. Die Harmlosigkeit der Gegenstandsbereiche, über die Untersuchungen üblicherweise angestellt werden, verschleiert die totalitären Züge der Methode. Ein Blick auf psychologische Tierexperimente kann jedem, der sie sehen will, unschwer aufzeigen, daß die Behauptung dieser Züge keineswegs als willkürlich betrachtet werden muß.

Totalitär ist die experimentelle Methode im Bereich der Psychologie des Menschen vor allem deshalb, weil für sie der Begriff der menschlichen Freiheit kaum eine Rolle spielen kann. Menschliche Freiheit, um die alles aufklärerische Denken in den Humanwissenschaften zentriert sein sollte, muß in ihr notwendig als Störfaktor erscheinen. Ein an den traditionellen Naturwissenschaften orientierter Gesetzesbegriff, der möglichst eindeutige Wenn-Dann-Verknüpfungen verlangt, läßt einen Begriff von menschlicher Freiheit nicht zu. Bereits Kant hat in seiner *Kritik der reinen Vernunft*, die sich am Erkenntnisideal der modernen Naturwissenschaften orientiert, dargestellt, daß im Bereich der Naturwissenschaften der Begriff der Freiheit keinen Platz hat. Er hat ihn deswegen nicht aus dem theoretischen Denken verbannt, sondern dem Bereich der »praktischen Vernunft«, also dem Bereich des sozialen Handelns, des menschlichen Zusammenlebens zugewiesen. Auch ein Naturwissenschaftler, der sich in seinem Wissenschaftsgebiet an einer strengen Vorstellung von Kausalität orientiert, dürfte keine Probleme haben, im Bereich der sozialen Praxis von gewährten oder versagten Freiheiten zu reden und zuzugeben, daß die Auflösung einer Neurose dem Individuum mehr Freiheitsspielräume eröffnet. Daß viel von Freiheit geredet wird, wo determinierende Abhängigkeiten geleugnet werden, oder daß das Verhältnis von Kausalität und Freiheit extreme theoretische Schwierigkeiten aufwirft, rechtfertigt es keineswegs, diesen Begriff aus theoretischen Diskursen auszugrenzen. Ohne einen Begriff von menschlicher Freiheit muß jedes menschliche Zusammenleben notwendig in Barbarei versinken. Es gibt keine Liebe, keine menschenfreundliche Moral, keine Schonung des anderen, wenn Menschen nicht in irgendeiner Form Freiheiten zugestanden werden. Auch wenn der Begriff der Freiheit in der theoretischen Arbeit tabuisiert wird, ist er in jeder Gesellschaft praktisch wirksam, die auch nur ansatzweise demokratische Züge trägt. Als Privatleute oder als Bürger eines Gemeinwesens haben das wohl selbst naturwissenschaftlich orientierte Psychologen zur Kenntnis genommen.

Wo Psychologen sich am Ideal einer naturwissenschaftlich exakten Gesetzeswissenschaft orientieren, hat für sie der Begriff der menschlichen Freiheit keinen Platz. Skinner, ein Schulhaupt des Behaviorismus, hat ein prominentes Buch mit dem Titel *Jenseits von Freiheit und Würde* geschrieben, in dem er den Begriff der menschlichen Freiheit für überholt erklärt.[27] Für den führenden Gestaltpsychologen Metzger ist seine Wissenschaft mit dem »Inbegriff von Gesetzmäßigkeiten« verknüpft. Daß es daneben für ihn noch ein »Erlebnis der Freiheit« geben kann, vermag er mit seinen theoretischen Konstruktionen nicht zu verbinden:

»Nur eines ist über die Natur des Untersuchungsgegenstandes vorweg behauptet: daß es in ihm nicht chaotisch, sondern (streng) gesetzmäßig hergeht; daß z.B. die Natur des Menschen wie auch die Eigenart des einzelnen - der vielleicht in dieser Art nur dieses eine Mal vorkommt - ein Inbegriff von Gesetzmäßigkeiten sei und daher durch ein in sich zusammenhängendes Gebäude von Gesetzen wahrheitsgetreu dargestellt werden könne. Ob und wie sich diese Grundvoraussetzung jeder experimentierenden Wissenschaft beim Menschen mit dem Erlebnis der Freiheit und Verantwortlichkeit und der Überzeugung vieler, daß dieses Erlebnis keine Selbsttäuschung sei, vereinbaren läßt, bleibt offen. Der hierin liegende Widerspruch muß vorläufig hingenommen werden«.[28]

Derartige Feststellungen lassen sich durch neuere Äußerungen anderer prominenter Psychologen beliebig ergänzen. Der Begriff der menschlichen Freiheit ist für die naturwissenschaftlich orientierte Psychologie unfaßbar, weil ihr Methoden- und Theorieverständnis keinen Begriff menschlicher Freiheit zuläßt. Sie hat diesen Begriff aus methodischen Gründen abgeschafft, anstatt sich seiner Widersprüchlichkeit und Komplexität zu stellen und die über ihn geführten theoretischen Debatten zur Kenntnis zu nehmen. (Eine Möglichkeit, sich die immensen Schwierigkeiten deutlich zu machen, die das Verhältnis von Kausalität und Freiheit in den Humanwissenschaften aufwirft, liefert etwa Adornos *Freiheit. Zur Metapyhsik der praktischen Vernunft* in seiner *Negativen Dialektik*[29]) Freiheit ist im Horizont des überkommenen naturwissenschaftlichen Verstandes ein sinnloser Begriff, weil theoretische Konstruktionen für ihn, einfach formuliert, den Charakter von Wenn-Dann-Regeln haben. Sie resultieren aus umgewandelten, empirisch überprüften Hypothesen, die den Zusammenhang von Variablen behaupten. Theorien sollen den determinierten oder auch nur durch statistische Wahrscheinlichkeit gegebenen Zusammenhang beobachtbarer Tatsachen festhalten. Für ein Theorieverständnis, das sich auf derartige Kausalitätsverhältnisse bezieht, haben menschliche Freiheitsgrade keinen Sinn: sie müssen als Störungen bei der Theoriebildung auftreten. Menschliche Subjektivität, zu der selbständiges, spontanes Handeln gehört, läßt sich mit einem strengen naturwissenschaftlichen Gesetzesbegriff nicht fassen und muß deshalb aus dem Wissenschaftsprozeß ausgeschieden werden. Die menschliche Freiheit, um die alles bedeutende sozialphilosophische Denken kreist, darf es in der positivistischen Psychologie nicht geben.

In den letzten Jahren haben führende Naturwissenschaftler, vor allem in der Physik und der Biologie, vom Gesetzesbegriff der traditionellen Naturwissenschaft Abschied genommen. Naturprozesse müssen für sie nicht notwendig einer strengen Kausalität unterliegen, sie müssen nicht notwendig exakt nach allgemeinen Gesetzen mathematisch faßbar sein. Das »organisierte Chaos« scheint für solches Denken, anstatt der eindeutigen Determination, in der Natur zur Regel zu werden. Ob die von Naturwissenschaftlern entwickelte Chaostheorie in den Sozialwissenschaften dazu beitragen wird zu helfen, Mythen der Berechenbarkeit, Planbarkeit und Machbarkeit auf sinnvolle Weise zu destruieren - der Schriftsteller Hans Magnus Enzensberger zeigt, daß man mit ihr in diesem Sinn fruchtbar spielen kann[30] - oder ob sie dort vor allem dazu beitragen wird, die Anstrengung des Begreifens zu sabotieren, ist noch nicht ausgemacht. Auf jeden Fall ist es aber mehr als problematisch, wenn der Begriff des Chaos an die Stelle tritt, die der Begriff der menschlichen Freiheit einnehmen sollte. Wo der sicherlich auch problematische Züge tragende Begriff des menschlichen Subjekts, mit seinem Potential der Freiheit und Spontaneität, durch den mit dem Chaosbegriff verbundenen Begriff eines sich selbstregulierenden Systems ersetzt wird, ist es mit dem kritischen Denken aus. Das, was man als nicht von oben verordnete, selbsttätige menschliche Praxis bezeichnen kann oder was als nicht vorausberechenbares, durch lebendige Vernunft und Offenheit geleitetes Tun erscheint, muß der Begriff des Chaotischen völlig verfehlen. Er trifft es so wenig wie das Denken autoritärer Individuen, die Menschen, die auf mehr Freiheiten drängen, als »Chaoten« bezeichnen.

Menschliche Freiheit stört nicht nur die theoretischen Konstruktionen der naturwissenschaftlich orientierten Psychologie, sie stört auch deren Wissenschaftspraxis. In experimentellen Veranstaltungen kann sie normalerweise allenfalls als Störfaktor auftauchen. Experimentelle Settings sind, dem naturwissenschaftlichen Erkenntnisideal entsprechend, um so besser, je mehr der Versuchsleiter seine Versuchspersonen einer beobachtenden Kontrolle unterwerfen kann. Experimentelle Ergebnisse erscheinen umso zwingender, je totaler die Kontrolle über die Versuchspersonen ausfallen kann. Diesen kann niemals wirkliche Freiheit bei der Gestaltung von experimentellen Realitäten zugemessen werden, Freiheit darf sich allenfalls in der Auswahl einiger vorgegebener Alternativen erschöpfen. Dieses totalitäre Potential des experimentellen Settings gehört zu seinen Wesen. Zur experimentellen Situation gehört, daß es zweierlei Menschen gibt: den Forscher, der Wissen monopolisiert und die Realität strukturiert, und die Versuchspersonen, die als Objekt von ihm manipuliert werden. Versuchspersonen sind von der Einsicht in die Zusammenhänge, denen sie unterworfen werden, normalerweise weitgehend ausgeschlossen. Zum Experiment gehört, daß Versuchspersonen üblicherweise systematisch über die Hypothese, die mit ihrer Hilfe untersucht wird, getäuscht werden müssen. Sie müssen aus methodischen Gründen darüber im Unklaren gehalten werden, was mit ihnen als Untersuchungsobjekten veranstaltet wird. Es macht den totalitären Charakter der Methode aus, daß die spezifisch menschliche Möglichkeit, die Realität bewußt selbständig zu gestalten, in ihr nur als Störfaktor auftauchen kann. Die Versuchspersonen dürfen Realität allenfalls gefesselt an vorgegebene Regeln gestalten. Wo Menschen von Menschen in sozialen Zusammenhängen tendenziell wie Dinge behandelt werden, mit denen ein bloß technischer Umgang gepflegt wird, liegt, wie die kritische sozialwissenschaftliche Forschung aufgezeigt hat, ein totalitäres Potential vor. Zu antidemokratischen Einstellungen gehört, wie Adorno und andere herausgefunden haben, daß Menschen wie bloße Objekte behandelt werden, mit denen ein manipulativer Umgang angestrebt wird.[31] Zum »autoritätsgebundenen Charakter«, der zum Totalitären tendiert, gehört: »Dinge sind ihm wichtiger als Menschen, und im Menschen sieht er hauptsächlich Werkzeuge oder Hindernisse - also Dinge.«[32] Eine Psychologie, die ihre Methoden von den Naturwissenschaften herleitet, die diese im Umgang mit toten Dingen entwickelt haben, hat notwendigerweise dieses totalitäre Element an sich. Sie verstößt systematisch gegen einen entscheidenden Grundsatz der europäischen Moralphilosophie, der gebietet, daß Menschen niemals wie Dinge als bloße Mittel gebraucht werden dürfen. In Kants *Kritik der praktischen Vernunft* heißt es etwa:

»Der Mensch ist zwar unheilig genug, aber die Menschheit in seiner Person muß ihm heilig sein. In der ganzen Schöpfung kann alles, was man will, und worüber man etwas vermag, auch bloß als Mittel gebraucht werden; der Mensch, und mit ihm jedes vernünftige Geschöpf, ist Zweck an sich selbst. Er ist nämlich das Subjekt des moralischen Gesetzes, welches heilig ist, vermöge der Autonomie seiner Freiheit.«[33]

Orientiert man sich an dieser oder einer ähnlichen Position, muß man die experimentelle Psychologie als organisierte Unmoral begreifen.

Im psychologischen Experiment erscheint der Mensch als Unfreier in einem autoritär reglementierten Rahmen. Stellt man nach dieser Einsicht die Frage nach der Übertragbarkeit von experimentellen Befunden auf wirkliche soziale Realitäten, so kann die Antwort lauten: Die experimentelle Realität entspricht der sozialen Realität umso mehr, je totalitärer diese strukturiert ist. Die Befunde von Experimenten wären am leichtesten zu übertragen, wenn die Gesellschaft ein großes

Gefängnis wäre, in dem alle Menschen autoritär verdinglicht würden. Die Übertragbarkeit experimenteller Befunde auf die wirkliche soziale Realität ist schwer zu bewerkstelligen, solange die Menschen für experimentelle Situationen noch zu klug, zu lebendig, zu lernbereit, zu liebesfähig, kurz noch zu sehr Menschen sind. Es stellt sich die Frage, ob sie unter dem Einfluß gesellschaftlicher Zwänge und mit Hilfe der Psychologie noch weiter allseitig so reduziert werden können, daß sie zu experimentellen Settings passen.

Die Übertragung von experimentellen Befunden auf die soziale Realität gelingt da am ehesten, wo diese ähnliche künstlich gemachte, undemokratische Züge trägt wie die experimentelle Realität. Die experimentellen Naturwissenschaften passen zu einer technisierten Fabriklogik, die Naturdinge als tote mechanisiert und Menschen gewaltsam verdinglicht: Moderne Naturwissenschaften und Industrie gehören zusammen. In der medizinischen Forschung hat sich das Experiment bewährt, weil die moderne Medizin, wie Michael Foucault aufgezeigt hat, an das Krankenhaus gebunden ist.[34] Sie ist an eine Institution gebunden, in der Menschen nicht zu Hause sind, in der sie vielmehr einer sehr weitgehenden Kontrolle und gezielten Manipulation unterworfen werden können. Die moderne Medizin hängt, wie Foucault deutlich gemacht hat, an der Leiche, aus der das Subjekt entwichen ist. Sie kann als totes Objekt der Erkenntnis nur im Krankenhaus verwertet werden. Experimentelle Realitäten passen zu sozialen Realitäten, in denen Menschen tendenziell auf Objekte der Macht reduziert werden. Der Sprachkritiker Karl Kraus sagte am Ende des letztes Jahrhunderts den Ersten Weltkrieg voraus, als er zum ersten Mal das Wort »Menschenmaterial« hörte. Dies war zu einer Zeit, als die moderne, an den Naturwissenschaften orientierte Psychologie mit Wundts Leipziger Laboratorium ihren Anfang nahm.

III. Forschungsmethode und gesellschaftliche Herrschaft

Warum gilt in der Psychologie eine Methode, die derartig problematisch ist, nahezu unangefochten? Die Psychologen, die ihr anhängen, geben darauf kaum keine Antwort. Wissenschaftlichkeit ist für sie durch Methoden begründet, die nicht weiter abgeleitet werden. Die »Scientific Community« gleicht einer Religionsgemeinschaft, in der Methoden als eine Art von religiösen Dogmen gelten. Der Forschungsbetrieb, der an sie gebunden ist, trägt Züge ritueller religiöser Kulthandlungen. Die »Scientific Community« wirkt wie eine klerikale Zensurbehörde, die dafür sorgt, daß Denken und Handeln an diese Regeln gebunden werden und diejenigen ausgegrenzt werden, die sich ihnen nicht fügen wollen. Es wird zwar mitunter bedauert, daß sich die psychische Realität den experimentellen Regeln nicht unbedingt fügt und daß man deshalb notgedrungen zu »weicheren« Methoden greifen muß, sie erfahren aber im Horizont einer naturwissenschaftlich ausgerichteten Psychologie niemals eine prinzipielle Ablehnung. Wer sie aus prinzipiellen Gründen nicht befolgen mag, muß mit Ausgrenzungsstrategien rechnen, die verwandte autoritäre Züge haben, wie sie die experimentelle Methode in sich trägt.

Die fortgeschrittenen gegenwärtigen wissenschaftstheoretischen Reflexionen im Bereich des Neopositivismus kommen tendenziell immer mehr zu dem Ergebnis, daß sich wissenschaftliche Methoden allenfalls durch Konvention begründen lassen. Sie gelten, weil sie »funktionieren«; sie gelten weil sie sich »bewährt« haben. Was unter Bewährung zu verstehen ist, wird aber kaum präzise begründet.[35] Die Argumentation läuft also letztlich darauf hinaus, daß man Wissenschaft so macht, weil man sie so macht. Die kritische Reflexion muß nicht bei derartigen Heiligsprechungen von Methoden enden. Sie kann fragen, wie sich Herrschaftsverhältnisse und menschliche Beziehungsformen, die für die bestehende Gesellschaft typisch sind, in ihnen undurchschaut niederschlagen. Methodische Regeln aus dem Bereich der Naturwissenschaften gelten, weil sie Beziehungen und Verhältnissen entsprechend konstruiert sind, denen Menschen in einer kapitalistisch geprägten oder »real-sozialistischen« Gesellschaft gehorchen müssen. Die naturwissenschaftlichen Methoden sind, ohne daß die, die sie anwenden, das wahrnehmen, den politischen und ökonomischen Machtstrukturen in bestehenden Industriegesellschaften verwandt. Die Methoden haben Macht, nicht weil sie für richtige Einsichten in wesentliche Zusammenhänge unabdingbar sind, sondern weil sie zu bestehenden sozialen Zwangszusammenhängen passen. Die Unterwerfung des Denkens unter bestimmte wissenschaftliche Regeln entpuppt sich bei kritischer Analyse nicht primär als Akt intellektueller Notwendigkeit, sondern als Akt gesellschaftlicher Disziplinierung.

Ein neuerdings in der Psychologie modisch werdender »Konstruktivismus«[36], der von der Biologie herkommt, hat durchschaut, daß »Erkenntnis« in der gängigen Wissenschaftspraxis von subjektabhängigen vorgegebenen methodischen Setzungen bestimmt ist. Diese Einsicht in den Subjektivismus des positivistischen wissenschaftlichen Denkens mündet aber nicht in dessen radikale Kritik, sondern in die Preisgabe des Ideals der objektiven Erkenntnis. Der kollektivierte wildgewordene Subjektivismus wird auf die Spitze getrieben, indem er zur Tugend erklärt wird. Der Konstruktivismus, dem das Verdienst zukommt, auf den Anteil des tätigen Subjekts an Erkenntnisprozessen hinzuweisen, verabsolutiert diese Einsicht derart, daß für ihn alle theoretischen Konstruktionen nicht mehr als Ausformungen subjektiver Setzungen sein können. Bei Maturana, einem der Stammväter des Konstruktivismus heißt es:

»Wissenschaft ist kein Bereich objektiver Erkenntnis, sondern ein Bereich subjektabhängiger Erkenntnis, der durch eine Methodologie definiert wird, die die Eigenschaften des Erkennenden festlegt. Mit anderen Worten, die Gültigkeit wissenschaftlicher Erkenntnisse beruht auf ihrer Methodologie, die die kulturelle Einheitlichkeit der Beobachter bestimmt, und nicht darauf, daß sie eine objektive Realität widerspiegelt.«[37]

Analysen sind damit nicht mehr wahr oder falsch, es zählt nur noch, ob sie »wirksam und erfolgreich operieren«[38], ohne daß präzise bestimmt wird, was das für menschliche Subjekte bedeutet. Der Begriff der objektiven Wahrheit wird durch den Begriff der Nützlichkeit für die Selbsterhaltung ersetzt. Es wird nicht mehr verlangt, daß intellektuelle Konstruktionen den Qualitäten ihrer Objekte angemessen sind, es genügt, daß sie »erfolgreich« im Kampf ums Überleben sind. Maturana vertritt, daß die Gültigkeit methodisch veranstalteter wissenschaftlicher Erkenntnis durch eine kulturelle Einheitlichkeit hervorgebracht wird, die für ihn mit der Liebe unter Menschen zu tun hat, die ihre Zusammenhänge stiftet.[39] Ein derartiges Wunschdenken verkennt, wie sehr die bestehende Wissenschaftspraxis aus gesellschaftlichen Machtwirkungen resultiert. Wissenschaftliche Methoden sind ungleich mehr das Produkt von gesellschaftlicher Macht als die Konsequenz der Liebe unter den Menschen. Der »Erfolg«, der die Wahrheit eines Denkens ersetzen soll, ist vor allem von dessen Angepaßtheit an bestehende gesellschaftliche Machtverhältnisse abhängig. Daß es gut wäre, wenn Denken mehr als bisher von der Liebe unter Menschen abhängig wäre, soll nicht bestritten werden; es ist aber mehr als problematisch, wenn Wunsch und Wirklichkeit verwechselt werden.

Die vorherrschenden Methoden der Wissenschaft sind das Produkt der dominierenden gesellschaftlicher Herrschaftsverhältnisse, die sich in ihnen niederschlagen. Die modernen Naturwissenschaften treten im Zeitalter des Absolutismus ihren Siegeszug an, seine Machtlogik geht in sie ein. Ihre prominentesten frühen Vertreter, wie etwa der Philosoph Descartes oder der Physiker Newton, sind von der gesellschaftlichen Realität des Absolutismus geprägt. Eine experimentell verfahrende Naturwissenschaft, die mit mathematischem Denken verknüpft ist und die Natur mit Hilfe eines allgemeinen Materiebegriffs zu begreifen sucht, setzt sich in dieser Zeit durch. Theoretische Einsichten, die teilweise aus der spätmittelalterlichen nominalistischen Philosophie stammen und Elemente der handwerklichen Praxis seit der Zeit der Renaissance, werden unterm Absolutismus auf eine noch heute fortwirkende Art miteinander verkoppelt und im Wissenschaftsbetrieb institutionalisiert. Die antike oder mittelalterliche Naturlehre kennt diese Verbindung von mathematischem Denken und instrumenteller Vernunft nicht. Sie ist typischerweise qualitativ orientiert und hat eher kontemplativen Charakter.[40]

Die Epoche, während der die modernen Naturwissenschaften ihren Aufstieg einleiten, ist die Epoche, in der der moderne Staat mit bürokratischer Verwaltung entsteht. Zu ihrer Zeit setzt sich die Manufaktur als Vorläuferin der modernen Fabrik durch. Galilei, der erste prominente Vertreter der experimentellen Naturwissenschaft, lebte in oberitalienischen Stadtstaaten, deren soziale Organisation sie zu Vorläufern der kapitalistischen Gesellschaft mit ihren Produktions- und politischen Herrschaftsformen macht, die während des Absolutismus die Basis für ihre allgemeine Durchsetzung finden. Das moderne naturwissenschaftliche Denken mit seinem mechanistischen Weltverständnis spiegelt die Epoche seines Aufstiegs. Carolyn Merchant schreibt über die Situation im Frankreich dieser Zeit:

»In Frankreich fiel der Aufstieg der mechanistischen Weltanschauung zusammen mit einer allgemeinen Tendenz zu zentraler staatlicher Kontrolle und zur Konzentration der Macht in den

Händen der königlichen Minister. Die Rationalisierung der Verwaltung kam gleichzeitig mit der Rationalisierung der natürlichen Ordnung. Das Aufkommen rationaler Verfahren in Gesellschaft und Wirtschaft vermag die Anziehungskraft der mechanistischen Lehre als einer von einer mächtigen souveränen Gottheit geschaffenen rationalen Ordnung zu erklären. Wie Descartes 1630 an Mersenne schrieb: 'Gott erläßt in der Natur mathematische Gesetze, wie ein König Gesetze in seinem Reich erläßt'.
Im 17.Jahrhundert hatte in Frankreich die zentralisierte Kontrolle und Verwaltung der Industrie und der natürlichen Ressourcen schon große Fortschritte gemacht. Der König kontrollierte die Großindustrie (im wesentlichen Schießpulver, Salpeter und Salz) und reklamierte sämtliche Metalle und Erze für die Krone. Gegen Abgaben an den Fiskus wurden Konzessionen für den Betrieb von Bergwerken und Mühlen erteilt. Die Regulierung der Industrie erfolgte durch beamtete Administratoren, die die Preise für Erzeugnisse festsetzten und Fertigungsmethoden vorschrieben. So hatte das Königtum die Tendenz, die private Initiative in der Industrie zu entmutigen und die staatliche Kontrolle zu verstärken. In dem Maße, wie starke Nationalstaaten wie Frankreich und England in ihrem politischen System zunehmend Rationalisierungstendenzen entfalteten, begann man, auch die Natur mehr und mehr als eine Ressource zu betrachten, die der Kontrolle durch den Menschen zu unterwerfen war.«[41]

Der soziale Gehalt des Absolutismus, das Bündnis zwischen adligem Landesherrn und aufsteigendem Bürgertum schlägt sich im theoretischen Denken der Zeit nieder. »Gott erläßt in der Natur mathematische Gesetze, wie ein König Gesetze in seinem Reich erläßt«,[42] stellt Decartes fest. Die Gesetzgebung des Königs ist an eine merkantilistische Politik gebunden, die nach Max Weber »die Übertragung des kapitalistischen Erwerbstriebs auf die Politik« bedeutet.[43] Dieser Erwerbstrieb, der auf die Vermehrung von Geld gerichtet ist, muß sich aufs Rechnen verstehen und braucht dazu allgemeingültige, berechenbare Gesetze. Das schlägt sich im theoretischen Denken der Zeit nieder. Ernst Bloch formuliert: »Kalkül, der kaufmännisch geübt werden muß, und Bürokratie, Generalität des juristischen Gesetzes, werden hier auf das Naturgesetz übertragen.«[44] Für die rationalistische Philosophie dieser Zeit ist die Mathematik die Königswissenschaft, mit deren Hilfe allgemeingültige Naturgesetze gefunden werden können. Descartes, Pascal oder Leibniz, die führenden Philosophen dieser Zeit, sind zugleich große Mathematiker. Das rechenhafte Kalkül, das in die Naturwissenschaft einzieht, verbindet sich mit einem anderen Element der aufsteigenden Bürgerlichkeit, dem der Praxis, dem der Erzeugung. Experimentelle Wissenschaft verbindet Denken und praktische Tätigkeit. Denken selbst begreift sich seit dieser Zeit als Praxis des intellektuellen Hervorbringens. Ernst Bloch bemerkt:

»Der Begriff Erzeugung ist der Gewissenszustand der Wissenschaftlichkeit in der bürgerlichen Neuzeit, und er macht den Reflex des Unternehmers, des homo faber, des Erzeugenden, des Fabrikanten aus, der in die Welt eingreift und etwas Neues macht, des Bürgers, der arbeitet und schafft und sich mit dem Rohstoff auseinandersetzt. Es wird plötzlich die Arbeit vornehm und kann reflektiert werden. Wir haben die Schranke an der griechischen Philosophie gesehen, die keine Erzeugung kennt, sondern nur Schau. Selbst Demokrit kannte nur Schau, nicht eine Arbeit des Erkennens, denn Arbeit schändet. Dasselbe gilt etwas gemilderter im Mittelalter. Nun beginnt die Reflexion des Arbeitszustandes als des Grundzugs menschlichen Wesens in der Gesellschaft.«[45]

Die Willkürordnung des Experiments spiegelt auf eigentümliche Art die Herrschaftsverhältnisse der Epoche, während der es zum zentralen Forschungsinstrument wird. Sie zeigt Wesenszüge der Herrschaftsstruktur des Absolutismus in ihrer »idealisierten« Gestalt. Das Experiment verbindet, wie oben dargestellt wurde, die subjektive Willkür der Forschenden mit strenger Regelhaftigkeit, mit Methoden, die eine exakte Kontrolle und Berechnung der Realität erlauben sollen. Diese Struktur zeigt auf spezifische Art wesentliche Elemente des Absolutismus. Im Absolutismus ist der regierende Fürst »absoluter Herr«, alles staatliche Handeln soll auf die Position des Herrschers hin zentriert sein. Der Ausspruch von Ludwig XIV., dem prominentesten Herrscher des Absolutismus: »L'etat c'est moi« der Staat, das bin ich, bringt diesen Anspruch des Herrn präzise zum Ausdruck. Diese herrschaftliche Willkür verbindet sich mit modernen bürokratischen Prozeduren, die die Staatsgeschäfte rationalisieren sollen. Der moderne Staat fordert, wie Max Weber herausgearbeitet hat[46], eine permanente bürokratische Verwaltung, die sich, um die Interessen ihres Herrn durchzusetzen, auf das Kontrollieren, Ordnen und Klassifizieren der sozialen Realität verstehen muß. Die Verbindung von unbeschränkter Macht und Rechenhaftigkeit, die die Herrschaftsstrukturen auszeichnet, spiegeln sich in der Architektur dieser Zeit, wie sich besonders deutlich am Schloß von Versailles zeigen läßt. Die Räume, in denen der Herr seine Macht ausübt, liegen im Mittelpunkt der Schloßanlage. Sein Auge soll von dort möglichst die wesentlichen Teile der Residenz übersehen können, es erlangt damit die Kontrolle über das soziale Leben in ihr. Die Realität, die den Herrscher umgibt, soll auf ihn hin zentriert sein. Die Gärten müssen eine disziplinierte Natur zeigen, die auf den ordnenden Kontrollblick des Herrn ausgerichtet ist. Das Gesetz des Herrn soll auch im Bereich der Natur gelten. Tiere, die er während der für ihn veranstalteten Treibjagden töten will, sollen möglichst so vor sein Schloß getrieben werden, daß er sie von seinem Balkon herunter abschlachten kann: Er soll auch Herr über Leben und Tod in der Natur sein.

Die autoritär strukturierte Herrschaft verbindet sich mit mathematischer Kalkulation. Die kontinuierlich arbeitende staatliche Bürokratie, die nicht zuletzt für das im Dienste des Herrn einsetzbare stehende Heer notwendig ist, verlangt eine geordnete Finanzverwaltung mit ihrer kalkulierenden Rechenhaftigkeit. Die Theorien des Merkantilismus und der Kameralistik liefern die Anleitung für eine erste Form rechenhafter moderner Wirtschaftspolitik. Die Menschen werden von nun an vom Gesetz der großen Zahl regiert. Nicht zufällig ist die Wahrscheinlichkeitsrechnung ein Produkt der Epoche des Absolutismus. Das Volk wird gezählt, um eine geordnete staatliche Bevölkerungspolitik organisieren zu können. Vom Hof des Herrn aus wird das Land geometrisiert. Es wird systematisch vermessen, Straßen und Wasserwege werden auf das Zentrum hin exakt geplant. Wissenschaftliche Akademien bekommen die Aufgabe, Tiere, Pflanzen und tote Dinge mit Hilfe eindeutiger Klassifikationsschemata zu ordnen. Wissenschaftliche Ergebnisse sollen von ihnen so methodisch exakt gewonnen und verarbeitet werden, daß sie akkumulierbar werden. Man will so den stetigen wissenschaftlichen Fortschritt erreichen. Die obrigkeitliche Quantifizierung und Geometrisierung der Untertanen und ihrer Lebensräume macht diese zu Objekten kontinuierlicher bürokratischer Machtausübung. Die Macht mechanisiert die Menschen, nicht zufällig erfreuen sich zu dieser Zeit an den Höfen künstliche Menschen einer besonderen Beliebtheit. Im stehenden Heer werden die Soldaten zu Material, das puppenhaft vor dem Herrn paradieren muß. Im Felde werden sie im Rahmen einer Kriegsmaschinerie eingesetzt, in der sie, in Linien geordnet, mechanisch bestimmte Bewegungsabläufe zu vollführen haben. Im Dienste des Hofs arbeitet die Manufaktur, in der menschliche Arbeitsleistungen standardisiert werden, um sie arbeitsteilig miteinander verknüpfen zu können. Dort werden die Arbeitenden zu Teilen von sozialen »Megamaschinen« in denen, nach strengen Regeln autoritär überwacht, für ihre Herren produziert wird. Die »Herrschaft der Mechanisierung«[47] (Giedion) setzt sich durch.

Die Wahrnehmungsstrukturen, die sich zu dieser Zeit als gesellschaftlich herrschende durchsetzen, passen zu diesen Machtverhältnissen: Sie lehnen sich an den Kontrollblick des absoluten Herrn an. Sie sind auf spezifische Weise auf ein Zentrum hin geordnet, das von einem »idealen Beobachter« besetzt werden kann. In der Manufaktur werden die Arbeiten möglichst so angeordnet, daß dem Kontrollblick des Aufsehers, der den Herrn repräsentiert, nichts entgehen kann.

Im Bereich des Militärs gilt der Blick des Feldherrn, der vom »Feldherrnhügel« die Schlacht überblicken kann. Im Gefängnis strebt man den »Panoptismus« an, den Michael Foucault in *Überwachen und Strafen* dargestellt hat.[48] In der Malerei gilt die aus der Renaissance stammende Zentralperspektive, durch die das Bild auf den »idealen Betrachter« hin zentriert ist. Im Bereich des Theaters setzt sich die Guckkastenbühne durch, die im Herrn, der in der Loge sitzt, ihren idealen Zuschauer hat. Auf der Bühne werden die Stücke auf die Einheit des Ortes, der Zeit und der Handlung ausgerichtet, die dafür sorgt, daß dem idealen Zuschauer nichts entgeht. Im klassischen Ballett, das zu dieser Zeit entsteht, werden die Menschen in Figuren verwandelt, die puppenartig vor dem Herrn tanzen.[49] Auch im Bereich der Wissenschaft materialisiert sich der absolute Herr: als »idealer Beobachter« im Experiment. Der Wissenschaftler, der Experimente durchführt, ordnet die Realität in der künstlichen Situation des Experiments nach seinem Willen und unterwirft alles seinem kontrollierenden Blick, der allein legitime Erfahrung verbürgen soll. Der Forschende, der sich im Bereich der naturwissenschaftlichen Rationalität scheinbar neutraler wissenschaftlicher Prozeduren bedient, ist in Wahrheit immer noch ein Agent des idealen Herren der westlichen Zivilisation.

Der Platz des absoluten Herrn ist heute leer. Trotzdem ist seine Herrschaftslogik nicht verschwunden: Sie ist zur unpersönlichen institutionellen Logik der Macht in einer verwaltenden Welt geronnen. Die Rolle des absoluten Herrn wurde mit der zunehmenden Bürokratisierung der Herrschaftsausübung in eine Vielzahl von Rollen aufgespalten, die sie als Ensemble ersetzen. Die Machtposition des absoluten Herrn ist heute in der Machtlogik ökonomischer und staatlicher Institutionen aufgehoben, in der das, was früher als Willkür erschien, scheinbar zum »Sachzwang« geronnen ist. Wenn das richtig ist, entspricht die Logik des Experiments nicht nur den Konfigurationen der Macht während des Absolutismus, sondern auch denen des modernen Industriebetriebes, der im industriellen Kapitalismus zur zentralen gesellschaftlichen Institution geworden ist.

Betrachtet man die Herrschaftslogik des Industriebetriebes aus der Perspektive des Managements, das den Betrieb im Interesse der Profitmaximierung leitet, so lassen sich zwischen der Logik industrieller Herrschaft und der experimentellen Logik eindeutige strukturelle Homologien feststellen. Sie sind in ihrem Wesen, trotz sicher auch vorhandener Differenzen, miteinander verwandt. Einige formelhafte Andeutungen sollen dies im folgenden aufzeigen.

Für die Repräsentanten des Kapitals werden die Menschen im Industriebetrieb zu Trägern der Ware Arbeitskraft, zu Trägern eines Produktionsfaktors. Bestimmte menschliche Fähigkeiten, die zur Ware werden, werden deshalb von den Personen, die diese verkaufen müssen, in gewisser Weise abgespalten, sie werden verdinglicht. Die Vertreter des Kapitals verhalten sich, aufgrund dieser Spaltung, im Betrieb den dort arbeitenden Menschen der Tendenz nach gegenüber gleichgültig, weil diese sie nur als Arbeitskräfte interessieren. Ihren Lebensgeschichten, ihren Hoffnungen, ihrem Leid müssen die Träger der Macht tendenziell gleichgültig gegenüberstehen. Auch für die experimentelle Logik ist die Subjektivität der Menschen gleichgültig. Sie reproduziert deren institutionalisierte Verdinglichung und geht vom Menschen als »Merkmalsträger« aus. Sie interessiert sich nur für Menschen, die sie in Faktoren aufspalten kann, die sie, unter Abstraktion von der Gesamtheit der Person, manipulativ beeinflussen kann. Der positivistische Wissenschaftstheoretiker Hermann stellt ganz richtig fest: »Menschen sind für die nomologische Theorie der Psychologie 'Träger' von theoretisch konstituierten Ereignissen«.[50]

Im Betrieb werden die Menschen der Tendenz nach zu austauschbaren Arbeitskräften, deren subjektive Besonderheit für das Interesse an der Kapitalverwertung, das den Betrieb regiert, gleichgültig ist.[51] Im Experiment werden sie zu austauschbaren Versuchspersonen, deren persönliche Einmaligkeit keine Beachtung finden soll.

Für die Betriebsleiter im Bereich der industriellen Produktion ist das angepaßte Verhalten (!) der ihnen unterstellten Menschen wesentlich. Was Arbeiter als Personen denken und fühlen, was sie als einzelne für Erfahrungen machen, ist solange gleichgültig, solange sie das tun, was sie tun sollen. Analog dazu interessieren sich experimentelle Psychologen primär für das äußerlich beobachtbare Verhalten. Die Art und Weise, wie die Menschen die Realität subjektiv erfahren, ist für diese Gegner der »Introspektion«, kaum von besonderem Interesse. Die mit Glücksansprüchen oder Leid verbundenen Erfahrungen der Menschen sind für sie bloß »subjektive Daten«, denen man mit Mißtrauen begegnet.

Im Industriebetrieb gilt die Trennung von geistiger und körperlicher Arbeit. Wissenschaftlich geschulte Experten haben ein Monopol in der Planung, Organisation und Überwachung der Arbeit. Die Träger von Macht monopolisieren sozusazusagen die intellektuellen Aspekte des industriellen Produktionsprozesses, während im Vergleich damit die Handarbeit immer geistloser ausfällt. Auch die experimentelle Logik kennt zweierlei Menschen: Die Versuchsleiter monopolisieren ein Wissen, dem sich die Versuchspersonen tendenziell »geistlos« unterwerfen sollen.

Die Logik der industriellen Produktion fordert gleichförmige, sich stetig wiederholende Arbeitsvollzüge. Exakte Wiederholungen von vorgeplanten technischen Abläufen bilden eine Grundlage der industriellen Produktion. Auch die experimentelle Logik hat ein besonderes Interesse an wiederholbaren Konstellationen, mit denen allein für sie verbindliche Erkenntnis verknüpft ist. Dies gilt, obwohl sich in der Realität, wenn sie nicht einer strikten herrschaftlichen Normierung unterworfen wird, kaum etwas identisch wiederholt.

Im Bereich der industriellen Produktion werden die Menschen der Tendenz nach zu Anhängseln von Maschinen. Sie erscheinen im industriellen Arbeitsprozeß nicht als dessen eigentlicher Träger, sie werden vielmehr, als mechanisierte Teile, in mechanische Systeme eingefügt, deren Gesetzen sie sich zu fügen haben. Die Anpassung an derart verhärtete Verhältnisse, denen gegenüber der einzelne ohnmächtig ist, bringt zugleich eine Verhärtung des Subjekts mit sich. »Je realitätsgerechter es wird, desto mehr wird es sich selbst zum Ding, desto weniger lebt es überhaupt.«[52] Auch im Bereich der naturwissenschaftlich orientierten Psychologie zählt primär der entlebendigte, mechanisierte Mensch, der in Analogie zu maschinellen Systemen gesehen wird. Die klassischen Lerntheorien haben ein Menschenbild, das sich an der klassischen Mechanik orientiert, nach der »kognitiven Wende« werden die Menschen als informationsverarbeitende Systeme analog zu Computern interpretiert.

Das Funktionieren einer kapitalistisch organisierten Fabrik ist von quantitativen Größen abhängig. Eine bestimmte Form der Rationalität ist die Bedingung der Rentabilität, die an der systematischen Kalkulation der Kapitalrechnung orientiert ist. »Im Grunde dieser Rationalität herrscht die Abstraktion, die, theoretisch und praktisch in eins, Werk der wissenschaftlichen und gesellschaftlichen Organisation, die Periode des Kapitalismus bestimmt: durch die Reduktion von Qualität auf Quantität.«[53] Wo das Geld, das eine quantitative Bewertung der Realität erlaubt, die die Beziehungen der Menschen weitgehend festlegt, geraten diese unter das Diktat quantitativer Größen. Die mit der Warenproduktion einhergehende Abstraktion von allem Besonderen erlaubt eine universelle Funktionalisierung, der Menschen und Dinge unterworfen werden. An der Orientierung an quantitativen Größen wirkt auch die naturwissenschaftlich orientierte Psychologie mit. Sie will quantitative Ergebnisse, die es erlauben, die Realität berechenbar zu machen. Erst wenn etwas in Zahlen ausgedrückt werden kann, glaubt man, wirklich wissenschaftlich seriös zu sein. Die Frage, ob die Qualität der Untersuchungsgegenstände ihrer quantitativen Erfassung wirklich angemessen ist, gerät dabei aus dem Blickfeld.

Die Bindung des theoretischen Denkens an das Experiment, als Instrument zur privilegierten Erfahrungsgewinnung, fesselt Erfahrung und Denken an die bestehende Herrschaftslogik. Ohne sich dessen bewußt zu sein, denkt der experimentelle Psychologe immer mit dem Staat und der Fabrik im Kopf. Auch wenn bürokratische Machtausübung in Staat und Ökonomie unvermeidbar sein sollte, ist es Wahnsinn, ihr alle Lebensäußerungen unterwerfen zu wollen. Eine humane Existenz ist nur solange möglich, wie die Lebenswelt von Menschen nicht völlig von ihrer Systemlogik aufgesogen wird, auch wenn diese für das kollektive Überleben mitunter notwendig sein mag. Die bewußtlose Fesselung der Erfahrungsgewinnung und des Denkens an die Machtlogik der existierenden Institutionen sorgt dafür, daß das Denken kritiklos dem Bestehenden verfällt. Das heißt nicht, daß Ergebnisse der experimentellen Psychologie eine besondere praktische Bedeutung für die industrialisierte Kapitalverwertung oder staatliche Machtausübung haben. Diese Ergebnisse sind üblicherweise so irrelevant und praxisfern, daß ihnen kaum unmittelbar praktische Bedeutung zukommt. Die praktische Funktion der experimentellen Psychologie ist eine ganz andere: Sie fesselt die Wissenschaft undurchschaut an Beziehungsmuster, die sich der Übermacht der Verhältnisse fügen. Sie hilft damit zugleich Formen des Denkens und Verhaltens tabuisieren, die vom Bestehenden abweichen. Ihre praktische Funktion besteht kaum in der Gewinnung von Erkenntnissen, sie besteht vielmehr in der Erzeugung von Verhaltensweisen und Einstellungen, die mit ihrer Beziehungslosigkeit, ihrer Kälte, ihrer manipulativen Gleichgültigkeit zum fragwürdigen Bestehenden passen. Man lernt mit Hilfe experimenteller Techniken die autoritäre Verdinglichung von Menschen, anstatt dem Leiden der Verdinglichung zur Sprache zu verhelfen. Die praktische Relevanz der experimentellen Psychologie resultiert kaum aus Einsichten in wesentliche Zusammenhänge, die für die Träger von Macht oder gar ihre Objekte verwertbar wären. Sie besteht in der Organisation von institutionalisierten pseudoreligiösen Ritualen, die die Konformität mit der Macht sichern. Was mit dem Anspruch angetreten ist, Aufklärung zu organisieren, ist längst wieder dem Mythos verfallen, der die ritualisierte Heiligsprechung der herrschenden Mächte organisiert und die Abweichung von ihnen mit ausgrenzenden Tabus versieht. Die positivistische Psychologie ist eine Organisationsform der Kapitulation vor dem schlechten Bestehenden. Ihr geheimer Lehrplan besteht darin, das bewußtlos zu exekutieren, was man kritisch analysieren sollte.

IV. Psychologie als System der Abwehr psychologischer Einsichten

Die kritische Auseinandersetzung mit der experimentellen Psychologie kann nicht nur nach dem herrschaftlichen Gehalt der Methode fragen, sie kann auch fragen, welche psychische Verfaßtheit diese Methode begünstigt oder hervorbringt. Sie kann an einer kritischen Sozialpsychologie der experimentellen Psychologie arbeiten, die fragt, welche Formen seelischer Verelendung mit dieser organisiert oder verleugnet werden können. Überlegungen zu einer solchen sollen im folgenden vorgeführt werden.

Der Positivismus duldet nur den Typus von Erfahrung, den er selbst definiert. Er soll möglichst eng an die strengen Regeln des Experiments gebunden sein. Für diese Art von Erfahrung gilt nach Adorno: »Die reglementierte Erfahrung, welche der Positivismus verordnet, annulliert Erfahrung selbst.«[54] Der Positivismus betont zwar ständig, daß wissenschaftliche Einsichten an Erfahrung gebunden sein sollen, verbietet aber zugleich wirkliche Erfahrung, indem er sie durch Bindung an seine Methoden kastriert. Die Ausschaltung des erfahrenden Individuums aus dem Wissenschaftsbetrieb durch positivistische Wissenschaftsstandards, welche den austauschbaren Beobachter verordnen, diskriminiert dessen spontane Erfahrungen ebenso wie seine aufgearbeiteten lebensgeschichtlichen Erfahrungen. Die von der Übermacht der bestehenden Institutionen und technischen Apparate ausgehende organisierte Verdinglichung der Menschen zerstört ihre lebendige Erfahrungsfähigkeit und blockiert Reifungsprozesse, die auf dem gekonnten Umgang mit lebensgeschichtlichen Erfahrungen basieren. Im Positivismus wird aus dieser Misere eine Tugend gemacht, indem Erfahrung technokratisch reduziert wird. »Als soziales Phänomen ist der Positivismus auf den Typus des erfahrungs- und kontinuitätslosen Menschen geeicht.«[55] Er liefert Ersatz für wirkliche Erfahrung.

Die experimentell orientierte Wissenschaft ist ihrem Wesen nach auf die Beherrschung der Realität aus. Sie setzt, ihren Vertretern zumeist unbewußt, Denken mit der Gewinnung von Macht über Objekte gleich, die diese kontrollierbar und berechenbar macht. Experimentelle Settings in den Sozialwissenschaften sollen eine Realitätskontrolle erlauben, die sich möglichst handlungspraktisch in Sozialtechnologien umgießen läßt. Der Kontrollzwang, der die experimentelle Vernunft beherrscht, schließt einen Zwang zur Selbstkontrolle ein. Dieser verlangt, daß sich die Forschenden gewissermaßen in ein Kontrollinstrument verwandeln, daß sie Prozesse der Selbstinstrumentalisierung an sich vornehmen. Das lebendige, eher leibnahe Empfinden muß zugunsten einer gesteigerten technisierten Aktivität eines Verstandes stillgestellt werden, der seine Nähe zum Lebendigen eingebüßt zu haben scheint. Seit den Anfängen der modernen Naturwissenschaft ist, wie Werner Kutschmann herausgearbeitet hat, für die lebendige leibliche Erfahrung kaum noch Platz in der Wissenschaft.

»Seit Descartes gibt es für die leibliche Erfahrung in der Wissenschaft keinen Platz mehr - leibliche Erfahrung, dies wäre die Möglichkeit der Erfahrung eigenen Leidens und eigener Bedürftigkeit, die Möglichkeit des Erspürens eigener Kreatürlichkeit, eigener Vitalität und eigenen Temperaments.

Mit der Entthronung der Sinne, der Des-Anthropomorphisierung der Natur und nicht zuletzt der Versagung der Verstehensbeziehungen in der sympathetischen sinnlichen Wahrnehmung ist der selbstverständliche Bezug des Forschers zur Naturhaftigkeit seiner selbst - wie auch zur Naturhaftigkeit seines Gegenstandes - gebrochen.

Der Leib ist kritisch überwunden durch die Anstrengung, ihn als brauchbares und nützliches

Instrumentarium der Erkenntnisgewinnung zu rekonstruieren. Leibfreie Naturerkenntnis ist möglich geworden - in Gestalt instrumenteller Messung und Experimentation.«[56]

Die Sinne sollen, wie das Denken, nach strengen Regeln beherrscht werden. Es zählt nicht mehr das lebendige Berühren, Riechen, Schmecken, Hören: legitime sinnliche Erkenntnis muß im teilnahmslosen Kontrollblick erstarren.

»Der Gesichtssinn ist allein in der Lage, jene Distanz zum Gegenstand zu ermöglichen, die dem beobachtenden Subjekt eine irgend geartete Mitleidenschaft ... erspart. Erst die Distanz ermöglicht die Selbststilisierung des Beobachters zu einem hoheitlich-indifferenten Subjekt, das jeden Gedanken an 'Mitgefühl', 'Mitleidenschaft' (dies Wort selbst hat im Sprachgebrauch schon eine negative Konnotation!) oder anderweitige Involviertheit von sich zu weisen vermag. Und erst die Distanz ermöglicht jene Trennung der Akte der Wahrnehmung und der Erkenntnis, die ihrerseits eine subtile Reflexion auf die Verbesserung der Rezeptionsweisen erlaubt, eine Trennung von objektiv materialisierbarem Wahrnehmungsverfahren und subjektiv darob angestellter Auswertung und Reflexion.

Die Vorrangstellung des Sehens zielt also auf die Favorisierung eines gewissen Erkenntnistypus, eines Typus aneignender, herrschaftlicher Erkenntnis, die ihrem Gegenstand gegenüber auf Distanz und Unbeteiligung beharrt ...«[57]

Der Beobachter hat sein geheimes Ideal im affektlosen männlichen Kontrollblick des absoluten Herrn.

Der wissenschaftlich kontrollierende Beobachter soll austauschbar sein. Das setzt ihn unter den Zwang, seine Subjektivität, die mit seiner individuellen Besonderheit verknüpft ist, möglichst aus dem Wissenschaftsprozeß auszuschalten. Seine Gefühle sollen seine Wahrnehmung nicht beeinflussen, wissenschaftliche Einsichten sollen ohne Liebe und Haß gewonnen werden. Wo die eigene Subjektivität aus dem Erkenntnisprozeß ausgeschlossen werden soll, muß auch die Subjektivität des anderen in Gestalt der Versuchsperson eliminiert werden. Ohne das Einbringen der eigenen Subjektivität in menschliche Beziehungen ist nämlich Intersubjektivität unmöglich: Andere Menschen müssen zu bloßen Objekten verdinglicht werden.

Wo Gefühle, wo Ängste und Wünsche aus Erkenntnisprozessen ausgeschaltet werden sollen, muß das Verführerische und Furchterregende an menschlichen Objekten unter Kontrolle gebracht werden. Das verlangt die Abtötung von Beziehungsformen: Man muß sich selbst und anderen die Lebendigkeit austreiben. Man darf sich und andere nur noch gewissermaßen mechanisch in Bewegung setzen; die Beziehungsmuster erstarren zu toten Ritualen. Lebendige, spontane Beziehungen können nicht toleriert werden, die Beziehungen müssen so standardisiert werden, wie es die mechanische Kontrolle durch die Methode verlangt. Die Abwehr von Gefühlen und lebendiger Triebhaftigkeit hat die Entsinnlichung des Denkens zur Konsequenz. Ihm wird die Fähigkeit ausgetrieben, sich von seinen Objekten verführen zu lassen.

Die experimentelle Psychologie verlangt psychische Befindlichkeiten, die am ehesten bei Menschen aufzufinden sind, die man als Zwangscharaktere bezeichnen kann[58]. Zwangscharaktere, eine gemäßigte charakterneurotische Variante des Zwangsneurotikers, sind nach der Einsicht Sigmund Freuds Menschen, deren Psyche auf problematische Weise am ehesten zur westlichen Gesellschaftsordnung paßt. Der Zwangscharakter repräsentiert nach Freud die Pathologie des Normalen in der modernen industriellen Zivilisation. Während dieser aber etwa im Bereich der Konsumkultur aufgrund seiner Sinnenfeindlichkeit immer mehr disfunktional werden dürfte, scheint seine Dominanz im Bereich der Wissenschaft nach wie vor ungebrochen.

Als Charakterzüge des Zwangscharakters gelten[59] u.a.: zwanghaftes, ritualisiertes Verhalten und Denken; die Nötigung zur rigiden Selbstkontrolle, die mit dem Zwang verkoppelt ist, auch andere zu kontrollieren, die die eigene Selbstkontrolle, durch das Verführerische, was sie an sich haben, in Frage stellen; die Bindung des Verhaltens und Denkens an Ordnung, Sauberkeit und Leistung; Geiz als Kontrollzwang, der ein besonderes Interesse an Geld, also am Quantitativen, Berechenbaren einschließt; die Abwehr unreglementierter Triebhaftigkeit, die Abwehr von Affekten; die Angst vor dem anderen Geschlecht, die mit einer generellen Angst vor allem unkontrollierbarem Fremden verbunden ist. Was als offen und frei erscheint, stößt auf die Abwehr einer Psyche, die einem Kontrollzwang verfallen ist.

Nach psychoanalytischen Interpretationen, die hier nur angedeutet werden können, ist eine zwangsneurotische Disposition das Produkt von bestimmten, vor allem frühen lebensgeschichtlichen Erfahrungen. Sie schließt die unbewußte Fixierung an die »anale Phase« ein, sie ist also durch die Traumata einer zu rigiden Sauberkeitserziehung bestimmt, die in einen allgemeinen Ordnungszwang einmündet. Einen Ordnungszwang, dem keine wirklich sinnvolle, verinnerlichte Ordnung zugrunde liegt, der vielmehr einen geheimen Hang zum Chaos verbirgt. Als weiteren unbewußten Aspekt der Zwangsneurose nennt die Psychoanalyse die Flucht vor dem Ödipuskomplex. Der Zwangsneurotiker ist also von der Angst vor dem Konflikt mit der übermächtig erscheinenden Autorität des Vaters geprägt. Wo dieser vermieden wird, muß die blinde Unterwerfung unter sein übermächtig erscheinendes Gesetz erfolgen. Die Angst vor der kontrollierenden äußerlichen patriarchalischen Macht, die als Angst vor einem überstrengen Über-Ich verinnerlicht wird, verlangt die Abwehr von lebendigem Begehren mit Hilfe des Zwangs, sich und die Realität ständig unter Kontrolle zu halten. Da diese Triebkontrolle besonders durch die Verführungen bedroht ist, die vom anderen Geschlecht ausgehen, lebt der männliche Zwangscharakter von der unbewußten Abwehr der Geschlechterdifferenz, von der Abwehr der bedrohlichen Sinnlichkeit der Frau. Die Fixierung an die väterliche Macht läßt ihn zu einer heimlichen Homosexualität mit einem Zwang zur falschen Gleichmacherei Zuflucht nehmen. Er muß eine Heterosexualität vermeiden, die von der Beachtung der Differenz und der Besonderheit lebt.

Die Kontrollwut des Zwangscharakters und bewußte oder unbewußte Ängste gehören zusammen. »Die Angst macht die Verdrängung«[60], sie zwingt dazu, unter Aufopferung der lebendigen Erfahrungsfähigkeit, psychische Abwehrformen gegen verführerische sinnliche Regungen und das Bestreben nach Autonomie einzusetzen. Die Psychoanalyse hat einige dieser Abwehrmechanismen herausgearbeitet. Die

Angst treibt ihr zufolge zur Erstarrung des Verhaltens und Denkens, zum Zwang zur endlosen Wiederholung des Immergleichen: Ritual und Zwangsneurose gehören zusammen. Die Angst zwingt zur Aufspaltung der Realitätsbezüge, sie besorgt die Fragmentierung der Realitätserfahrungen. Diese Auftrennungen erlauben es, daß Affekte unbewußt von einem »gefährlichen« Bereich auf einen »ungefährlichen« Bereich verschoben werden können. Beispielsweise kann die Angst vor sexuellen Regungen, die dazu zwingt, sie unter Kontrolle bringen zu müssen, dazu führen, daß eine gewissermaßen sexualisierte Kontrollwut in anderen, nicht unmittelbar von der Sexualität betroffenen Lebensbereichen auftaucht. Als weiteren Abwehrmechanismus des Zwangsneurotikers nennt die Psychoanalyse den der Intellektualisierung. Das Denken dient, wenn dieser Abwehrmechanismus Geltung erhält, nicht mehr dem wirklichen Eingehen auf Probleme: Es ist vielmehr einem Kontrollzwang verfallen, der dieses gerade verhindern soll. Das Denken dient der Abwehr des einer Sache angemessenen Denkens, es verhindert, daß wesentliche, aber als zu bedrohlich erfahrbare Einsichten gewonnen werden.

Man kann die experimentelle Psychologie - mit einem bösen Blick, der hellsichtig macht - als unbewußte Organisationsform der Angst vor dem Eingehen auf wesentliche und damit bedrohliche psychologische Probleme bezeichnen. Sie zeigt eine Struktur, die sie als besonders geeignet erscheinen läßt, zwangsneurotische Abwehrrituale zu stützen. Die Abwehrformationen, die der Zwangscharakter einsetzt, zeigen eine deutliche Verwandtschaft zu den Strukturen einer wissenschaftlichen »Rationalität«, der die etablierte Psychologie verfallen ist.

Die etablierte positivistische Psychologie ist durch Formen der Affektabspaltung und überkontrollierte Realitätsbezüge gekennzeichnet. Devereux hat in seinem Buch *Angst und Methode in den Verhaltenswissenschaften* aufgezeigt, wie die falsche Verdinglichung von menschlichen Forschungsobjekten mit der Angst verknüpft sein kann, sich auf diese einzulassen. Er formuliert:

»Jeder Verhaltenswissenschaftler hat bestimmte Bezugsrahmen, Methoden und Verfahrensweisen zu seiner Verfügung, die - nebenbei - auch die Angst abbauen, die seine Daten erregen, und es ihm folglich ermöglichen, seine Funktion zu erfüllen. Gerade weil sie die Angst abbauen, verwandeln sich diese Manöver jedoch oft systematisch in wahrhafte Gegenübertragungs-Reaktionen, die zu einem zwanghaften Ausagieren führen, das sich als Wissenschaft maskiert. Eine Vorbedingung für die wirklich wissenschaftliche und sublimatorische Anwendung solcher Manöver ist, daß man ein tiefgehendes Verständnis für die Möglichkeiten ihres neurotischen Gebrauchs entwickelt.

Ein beträchtlicher Teil der professionellen Abwehrstrategien sind einfach Variationen der Isolierungs-Strategie, die angsterregendes Material 'entgiftet', indem sie es verdrängt oder seinen affektiven Inhalt und seine humane wie persönliche Relevanz leugnet.«[61]

Die willkürliche Aufspaltung der Realität im Dienste von Isolierungsstrategien paßt zur Künstlichkeit experimenteller Settings, über deren Beziehung zur Lebenswelt von Menschen sich oft kaum noch etwas ausmachen läßt. Auch die vorhandene Aufteilung der Psychologie in verschiedene Fächer erlaubt es auf hervorragende Art, die Menschen nicht als Subjekte in ihren sozialen Zusammenhängen zu sehen und damit die bedrohlichen affektiven und politischen Dimensionen des Psychischen auszusparen. Das abstrakt-allgemeine Theoriemonster, das der »allgemeinen

Psychologie«, dem zentralen Grundlagenfach der experimentellen Psychologie zugrunde liegt, existiert in der sozialen Wirklichkeit nicht und wirft damit sicherlich keine allzu brisanten psychologischen Probleme auf. Der »allgemeine« normale Mensch ohne Geschichte und Gesellschaftlichkeit, der an allen Orten, wo es Menschen gibt, vorkommen soll, ist eine theoretische Fiktion, die niemand besonders beunruhigen muß. Eine experimentell verfahrende »allgemeine Psychologie«, die zum Beispiel versucht, Denken unabhängig von sozialen Prozessen, von Persönlichkeitsstrukturen, von Unterschieden zwischen Menschen und vom Eingehen auf menschliche Entwicklungen zu analysieren, kann sicherlich auf gekonnte Art dafür sorgen, daß ängstigende Fragen vom psychologischen Denken vermieden werden.

Die Ritualisierung des Denkens und Verhaltens, der Zwangscharaktere verfallen sind, läßt sich im Wissenschaftsbetrieb unschwer auffinden. Hier kann sie, besonders in Verbindung mit der Überbetonung des Methodischen, dazu dienen, jedes verunsichernde, unreglementierte Denken und Verhalten auszutreiben. Die in der Psychologie sehr häufigen willkürlichen intellektuellen Konstruktionen, die kaum wirklich sinnvoll auf die soziale Realität bezogen werden können, taugen für den Abwehrmechanismus der Intellektualisierung. Wo dem Denken Realität nur dann als begriffen erscheint, wenn man sie quantifizierbar machen kann, kann man es zur Abwehr der Beschäftigung mit bedrohlichen Qualitäten einsetzen. Es eignet sich zur Abwehr der bedrohlichen Beschäftigung mit allem, was sich der falschen Eindeutigkeit seiner Kontrollogik entzieht. Nicht zufällig hat die akademische Psychologie besondere Schwierigkeiten bei der Analyse der vielschichtigen Probleme der Geschlechterdifferenz, der Gewalt oder der Wahnhaftigkeit. Die »allgemeine Psychologie«, die vom Menschen ohne Geschichte ausgeht, die also psychologische Gesetze ohne zeitlich begrenzte Gültigkeit ausfindig machen will, läßt sich hervorragend mit der Angst vor allem Unkontrollierbaren verknüpfen. Darf es doch ihr zufolge nichts wirklich Neues in einer offenen Zukunft mehr geben.

Was man mit Hilfe von wissenschaftlichen Ritualen abzuwehren in der Lage ist, verschwindet nicht einfach: Das Verdrängte kehrt auf verborgene Art wieder - eine kritische Psychologie hätte es aufzufinden. Das von ihm Verleugnete, Abgewehrte mit seinen angstbesetzten, triebhaften Zügen besorgt die unbewußte Irrationalisierung eines Wissenschaftsbetriebes. Das geschieht besonders leicht da, wo mit Hilfe der Ausgrenzung der Psychoanalyse die Bearbeitung von Unbewußtem, Tabuisiertem verweigert wird. Die methodisch organisierte Abwehr des »bloß« Subjektiven, die die wissenschaftliche Beschäftigung mit eigenen Ängsten und Formen des Begehrens systematisch ausschließt, rächt sich in einem Wissenschaftsbetrieb, der formalisierte Methodenhuberei mit versteckten Formen subjektiver Willkür verbindet. Die Verbindung von autoritärem Subjektivismus und ritualisierter Betriebsamkeit kann ihre prekäre Dynamik besonders da ungehemmt entfalten, wo die Selbstreflexion als »unwissenschaftlich« ausgegrenzt wird. Die nicht bewußt angestrebte Bearbeitung von Ängsten sorgt dafür, daß alles Bedrohliche mit Hilfe von Ordnungsritualen auf falsche unbewußte Art ein- oder ausgegrenzt werden muß.

Die frühen behavioristischen Experimente, die paradigmatischen Charakter für die naturwissenschaftlich orientierte Psychologie haben, zeigen im Geheimen die Probleme auf, deren verhüllender Abwehr sie dienen. An ihnen kann die Wiederkehr des Verdrängten sichtbar gemacht werden. Die Experimente von Watson und seinen Mitarbeitern sind eigentümlicherweise sehr oft auf einen Problembereich bezogen, der kaum zu ihrer Forschungslogik paßt: auf die Angst, besonders die Angst vor Tieren. Die Angst, die zur Grunderfahrung der menschlichen Existenz in der bestehenden Gesellschaft gehört, die jeder aus eigener Erfahrung, also »introspektiv« kennt, wird analysiert, obwohl sie eigentlich gar nicht zu einer Methode paßt, die auf objektiv sichtbares Verhalten ausgerichtet sein will. Diese Angstexperimente sind nur durchführbar, weil stillschweigend vorausgesetzt werden kann, daß jeder aufgrund eigener Erfahrung weiß, was Angst ist. Es geht dem Behaviorismus keineswegs darum, Ängste mit Hilfe seiner Experimente aufzuklären, also ihren Sinn und ihre Bedeutung bewußt zu machen, um sie zur Kraft zu machen, die auf Hellsichtigkeit gegenüber bedrohlichen Regungen drängen kann. Mit Hilfe von Experimenten soll vielmehr untersucht werden, wie Ängste wegkonditioniert werden können. Die Ängste, die Watson und andere untersuchen, sind eigentümlicherweise häufig um die Angst vor Ratten, Schlangen oder Hunden zentriert. Sie kreisen um Ängste vor Tieren, die die bedrohlichen Seiten des Lebendigen, »Tierischen«, Sexuellen auf besonders verbreitete Art zu symbolisieren vermögen. Nicht zufällig sind unbewußte sexuelle Ängste, wie die Psychoanalyse aufgedeckt hat, häufig mit Ratten-, Mäuse- und Schlangenphobien verknüpft oder kommen in der Angst vor Hunden zum Ausdruck. Mit Hilfe eines festen Regelwerks, das einzig technische Manipulationen zuläßt, erlaubt solche Psychologie unbewußt, das abzuwehren, was ihr gefährlich erscheint: die bedrohliche Sinnlichkeit und die mit ihr verknüpfte Angst. Die Logik solcher Experimente läßt sich als Logik der Zwangsneurose interpretieren. Ihr Interesse ist es nicht, psychische Befindlichkeiten zu verstehen, sondern die Kontrolle über die körperliche Lebendigkeit zu erlangen.

Gegen ein offenes Denken, das sich seinen Gegenständen anschmiegen will, setzt der Positivismus ein methodisches Rüstzeug ein, das dem Denken seine Spontaneität und Lebendigkeit austreibt und es tendenziell auf eine bloß technische Aktivität reduziert. Schon Nietzsche hat in seiner *Fröhlichen Wissenschaft* darauf hingewiesen, daß solch positivistisches Regelwerk, das sich mit einem spezifischen Gesetzesbegriff verbindet, dazu geeignet ist, die Angst vor der Freiheit des Denkens zu organisieren. Je absoluter es gesetzt wird, desto leichter kann es unkritische Abhängigkeit erzeugen und die Angst vor einem selbständigen Denken organisieren helfen, das notwendig das Risiko des Scheiterns in sich trägt.

»Denn so ist der Mensch: ein Glaubenssatz könnte ihm tausendfach widerlegt sein - gesetzt, er hätte ihn nötig, so würde er ihn auch immer wieder für wahr halten, - gemäß jenem berühmten Beweise der Kraft, von dem die Bibel redet. Metaphysik haben einige noch nötig; aber auch jenes ungestüme Verlangen nach Gewißheit, welches sich heute in breiten Massen wissenschaftlich-positivistisch entladet, das Verlangen, durchaus etwas fest haben zu wollen (während man es wegen der Hitze dieses Verlangens mit der Begründung der Sicherheit leichter und läßlicher nimmt): auch das ist noch das Verlangen nach Halt, Stütze, kurz jener Instinkt der Schwäche, welcher Religionen, Metaphysiken, Überzeugung aller Art zwar nicht schafft, aber - konserviert. In der Tat dampft um alle diese positivistischen Systeme der Qualm einer gewissen pessimistischen Verdüsterung, etwas von Müdigkeit, Fatalismus, Enttäuschung, Furcht vor neuer Enttäuschung - oder aber zur Schau getragener Ingrimm, schlechte Laune ... und was es alles für Symptome oder Maskeraden des Schwächegefühls gibt.«[62]

In der Psychologie besorgt experimentelles Vorgehen die Unterwerfung von Denken und Tun unter vorgegebene Regeln, hinter denen sich bestehende gesellschaftliche Machtverhältnisse verbergen. Das Experiment dient hier der methodisch organisierten Versklavung der sozialen Phantasie durch Anordnungen, die keine offenen Horizonte zulassen. Gegen die Verengung und Perversion des Experimentellen durch den Positivismus muß eine andere Idee des Experimentellen gesetzt werden. Für diese bedeutet Experimente machen, einen Raum offener Möglichkeiten probeweise zu nutzen. Experimentieren kann auch heißen, mit Denkmodellen, Wahrnehmungsformen, ästhetischen Ausdrucksmitteln oder Praxisentwürfen zu »spielen«. Es kann auf die lebenspraktische Erprobung verschiedener Umgangsformen mit der Realität aus sein, es kann versuchen, neue Formen des Zusammenlebens zu erkunden. Gegen eine positivistische Forschungspraxis, die eine offene Zukunft zu vermauern hilft, muß eine Idee des Experimentellen gestellt werden, mit der um Räume gekämpft werden kann, in denen Neues, Anderes probeweise Gestalt annehmen darf. Ein mutiges offenes Denken verlangt ganz andere Experimente als Erfahrungsbasis als die, die an die positivistischen Versuchsanordnungen gebunden sind. Nur wo Versuche intellektueller und praktischer Art möglich sind, die nicht autoritär vorgegebenen Regeln gehorchen müssen, kann das Denken lernen, eine offene Zukunft mitzugestalten.

Anmerkungen

1 V. Sarris und A. Parducci, *Die Zukunft der experimentellen Psychologie*. Weinheim, Basel 1986
2 Stanlay Milgram, *Das Milgram Experiment*. Reinbek 1982
3 Ebd., S. 42
4 Ebd., S. 32
5 Ebd., S. 133
6 Zur Störfaktorenforschung siehe z.B.: H. Schuler, *Ethische Probleme psychologischer Forschung*. Göttingen, Toronto, Zürich 1980 oder Gniech, *Störeffekte in Psychologischen Experimenten*. Stuttgart 1976
7 Donald O. Hebb, *Einführung in die moderne Psychologie*. 7. Aufl., Weinheim/Basel 1972
8 Ebd., S. 17
9 Martin E.P. Seligman, *Erlernte Hilflosigkeit*. München 1986, S. IX f.
10 W. und W. v. Baeyer-Katte, *Angst*. Frankfurt 1973, S. 62
11 Hebb, a.a.O., S. 170
12 Ebd., S. 308

13 Zitiert nach Skinner, *Was ist Behaviorismus*. Reinbek 1978, S. 256
14 C. Murchison Hg., *History of Psychology in Autobiography*. New York 1936, S. 276
15 Skinner, a.a.O., S. 26
16 René Spitz, *Vom Säugling zum Kleinkind*. Stuttgart 1967
17 Kant, *Kritik der reinen Vernunft I*. Frankfurt 1974, S. 23 f.
18 Ebd., S. 25
19 Theo Hermann, *Psychologie als Problem*. Stuttgart 1969, S. 73
20 Ebd., S. 74
21 E. Cassirer, *Philosophie der symbolischen Formen*. Bd. 3, Darmstadt 1954, S. 477 f.
22 Hermann, a.a.O., S. 74
23 Ebd., S. 75
24 Th.W. Adorno, *Der Positivismusstreit in der deutschen Soziologie*. Darmstadt und Neuwied 1972, S. 86 f.
25 Popper, in: *Positivismusstreit*. a.a.O., S. 112
26 Karl Otto Apel, *Transformation der Philosophie*. Frankfurt 1976, S. 53 f., siehe hierzu auch Habermas, *Analytische Wissenschaftstheorie und Dialektik*. In: *Positivismusstreit*. a.a.O., S. 155 ff.
27 B.F. Skinner, *Jenseits von Freiheit und Würde*. Reinbek 1972
28 Wolfgang Metzger, *Das Experiment in der Psychologie*. 1952
29 Th.W. Adorno, *Negative Dialektik*. Frankfurt 1966
30 Siehe hierzu: H.M. Enzensberger, *Der fliegende Robert*. Frankfurt/M. 1988
31 Th.W. Adorno u.a., *Studien zum autoritären Charakter*. Frankfurt 1973
32 M. Horkheimer, *Autorität und Familie in der Gegenwart*. In: *Zur Kritik der instrumentellen Vernunft*. Frankfurt 1967, S. 285
33 I. Kant, *Zur Kritik der praktischen Vernunft*. Stuttgart 1980, S. 141
34 Michel Foucault, *Die Geburt der Klinik*. München 1973
35 Siehe hierzu H. Schnädelbach, *Erfahrung, Begründung und Reflexion. Versuch über den Positivismus*. Frankfurt 1971
36 Siehe hierzu z.B.: *Der Diskurs des Radikalen Konstruktivismus*. Hrsg. J. Schmidt. Frankfurt/M. 1990, Watzlawik, *Wie wirklich ist die Wirklichkeit?*. München 1991 oder H. Maturana und F. Varela, *Der Baum der Erkenntnis*. München 1987. Der Pragmatismus, dessen Position in den Konstruktivismus eingeht, wird auf S. 146 ff dieses Buches einer Analyse unterzogen, die sich auch auf den Konstruktivismus übertragen läßt.
37 *Der Diskurs des Radikalen Konstruktivismus*. a.a.O. Klappentext von Maturana.
38 H.R. Maturana, *Kognition*. ebd., S. 91
39 Siehe hierzu: ebd., S. 117 oder Maturana und Varela, *Der Baum der Erkenntnis*. a.a.O., S. 266 f.
40 Zur Logik, Geschichte und zum sozialen Gehalt der modernen Naturwissenschaften siehe z.B.:
C. Merchant, *Der Tod der Natur*. München 1987
E. Zilsel, *Der soziale Ursprung der neuzeitlichen Naturwissenschaften*. Frankfurt 1976
E. Bloch, *Neuzeitliche Philosophie I und II*. Frankfurt 1985
G. Böhme u.a., *Experimentelle Philosophie*. Frankfurt 1977
F. Borkenau, *Der Übergang vom feudalen zum bürgerlichen Weltbild*. Darmstadt 1971
E. Böhme und G. Böhme, *Das andere der Vernunft*. Frankfurt 1983
41 Merchant, a.a.O., S. 207 f.
42 Zitiert nach Merchant, ebd.
43 M. Weber, *Wirtschaft und Gesellschaft II*. Tübingen 1956, S. 1040
44 Bloch, *Neuzeitliche Philosophie I*. a.a.O., S. 113
45 Bloch, *Neuzeitliche Philosophie II*. a.a.O., S. 59
46 Weber, a.a.O., S. 1034 ff.
47 S. Giedion, *Die Herrschaft der Mechanisierung*. Frankfurt 1982
48 M. Foucault, *Überwachen und Strafen*. Frankfurt 1974, S. 251 ff.
49 Siehe hierzu: R. zur Lippe, *Naturbeherrschung im Menschen II*. Frankfurt 1974
50 Hermann, a.a.O., S. 77
51 Daß neuerdings der »subjektive Faktor« in industriellen Führungsstrategien immer mehr eingeplant wird, zeigt, daß diese Form von experimentellem Vorgehen veraltet.
52 Th.W. Adorno, *Zum Verhältnis von Soziologie und Psychologie*. In: *Sociologica II*. Frankfurt 1955, S. 25
53 H. Marcuse, *Industrialisierung und Kapitalismus im Werk Max Webers*. In: *Kultur und Gesellschaft 2*. Frankfurt 1965, S. 111
54 Adorno, *Positivismusstreit*. a.a.O., S. 69
55 Ebd., S. 78

56 W. Kutschmann, *Der Naturwissenschaftler und sein Körper*. Frankfurt 1986, S. 254
57 Ebd., S. 165
58 Der Text bezieht die Psychopathologie der Wissenschaft sicherlich etwas zu eindimensional auf die Zwangsneurose. Auch andere, eher frühere psychische Prägungen gehen in sie ein.
59 Siehe hierzu z.B. S. Freud, *Charakter und Analerotik*, verschiedene Ausgaben oder C. Benedetti, *Psychodynamik der Zwangsneurose*. Darmstadt 1978
60 S. Freud, *Vorlesungen zur Einführung in die Psychoanalyse. Neue Folge*. GW XV, S. 92
61 G. Devereux, *Angst und Methode in den Verhaltenswissenschaften*. Berlin 1976, S. 109
62 F. Nietzsche, *Die fröhliche Wissenschaft. Fünftes Buch*. In: *Nietzsche Werke II*. Berlin 1976, S. 212

Unter der Diktatur des Quantitativen

I.

Das naturwissenschaftlich orientierte Denken ist seinem Wesen nach, auch wenn seinen Vertretern das nicht klar sein mag, auf die Beherrschung der Natur aus. Es will exakte Wissenschaft sein, die die Realität im Dienste des Menschen kontrollierbar und berechenbar zu machen sucht. Nicht die Suche nach der Erkenntnis des Wesens des Natürlichen, auf die andere Formen der Naturerkenntnis aus waren, bestimmt das Tun von modernen Naturwissenschaftlern. Auch wo ihre Vertreter, etwa in der Grundlagenforschung, noch glauben, nur auf reine Erkenntnis auszusein, ist in den Methoden, die sie anwenden, schon die technische Verwertung der Natur angelegt. Können sie die Gesetzmäßigkeiten von Naturprozessen präzise fassen, so werden diese berechenbar und der erste Schritt für ihre Indienstnahme durch technische Verfahren ist getan. Durch die Art, wie man Naturprozesse voraussagbar zu machen sucht, macht man sie tendenziell der industriellen Nutzung zugänglich. Im Interesse der Naturbeherrschung verknüpft das naturwissenschaftliche Vorgehen experimentelle Kontrolle mit Berechenbarkeit, die aus der Anwendung quantitativer Verfahren resultieren soll. Ohne diese Wissenschaft gibt es keine modernen Maschinen und keine moderne Massenkommunikation, auf die kaum jemand in der bestehenden Gesellschaft verzichten möchte, auch wenn ihre konkrete Gestalt und ihre Anwendung sehr kritikwürdig erscheinen können. Nicht zuletzt weil sie diese Erfolge aufweisen kann, ist die Naturwissenschaft zur prägenden Wissenschaftsrichtung geworden. Auch in dem Bereich der akademischen Psychologie dominiert eine Richtung, die sich an ihr orientiert.

Eine quantitativ orientierte Wissenschaft, die, bewußt oder unbewußt, letztlich bloß auf das Berechenbarmachen der Welt aus ist, gilt ihren Kritikern, auch wenn sie im Bereich der Technik Nutzen zu stiften vermag, zu Recht als seelenlos. Daß alles dem Gesetz der »Zahl« unterworfen werden soll, um es berechenbar und damit beherrschbar zu machen, entspricht den bedrohlichen Seiten des herrschenden Industrialismus. Die Negation des Qualitativen, zugunsten des

Quantitativen, das Austauschbarmachen des Besonderen, das auf ein bloß Allgemeines reduziert wird, ist den fragwürdigen Zügen bestehender sozialer Institutionen verwandt.

Trotzdem ist es falsch, quantitatives Denken generell als seelenlos und als Qualitäten feindlich gesonnen zu begreifen. Mit quantitativem Denken können sogar utopische qualitative Elemente verknüpft sein. Das beliebte Kinderlied »Weißt du wieviel Sternlein stehen« enthält eine Utopie des Quantitativen. Dort heißt es: »Gott der Herr hat sie gezählet, daß ihm auch nicht eines fehlet, an der ganzen großen Zahl«. Im Anschluß an einen antiken Mythos, dem zufolge für jedes Menschenkind ein Stern am Himmel steht, wird hier von einer guten, schützenden Macht gezählt, um dafür Sorge zu tragen, daß kein Kind auf dieser Welt einsam verlorengeht. Es wird gezählt, damit dafür gesorgt ist, daß keines ungeborgen sein muß, daß niemand hilflos in Vergessenheit gerät. Am Schluß des Romans »Die Schlafwandler« von Hermann Broch sagt die Stimme der Hoffnung zu den Verzweifelten: »Tu dir kein Leid! Denn wir sind alle noch hier!«. Es ist gezählt worden, es sind noch genug Menschen da, die das Bessere wirklich werden lassen können. Beide angeführten Motive verbinden das Zählen mit der Güte eines christlichen Gottes. Aber auch vom weltlichen Zählen, das ermittelt, ob für jeden ein Süppchen, eine Wohnung oder genug Geld zum Leben da ist, und vom quantitativen Planen, das dafür sorgt, daß das so ist, ist jede reale Menschlichkeit in dieser Welt abhängig.

Qualitatives Denken verbindet sich in der Geschichte der Religion, der Philosophie oder der Naturerkenntnis mit mathematischen Konstruktionen und erzeugt dabei mitunter faszinierende Bilder. Die Pythagoreer, die das erste philosophische System der Antike entwickelten, suchten eine göttliche Ordnung in der Welt mit Hilfe von Zahlensystemen ausfindig zu machen. Der Satz des Pythagoras, den man in der Schule im Mathematikunterricht lernen muß, war ursprünglich keineswegs bloß eine mathematische Regel, er war vielmehr Teil einer philosophischen Weltinterpretation. Die Pythagoreer sahen den Kosmos mit Hilfe von Zahlen und deren Verhältnissen zueinander auf harmonische Weise geordnet. Die Zahl stellt für die Pythagoreer das Wesen der Dinge dar, sie organisiert die Realität und ist keineswegs bloß ein Instrument zu deren Erfassung. Nach Aristoteles lautet der Hauptsatz ihrer Metaphysik, »daß die Zahl das Wesen aller Dinge und die Organisation des Universums überhaupt in seinen Bestimmungen ein harmonisches System von Zahlen und deren Verhältnissen ist.«[1] Mathematische Regeln, die hinter der Sphäre der Erscheinungen verborgen sind, halten für sie die Welt im Innersten zusammen. Ernst Bloch schreibt über die pythagoreische Weltordnung:

»Das Wesen der Dinge, die Ordnung der Welt selber ist nichts anderes als die Ordnung der Zahl; und zwar aller Dinge. Das bedeutet: Das hypostasierte mathematische Denken der Pythagoreer bezieht sich allerdings nicht wie das der neueren mathematischen Naturwissenschaft, wenigstens bis vor kurzem, ausschließlich auf quantitative Verhältnisse, sondern indem alle Dinge mit Zahlen in Beziehung gebracht werden, demnach als verdichtete, fleischgewordene Zahlen aufzufassen sind, müssen auch Qualitäten durch Zahlen ausgedrückt werden können. Pythagoras nimmt eine Welt an, in der es von unten nach oben und von oben nach unten in harmonischen, zahlenmäßig auszudrückenden Beziehungen, ja in einem Zahlenleben, Zahlenschwingen selber hergeht, wobei sich die Himmelskräfte goldne Eimer reichen. Der Kosmos folgt einer mythischen Mechanik, mit genauen Zeitabständen, mit harmonischen Verhältnissen zwischen seinen Orten selber.«[2]

Der astronomische Mythos einer an mathematische Konstruktionen gebundenen Sphärenharmonie stammt vermutlich von den Pythagoreern. Die mathematisch faßbare Harmonie der Weltsphären verbindet sich in ihrer Philosophie mit dem rührenden Bild harmonischer Sphärenklänge. Die Pythagoreer haben als Musiktheoretiker zum ersten Mal erkannt, daß die Tonhöhe von der Länge einer schwingenden Saite abhängig ist. In Analogie dazu nahmen sie an, daß die Planeten und Gestirne um die Erde schwingen und dabei, je nach dem Abstand von ihr, verschieden hohe Töne von sich geben. Durch eine geometrisch geordnete Beziehung der Gestirne untereinander entstehen dabei Sphärenklänge, deren Schönheit denen entspricht, die der Lyra des Gottes Apollo entspringen. Es gibt eine Sphärenharmonie, die nicht nur philosophisch faßbar ist, sondern auch hörbar ist. Der pythagoreische Mythos der Sphärenklänge erscheint im Prolog von Goethes Faust wieder, wo es heißt: »Die Sonne tönt nach alter Weise in Brudersphären Wettgesang.«

Die pythagoreische mathematische Philosophie wirkt noch stark auf das Denken Platons ein. Über der von ihm geplanten Akademie sollte stehen: »Niemand trete hier ein, der sich nicht mit Geometrie beschäftigt hat«. Die Beschäftigung mit mathematischen Konstruktionen soll eine Grundlage jeder gehobenen Erziehung sein. Platon verbindet geometrische Konstruktionen mit der Idee des Schönen. Der Kreis oder das Viereck bringen auf ideale Weise zum Ausdruck, was die Idee des Schönen enthält. Bestimmte Zahlen und deren Verhältnis zueinander sind für Platon mit der Idee des Guten verknüpft. Mit Hilfe bestimmter Zahlenkombinationen läßt sich Platon zufolge eine ideale Stadt zu gründen:

»Die Stadt sollte nach Möglichkeit in der Mitte des Landes geplant werden. Wir sollten dafür eine Stelle aussuchen, die das besitzt, was einer Stadt zuträglich ist, und das läßt sich leicht denken und beschreiben. ... Dann teilen wir die Stadt in zwölf Abschnitte ein und gründen zunächst an einer Stelle, die wir die Akropolis nennen werden, Tempel für Hestia, Zeus und Athene. Wir umgeben sie mit einer Ringmauer und lassen die Einteilung von Stadtkern und Land von hier ausstrahlen. Die zwölf Sektoren sollen in dem Sinne gleich sein, daß diejenigen, welche guten Boden haben, kleiner und diejenigen mit schlechtem Boden größer sind. Die Zahl der Grundstücke soll 5040 und jedes von ihnen soll zweigeteilt sein, und jedes Besitztum soll aus zwei Teilen bestehen, deren einer nahe bei der Stadt liegt, der andere in größerer Entfernung. ... Danach sollen sie zwölf Grundstücke zwölf Göttern weihen, sie nach deren Namen nennen und jedem Gott mehrere Parzellen weihen ... Und sie sollen die zwölf Sektoren der Stadt auf die gleiche Weise wie das Land aufteilen, und jedermann soll zwei Wohnsitze haben, einen mitten im Lande, den andern an dessen Rand.«[3]

Auch in der Zahlenmystik des christlichen Mittelalters verbinden sich Zahlen und geometrische Konstruktionen mit qualitativen Bestimmungen.[4] Zahlen und geometrische Figuren haben eine symbolische Bedeutung, in der die göttliche Weltordnung zum Ausdruck kommt. Schon im alten Testament steht: »Du hast alles nach Maß, Zahl und Gewicht geordnet.« (Buch der Weisheit 11, 21) Die symbolische Bedeutung von Zahlen und geometrischen Figuren geht zum Beispiel in die Konstruktion christlicher Kirchen ein. Kirchengebäude können so gestaltet werden, daß in ihnen eine göttliche Mathematik und damit der Geist Gottes zum Ausdruck kommt. Die Konzeption mancher romanischen Kirchen beruht auf geometrischen Regeln und arithmetischen Konstruktionen, die die Ordnung des göttlichen Universiums verkörpern sollen. In der christlichen Zahlenmystik steht etwa die als unteilbar geltende 1 für das höchste Wesen, nämlich Gott. Die 3 vermag die Dreieinigkeit zu repräsentieren, die 4 stellt das Universum mit den vier Himmelsrichtungen dar. Die Zahl 7 erscheint in der Bibel geradezu als heilige Zahl schlechthin: Gott ruht am siebten Tag, nachdem er die Welt geschaffen hat; am Ende der Welt erscheinen in der Apokalypse sieben Racheengel, die mit ihrem Schwert die Bösen strafen.

»Der tiefere, geistige Wert der Zahl sieben ergibt sich aus ihrer seit der altchristlichen Zeit vermerkten Zusammensetzung von drei und vier, oder, wenn man in der Sprache der Zahlensymbolik reden soll, aus der Verbindung der Idee vom Dreieinigen und von der Welt oder Schöpfung. Es ist eine Zahl, deren Beziehungen sehr weit verzweigt sind. Am siebenten Tage ruhte Gott nach der Schöpfung, darum bezeichnet sie auch jenes siebente Weltalter, das für die Menschheit am Ende aller Dinge anbricht, oder die siebente Stufe in der Entwicklung des menschlichen Lebens, die ihm die große, endlose Ruhe nach den Mühen und Drangsalen seines »sechstätigen« Lebens verheißt, jenen siebenten Tag, der keinen Abend hat. In diesem Sinne hat man sie auch die Zahl der Fülle und Vollendung genannt oder auch der Allgemeinheit. Sie tritt in die Erscheinung bei Kain, der nach langer Buße für den Brudermord endlich in der siebenten Generation von Lamech ermordet wurde; am siebenarmigen Leuchter im alten Tempel; an den sieben Frauen, die einen Mann nehmen; bei den sieben Diakonen, welche die Apostel als des Heiligen Geistes voll auswählten; an den sieben Geboten der zweiten Gesetzestafel, welche das Verhalten gegen den Nächsten regeln; an den sieben Augen, die der Prophet an einem Steine (Christus) sah; an den sieben Hörnern des Lammes, den sieben Häuptern des roten Drachen, den apokalyptischen Engeln der sieben Kirchen, den sieben Kandelabern, den sieben Donnerstößen; bei den sieben Bitten des Vaterunsers; den sieben Leiden des Herrn bzw. den sieben Vorgängen in seinem Leben, bei denen er Blut vergroß; und endlich bei den sieben Worten am Kreuz.«[3]

Ähnlich wie Zahlen symbolisieren auch geometrische Figuren das Göttliche. Der Kreis mit seiner Unendlichkeit wird zum Symbol der Ewigkeit Gottes, das Viereck repräsentiert die Himmelsrichtungen und damit seine Welt.

In der Neuzeit erlangen mathematische Konstruktionen eine ganz andere Bedeutung. Ähnlich wie bei den Pythagoreern heißt es bei Galilei, dem Stammvater der experimentellen Naturwissenschaften: »Das Buch der Natur ist in Zahlen geschrieben.« Aber dieser Gedanke erlangt in den entstehenden modernen Naturwissenschaften eine völlig andere Bedeutung. Zahlen werden nicht mehr, wie in der Antike oder im Mittelalter, mit den Ideen der Weltharmonie oder der göttlichen Gerechtigkeit verbunden, sondern mit einem mechanistischen Weltbild, aus dem die Suche nach dem Guten und Schönen gestrichen wird. Mit dem Heraufkommen der modernen Naturwissenschaften und der mit ihnen verbundenen Philosophie wird die Welt zur Weltmaschine, die ein göttlicher Maschinist mit Hilfe der Mathematik erbaut hat. Sie wird zur kunstvollen Weltuhr, die ein göttlicher Uhrmacher berechnend erzeugt hat. Im neuen mechanistischen Weltbild verschwindet Gott zunächst keineswegs, Newton oder Decartes sind keine Atheisten. Gott wird vielmehr zu einer Art Ingenieur oder Baumeister, der die Welt nach bestimmten Regeln hervorgebracht hat, um ihr dann mehr oder weniger ihren vorgegebenen Lauf zu lassen. Diese mechanischen Regeln sind theoretisch faßbar und mit Hilfe der Mathematik formulierbar. Ihre Kenntnis erlaubt es, den göttlichen Erzeuger in gewisser Weise nachzumachen und so die Natur für die Menschen nutzbar zu machen. Wer Maschinen baut, folgt sozusagen dem göttlichen Maschinisten nach, indem er Gesetze nutzt, die dieser in die Natur hineingelegt hat. Für Descartes, der das moderne, naturwissenschaftlich geprägte Weltbild philosophisch legitimiert hat, erscheinen Tiere als Wesen, die wie Maschinen funktionieren. Auch die menschliche Physiologie und die menschlichen Leidenschaften sind für ihn maschinell organisiert. Sinnliche Qualitäten sind auf Größe, Figur und Bewegung zurückzuführen. In seinem Buch *Über die Leidenschaften der Seele* heißt es z.B. über den Unterschied eines lebendigen und eines toten Körpers:

»Weil man sah, daß ein Leichnam keine Wärme und demzufolge auch keine Bewegung hat, stellte man sich vor, die Abwesenheit der Seele habe diese Bewegungen und diese Wärme zum Aufhören gebracht. So hat man ohne Grund alle natürliche Wärme und Bewegung unseres Körpers von der Seele abhängig gemacht, anstatt umgekehrt anzunehmen, daß die Seele bei dem Tode nur entweicht, weil diese Wärme aufhört und weil die Bewegungsorgane des Körpers verderben. Um diesen Irrtum zu vermeiden, muß man bedenken,daß niemals die Seele, sondern irgendein Hauptorgan des Körpers, das unbrauchbar wird, an dem Tode schuld ist. Demnach unterscheidet sich der Körper eines lebendigen Menschen von dem eines toten ebenso, wie eine Uhr oder ein anderer Automat, d.h. eine selbstbewegliche Maschine, die aufgezogoen ist und damit in sich das körperliche Prinzip der Bewegungen, für die sie bestimmt ist und alles zu ihrer Tätigkeit Nötige hat, von einer Uhr oder Maschine, die zerbrochen ist, und in der das Prinzip ihrer Bewegung nicht mehr wirkt.«[6]

Das Bewußtsein, dem er eine Sonderstellung zubilligt, die in der Tradition des christlichen Seelenglaubens begründet ist, nimmt Descartes von dieser Mechanisierung noch ausdrücklich aus. Erst Lamettrie hat als erster den ganzen Menschen als eine Maschine zu erfassen gesucht. Die Regeln der Mathematik erscheinen in der rationalistischen Philosophie, die mit der mechanistischen Weltinterpretation verknüpft ist, als die Regeln, die die Welt organisieren. Wer die Mathematik kennt, findet Zugang zu den Gesetzen, die die Welt zusammenhalten. Die großen Philosophen der Epoche, Descartes, Pascal oder Leibniz, sind zugleich auch große Mathematiker.

Descartes, der philosophische Stammvater des modernen naturwissenschaftlichen Denkens, stellt den Zweifel an den Anfang jeder Erkenntnis. Das Denken bekommt das Recht, an allen überkommenen Dogmen und Glaubensätzen zu zweifeln, es kann sich damit von kirchlicher Bevormundung lösen. Der Zweifel als Ausgangspunkt allen Denkens dient aber nicht dazu, eine offenere Welt aufscheinen zu lassen, er dient vielmehr als Motor auf der Suche nach intellektuellen Mitteln, mit denen sich endlich absolute Gewißheit finden läßt. Exakte umfassende Erkenntnis soll endlich die Welt für die Menschen berechenbar machen. Der Raum, den der traditionelle christliche Glaube mit Hilfe des

Gedankens der unerforschlichen Ratschlüsse Gottes und der mit ihnen verknüpften Wunder auf wenn auch sehr problematische Art offenließ, soll nun geschlossen werden. Horizonte, die die Religion offen ließ, sollen durch die exakte Berechenbarkeit eines mechanischen Systems verriegelt werden. Mit Hilfe mathematischer Formeln soll die Welt einer präzisen intellektuellen Kontrolle unterworfen werden. Der mit dem Zerfall des mittelalterlichen Weltbilds auftauchenden kollektiven Angst soll damit ein neues Denken entgegengestellt werden, das wieder Sicherheit zu geben vermag. Eine Sicherheit, die an einen intellektuellen Allmachtswahn gebunden ist, der totalitäre Züge trägt, weil er nichts mehr offenlassen will, was sich ihm entzieht.

Blaise Pascal hat in seiner religiös motivierten Kritik dieses modernen, naturwissenschaftlich geprägten Weltbilds auf die Verluste hingewiesen, mit denen es bezahlt wird. Das göttliche Universum, das den Menschen als Kindern Gottes in gewisser Weise ein Zuhause sein konnte, weicht ihm zufolge leeren Räumen und einem kalten mechanischen Funktionieren. Die Tiere, die als Geschöpfe Gottes mit den Menschen als Geschwister verwandt waren oder ihnen als Gehilfen nahestanden, werden zu bloßen Apparaten. Solche Kritik an Weltinterpretationen, die alles mechanisierbar und berechenbar machen wollen, zeigt auf, daß diese den Menschen nicht den Weg zu etwas weisen können, was sie mit dem ersehnen, was man als Seele bezeichnen kann: eine Welt, die Heimat wäre, in der Menschen und Tiere als lebendige Wesen geschwisterlich verbunden zu Hause wären.

II.

Von der antiken Philosophie bis zum mechanistischen Weltbild werden mathematische Konstruktionen in eine Ontologie eingebunden. Sie sollen Gesetze darstellen, die das Sein regieren, sie sollen Regeln sein, die die Welt ihrem Wesen nach ordnen. Solche Positionen sind für die heutigen Vertreter einer quantitativ orientierten Wissenschaft, sofern sie wissenschaftstheoretisch geschult sind, nicht mehr vertretbar. Sie werden überholten metaphysischen Weltbildern zugeordnet. Moderne, naturwissenschaftlich orientierte Theoretiker wollen nicht mehr, wie traditionelle Philosophen, Wesensaussagen über den Kosmos machen, derartige Wahrheitsansprüche sind ihnen fremd geworden. Quantitative Methoden gelten für wissenschaftstheoretisch reflektierte Vertreter eines modernen Positivismus, weil sie sich im Bewußtsein der Scientific Community »bewährt« haben und nicht weil sie in irgendeine Ontologie eingebettet sind. Sie gelten für die neopositivistische Wissenschaftstheorie sozusagen als Konventionen, auf deren Geltung man sich unter Wissenschaftlern geeinigt hat, um die Realität zu erfassen. Man will keine Wesensaussagen mehr machen, es soll vielmehr bloß um die Geltung von bestimmten, Wissenschaftlichkeit begründenden Regeln gehen, denen sich forschendes Vorgehen zu fügen hat. Bei

Popper, dem prominentesten Wissenschaftstheoretiker des Neopositivismus, heißt es:

»Wir wollen die Regeln oder, wenn man will, die Normen aufstellen, nach denen sich der Forscher richtet, wenn er Wissenschaft treibt, wie wir es uns denken.«[7]

Die Art und Weise, wie Wissenschaft getrieben werden soll, wird dabei keineswegs, wie eine solche Formulierung nahelegen könnte, in einem offenen Diskurs »ausgehandelt«, in dem jede Position die gleiche Chance hat, zum Zuge zu kommen. Man orientiert sich vielmehr bei dieser Festlegung schlicht an dem, was wissenschaftsgeschichtlich und praktisch am »erfolgreichsten« war. Popper entlehnt seine Modelle den mathematischen Naturwissenschaften, die nach seinen Feststellungen als die erfolgreichsten angesehen werden müssen und die es damit als solche zu legitimieren gilt. Die Identifikation mit dem im Wissenschaftsbetrieb Übermächtigen rationalisiert einen »erfolgsorientierten Methodenoppertunismus«.[8] Die Methoden, die sich in der Praxis als »am erfolgreichsten« erwiesen haben, bedürfen keiner wissenschaftstheoretischen Begründung im klassischen philosophischen Stil mehr, die sich an ihrer Angemessenheit an die Qualität von Gegenständen orientiert. Wenn man mit einer solchen Position mathematische Konstruktionen begünstigt, resultiert das nicht daraus, daß sie der Qualität einer objektiv faßbaren Realität entsprechen, sondern daraus, daß sie vorgegebenen methodischen Standards genügen. Mit quantitativem Denken wird nicht mehr ein göttliches Wollen, das mit Hilfe der Zahl die Welt organisiert, in seiner Heiligkeit bestätigt, die »Heiligsprechung« verschiebt sich auf Methoden, die ohnehin gelten.

Aufklärerisches Denken darf sich damit nicht begnügen, es kann kritisch hinterfragen, warum solche Methoden »erfolgreich« sind. Es kann analysieren, welche sozialen Konstellationen dafür sorgen, daß sie als nicht hinterfragbare Konventionen gelten. Für die kritische Analyse hängt ihre Geltung keineswegs schlicht damit zusammen, daß Vertreter der Wissenschaft die in ihnen enthaltene Vernunft nach eingehender Reflexion erkannt haben, sie sieht sie vielmehr primär in gesellschaftlichen Machtstrukturen begründet. Die Dominanz quantitativen Denkens im Wissenschaftsbetrieb entspricht einer gesellschaftlichen Realität, in der das Quantitative auf sehr fragwürdige Art Macht über die Menschen erlangt. Kritisches Denken hat der quantitativ orientierten Forschung, indem sie dies aufzeigt, das Wesen ihrer Praxis zu erklären, der ihre Vertreter, aufgrund einer gesellschaftstheoretischen Blindheit, bloß mit falschem Bewußtsein folgen können.

Eine an der Mathematik orientierte, quantitativ ausgerichtete Wissenschaft setzt sich historisch erst in Verbindung mit einer Geldwirtschaft, mit einem Warenmarkt und schließlich mit der kapitalistischen Warenproduktion durch.[9] Die antike mathematische Philosophie des Pythagoras hat mit der Gründung griechischer Handelstädte ab dem 6. Jahrhundert v.Chr. zu tun. Erst wenn das Geld mit seiner Rechenhaftigkeit umfassende soziale Zusammenhänge stiftet, taucht dieses erste quantitativ argumentierende philosophische System auf. Ein derartiges intellektuelles System entsteht erst, wenn das Geld die »soziale Synthesis« stiftet, also die entscheidenden gesellschaftliche Zusammenhänge organisiert. Pythagoras soll an der Einführung eines Münzsystems in Süditalien beteiligt gewesen sein. Das moderne, naturwissenschaftlich orientierte Weltbild nimmt seine Anfänge, die mit dem Namen Galieis verbunden sind, in den oberitalienischen Stadtstaaten der Renaissance, also in Florenz, Mailand oder Bologna. Hier ist das Gemeinwesen, im Gegensatz zur argrarisch orientierten Feudalgesellschaft, ökonomisch um den Fernhandel und um die systematisch organisierte Produktion in der Manufaktur zentriert. Das Handelskapital, mit seiner spezifischen Rechenhaftigkeit, prägt entscheidend die Lebensformen. Sein Einfluß reicht bis ins wissenschaftliche Denken.

»Der Auftritt der quantitativen Methode, die in der mittelalterlichen Theorie im wesentlichen nicht existiert, kann nicht vom zählenden und rechnenden Geist der kapitalistischen Ökonomie getrennt werden. Die erste literarische Darstellung der Technik der doppelten Buchführung ist im ersten Lehrbuch der Mathematik des 15. Jhs. enthalten, in Luca Paciolis Summa de arithmetica (Venedig, 1494); die erste Anwendung der doppelten Buchführung auf Probleme der öffentlichen Finanzen und Verwaltung wurde in den gesammelten mathematischen Werken von Simon Stevin gemacht, dem Pionier der wissenschaftlichen Mechanik (Hypomnemata mathematica, Leyden, 1608), und unter den frühesten Untersuchungen der Geldwirtschaft ist eine Arbeit von Kopernikus über monetäre Reformen (Monetae cudendae ratio, 1552) verfaßt.«[10]

In der Zeit des Absolutismus treten die modernen mathematischen Naturwissenschaften ihren Siegeszug an. Es ist die Epoche, in der die kapitalistisch organisierte Produktion in Verbindung mit einem bürokratisch organisierten Verwaltungsstaat anfängt, sich als gesellschaftlich dominierend durchzusetzen. Das politische Handeln der Mächtigen orientiert sich hier, wie Max Weber herausgearbeitet hat, an der »Übertragung des kapitalistischen Erwerbstriebes auf die Politik«.[11] Der Erwerbstrieb, der auf die Vermehrung von Geld gerichtet ist, muß sich aufs Rechnen verstehen und braucht berechenbare allgemeine Gesetze, die von der Obrigkeit erlassen werden. Für seine effiziente ökonomische Nutzung muß das Land genau vermessen werden, um Grenzen exakt zu bestimmen und Infrastrukturmaßnahmen wie den Bau von Straßen und Kanälen in Angriff nehmen zu können. Die Bevölkerung muß zum Nutzen einer Bevölkerungspolitik zahlenmäßig in Geburts-, Sterbe- und Heiratsstatistiken erfaßt werden, die es seit dem 17. Jahrhundert gibt. Für ökonomische Planungen braucht man Handels- und Steuerstatistiken.[12] Der Staat interessiert sich für soziale Tatsachen, die sich nach dem Gesetz der großen Zahl erfassen und nutzen lassen. Die Wahrscheinlichkeitsrechnung, die heute in der Wissenschaft eine zentrale Rolle spielt, entstammt keineswegs zufällig der Epoche des Absolutismus[13]. Das Ordnen, Klassifizieren und Korrelieren, das heute die empirische Forschung prägt, entspringt einer Zeit, in der der moderne, bürokratisch organisierte Verwaltungsstaat anfing zu existieren. Die rechenhafte Herrschaftsausübung erlaubt eine neue Qualität der Verdinglichung von Menschen. In der Manufaktur, der Vorläuferin der modernen Fabrik, werden die Menschen als Arbeitskräfte mechanisiert und berechenbar gemacht. Nicht nur der Bau von Maschinen, auch die räumliche und zeitliche Koordination standardisierter menschlicher Aktivitäten soll nach exakten Festlegungen erfolgen. Die Menschen sollen zu berechenbaren Teilen von sozialen Megamaschinen werden. Beim Militär werden die Soldaten nicht mehr als wilder Haufen in Schlachten geschickt, sie kommen in Linien geordnet zum Einsatz, und es wird genau festgelegt, in welchen Abständen sie auf den Feind zu feuern haben. Alle militärischen Aktivitäten sollen von der militärischen Führung möglichst exakt geplant werden: Das Menschenmaterial soll durchgeplant in die Schlacht geschickt werden. Seit dem Absolutismus ist die Macht des Quantitativen, das in ökonomischen und staatlichen Institutionen organisiert ist, unermeßlich gewachsen, die Menschen sind der Macht quantifizierender sozialer Prozesse mehr denn je verfallen. Geld-, Waren- und Kapitalströme bestimmen im entfalteten Kapitalismus alle sozialen Prozesse entscheidend: Die Diktatur des Quantitativen erreicht damit eine neue Qualität.

Daß quantitative Methoden sich in der Wissenschaft als dominierend durchsetzen können, entspricht einer Gesellschaft, die von einer quantitativen, unpersönlichen Rationalität regiert wird. Die Ware wird in einer kapitalistisch organisierten Gesellschaft zum prägenden Element des gesamten gesellschaftlichen Seins. Die Rationalität des Warentauschs und der Warenproduktion durchsetzt alle Lebensäußerungen dieser Gesellschaft und damit auch die psychische Verfaßtheit der Menschen, die in ihr leben. Wo in einer Gesellschaft tendenziell alles zur Ware wird, wird das Geld als Mittel, das ihren Austausch erlaubt, »zur allgemeinen Hure« (Marx), der alles verfällt. Das Geld als ein quantifizierendes Medium, als ein zählbares Regulativ erlangt als Repräsentant aller Waren, Macht über alle Institutionen und Lebensäußerungen der Menschen. Das schlägt sich auch in ihrem Denken nieder. Mit dem Warentausch sind bestimmte Abstraktionsprozesse verbunden, es wird vom Qualitativen abstrahiert, um zu quantitativen Größen zu gelangen. Werden Waren auf dem Markt durch die Vermittlung von Geld getauscht, so kann dabei von der besonderen Qualität einzelner Gegenstände abstrahiert werden, weil es einen allgemeinen, abstrakten Generalnenner gibt, um ihren Wert zu messen.

Im industriellen Kapitalismus wird nicht nur der Warentausch von quantitativen Prinzipien regiert, sondern auch die Warenproduktion und damit auch die Menschen, die in ihr tätig sind, indem sie ihre Arbeitskraft als Ware an ein Unternehmen verkaufen müssen. Die ökonomische Vernunft in der Marktwirtschaft basiert auf dem Streben nach immer erneutem Gewinn im kontinuierlich und rationell auf Gewinn ausgerichteten Betrieb. Eine bestimmte Form der Rationalität ist die Grundlage der Rentabilität, die an die systematische Kalkulation der Kapitalrechnung gebunden ist, die möglichst viele schwarze Zahlen schreiben soll. In der Fabrik, aber auch immer mehr im Büro werden Menschen als mechanisierte Teile in mechanische Systeme eingefügt, die auf eine möglichst effiziente, rechenhafte Kapitalverwertung ausgerichtet sind. Die reale Macht quantitativer Größen wie Geld, Kapital, Profit oder Einkommen regiert die Institutionen, die das Leben der Menschen entscheidend bestimmen. Durch von quantifizierbaren sozialen Größen gesteuerte Institutionen wird menschliches Verhalten standardisiert, werden Denken und Gefühle mechanisiert. Alle Lebensäußerungen werden immer mehr dem Zahlenmäßigen unterworfen: Im Betrieb regiert der Profit, in der Schule die Zensur, bei den Leibesübungen in der Freizeit der Rekord. Eine quantitative Logik lenkt eine Gesellschaft, die von einer marktwirtschaftlichen Ökonomie beherrscht wird, und durchsetzt alle Beziehungen und Verhältnis mehr oder weniger mit deren spezifischer Rechenhaftigkeit. »Der noch so mathematisierte 'wissenschaftliche Kapitalismus' bleibt mathematisierte, technologische Herrschaft über Menschen«[14], heißt es bei Herbert Marcuse. Die Machtlogik kapitalistischer Herrschaft besteht vor allem in der Verdinglichung alles Lebendigen. Das wahre Interesse der Menschen, die Aufhebung dieser Verdinglichung, schließt die theoretische und praktische Kritik an diesem Zustand ein. Das quantifizierende wissenschaftliche Denken reproduziert zumeist kritiklos dieses Verfallensein an eine bestimmte industrialisierte Machtstruktur. Es übersieht die stumme Gewalt, mit der die Menschen, aber auch die Tiere quantifizierenden Prinzipien unterworfen werden, indem schmerzliche reale Abstraktionen an ihnen vorgenommen werden.

Auch die positivistische Psychologie rationalisiert mit ihrer quantitativen Orientierung die Übermacht des Quantitativen. Sie reproduziert dessen Logik blind, anstatt zum Ausdruck zu bringen, was solches Quantifizieren für die von ihm betroffenen Menschen bedeutet. Die fragwürdigen quantifizierenden Abstraktionen, an denen die etablierte Psychologie krankt, entspringen den von ihr undurchschauten gesellschaftlichen Realabstraktionen, die unter den bestehenden gesellschaftlichen Verhältnissen an den Menschen vorgenommen werden. Die Reduktion von Menschen auf Arbeitskräfte oder auf Verwaltungsobjekte, die es mit sich bringt, daß sie nicht als Personen mit einer bestimmten Individualität, sondern als Träger von quantitativ erfaßbaren Merkmalen durch die Herrschaftsagenturen verwertet und bewegt werden, wird von der etablierten Psychologie unreflektiert widergespiegelt. Für Theo Hermann, einen führenden Wissenschaftstheortiker im Bereich der Psychologie, müssen in der Psychologie nicht Menschen auftauchen, sondern bloß »Attribute, deren Träger Menschen sind.«[15] Solche Psychologie begreift nicht, daß ihre Abstraktionen schmerzlichen gesellschaftlichen Prozessen entspringen, die den Menschen ihre Subjekthaftigkeit rauben. Sie kann vielleicht manchmal das geronnene psychische Resultat qualifizierender sozialer Prozesse in schiefer Perspektive einfangen, die Genese psychischer Strukturen vermag sie aber kaum zu durchschauen, dem Leiden, das mit ihrer Hervorbringung verbunden ist, vermag sie nicht zur Sprache zu verhelfen. Die abstrakten Konstruktionen der positivistischen Psychologie verdanken einen fragwürdigen Realitätsbezug, den zu begreifen ihr verwehrt ist, der Reduktion, Zerstückelung und Standardisierung menschlicher Lebensäußerungen. Handeln, Denken und Fühlen von Menschen lassen sich mit Hilfe von Zahlen nur dann relativ adäquat erfassen, wenn diese, nach einer Feststellung Adornos, von der Gesellschaft tendenziell auf die Reaktionsweisen von Lurchen herabgedrückt worden sind. (Solche Äußerungen tun wohl den Lurchen unrecht.)

Obwohl alles ökonomische und staatliche Handeln der quantifizierenden Logik des Geldes mehr oder weniger verfallen ist, ist die Welt nur in sehr begrenztem Maß berechenbar geworden. Die quantifizierende Rationalität organisiert gesellschaftliche Teilbereiche auf eine in ihrem Sinn effiziente Art, aber umfassendere soziale Prozesse zeigen weiterhin unberechenbare Züge. Die kapitalistische Warenproduktion erlaubt auf der Ebene der Betriebe eine relativ exakte, quantifizierende Durchplanung von sozialen Prozessen. Übergreifende marktwirtschaftliche Prozesse müssen aber, dem Wesen dieser Ökonomie nach, relativ unberechenbar bleiben. Die kapitalistische Diktatur des Quantitativen ist mit der »Anarchie der Warenproduktion« (Marx) verknüpft. Welche Waren sich am Markt durchsetzen, wer arbeitslos wird, wann die Umwelt zerstört wird oder welche ökonomischen Krisen in der Zukunft bevorstehen, ist in ihr niemals genau voraussehbar. Die rechenhafte Logik der bestehenden Produktionsweise ist mit dem unermeßlichen Elend in der Dritten Welt und einer gleichzeitigen Tendenz zur Überproduktion in bezug auf die vorhandene Nachfrage in der ersten Welt verbunden. Die ungehemmte quantifizierende Logik ökonomischer Prozesse hat als Kehrseite ein soziales Chaos, das in massenhaftem Elend oder Naturzerstörung zum Ausdruck kommt.

Das quantifizierende Denken in den Sozialwissenschaften vernachlässigt zumeist diese chaotische Seite der Realität. Es sieht an der sozialen Wirklichkeit primär das Berechenbare, aber nicht seine Verbindung mit dem Chaos und dem Irrationalen. Es kann in Teilbereichen der Gesellschaft, im Dienste der etablierten Institutionen, funktionsgerecht wirksam werden, aber es scheitert an der unberechenbaren Irrationalität vieler sozialer Prozesse, in deren Rahmen diese funktionieren. Gegenüber den chaotischen Seiten einer von einer wildgewordenen Ökonomie geprägten Gesellschaft trägt das quantitative Denken in gewisser Weise nahezu »utopische« Züge, weil es darauf aus ist, das berechenbar zu machen, was sich seinem schlechten Wesen nach der eindeutigen Berechnung entzieht. Es zielt darauf, vieles kalkulierbar zu machen, was vernünftiger organisiert wäre, wenn es das wirklich wäre. Es will Berechenbarkeit in einer Welt, deren Entwicklungen, so lange sie so organisiert ist wie die bestehende, notwendig unberechenbar bleiben müssen. Der Wunsch nach dem Berechenbaren trägt ein Doppelgesicht: Er kann sich mit einem sinnvollen sozialen Interesse an sicherheitsstiftenden berechenbaren Ordnungen verbinden und zugleich der Angst vor dem Unberechenbaren, Vielschichtigen und Offenen verfallen sein, das lebendiges Leben mit sich bringt. Die Utopie der berechenbaren Ordnung enthält implizit eine berechtigte Kritik an Ordnungen, die sich der menschlichen Kontrolle entziehen, zugleich ist sie die Utopie des Zwangscharakters, der sich bloß eine Ordnung vorzustellen mag, die das lebendige Leben ausschließt.

In den letzten Jahren haben sich führende Vertreter der Naturwissenschaften, vor allem in der theoretischen Physik und der Biologie, zu der Erkenntnis durchgerungen, daß natürliche Prozesse nicht notwendig exakt berechenbar sein müssen. Das Chaos, als das mathematisch nicht exakt Faßbare, und gleichwohl auf verborgene Weise Regelhafte erscheint plötzlich in der Natur als das Normale.[16] Bis ins 16. Jahrhundert, bevor sich das moderne naturwissenschaftliche Weltbild durchsetzte, galt die Natur, außerhalb eines vertrauten Bezirks, als das Gesetzlose, das Dämonische, als das Reich der Mißgeburten. Sie galt als das Schreckliche, auf das man sich nicht einlassen sollte. Gegenüber diesen Vorstellungen von einem bedrohlichen Chaos führten die modernen Naturwissenschaften die durchschaubare Ordnung der Zahlen ins Feld. »Das Buch der Natur ist in Zahlen geschrieben«. Galileis programatische Äußerung soll dem Denken einen Weg weisen, der hilft, das scheinbar Chaotische transparent zu machen, es durch Berechenbarkeit zu zähmen. Für einen Teil des gegenwärtigen naturwissenschaftlichen Denkens nimmt die Natur, freilich auf ganz andere und viel harmlosere Art als im mittelalterlichen Denken, wieder chaoatische Züge an. Naturprozesse erscheinen in vielen Bereichen als etwas, über dessen Strukturen zwar Aussagen möglich sind, die aber gleichwohl nicht exakt voraussagbar ist. Derartige Denkmuster können helfen, dem naturwissenschaftlichen Denken neue Horizonte zu eröffnen. Sie können Mythen des Berechenbaren und Machbaren den Boden entziehen.

Auch in der Psychologie und anderen Sozialwissenschaften tauchen neuerdings chaostheoretische Ansätze auf. Das »organisierte Chaos« erfreut sich auch hier zunehmender Beliebtheit. Ein falscher Glaube an die exakte Steuerbarkeit und Voraussagbarkeit sozialer und psychischer Prozesse kann mit Hilfe solcher Denkmodelle unterminiert werden, aber diese enthalten auch fragwürdige intellektuelle Versuchungen. Mit ihnen ist die Gefahr gegeben, daß die irrationalen Züge gesellschaftlicher und seelischer Prozesse, anstatt begrifflich durchdrungen zu werden, wertfrei als chaotisch festgeschrieben werden.

Auch in den chaostheoretischen Ansätzen dürften sich, wenn auch auf eine andere Art als in den traditionellen naturwissenschaftlichen Systemen, die Erfahrungen der gesellschaftlichen Diktatur des Quantitativen niederschlagen. Soziale Prozesse zeigen in der bestehenden Gesellschaft theoretisch faßbare Verläufe, aber sie sind zumeist nicht exakt vorauszusagen. In einer kapitalistisch geprägten Gesellschaft bestimmen zahlenmäßig faßbare Größen das Schicksal der Menschen, deren Entwicklung sich einer präzisen Vorausberechnung häufig entzieht. Soziale Größen wie Einkommenshöhen, Profitraten, der Umfang des Staatshaushaltes oder die Arbeitslosenzahlen sind quantitativ faßbar, aber ihre zukünftige Entwicklung ist nicht präzise antizipierbar. Auch die sozialen Prozesse, die die quantitativen Größen hervorbringen, sind nicht exakt berechenbar. Das quantitativ Faßbare wird unter der Diktatur ökonomischer Verhältnisse in Verbindung mit Leid und Glücksansprüchen von der lebendigen Arbeit hervorgebracht. Es wird von sozialen Prozessen hervorgebracht, in die zwar Rechenhaftes eingeht, die aber zugleich unplanbar, zufallsbestimmt und anarchisch verlaufen können. Diese Prozesse lassen zwar den Menschen mitunter Schlupflöcher offen und erlauben die flexible Anpassung des Kapitals an sich verändernde Umstände, sie müssen aber auch allzu häufig wegen ihrer Unkalkulierbarkeit als bedrohlich erfahren werden. Bestimmte Handlungen sind für die Menschen der bestehenden Gesellschaft relativ exakt planbar; ihre unmittelbaren Folgen bleiben für sie manchmal übersehbar, aber was diese Handlungen für den Verlauf umfassender sozialer Prozesse bedeuten, bleibt in einer chaotisch erscheinenden Welt häufig undurchsichtig. Soziale Gesetzmäßigkeiten machen sich in ihr häufig nur durch Willkür und Zufall hindurch geltend. Berechnende instrumentelle Vernunft, die das Handeln einzelner bestimmt, und undurchsichtige soziale Verhältnisse, in denen sich die Wirkungen dieses Handelns in den Ordnungen von Sozialsystemen verlieren, gehören in der bestehenden Welt häufig zusammen.

Wenn mit chaostheoretischen Ansätzen versucht wird, sich auf derartige soziale Realitäten zu beziehen, besteht die Gefahr, daß eine neue soziale Metaphysik des Chaos produziert wird, die die Diktatur des Quantitativen festschreibt. Es besteht die Gefahr, daß als Wesen der Welt festgeschrieben wird, was nur das Produkt ihrer fragwürdigen gegenwärtigen Verfaßtheit ist. Wenn man sich im Angesicht sozialer Verhältnisse damit begnügt, sie als chaotisch zu etikettieren, anstatt ihre Irrationalität aufzudecken, hilft man die intellektuelle Kapitulation vor ihnen zu rationalisieren.

Der innere Zusammenhang von Ordnung und Chaos, von Rationalität und Irrationalität, durch den die bestehenden gesellschaftlichen Verhältnisse und damit die Psyche der Menschen, die unter ihnen leben müssen, geprägt sind, muß den Horizont eines Denkens überschreiten, das sich wie das chaostheoretische an die Mathematik und damit an eine Diktatur des Quantitativen bindet. Daß es mathematisch zwar nicht faßbare, aber gleichwohl auf andere Art darstellbare Ordnungen gibt, die prozeßhaft strukturiert sind und dabei offene Verläufe zulassen, interessiert die Anhänger der Chaostheorie zu wenig. Die Möglichkeiten, die ein nicht formelhaftes erstarrtes dialektisches Denken enthält, wie es etwa von Adorno oder Horkheimer repräsentiert wird, vermag ein solches Denken nicht zu nutzen. Auch die möglichen Perspektiven, die ein neostrukturalistisches oder postmodernes Denken zu öffnen vermag, das die überkommenen Formen wissenschaftlicher Vernunft viel radikaler in Frage stellt, als die chaostheoretischen Ansätze es tun, werden von deren Anhängern nicht zur Kenntnis genommen.

III.

In einer Gesellschaft, die von quantitativen Größen wie dem Geld, dem Kapital oder dem Umfang des Staatshaushaltes regiert wird, haben quantitative Verfahren ihre Berechtigung. Statistische Methoden können in den Dienst einer rationalen Mittelverwaltung treten und politische Planungen rationalisieren helfen. Daß statistische Erhebungen häufig bloß im fragwürdigen Interesse der jeweiligen Machthaber unternommen werden, hebt ihren Charakter als Mittel, das auch vernünftigen Zwecken dienen kann, nicht auf. Jede höher entwickelte Gesellschaft ist auf quantifizierende ökonomische und politische Planungsdaten angewiesen, die ihre soziale Basis halbwegs vernünftig zu organisieren erlauben. Nicht nur das Interesse an sozialer Planung, auch das Interesse an Aufklärung kann durch quantitative Daten gestützt werden. Wer wieviel verdient, wieviel Frauen abgetrieben haben oder wer wie oft in psychiatrischer Behandlung war, ist für den aufklärenden politischen Diskurs von Bedeutung. Kinseys statistische Erhebungen über abweichendes sexuelles Verhalten haben sexuellen Minderheiten geholfen, indem sie gezeigt haben, wie »normal« die Abweichung tendenziell ist. Das Elend dieser Welt kommt nicht zuletzt in einer quantitativ faßbaren Einkommensverteilung oder der Zahl der Quadratmeter zum Ausdruck, die Menschen bewohnen dürfen.

Wenn psychische Merkmale durch die quantifizierende Macht ökonomischer und staatlicher Institutionen eine standardisierte kollektive Zurichtung erfahren haben, lassen sie sich unter Umständen auch mit Hilfe von Zahlen erfassen. Wer aber die oft schmerzlichen Verdinglichungen, Standardisierungen und Vereinheitlichungen nicht zum Ausdruck bringt, die an den Menschen in der Praxis vorgenommen werden, damit ihre Eigenschaften in Verbindung mit statistischen Erhebungen erscheinen können, der sorgt dafür, daß diese Erhebungen zum Instrument der Verblendung werden. Wenn Psychisches, das quantitativ faßbar wird, in Untersuchungen bloß als unschuldiges Datum erscheint, werden die, die es erhoben haben, zu Agenten der Verschleierung. Wer dem Leiden nicht zur Sprache verhelfen will, das mit der Herstellung von quantitativ erfaßbaren psychischen Größen einhergehen kann, wird zum Helfer der Repression. Quantitatives Vorgehen kann allenfalls ein Moment der Wahrheitsfindung sein. Die Wahrheit statistisch erhobener psychologischer Daten liegt in der Analyse der psychischen und sozialen Prozesse, die sie hervorbringen, und in der Analyse der Bedeutung, die sie für Menschen haben: Sie liegt keineswegs in der Reduktion auf die statistische Wahrscheinlichkeit der Korrelationsrechnung. Diese vermag Hinweise auf bestehende oder nicht bestehende Zusammenhänge liefern, aber sie stellt nur äußerliche Beziehungen zwischen ermittelten Tatsachen her, anstatt ihren inneren Zusammenhang, der mit den Prozessen ihrer realen Hervorbringung verbunden ist, transparent zu machen.

Quantitative Analysen können den von ihnen betroffenen Menschen, die in ihnen nur als Objekte auftauchen, allenfalls in geringem Maße helfen, die Wahrheit ihrer Existenz zu finden. Sie helfen zumeist eher der bürokratischen Menschenverwaltung als der kritischen Selbstreflexion. Daß quantitative Analysen im positivistischen Psychologiebetrieb privilegiert werden und daß dort auch noch das Unsinnigste quantitativ erfaßt und bearbeitet wird, ist Ausdruck der Misere der Psychologie. Daß man dort häufig viel mehr mit Methodenproblemen als mit inhaltlichen Fragen beschäftigt ist, zeigt eine Verelendung des Denkens auf. In der akademischen Psychologie wird das Berechenbarmachen zum zwangsneurotisch aufgeladenen Ritual, das der Abwehr wesentlicher, aber psychisch oder politisch bedrohlicher Fragestellungen dient. Es wird zum Götzendienst, der der Heiligsprechung der gesellschaftlichen Diktatur des Quantitativen dient. Mit ihm legitimiert man bewußtlos einen gesellschaftlichen Zustand, in dem die Übermacht bürokratisch organisierter Sozialsysteme die Lebenswelt der Menschen verkümmern läßt und der dazu führt, daß ihre Seelen verdorren. Die Zahlenmagie hilft die Austreibung des kritischen Denkens zu legitimieren. Quantitative sozialwissenschaftliche Methoden würden in einer besseren Gesellschaft allenfalls noch im Dienst von notwendigen sozialen Planungen im Reich politischer und ökonomischer Notwendigkeiten zum Zuge kommen. In einer freieren Gesellschaft würde sich die Qualität, die Vielfalt und die Offenheit menschlicher Möglichkeiten so entfalten, daß sie von quantitativen Verfahren kaum noch erreicht werden könnte. Das quantifizierende Denken würde erst dann seine lähmende, blinde Macht über das Bewußtsein verlieren und zum angemessenen Instrument der Planung werden, dem in der Wissenschaft allenfalls ein untergeordneter Stellenwert zukäme, wenn das Diktat gesellschaftlicher Mächte gebrochen würde, deren undurchschauter Glorifizierung es dient.

Auch in der Psychologie macht sich zaghaft ein Bewußtsein geltend, dem eine bloß quantitativ orientierte empirische Forschung zum Problem wird. Daß auch qualitativ orientierte Methoden für die Psychologie von Nutzen sein könnten, wird allmählich auch in der Psychologie diskutiert, während es z.B. in der Soziologie längst zu einer Selbstverständlichkeit geworden ist. In der Praxis bedeutet dies meist nur, daß eine offenere Form der Datenerhebung mit den etablierten quantitativ ausgerichteten Verarbeitungsmethoden verbunden wird. Minderheiten diskutieren auch über biographische Verfahren oder auch die Anwendung einer »sozialpsychologischen Hermeneutik«[17] im Rahmen einer psychoanalytisch orientierten Sozialforschung. Die Vertreter derartiger Ansätze, die neue methodische Perspektiven eröffnen wollen, verkennen zumeist, daß qualitatives Denken in einem notwendigen Spannungsverhältnis zum Methodischen steht. Qualitative Methoden werden notwendig mehr als Methoden, sobald sich diejenigen, die sie anwenden, sich wirklich auf ihre Forschungsgegenstände einlassen. Eine gründliche sozialwissenschaftliche Bildung, eine Sensibilität für soziale Beziehungsmuster, die Fähigkeit auch auf das zu hören, was nicht offen ausgesprochen wird, oder eine bestimmte »ästhetische« Erfahrungsfähigkeit erlauben es allein, derartige Methoden gewinnbringend zu nutzen. Sobald qualitative Methoden bloß wie Techniken angewandt werden, ist es mit ihrer Produktivität vorbei.

Qualitative Methoden eignen sich nicht zuletzt zur Angstabwehr bei denjenigen, denen unterm Diktat positivistischer Zensurbehörden der Mut zu wirklichem qualitativen Denken fehlt. Bei quantitativ orientierten Untersuchungen kommt zumeist nur das heraus, was die methodische Vordefinition der Realität vorschreibt, bei der Anwendung qualitativer Methoden dürfen Psychologen darüber hinaus wenigstens in einem reduzierten Bereich zeigen, was ihnen an theoretischer Bildung und Erfahrungsfähigkeit zu Gebote steht. Ihre Offenheit verlangt zu ihrer produktiven Nutzung vor allem das phantasievolle Denken und die Erfahrungsfähigkeit von forschenden Subjekten. Sobald diese zum Zuge kommen, werden qualitative Methoden immer zu mehr als bloßen Methoden, wenn sie fehlen, dienen sie nur der Legitimation von Banalitäten oder Vorurteilen. Quantitative wie qualitative Methoden setzen, wenn auch in unterschiedlichem Ausmaß, starre Beziehungsformen und fixieren das Denken auf geronnene Muster. Das Ziel, die Realitätserfassung methodisch zu kontrollieren, ist immer - mehr oder weniger - mit der Ausblendung von umfassenden sozialen Zusammenhängen und von in der Untersuchungssituation unmittelbar wirksamen Elementen verbunden. Die methodisch kontrollierte Realitätserfassung tut der Analyse immer in irgendeiner Weise Gewalt an. Wo Denken wirklich qualitativ werden will, muß es die mit Methoden verbundene Erstarrung des Denkens in Frage stellen können.

Wer qualitative Methoden als kritische Alternative zu quantitativen Methoden ausgibt, versäumt es häufig zu fragen, ob diese der Verfaßtheit soziologischer und psychologischer Realitäten unter dem Diktat quantifizierender Mächte gerecht werden. Qualitatives Denken ist dem Bestehenden nur angemessen, wenn es analysiert, wie seine Qualität durch die unpersönliche quantifizierende Rationalität von bestehenden ökonomischen und staatlichen Institutionen beeinflußt wird. Wer Lebensläufe mit Hilfe qualitativer Methoden erfassen will, vergißt leicht, daß im »Leben« unter dem Diktat quantifizierender Institutionen die endlose Reproduktion des immer Gleichen vorherrscht, also selten etwas wirklich »läuft«. Wer Biographien rekonstruiert, versäumt häufig festzustellen, daß viele unter der Diktatur des Quantitativen keine wirklichen Biographien haben, weil ihr Leben dazu zu reduziert und reglementiert verlaufen ist. Wer Menschen mit Hilfe offener Interviews befragt, neigt dazu, zu überhören, daß die Wahrheit ihrer Existenz eher im tödlichen Schweigen und Verstummen als im Reden zum Ausdruck kommt. Der Einsatz qualitativer Methoden kann dazu dienen, zu verschleiern, wie sehr menschliche Qualitäten durch die Diktatur des Quantitativen untergraben worden sind. Qualitative Methoden suggerieren leicht Qualitäten, die es kaum gibt und deren Mangel zu kritisieren wäre.

Die unpersönlichen quantifizierenden Funktionsprinzipien der Institutionen von Ökonomie und Staat bleiben den Menschen, die unter ihnen existieren, keineswegs äußerlich, sie infizieren ihre Beziehungen und Verhältnisse, auch wenn sie sich frei von äußerlichen Zwängen wähnen.[18] Menschen sind in der bestehenden Gesellschaft oft kaum wirklich Menschen. Bei sogenannten zwischenmenschlichen Beziehungen beziehen sich häufig nicht schlicht Menschen aufeinander, die die Freiheit haben, gut oder böse, liebevoll oder gleichgültig zu sein, - sie werden vielmehr zu weiten Teilen durch erstarrte Rollenmuster oder von einer unbewußten zwanghaften Triebökonomik zueinander in Beziehung gesetzt, in der sich die abstrakte soziale Rationalität niederschlägt. Das Begehren, das die Menschen zueinander treibt, ist oft keineswegs mit einer lebendigen Wunschproduktion verbunden, weil es erstarrten Mustern verfallen ist. Die Menschen leben häufig weniger, als daß sie von einer tendenziell mechanisierten Triebhaftigkeit gelebt werden. Anstatt des Genusses einer lebendigen Sinnlichkeit stellt sich deshalb gleichgültige Mechanik oder zwangshafte, leere Sucht ein, die den Menschen keine wirkliche Erfüllung erlaubt. Die Übermacht des quantifizierenden sozialökonomischen Systems beraubt die Menschen ihrer Lebendigkeit: sie verdinglicht sie. Im Grunde genommen gibt es deshalb z.B. immer weniger wirklich menschliche Konflikte; was als menschlicher Konflikt erscheint, ist zumeist bloß Ausdruck der Tatsache, daß eingeschliffene, mechanisierte Verhaltensrituale die Menschen aufeinanderprallen lassen. Es gibt heute eher unpersönliche Leere als Einsamkeit, eher lustlose Destruktivität als überwältigenden Haß. Trotz des Wunsches nach Veränderung machen viele Menschen zwanghaft die gleichen selbstdestruktiven Fehler. Psychoanalytisch läßt sich das als neurotischer Wiederholungszwang interpretieren, der sich sicherlich teilweise lockern oder aufbrechen läßt. Aber solange die Menschen die bestehende Zwangsökonomie durch sich hindurchgehen lassen müssen, können sie dieser in ihnen installierten Mechanik niemals gänzlich entrinnen.

Der Einfluß des stummen Zwangs der sozialen Verhältnisse läßt die Beziehung zwischen den Menschen, trotz allen Bemühens um Lebendigkeit und Menschlichkeit, allzuleicht zum unfreien Ritual erstarren. Beim Entstehen von Liebesbeziehungen können sich Menschen auf wunderbare Weise als zum Leben erwacht erfahren - bis das Grauen der leeren Zeit, das die gesellschaftlichen Megamaschinen organisiert, sie wieder eingeholt hat. Wieviel Worte in einer durchschnittlichen Ehe am Tag gewechselt werden, wann Streit ausbricht und wie er beigelegt wird, in welcher Gestalt sexuelle Bedürfnisse auftauchen und ob sie befriedigt oder nicht befriedigt werden können, läßt sich schlimmerweise mit Hilfe von statistischen Verfahren relativ exakt voraussagen. Selbst Ausbruchsversuche aus erstarrten Verhältnissen erfolgen meist so mechanisch gleichförmig, daß sie keine mehr sind. Psychologen, die mit Menschen über Erfahrungen reden wollen, weil sie sie nicht mehr zu bloßen Objekten verdinglichen wollen, vergessen zumeist, daß deren zentrales Problem darin besteht, daß sie kaum lebendige Erfahrungen machen dürfen, weil die herrschende ökonomische und politische Vernunft - trotz aller hektischen Bewegung - alles mit Erstarrung überzieht. Zur Qualität des Lebens gehört im Bestehenden die Vernichtung von Qualitäten, die erfülltes Leben zulassen. Das Überleben in existierenden Institutionen, von der Fabrik bis zur Universität, verlangt im Dienste der Anpassung die Anstrengung, sich das Leben auszutreiben. Der Hinweis auf »Lebensqualität« gehört im Bestehenden zur Warenwerbung. Die Qualität wirklichen Lebens ist meist nur im Widerspruch gegen eine Realität zu erfahren, die das Leben nicht leben läßt, indem sie ihm seine Qualitäten austreibt.

Ein wirklich qualitativ orientiertes psychologisches Denken hätte die Qualität des Lebens unter dem Diktat unpersönlicher quantifizierender Mächte kritisch zu analysieren. Hierzu reicht das existierende Bemühen um qualitative Methoden im Bereich der empirischen Forschung nicht aus. Es ist meist viel zu sehr von dem Bestreben bestimmt, ein bloß reduziertes qualitatives Denken zu legitimieren, um nicht von der erbarmungslosen »Kritik« des etablierten Wissenschaftsbetriebes erdrückt zu werden. Wenn Denken wirklich qualitativ werden soll, muß es mehr Mut zur Spekulation, zur Offenheit und zum ungeschützten Denken aufbringen und sich den wissenschaftlichen Zensurbehörden gegenüber gleichgültiger verhalten. Wer glaubt, die Realität erfassen zu können, wenn er bloß von außen Prüfverfahren methodisch korrekt auf sie anwendet, hat die Mentalität eines Buchhalters. Wer mehr will, muß eher die eines Entdeckungsreisenden aufweisen, der sich relativ ungeschützt in unbekanntes Gelände vorwagt. Aufklärung verlangt nach Kant »den Mut, sich seines Verstandes ohne Anleitung eines anderen zu bedienen«. Dieser Mut ist kaum die Sache von theoretisierenden Verwaltungsbeamten, die sich an vorgegebene Ordnungen klammern müssen. Für einige wirklich geniale Psychologen, deren Denken freilich nicht durch den positivistischen Wissenschaftsbetrieb zugerichtet wurde und die deshalb auch nicht von der etablierten Psychologie zur Kenntnis genommen werden, war es klar, daß entscheidende psychologische Einsichten nicht an Methoden gebunden sein können, die der Sache gegenüber derartig äußerlich sind wie die derzeit angebotenen quantitativen und qualitativen Verfahren. Es gibt eine große Tradition europäischen Denkens, von der die Anhänger der Methodenhuberei freilich nichts wissen wollen, die sich dagegen gewehrt hat, theoretisches Denken derartig zu binden. Das heißt keineswegs, daß das Denken der Träger dieser Tradition ohne Ordnungen und Strukturen ist, es sucht vielmehr Ordnungen des Denkens in der Entfaltung seiner Gegenstände selbst zu finden, anstatt in standardisierten Methoden, die dem Leben und den umfassenden Verstrickungen des Psychischen äußerlich bleiben müssen. Es ist ihr Ziel, die Tyrannei von Methoden aufzubrechen, die notwendig einen verdinglichenden und bürokratisch geprägten Umgang mit der Realität stiften, um das Denken wieder so zum Fließen zu bringen, daß es sich seinen Gegenständen wirklich anschmiegen kann, um ihrer Qualität gerecht zu werden. Offenes Denken, das sich nicht an standardisierte Methoden bindet, muß keineswegs zu willkürlichen Konstruktionen führen. Wo es sich mit intellektueller Disziplin und präziser Erfahrungsfähigkeit verbindet, kann es vielmehr die Willkürlichkeit hinter sich lassen, mit der Methoden überlicherweise ihren Gegenständen übergestülpt werden.

Hegel, der Beiträge zu einer Psychologie des Bewußtseins oder zu einer historisch gerichteten Sozialpsychologie geleistet hat, die sich auf einem Niveau bewegen, von dem akademische Psychologen kaum etwas ahnen, hat das von ihm entwickelte dialektische Denken gegen ein der Sache äußerliches, an Methoden orientiertes Denken abgesetzt. Die Dialektik ist für ihn keine Methode, sondern allenfalls eine Art Baugerüst des Denkens, das beim Nachdenken über Inhalte zum Tragen kommen soll.[19] In der Vorrede zu seiner *Phänomenologie des Geistes* heißt es bei ihm:

»Die Wissenschaft darf sich nur durch das eigene Leben des Begriffs organisieren; in ihr ist die Bestimmtheit, welche aus dem Schema äußerlich dem Dasein aufgeklebt wird, die sich selbst bewegende Seele des erfüllten Inhalts.«[20]

Über eine Methode, die wie die heute gängigen ihren Inhalten äußerlich bleiben muß, schreibt Hegel:

»Was diese Methode, allem Himmlischen und Irdischen, allen natürlichen und geistigen Gestalten die paar Bestimmungen des allgemeinen Schemas aufzukleben und auf diese Weise alles einzurangieren, hervorbringt, ist nichts Geringeres als ein sonnenklarer Bericht über den Organismus des Universums, nämlich eine Tabelle, die einem Skelette mit angeklebten Zettelchen oder den Reihen verschlossner Büchsen mit ihren aufgehefteten Etiketten in einer Gewürzkrämerbude gleicht, die so deutlich als das eine und das andre ist, und die, wie dort von den Knochen Fleisch und Blut weggenommen, hier aber die eben auch nicht lebendige Sache in den Büchsen verborgen ist, auch das lebendige Wesen der Sache weggelassen oder verborgen hat.«[21]

Hegel sieht im methodisch ausgerichteten Denken eine Überzeugung, die zufrieden ist, »wenn sie auf einem ihr bekannten Ruhepunkt angelangt ist«[22], der durch die Methode vorgegeben ist. Dieser methodisch erzeugte Ruhepunkt erspart dem Denken, den Mut aufzubringen, sich auf ein offenes, prozeßhaftes Denken einzulassen, das jede Erstarrung und falsche Sicherheit ablehnt, um sich seinen Gegenständen wirklich überlassen zu können.

»Die Wahrheit ist die Bewegung an ihr selbst, jene Methode aber ist das Erkennen, das dem Stoff äußerlich ist«[23]. Die »Methode« der Dialektik ist hingegen »nichts anderes als der Bau des Ganzen in seiner reinen Wesenheit aufgestellt«[24]. Sie ist damit etwas ganz anderes und ungleich mehr als eine Methode. Daß die Wissenschaft sich weniger um das Leben der Sache kümmert als um deren Vereinbarkeit mit ihren eigenen Spielregeln, steht im Mittelpunkt seiner Kritik an ihr. Sie verkennt ihm zufolge, daß das, was ihr als gesicherte Erkenntnis gilt, das Produkt ihrer eigenen fragwürdigen Zurichtung ist, also als etwas Sekundäres und Abgeleitetes betrachtet werden muß.

Adornos »negative Dialektik«, die sich in der Nachfolge Hegels sieht und ihn zugleich kritisiert, lebt von der Ablehnung des gängigen Methodenverständnisses, das angeblich allein Wissenschaftlichkeit garantieren soll. Adorno hat zwar während seiner Emigration in den Vereinigten Staaten unter dem Zwang der Verhältnisse empirische Forschungsmethoden angewandt, die den in den Sozialwissenschaften gängigen verwandt sind, zu diesen hat er aber danach immer mehr kritische Distanz entwickelt. In seiner *Einleitung in die Musiksoziologie* schreibt er als Autor über sein Denken:

»Allgemein neigt er dazu, nicht sowohl zu sagen, was und wie er etwas tue, als es zu tun. Das ist die Konsequenz einer Theorie, welche die akzeptierte Trennung von Methode und Sache nicht sich zu eigen macht und der abstrakten Methodologie mißtraut.«[25]

Adorno hat in der zusammen mit Horkheimer verfaßten *Dialektik der Aufklärung* oder in seiner *Minima moralia* Elemente einer Psychologie der westlichen Kultur auf einem Niveau vorgeführt, das seinesgleichen sucht. Diese Schriften leben von der Fähigkeit zu einer theoriegeleiteten, lebendigen Erfahrung, die durch die Anbindung an irgendwelche gängigen Untersuchungsmethoden bloß beschädigt worden wäre. Diese Feststellung schließt nicht aus, daß man seine Art zu denken kritisieren kann. Kritisch zu denken bedeutet keineswegs frühere kritische Positionen zu reproduzieren. Es verlangt vielmehr, gesättigt von theoretischem Wissen, bezogen auf aktuelle historische Erfahrungen und ausgehend von gegenwärtigen subjektiven Möglichkeiten selbständig zu denken. Kritisches Denken ist niemals Museumsverwaltung, es lebt davon, Vergangenes lebendig mit Gegenwärtigem zu verbinden.

Friedrich Nietzsche, der sich selbst als Psychologe bezeichnet, hat Einsichten in verdeckte seelische Bewegunggründe zustande gebracht, die trotz seines Mangels an gesellschaftstheoretischer Bildung und seiner reaktionären politischen Positionen noch heute faszinieren können. Er war immer ein Kritiker des »bloß Handwerklichen«; für ihn gibt es keine Methoden, die gesicherte Erkenntnis verbürgen:

»Es gibt keine alleinwissendmachende Methode der Wissenschaft! Wir müssen versuchsweise mit den Dingen verfahren, bald böse, bald gut gegen sie sein und Gerechtigkeit, Leidenschaft und Kälte nacheinander für sie haben. Dieser redet mit den Dingen als Polizist, jener als Beichtvater, ein Dritter als Wanderer und Neugieriger. Bald mit Sympathie, bald mit Vergewaltigung wird man ihnen etwas abringen; einen führt Ehrfurcht vor ihren Geheimnissen vorwärts und zur Einsicht, einen wiederum Indiskretion und Schelmerei in der Erklärung von Geheimnissen. Wir

Forscher sind wie alle Eroberer, Entdecker, Schiffahrer, Abenteurer, von einer verwegenen Moralität und müssen es uns gefallen lassen im Ganzen für böse zu gelten.«[26]

Wer glaubt Hegel, Adorno oder Nietzsche bloß als Philosophen behandeln zu können, die nichts mit der Psychologie zu tun haben, demonstriert damit nicht nur einen gründlichen Mangel an theoretischer Bildung. Sie oder er zeigt auch seine Angst vor einem Denken, das nicht in bornierte universitäre Fachgrenzen eingemauert ist und das sich lebendigen Erfahrungen offen zu stellen vermag, anstatt sie gezielt methodisch zu kastrieren.

Anmerkungen

1 Zitiert nach Hegel, *Vorlesungen zur Geschichte der Philosophie I.* Frankfurt/M. 1986, S. 235
2 E. Bloch, *Antike Philosophie. Leipziger Vorlesungen. Bd. I.* Frankfurt/M. 1985, S. 54
3 Zitiert nach: L. Mumford, *Die Stadt.* München 1979, S. 211 f.
4 Siehe hierzu z.B. D. Fortner, *Die Welt der christlichen Symbole.* Insbruck, Wien, München 1966
5 J. Sauer, *Symbolik des Kirchengebäudes.* Münster 1964, S. 75 ff.
6 Descartes, *Über die Leidenschaften der Seele.* Leipzig 1911, S. 3
7 K. Popper, *Logik der Forschung.* Tübingen 1966, S. 23
8 H. Schnädelbach, *Erfahrung, Begründung und Reflexion.* Frankfurt 1971, S. 182
9 Siehe hierzu G. Thomsen, *Die ersten Philosophen.* Berlin 19688 oder A. Sohn-Rethel, *Geistige und körperliche Arbeit.* Frankfurt/M. 1970
10 E. Zilsel, *Der soziale Ursprung der neuzeitlichen Wissenschaft.* Frankfurt 1976, S. 25
11 M. Weber, *Wirtschaft und Gesellschaft II.* Köln/Berlin 1956, S. 1040
12 Siehe hierzu W. Bonß, *Die Einübung des Tatsachenblicks.* Frankfurt/M. 1982
13 Siehe hierzu ebd., S. 87 ff.
14 H. Marcuse, *Kultur und Gesellschaft II.* Frankfurt/M. 1965, S. 119
15 Th. Herrmann, *Psychologie als Problem.* Stuttgart 1979, S. 64
16 Zur Einführung in die Chaostheorie in den Naturwissenschaften siehe z.B. J. Gleick, *Chaos.* München 1990 oder Kursbuch 98, *Das Chaos.* Berlin 1989
17 Siehe hierzu z.B. Th. Leithäuser, B. Volmerg, *Psychoanalyse als Sozialforschung.* Hagen 1987
18 Siehe hierzu G. Vinnai, *Das Elend der Männlichkeit.* Reinbek 1977 oder ders., *Liebeselend und verinnerlichte Ökonomie.* In: *Mann-Sein.* Hrsg. R. Jokisch, Reinbek 1982 oder: K. Ottomeyer, *Ökonomische Zwänge und menschliche Beziehungen.* Reinbek 1977
19 Daß die Dialektik auch bei Hegel die Tendenz hat zur bloßen Methode zu werden, zu der sie im osteuropäischen Staatsmarxismus oder bei Holzkamp wird, kann hier nicht diskutiert werden.
20 G.W. Hegel, *Phänomenologie des Geistes.* Hamburg 1952, S. 44
21 Ebd., S. 43
22 Ebd., S. 41
23 Ebd., S. 41
24 Ebd., S. 40
25 Th.W. Adorno, *Einleitung in die Musiksoziologie.* Frankfurt/M. 1968, S. 7
26 F. Nietzsche, Morgenröte Nr. 431. In: *Gesammelte Werke II.* Frankfurt-Berlin-Wien 1976, S. 224

Utopie und Wirklichkeit der Universität[1]

Die moderne europäische Theorieentwicklung ist nicht schlicht das Produkt bedeutender Denker. Deren intellektuelle Anstrengungen sind an die Institution Universität gebunden, in der auf geordnete und dauerhaft organisierte Art nach Erkenntnis gesucht wird, an der Wissen auf systematische Art entwickelt, aufbewahrt und weitergegeben wird. Inhalt und Form wissenschaftlichen Denkens, ebenso wie die Art des Verhältnisses von Theorie und Praxis sind von der Struktur der Universität abhängig. Wie an Universitäten gedacht wird, wird von ihren Arbeits- und Beziehungsformen festgelegt, in denen sich gesellschaftliche Strukturzusammenhänge niederschlagen. Wo der Zusammenhang zwischen der Universitätsstruktur und den Bewußtseinsformen, die sie begünstigt, bewußt ist, macht man sich Gedanken über die richtige Organisation von Forschung und Lehre. Das führt auch zu utopischen Entwürfen, die ausmalen, wie eine ideale Universität gestaltet sein sollte. Das führt zur Entwicklung von Maximen, an denen sich eine Universität ausrichten sollte, die für eine bessere Welt einstehen will. Die wohl bedeutsamste moderne Utopie der Universität wurde in Deutschland an der Wende vom 18. zum 19. Jahrhundert entwickelt. Unter dem Einfluß der französischen Revolution und der krisenhaften Veränderungen, die ihr in Deutschland, wie überall in Europa, folgten, entwickelten führende deutsche Intellektuelle ihrer Zeit Gedanken über eine Gestaltung der Universität, in der die Ideen der bürgerlichen Revolution aufgehoben sein sollten.

Um den utopischen Gehalt dieses Entwurfs verstehen zu können, ist es notwendig, einige Elemente der europäischen Universitätsentwicklung anzudeuten, auf die er sich bezieht.

Die ersten europäischen Universitätsgründungen am Ende des Mittelalters sind mit der Entstehung einer städtischen Kultur verbunden. Sie sind davon abhängig, daß das Zentrum des sozialen Lebens vom Land in die Stadt verlegt wird.[2] Von den Städten aus wird die Entwicklung von Handel, Verkehr und regelhafter staatlicher Machtausübung zustande gebracht. Der Handel löst von einer bestimmten Scholle, »Stadtluft« kann von Leibeigenschaft freimachen. Je weiter der Handel reicht, desto mehr Wissen und Weltgewandtheit ist erforderlich. Die Gründung und wachsende Bedeutung von Städten ist auch damit verbunden, daß Hauptstädte als fester Regierungssitz wichtiger werden. Die Landesherren ziehen immer weniger mit ihrem Gefolge von Burg zu Burg, um ihre Macht auszuüben; sie lassen sich immer fester in einer Hauptstadt nieder, in der sie ihren Einfluß, unterstützt von qualifizierten Hofleuten, den Trägern einer ständigen Verwaltung, ausüben.

Je mehr Städte an Bedeutung gewinnen, desto mehr verlagert sich auch das kirchliche Leben vom ländlichen Kloster zum städtischen Bischofssitz. Die Kathedrale des Bischofs im Herzen der Stadt wird zum Zentrum des kirchlichen Lebens. Sie verlangt im Geist der Scholastik wissenschaftlich ausgebildete Kleriker. Entsprechend der Dominanz des Christentums im kulturellen Leben der Zeit sind die ersten Universitäten insgesamt stark kirchlich geprägt, ein Einfluß der noch heute unterschwellig nachwirkt. Die Vorlesung stammt von der Predigt ab, der Lehrstuhl von der Kanzel, die intellektuelle Disziplin der von Männern bestimmten Universität kommt von der Zucht des Mönchsklosters her. Die neuen Universitäten werden unter dem Schutz des Kaisers oder des Papstes, aber auch von Bischöfen und Landesherren gegründet, um Hofleute, den höheren Klerus oder auch Kaufleute mit einer breiten Allgemeinbildung auszustatten. Die Universitäten bilden kaum für einen bestimmten Beruf aus, sie sollen die Machthaber oder ihre Berater mit einer breiten »humanistischen« Allgemeinbildung und bestimmten Formen der Weltgewandtheit ausstatten. Das Interesse an einer allgemeinen Grundqualifikation zeigt sich in der Bedeutung der »sieben freien Künste«, die an der »Artistenfakultät« gelehrt werden und die die Grundlage aller akademischen Ausbildung darstellen. Logik, Rhetorik, Grammatik, Arithmetik, Geometrie, Astronomie und Musiktheorie werden hier unter Wiederaufnahme antiker, besonders aristotelischer Traditionen gelehrt. Die »höheren Fakultäten«, die nur von einer Minderheit der Studenten besucht werden, befassen sich mit Theologie, Juristerei und Medizin. Im 12. Jahrhundert werden die ersten Universitäten in Paris und Bologna gegründet, 1348 wird die erste deutsche Universität in Prag etabliert. Ihnen folgen zahlreiche Gründungen in anderen europäischen Städten.

Mit der Entstehung moderner Nationalstaaten und dem Heraufkommen des industriellen Kapitalismus werden ganz andere Forderungen an eine Hochschule gestellt. Der absolutistische Staat braucht eine Universität, die weniger stark an die Kirche gebunden ist und die wissenschaftlich gebildete Fachleute für die von ihm hervorgebrachte bürokratische Verwaltung zur Verfügung stellt. Mit Hilfe wissenschaftlicher Einsichten soll Wirtschaftspolitik und Bevölkerungspolitik gemacht werden; ein stehendes Heer fordert eine besondere Qualifikation für seine höheren Offiziere; die Einrichtung von Manufakturen und die Planung von Straßen und Wasserwegen verlangen entwickelte technische Kenntnisse. Nicht nur der absolutistische Staat, auch das aufsteigende Bürgertum will seinen

Führungskräften mehr und spezialisiertere Qualifikationen zukommen lassen: Sie sollen helfen, Industrie und Handel mit Hilfe wissenschaftlicher Kenntnisse effizienter zu betreiben. Das Interesse des Staates und der sich entwickelnden Industrie verlangt administrative und technische Kenntnisse, die von den an Hochschulen ausgebildeten Ökonomen, Juristen oder Ingenieuren zur Verfügung gestellt werden sollen. Die Universität soll nicht mehr eine allgemeine Ausbildung bewerkstelligen, man verlangt jetzt von ihr berufsbezogene Ausbildungsgänge im Dienst des Staates oder der Gewerbe. Der Philantrop Campe, ein Vertreter der frühbürgerlichen Emanzipationsbewegung, verlangt für junge Leute eine Universität, die die »Kenntnisse und Geschicklichkeiten, die zur Vorbereitung auf ihre zukünftigen Berufsgeschäfte notwendig sind«, vermittelt.[3] Stephani, ein führender Kopf des preußischen Staates, fordert: »So viel Hauptklassen von Staatsdienern es im Lande gibt, so viele Arten von Seminarien müssen auch da selbst vorhanden sein«.[4] An Akademien, einer Art von höheren Fachschulen, sollen auf wissenschaftliche Art erzeugte Berufskenntnisse entwikkelt und vermittelt werden. In Gestalt von Bauakademien, Agrarakademien oder Bergakademien sollen sie Menschen für führende Positionen im Staate, in Handel und Gewerbe qualifizieren. Im »akademischen Bergwerk« sollen im Rahmen einer autoritär verschulten Ausbildung junge Menschen für die Anforderungen der führenden Positionen der Gesellschaft qualifiziert werden.

Gegen eine autoritär strukturierte, berufsbezogene Ausbildung im Dienste staatlicher und ökonomischer Interessen wendet sich die »klassische« deutsche Universitätsutopie, die mit dem Namen Wilhelm von Humboldts verknüpft ist. Diese »neuhumanistische« Bildungskonzeption knüpft an Elemente des Humanismus der Renaissance an, welche in die frühen Universitätsgründungen eingingen, und verbindet sie mit den modernen Ideen der bürgerlichen Aufklärung. Leider haben die Gegner und die »Verwalter« der »Humboldtschen Universitätsidee« dafür gesorgt, daß sein kritischer Gehalt verschüttet wurde und in den heutigen Diskussionen über die Verfaßtheit der Universität kaum noch sinnvoll zur Geltung kommt. Die Begriffe Elfenbeinturm, bürgerliche Eliteuniversität oder Ordinarienuniversität, die üblicherweise mit dieser Universitätskonzeption verbunden werden, treffen zwar wichtige Elemente der deutschen Universitätstradition, verfehlen aber die entscheidenden kritischen Aspekte dieses Universitätsideals. In diesem Universitätsideal sind nämlich keineswegs überholte Ideen der bürgerlichen Aufklärung in ein Praxismodell umgesetzt worden. Jede Universitätskonzeption, die sich selbstätigem demokratischem Engagement und kritischem Denken verpflichtet weiß, muß sich darum bemühen, Elemente dieser Universitätsutopie in sich aufzuheben. Wo die Universität heute mehr ist als eine Produktionsstätte von angepaßter intellektueller und menschlicher Kleinkariertheit, ist immer noch etwas von dieser Utopie lebendig. Sie kann sicherlich heute nicht schlicht als praxisleitend übernommen werden, aber ihr utopischer Gehalt müßte uminterpretiert für die Gegenwart gerettet werden, wenn die Universität mehr sein soll als eine industrialisierte Untertanenfabrik.

Die »klassische« deutsche Universitätsutopie ist mit einer Krise des preußischen Staates verknüpft. Nach der Niederlage Preußens in den napoleonischen Kriegen war die traditionelle Führungsschicht, der Adel, zum Kompromiß mit dem aufsteigenden Bürgertum bei der Etablierung eines reformierten Staatswesens gezwungen. Die feudale Oberschicht brauchte bürgerliche Intellektuelle, um Reformen der staatlichen Institutionen durchzusetzen, die für das Überleben des preußischen Staates notwendig waren. In diesem Zusammenhang arbeiteten führende Gelehrte ihrer Zeit an einer Utopie der Universität, die zwar in der deutschen Universitätsgeschichte nie verwirklicht wurde, sie aber doch nicht unwesentlich beeinflußt hat.

Um den Geist dieser Utopie vorzustellen, sollen Positionen seiner führenden Repräsentanten vorgeführt werden. Positionen, die sich aus Schriften zur universitären Bildung oder aus Vorlesungen zu diesem Thema entnehmen lassen. Die folgende Darstellung und die mit ihr verbundene Auswahl von Zitaten können als einseitig bezeichnet werden. Es geht aber im folgenden nicht um die differenzierte Darstellung und Kritik einer Universitätskonzeption, sondern um das Herausarbeiten ihres utopischen Potentials im Sinne eines Utopiebegriffs, wie er von Ernst Bloch entwickelt wurde. Utopie soll dabei als »Vorschein« eines Besseren, als uneingelöstes Versprechen, aber keineswegs als »Wolkenkuckucksheim« begriffen werden.

Die »klassische« Universitätsutopie hat das Ziel, zentralen Ideen der europäischen Aufklärung an der Universität Geltung zu verschaffen. Forschung und Lehre sollen eine Gestalt erhalten, die es erlaubt, den Fortschritt des Menschengeschlechts durch die kollektive Entfaltung der Vernunft sichern zu helfen. Die Aufklärung ist mit dem Kampf des aufsteigenden Bürgertums um die Befreiung der Gesellschaft von ihrer Fesselung durch die Macht des Adels und der Kirche verbunden. Die bürgerlichen Elemente, die für sie zentral sind, verbindet die Universitätsutopie mit Zügen, die eher aus aristokratischen Lebenszusammenhängen stammen. Ihre kritische Distanz zur spezifisch bürgerlichen Sphäre des Berufs wie der Ökonomie insgesamt rührt von aristokratischen Lebensformen her, die einschließen, daß man es sich leisten kann, Distanz zur Sphäre des Geldverdienens zu haben. Wilhelm von Humboldt ist nicht zufällig ein Adliger, der die Ideen der bürgerlichen Aufklärung in sich aufgenommen hat.

Die Aufklärung hat zwei Zentralbegriffe hervorgebracht, um die ihr soziales Denken zentriert ist: den Begriff des autonomen Individuums und den Begriff der Menschheit. Die mit Hilfe von aufklärerischem Denken bewerkstelligten sozialen Veränderungen sollen freie, selbsttätige Subjekte hervorbringen. Jedes Mitglied der Gesellschaft soll in den Stand versetzt werden, sein Schicksal mit Hilfe seiner Vernunft selbst zu bestimmen. Durch kritisches Denken, das seine

Praxis anleitet, soll es seine Autonomie erwerben können. Menschen sollen nicht nur als Mitglieder von sozialen Kollektiven Bedeutung erlangen, jedes Individuum soll vielmehr als einzelnes einen absoluten Wert erlangen. Der Dichter Heine bringt diesen Gedanken auf prägnante Art zum Ausdruck, wenn er bemerkt, daß mit jedem Individiuum, das stirbt, eine Welt zugrunde geht. Die anzustrebenden autonomen Individuen sollen wegen ihrer Besonderheit, ihrer Einmaligkeit, ihrer Unaustauschbarkeit respektiert werden. Der Weg zum autonomen Individuum, den die aufklärerische Utopie aufzeigt, ist der »Ausgang des Menschen aus seiner Unmündigkeit« mit Hilfe des Gebrauchs seiner Vernunft. Imanuel Kant, der führende deutsche Philosoph der bürgerlichen Aufklärung, hat diesem Bestreben seinen prägnanten Ausdruck verliehen. In seinem Text von 1783 *Beantwortung der Frage: Was ist Aufklärung?* heißt es:

»Aufklärung ist der Ausgang des Menschen aus seiner selbst verschuldeten Unmündigkeit. Unmündigkeit ist das Unvermögen, sich seines Verstandes ohne Leitung eines anderen zu bedienen. Selbstverschuldet ist diese Unmündigkeit, wenn die Ursache derselben nicht am Mangel des Verstandes, sondern der Entschließung und des Mutes liegt, sich seiner ohne Leitung eines anderen zu bedienen. Sapere Aude! 'Habe Mut, dich deines eigenes Verstandes zu bedienen!' ist also der Wahlspruch der Aufklärung.«[5]

Die Menschen sollen Feigheit und Faulheit überwinden, die sie daran hindern, sich von Vormündern in Gestalt von politisch Mächtigen, Pfaffen oder Geldleuten zu emanzipieren. Der Ausgang aus der Unmündigkeit schließt auch ein, daß man nicht wissenschaftlich gebildete Experten für sich denken läßt. Dieser Bequemlichkeit, die in die Unmündigkeit führt, soll man nicht mehr anheim fallen:

»Es ist so bequem, unmündig zu sein. Hab ich ein Buch, das für mich Verstand hat, einen Seelsorger, der für mich Gewissen hat, einen Arzt, der für mich die Diät beurteilt, usw.: so brauche ich mich ja nicht selbst bemühen. Ich habe nicht nötig zu denken, wenn ich nur bezahlen kann; andere werden das verdrießliche Geschäft schon für mich übernehmen. Daß der bei weitem größte Teil der Menschen den Schritt zur Mündigkeit, außer dem daß er beschwerlich ist, auch für sehr gefährlich halte: dafür sorgen schon jene Vormünder, die die Oberaufsicht über sie gütigst auf sich genommen haben. Nachdem sie ihr Hausvieh zuerst dumm gemacht haben, und sorgfältig verhüteten, daß diese ruhigen Geschöpfe ja keinen Schritt aus dem Gängelwagen, darin sie sie einsperrten, wagen durfte: so zeigen sie ihnen nachher die Gefahr, die ihnen drohet, wenn sie es versuchen, allein zu gehen. Nun ist diese Gefahr zwar eben so groß nicht, denn sie würden durch einige mal fallen, wohl endlich gehen lernen; allein ein Beispiel von der Art macht doch schüchtern, und schreckt gemeiniglich von allen ferneren Versuchen ab.«[6]

Das aufklärerische Denken setzt den Begriff des autonomen Individuums, obwohl jedem einzelnen ein besonderer Wert zukommen soll, nicht absolut: Dieser Begriff hat seinen Gegenpol im Begriff der Menschheit. Alle Menschen sollen lernen, sich als Teil eines herzustellenden solidarischen Verbandes freier Menschen zu verstehen. Freiheit, Gleichheit und Brüderlichkeit, die Ideale der französischen Revolution, sollen durch das vernunftgeleitete Zusammenwirken aller Menschen erreicht werden. Die Menschen sollen lernen, als »Weltbürger« zu denken, zu fühlen und zu handeln. Erziehung soll deshalb, so Kant, »in weltbürgerlicher Absicht« erfolgen. In seinen Vorlesungen über Pädagogik aus dem Jahre 1776 ist zu vernehmen: Heranwachsende »sollen nicht dem gegenwärtigen, sondern den zukünftig möglich besseren Zustand des menschlichen Geschlecht, das ist: die Idee der Menschheit und deren ganzer Bestimmung angemessen erzogen werden«.[7] Weltbürgerlichkeit verlangt, daß theoretische Vernunft nicht nur privat gebraucht wird, sondern daß sie sich vor allem im öffentlichen Ringen um Frieden, Gerechtigkeit und Freiheit Gehör verschafft. Die Freiheit, »von seiner Vernunft in allen Stücken öffentlichen Gebrauch zu machen«[8], ist ihre Voraussetzung.

Das angestrebte autonome Individuum und die zu verwirklichende Menschheit erscheinen als Pole in einem spannungsreichen Verhältnis. Beide Pole aufeinander zu beziehen und ihre Ansprüche wenn möglich zu versöhnen, soll die Universität erlauben. Sie soll eine Struktur aufweisen, in der die Idee des autonomen Individuums und die der Weltbürgerlichkeit miteinander verknüpft werden können. Die Entfaltung der Persönlichkeit des einzelnen soll mit der Erziehung zur Verantwortung für das Ganze verbunden werden. Dies soll dadurch geschehen, daß der einzelne an der Universität auf jeweils besondere Art möglichst viel Welt in sich aufnimmt. Der Reichtum der Subjektivität der einzelnen soll dem Reichtum ihrer Beziehungen und Verhältnisse entsprechen. Nach Kants Konzeption ist jemand umso mehr eine Persönlichkeit, je mehr er die Idee der Menschheit in sich aufnimmt. Es gilt nicht, einen bornierten Individualismus zu kultivieren, der die Differenz zu anderen absolut setzt, sondern Persönlichkeiten dadurch zu entwickeln, daß sich Individuen, als Teil der Menschheit, an der Welt möglichst umfassend denkend und handelnd, kämpfend und liebend abarbeiten und sich dadurch selbst erzeugen. Im bürgerlichen Bildungsroman, der diesem Geist entspricht, etwa in Goethes *Wilhelm Meister* oder in Kellers *Grüner Heinrich*, entfaltet sich das heranwachsende Subjekt, indem es reist, verschiedene Arbeiten ausführt, Liebesverhältnisse eingeht, sich an künstlerischer Produktion beteiligt oder in politischen Zusammenhängen aktiv wird. Es bildet sich, indem es Realität so verarbeitet, daß es sie möglichst umfassend in sich aufnimmt. Bei Humboldt heißt es deshalb: »Einen Menschen beurteilen heißt nichts anderes als fragen, welchen Inhalt er der Form der Menschheit zu geben gewußt hat.«[9] Humanität, als Produkt humanistischer Bildung, beinhaltet Entfaltung der Individualität und der Weltbürgerlichkeit zugleich, Bildung des Besonderen und des Allgemeinen, die ein konflikthaftes, aber produktives Verhältnis zueinander eingehen.

»Soviel Welt als möglich in die eigene Person zu verwandeln ist im höheren Sinn des Wortes Leben.« »Die letzte Aufgabe unseres Daseins: dem Begriff der Menschheit in unserer Person einen so großen Inhalt wie möglich zu verschaffen, diese Aufgabe löst sich allein durch die Verknüpfung unseres Ichs mit der Welt für die allgemeinsten, regesten und freiesten Wechselwirkung.«[10]

Individuelle und kollektive Entfaltung, der Weg zum autonomen Individuum und zum Weltbürger verlangt eine Universitätsstruktur, die vom Begriff der menschlichen Freiheit bestimmt wird. Der Philosoph Fichte will die Arbeit des

Gelehrten an die »Wechselwirkung durch Freiheit binden«.[11] Seine Praxis soll so in den Dienst der Befreiung aller Menschen treten:

»Wir stehen selbst noch auf der niedern Stufe der halben Menschheit, oder der Sklaverei. Wir sind selbst noch nicht zum Gefühl unsrer Freiheit und Selbstthätigkeit gereift; denn sonst müßten wir nothwendig um uns herum uns ähnliche, d.i. freie Wesen sehen wollen. Wir sind Sklaven und wollen Sklaven halten. Rousseau sagt: Mancher hält sich für einen Herrn anderer, der doch mehr Sklav ist, als sie: er hätte noch weit richtiger sagen können: Jeder, der sich für einen Herrn anderer hält, ist selbst ein Sklav. Ist er es auch nicht immer wirklich, so hat er doch sicher eine Sklavenseele und vor dem ersten stärkern, der ihn unterjocht, wird er niederträchtig kriechen. - Nur derjenige ist frei, der alles um sich herum frei machen will.«[12]

Gegen soziale Beziehungen, die Mitmenschen in bloße Objekte der Beeinflussung verwandeln, wendet er ein:

»Der Mensch darf vernunftlose Dinge als Mittel für seine Zwecke gebrauchen, nicht aber vernünftige Wesen: er darf dieselben nicht einmal als Mittel für ihre eigene Zwecke brauchen; er darf nicht auf sie wirken, wie auf todte Materie oder auf das Thier, so daß er bloß seinen Zweck mit ihnen durchsetze, ohne auf ihre Freiheit gerechnet zu haben. - Er darf kein vernünftiges Wesen wider seinen Willen tugendhaft, oder weise, oder glücklich machen.«[13]

Die Arbeits- und Beziehungsformen an der Universität sollen, einer solchen Einstellung entsprechend, immer um Prinzipien der »akademischen Freiheit« zentriert sein. Universitäre Freiheit bedeutet zunächst äußere Unabhängigkeit der Universität. Ihr muß eine möglichst weitgehende Unabhängigkeit gegenüber beschränkenden gesellschaftlichen Interessen zugestanden werden. Das bedeutet zunächst Freiheit von staatlichen Einflüssen. Nach Humboldt soll die Universität sich »von aller Form im Staate losmachen«.[14] Dem Staat soll allenfalls die Rechtsaufsicht über die Universität und die Ernennung von Lehrpersonen zugebilligt werden. Um die ökonomische Unabhängigkeit der Universität zu garantieren, sah die Konzeption der Berliner Universität zunächst vor, daß ihre Finanzierung durch in ihrem Besitz befindliche landwirtschaftliche Domänen garantiert werden solle. Der Staat ist an das Interesse bestimmter Gruppen gebunden, sein Handeln bezieht sich nur auf ein bestimmtes Territorium, seine Diener werden in seine »Maschine« eingespannt, alles Bindungen, die den Zielen der Weltbürgerlichkeit wie der individuellen Autonomie entgegenstehen.

Äußere Unabhängigkeit der Universität bedeutet auch Freiheit von wirtschaftlichen Zwängen und beruflichen Interessen. Die Universität soll nicht beschränkten und beschränkenden ökonomischen Interessen ausgeliefert werden. Die besondere Kritik der »Gründerväter« gilt deshalb einer berufsbezogenen Ausbildung, wie sie in den Akademien des 18. Jahrhunderts organisiert wurde. Weltbürgerlichkeit und subjektive Entfaltung stehen ihnen zufolge im Widerspruch zu einer bloß berufsbezogenen Ausbildung, die Menschen zu »Brotgelehrten« herabwürdigt, die ihre intellektuellen Interessen nur im Horizont des Geldverdienens entwickeln dürfen. Eine berufsbezogene Ausbildung hilft, Menschen auf Rädchen in einer gesellschaftlichen Maschine zu reduzieren, für deren umfassende Funktionsprinzipien ihnen die Verantwortung entzogen ist. Sie gehorcht, indem sie den Menschen ihren Ort im bestehenden System der Arbeitsteilung zuweist, den Interessen privilegierter Gruppen, denen dieses System

Nutzen bringt. Sie erzeugt zwar Gewissenhaftigkeit bei der Ausführung von gesellschaftlichen Detailfunktionen, aber zugleich auch eine organisierte Verantwortungslosigkeit für das gesellschaftliche Ganze. Die berufsbezogene Ausbildung fesselt die Menschen an die Lebensnot im Bestehenden. Sie fixiert sie an eine reduzierte, unfreie Form der Praxis in einem ökonomischen »Gehäuse der Hörigkeit« (Weber), in das sie lebenslang eingesperrt werden. Anstatt die Befähigung zur Teilnahme an der Entwicklung des gesellschaftlichen Ganzen zu vermitteln, die von umfassenden Einsichten in dessen Funktionieren abhängig ist, reduziert eine Berufsausbildung den Horizont auf eine Existenz als Rädchen in einer gesellschaftlichen Maschinerie. In einer Vorlesung des Philosophen Fichte *Von den Pflichten des Gelehrten* aus dem Jahre 1794/95 heißt es im Blick auf eine düstere Vergangenheit und eine Zukunft, die als offene erscheint:

»Noch ist es nicht lange her, daß der Studirende sich betrachtete, als bloß eine andere, u. höhere Klaße von Handwerker, daß seine Absicht bloß darauf ging, sich diejenigen Fertigkeiten zu erwerben, die er bedürfen würde, um einst dies, oder jenes Amt so zu verwalten, daß er nicht davon vertrieben werde, u. dadurch sein Brod hätte. Aengstlich sah er sich um nach dem, was andere vor ihm gesagt, u. wie sie gethan hatten; ängstlich bemühte er sich in seiner Sphäre nichts anderes zu sagen, u. es auf keine andere Weise zu sagen, als sie es gesagt hatten. So erfüllte er zu seiner Zeit seinen Platz, wie das Rad in der Maschine den seinigen[,] u. mit dem gleichen Werthe, u. Verdienste; u. die Maschine ging gerade so fort, wie sie immer gegangen war[.]«[15]

Neben der Freiheit von staatlichen und ökonomischen Zwängen beinhaltet Freiheit im Zeitalter der Aufklärung auch noch Befreiung von kirchlicher Bevormundung, von der Verpflichtung von Forschung und Lehre auf kirchliche Dogmen. Die Suche nach einer möglichst weitgehenden Unabhängigkeit von den Zwängen des Bestehenden als der Versuch, reduzierenden sozialen Bindungen zu entkommen, um kritische Distanz zu ihnen gewinnen zu können, ist auf eigentümliche Art mit dem verknüpft, was üblicherweise mit humanistischer Bildung assoziiert wird, nämlich mit dem besonderen Interesse an der Antike. Die Freiheit der Kritik, die an die Distanz gegenüber dem Bestehenden gebunden ist, soll durch den Umgang mit Gegenständen einer anderen Epoche erworben werden. Das Studium der Antike soll das Bewußtsein an Gegenständen entwickeln helfen, die nicht den Zwängen der Gegenwart verfallen sind. Über das Interesse an der Antike, also über das Interesse an einer fremden Kultur bzw. den uns fremden Anfängen unserer Kultur soll reflektierende Distanz zum heute Existierenden gewonnen werden.

Die vorhandene Welt ist in Nationen, in Klassen oder Berufsgruppen aufgespalten, bornierte Interessen bestimmen also das Leben der meisten Menschen und sorgen damit zugleich für eine Beschränktheit des sozialen Horizontes. Dieser Beschränktheit soll die Erziehung zur Weltbürgerlichkeit entgegenarbeiten. Wenn schon der zukünftige Beruf Beschränkungen unvermeidbar macht, soll wenigstens die Universität einen Geist entwickeln helfen, der diesen entgegenzuwirken ermöglicht. Das besondere Interesse am Allgemeinen, das die Wissenschaft in weltbürgerlicher Absicht entwickeln soll, verlangt den Kampf gegen eine wissenschaftliche Arbeitsteilung, die zu fachbornierten Einschränkungen und damit zu einem beschränkten Horizont führt. Die Universität soll nicht ein Ort sein, an dem Menschen eine berufsqualifizierende Ausbildung zur Entwicklung spezialisierter Fähigkeiten in voneinander isolierten Fächern durchmachen. Sie soll vielmehr ein Ort sein, an dem sich Wissenschaftler verschiedener Richtungen treffen, um öffentlich ihre Einsichten in einem permanenten Diskussionsprozeß auszutauschen und sich darum bemühen, sie in umfassenden Theorien zu verbinden. Hochschullehrer und Studenten sollen, wie es beim Philosophen Schelling im Jahre 1802 heißt, die Befreiung vom »Geist der Beschränkung«[16] erlangen und »Erkenntnis des lebendigen Zusammenhangs der Wissenschaft«[17] gewinnen. Weltbürgerlichkeit steht gegen fachidiotische Borniertheit. Universitätsbildung soll den »Ansatz einer allseitigen und unendlichen Bildung«[18] hervorbringen, einer Bildung also, die offen und unabgeschlossen bleiben muß. Das umfassende theoretische Interesse, das die fachbornierte Beschränktheit überwinden soll, soll mit Hilfe der Philosophie gewonnen werden, die einen zentralen Stellenwert im Rahmen der Theorieentwicklung und der Ausbildung erlangen soll. Sie soll es erlauben, das Wissen der einzelnen Wissenschaftsdisziplinen zu integrieren. Die Philosophie soll dabei nicht eine Spezialdisziplin unter anderen, wie im heutigen Wissenschaftsbetrieb, sein, in ihr soll vielmehr das Ganze der Wissenschaft aufgehoben werden. Als Modell dienen etwa die Kantsche oder die Hegelsche Philosophie, denen es gelungen ist, die wesentlichen intellektuellen Einsichten ihrer Zeit in sich aufzunehmen. Die Philosophie soll Einsicht in das Ganze der Wissenschaft gewähren, sie soll Grundfragen des theoretischen Denkens klären helfen und dabei nicht nur die Frage nach dem Wahren, sondern auch die nach dem Guten und Schönen zu bearbeiten erlauben. In der Praxis soll das eine philosophische Grundausbildung für alle Studenten und Hochschullehrer bedeuten. Sie sollen philosophisch so gebildet sein, daß sie in der Lage sind, vermittels der Philosophie mit Angehörigen anderer Disziplinen in einen produktiven wissenschaftlichen Dialog einzutreten.

Das Interesse für das Allgemeine, also die Ausbildung zur Weltbürgerlichkeit, soll an der Universität mit der Entfaltung der Subjektivität, mit der Erzeugung der individuellen Besonderheit verbunden werden. Bildung darf nie nur intellektuelle Ausbildung sein, sie soll ein Prozeß allseitiger subjektiver Befreiung und Entfaltung sein. Lernen an der Universität soll Subjektwerdung, also Überwindung des Objektstatus bedeuten. Nicht ein Anfüllen von Auszubildenden mit Theorien und Techniken soll erreicht werden, sondern Bildung als Prozeß der Selbsterzeugung, der Selbsthervorbringung freier Menschen. Dies bedeutet, daß eine theoretische Ausbildung immer auch praktische Wirkungen als ein Mittel zur Selbstbefreiung entfalten sollte. Befreiendes Denken ist an bestimmte Persönlichkeitsstrukturen gebunden, kritisches Denken verlangt eine entwickelte Subjektivität. Die Autonomie des Denkens verlangt auch ein bestimmtes Verhältnis zu seinen Gefühlen und seiner Körperlichkeit. Für den Philosophen Fichte ist Geisteskultur notwendig an Charakterbildung gebunden. Vor Studenten äußerte er in einer Vorlesung:

»Aber alle Geisteskultur ist nichts, u. hilft nichts, ohne Charakterbildung; u. ich erinnere abermals, was ich schon mehrmals erinnert habe, daß man irrt, wenn man in einer Akademie bloß eine Schule der Wißenschaften zu erbliken glaubt. Sie soll zugleich seyn eine Schule des Handelns[.] Bilden Sie dahero zuförderst Ihren Charakter zum festen entschloßnen Halten an Wahrheit, u. an Recht. Thun Sie nichts gegen Ihre Ueberzeugung; suchen Sie aber beständig Ihren Geist der beßern Ueberzeugung offen zu erhalten. Unterlaßen Sie alles, wodurch Sie auf irgend eine Art abhängig, wodurch Sie zum Instrument eines fremden Willens werden oder wodurch sie gehindert werden, frei jedem unter die Augen zu treten. Erhalten Sie sich diese Freiheit, die Ihnen die Gesetze gebe.«[19]

Denken soll, wie es beim Philosophen Schelling heißt, »alle Seiten der Natur des Menschen berühren.«[20] Indem Bildung das erreicht, ist sie als Erziehung zum vernunftmäßigen Denken zugleich Erziehung zum vernunftmäßigen Handeln.

»Die Bildung zum vernunftmäßigen Denken, worunter ich keine bloß oberflächliche Angewöhnung, sondern eine in das Wesen des Menschen selbst übergehende Bildung, die allein auch die echt wissenschaftliche ist, verstehe, ist auch die einzige zum vernunftmäßigen Handeln.«[21]

Die moderne wissenschaftliche Rationalität, die wesentlich von den Natur- und den Ingenieurwissenschaften bestimmt ist und sich des Experiments als des privilegierten Erkenntnisinstruments bedient, geht davon aus, daß wissenschaftliche Einsicht ohne Liebe und Haß, also ohne Gefühle geschehen soll. Exakte Wissenschaft verlangt den neutralen Beobachter, der seine subjektive Besonderheit ausschaltet. Die reglementierte empirische Erfahrung will allenfalls den affektneutralen Kontrollblick zulassen: Fühlen, Berühren, Schmecken, Riechen, Hören sollen aus dem Prozeß der Erkenntnis ausgeschlossen sein.

Demgegenüber verlangt das humanistische Bildungsideal auch die Bildung von Affekten, die Bildung der Körperlichkeit, die Suche nach dem Schönen als Geschmacksbildung. Für zumindest einige ihrer Vertreter kann die Bildung zur »Geisteskultur« nur gelingen, wenn sie mit der Bearbeitung von Gefühlen und der Kultivierung der Sinnlichkeit verbunden ist. An der Universität soll nach Fichte »produktive Einbildungskraft« erworben werden, ein »Vermögen, Gefühle zum Bewußtsein zu erheben«.[22] Die Vernunft soll den Menschen zum »Gefühl der Freiheit« verhelfen, sie soll »Menschen zum Gefühl ihrer wahren Bedürfnisse bringen und sie mit den Mitteln der Befriedigung bekanntmachen«.[23] Friedrich Schiller, der Dichter und Jenaer Universitätsprofessor, betont, daß vernünftiges, befreiendes Denken ohne »Ausbildung des Gefühlsvermögens« - das bedeutet für ihn: ohne »ästhetische Erziehung« - unmöglich ist.« In seinen Briefen *Über die ästhetische Erziehung des Menschen* von 1795 arbeitete er heraus, daß die Basis für richtiges Denken in der Kultivierung der Sinnlichkeit liegt. Ästhetische Erziehung zur Humanisierung der Triebhaftigkeit schafft ihm zufolge allein ein gefestigtes Bedürfnis nach vernünftigem Handeln. Nur wenn alle Lebensäußerungen durch ästhetische Bildung kultiviert werden, können

Sinnlichkeit und Vernunft in ein produktives Verhältnis zueinander gebracht werden. Die Vernunft kann zur Hemmung einer asozialen Triebhaftigkeit genutzt werden und deren Vermenschlichung betreiben helfen, aber der Einfluß der Triebhaftigkeit soll die Vernunft auch umgekehrt vor der Erstarrung und Entlebendigung bewahren. »Es gibt keinen anderen Weg, den sinnlichen Menschen vernünftig zu machen, als daß man denselben zuvor ästhetisch macht.«[24] In der bestehenden Gesellschaft verkümmert der Mensch, Schiller zufolge, durch seine Verdinglichung und Mechanisierung in erstarrten gesellschaftlichen Institutionen. Die Gesellschaft, die sich dem lebendigen Zusammenwirken von Menschen verdanken sollte, macht jetzt »einem kunstreichen Uhrwerke Platz, wo aus der Zusammenstückelung unendlich vieler, aber lebloser Teile ein mechanisches Leben im Ganzen sich bildet.«[25] Diese Erstarrung von Lebensprozessen reduziert die Menschen.

»Ewig nur an ein einzelnes kleines Bruchstück des Ganzen gefesselt, bildet sich der Mensch selbst nur als Bruchstück aus; ewig nur das eintönige Geräusch des Rades, das er umtreibt, im Ohre, entwickelt er nie die Harmonie seines Wesens, und anstatt die Menschheit in seiner Natur auszuprägen, wird er bloß zu einem Abdruck seines Geschäfts, seiner Wissenschaft. Aber selbst der karge fragmentarische Anteil, der die einzelnen Glieder noch an das Ganze knüpft, hängt nicht von den Formen ab, die sie sich selbstätig geben (denn wie dürfte man ihrer Freiheit ein so künstliches und lichtscheues Uhrwerk vertrauen?), sondern wird ihnen mit skrupelöser Strenge durch ein Formular vorgeschrieben, in welchem man ihre freie Einsicht gebunden hält. Der tote Buchstabe vertritt den lebendigen Verstand, und ein geübtes Gedächtnis leitet sicherer als Genie und Empfindung.«[26]

Gegen diese Reduzierung und abtötende Mechanisierung soll die ästhetische Bildung dadurch angehen, daß sie den Menschen das Spielen lehrt. »Der Mensch spielt nur, wo er in voller Bedeutung des Worts Mensch ist, und er ist nur da ganz Mensch, wo er spielt.«[27]

Eine Universität, die freiere Menschen für eine bessere Welt hervorbringen will, muß ein Ort sein, wo eine bessere Gesellschaft soweit wie möglich in Beziehungsformen und Arbeitsformen vorweggenommen wird. Eine solche Universität muß die Antizipation eines Reichs der Freiheit, der Vernunft, der Selbstbestimmung, der Weltoffenheit sein. Für Fichte muß sie »idealer Bund freier Geister« sein, Humboldt wünscht sich eine »Gelehrtenrepublik« als freie Assoziation von Lehrern und Studenten. Ein solcher Ort muß sich, wie dargestellt, von äußeren, d.h. staatlichen und ökonomischen Zwängen möglichst weitgehend freihalten. Auch innerhalb der Universität muß das, was als akademische Freiheit bezeichnet wird, möglichst weitreichende Geltung erlangen. Diese verlangt offene Strukturen, die selbständiges, freies intellektuelles Produzieren erlauben. Diese Vorstellung ist gegen eine Hochschule als Institution gerichtet, die Professoren und Studenten einer obrigkeitlichen, autoritären Verplanung unterwirft. Beim Pädagogen Schleiermacher heißt es zur sinnvollen Gestaltung der Universität:

»Es mag vielleicht andere Dinge geben, welche gedeihen können, wenn auch diejenigen, die daran arbeiten, nur durch äußeren Zwang gehalten und getrieben werden; dieses aber nicht, sondern es kann nur durch Lust und Liebe bestehen, und was ohne diese auch die vortrefflichsten äußeren Gebote und Statuten tun können, kann immer nur ein leerer Schein werden. Wer sich die Aufgabe setzt, eine Universität so einzurichten, daß sie gehen und Dienste leisten müßte, wenn auch die Lehrer kaum mittelmäßig wären und nicht vom besten Willen, der unternimmt ein törricht Ding. Denn was für den Geist sein und ihn kräftigen soll, daß muß auch aus der Kraft des Geistes hervorgehen.«[28]

Eine bürokratisch reglementierte Universität mit professoralen Käfigbauern versperrt eine offene Zukunft, in der Neues, Anderes, Unbekanntes entstehen kann. Sie blockiert die Entwicklung hin zu einer besseren Welt, indem sie existierende Formen des Denkens und der Subjektivität festschreibt. Wissenschaft, die das Nochnicht des Besseren will, muß eine offene Struktur aufweisen, die allein eine noch nicht festgelegte Zukunft erlaubt. Sie verlangt auch psychische Offenheit von Hochschullehrern und Studenten, die auszuhalten ein Index für das Maß ihrer subjektiver Freiheit ist. Menschen, die ein Potential der Freiheit in sich tragen wollen, müssen in der Lage sein, sich für das Fremde, Andere, Unbekannte offenzuhalten. Humboldt schreibt im Jahre 1808:

»Daß bei der inneren Organisation der höheren Lehranstalten alles darauf beruht, das Prinzip zu erhalten, Wissenschaft als etwas noch nicht ganz Gefundenes und nie ganz Aufzufindendes zu betrachten und sie unablässig als solche zu suchen.«[29]

Akademische Freiheit verlangt, daß Hochschullehrer und Studenten die Regeln ihres Verkehrs in einer offenen Struktur ständig neu suchen können.

»Da aber das geistige Wirken in der Menschheit nur als Zusammenwirken gedeiht, und zwar nicht bloß, damit einer ersetzt, was dem andern mangelt, sondern damit die gelingende, in einzelnen nur einzeln oder abgeleitet hervorstrahlende Kraft sichtbar werde, muß die innere Organisation dieser Anstalten ein ununterbrochenes, sich immer selbst wieder belebendes, aber ungezwungenes und absichtsloses Zusammenwirken hervorbringen und unterhalten.«[30]

Universitäre Regeln sollen allein durch die Vernunft und niemals durch bloße Macht begründet werden können. Die Vernunft soll die Regeln liefern, denen Menschen aus freien Stücken gehorchen können, sie soll äußerlich auferlegte Zwänge überflüssig machen. Nicht durch institutionelle Zwänge, sondern durch die offene sprachliche Verständigung, sollen an der Universität Arbeitszusammenhänge zustande kommen. Die Sprache erlaubt es, sich sowohl potentiell mit allen Menschen zu verständigen und dadurch allgemeine Menschheitsinteressen zu klären, als auch der individuellen Besonderheit einen Ausdruck zu verschaffen: Sie vermag das autonome Individuum und den Weltbürger zu verknüpfen. An der Universität soll sie sich dadurch entwickeln, daß sie das freie Zusammenwirken aller Hochschulangehörigen stiftet.

Akademische Freiheit bedeutet, daß die Tätigkeit des Hochschullehrers möglichst wenig reglementiert sein darf. Wann er Lehrveranstaltungen abhält oder wie er seinen Forschungsprozeß organisiert, soll so wenig starr wie möglich festgelegt werden. Es soll von seinem Engagement und dessen produktiven Möglichkeiten abhängig sein. Die freie und sinnvolle Entwicklung der Wissenschaft verlangt offene Strukturen, die Hochschullehrer nicht lebenslang an ein beschränktes wissenschaftliches Teilgebiet fesseln.
Schleiermacher stellt fest:

»Wem einmal öffentlich die Würde eines wissenschaftlichen Lehrers gegeben und sein Talent

dazu anerkannt ist, der muß es auch üben können, auf welchem Gebiet er will.
Eben deshalb ist auch der wahre Geist der Universität der, auch innerhalb jeder Fakultät die größte Freiheit herrschen zu lassen. Ordnungen vorschreiben, wie die Vorlesungen aufeinander folgen müssen, das ganze Gebiet unter die einzelnen bestimmt verteilen, das sind Torheiten; nicht einmal ein solches Privatabkommen der Lehrer unter sich wäre wünschenswert. Es wäre immer eine Beförderung der Stagnation; da hingegen neues Leben in einen jeden Zweig der Wissenschaften kommt, wenn er wieder von andern und vorzüglich von solchen, die sich mit andern Zweigen mehr abgegeben haben, aufs neue bearbeitet wird. Darum lasse keiner sein Talent so bestimmt und äußerlich binden oder binde es selbst. Männer von Geist und Fleiß und denen das Geschäft wert und lieb ist, welches sie auf der Universität treiben, können unmöglich in dieser Hinsicht eines äußerlichen Gesetzes bedürfen; sie haben in sich, was sie treibt, so viel zu tun als sie können, und sie müssen sich selbst ihr Gesetz sein.«[31]

Akademische Freiheit ist vor allem auch Freiheit für die Studierenden. Selbsttätigkeit, Selbstbestimmung der Subjekte ist die Voraussetzung für kritisches, autonomes Denken. Zu viele Prüfungen und Kontrollen halten Studenten in Unmündigkeit und blockieren damit lebendiges Denken. Unmündige Studenten sind auch zu unkritisch und zu unoriginell, um Hochschullehrer zur Weiterentwicklung ihrer Intellektualität zu provozieren. Der Philosoph Schelling formuliert in einer Vorlesung über das akademische Studium im Jahre 1802:

»Der Eintritt in das akademische Leben ist in Ansehung des studirenden Jünglings zugleich der erste Eintritt in die Mündigkeit, die erste Befreiung vom blinden Glauben, er soll hier zuerst lernen und sich üben selbst zu urtheilen. Kein Lehrer, der seines Berufs würdig ist, wird eine andere Achtung verlangen, als die er sich durch Geistesübergewicht, durch wissenschaftliche Bildung und seinen Eifer, diese allgemeiner zu verbreiten, erwerben kann. Nur der Unwissende, der Unfähige wird diese Achtung auf andere Stützen zu gründen suchen. Was mich noch mehr bestimmen muß, in dieser Sache ohne Rückhalt zu reden, ist folgende Betrachtung. Von den Ansprüchen, welche die Studirenden selbst an eine Akademie und die Lehrer derselben machen, hängt zum Theil die Erfüllung derselben ab, und der einmal unter ihnen geweckte wissenschaftliche Geist wirkt vorteilhaft auf das Ganze zurück, indem er den Untüchtigen durch die höheren Forderungen, die an ihn gemacht werden, zurückschreckt, den, welcher sie zu erfüllen fähig ist, zur Ergreifung dieses Wirkungskreises bestimmt.«[32]

Wenn Studenten wenigen professoralen Kontrollen ausgesetzt sind, besteht die Möglichkeit, daß sie sich Faulheit und Desinteresse überlassen, was den Ruf nach Prüfungstreibern zu legitimieren scheint. Dem hält Schleiermacher entgegen, daß diejenigen, die im Bereich der Wissenschaft miteinander kooperieren wollen, sich »als eine moralische Person anzuerkennen zu dulden und zu schätzen«[33] haben. Das heißt, sie müssen als Personen anerkannt werden, die potentiell zur Freiheit fähig sind und potentiell die Bereitschaft aufweisen, sie produktiv zu nutzen. Diese Freiheit schließt sicherlich das Risiko ein, daß manche Studenten oder auch Hochschullehrer relativ wenig wissenschaftlichen Ehrgeiz zeigen; aber ohne diese Freiheit gibt es keinen Weg, selbständig zu werden und zu autonomem Denken zu gelangen. Studenten müssen, auch wenn ihr Verhalten daran Zweifel aufkommen lassen kann, als potentiell zur Autonomie und Selbsttätigkeit fähig betrachtet werden. Sie können nur freiere Menschen werden, wenn man ihnen die Fähigkeit dazu unterstellt. Sobald man ihnen die Unfähigkeit zur eigenständigen Entwicklung intellektueller Interessen und zu selbsttätigem Arbeiten unterstellt, organisiert man notwendig ihre Unfreiheit. Deshalb dürfen Anzeichen von Faulheit und Desinteresse bei Studenten nicht mit Kontrollwut beantwortet werden. Schleiermacher formuliert:

»Über alle ihre Beschäftigungen gibt es keine Aufsicht, als nur so viel sie selbst einem Lehrer freiwillig übertragen. Sie wissen, was von ihnen gefordert wird, wenn sie die Universität verlassen, und was für Prüfungen ihnen dann bevorstehen; aber mit welchem Eifer sie nun diesem Ziel entgegenarbeiten wollen und wie gleichförmig oder ungleich ihn verteilen, das bleibt ganz ihnen selbst anheimgestellt. Man sorgt dafür, daß es ihnen an Hilfsmitteln nicht fehle, um immer tiefer in ihr Studium einzudringen; wie gut oder schlecht sie sie aber benutzen, darüber zieht sie, wenn es auch bemerkt wird, wenigstens niemand unmittelbar zu Rechenschaft. So haben sie also volle Freiheit, sich der Trägheit zu überlassen und den nichtswürdigen Zerstreuungen, und können anstatt eines löblichen Fleißes die schönste Zeit ihres Lebens unverantwortlich verschwenden. Und was für ein großer Schaden ist es nicht, meint man, wenn auf diese Art viele Jünglinge ohne bedeutenden Nutzen von der Universität zurückkehren, da sie allerdings viel würden gelernt haben, wenn sie in besserer Zucht und Ordnung wären gehalten worden und einem heilsamen Zwang unterworfen gewesen. Allerdings würden manche mehr lernen auf diese Art; allein man vergißt, daß das Lernen an und für sich, wie es auch sei, nicht der Zweck der Universität ist, sondern das Erkennen; daß dort nicht das Gedächtnis angefüllt, auch nicht bloß der Verstand soll bereichert werden, sondern daß ein ganz neues Leben, daß ein höherer, der wahrhaft wissenschaftliche Geist soll erregt werden, wenn er anders kann, in den Jünglingen. Dieses aber gelingt nun einmal nicht im Zwang; sondern der Versuch kann nur angestellt werden in der Temperatur einer völligen Freiheit des Geistes...«[34]

Die studentische Freiheit ist notwendig, weil an der Universität nicht dergestalt gelernt werden soll, daß Studenten totes Wissen in sich anhäufen, daß sie Methoden pauken und handwerkliche Techniken erwerben. Sie sollen vielmehr lernen, daß Erkennen als Produzieren zu begreifen ist, welches auf autonome Individuen angewiesen ist. Bei Schelling heißt es:

»Alle Regeln, die man dem Studieren vorschreiben könnte, fassen sich in der einen zusammen: lerne nur, um selbst zu schaffen. Nur durch dieses göttliche Vermögen der Produktion ist man aber Mensch, ohne dasselbe nur eine leidlich klug eingerichtete Maschine.«[35]

Das zu lernen und zu verstehen, was andere hervorgebracht haben, ist nach Schelling nur eine negative Bestimmung der Universitätsausbildung: Es ist die Voraussetzung für lebendiges Produzieren. Wirklich denken lernen heißt zu lernen, mit Hilfe von erworbenem theoretischem Wissen intellektuelle Gebilde phantasievoll und lebendig zu erzeugen, die der Realität angemessen sind. Die Studierenden sollen lernen, durch selbsttätiges Produzieren mit Hilfe des Erlernten, die objektive Realität als auch die eigene psychische Realität anders und neu zu sehen. Erfahrungen sollen selbsttätig mit Hilfe des Gelernten neu organisiert werden. Die eigene Lebensgeschichte soll uminterpretiert werden können, damit man eine neue Identität erwerben kann. Hat zum Beispiel jemand durch das Studium von Theorien gelernt, welche Bedeutung der Arbeit bei der Erzeugung der Realität zukommt, so hat er diese Einsicht nur dann wirklich verarbeitet, wenn er fähig ist, äußere und innere Realitäten, mit denen er selbst konfrontiert ist oder konfrontiert war, als mit Hilfe von Arbeit erzeugt wahrzunehmen. Dieser Prozeß der Uminterpretation verlangt einen lebendigen intellektuellen Umgang mit den eigenen Erfahrungen aus Vergangenheit und Gegenwart. Denken wird erst dann wirklich produktiv, wenn es nicht bloß wie eine höhere Art handwerklicher Tätigkeit funktioniert, sondern wenn es auch zu phantasievollen, spekulativen Konstruktionen in der Lage ist. Solches lebendige Produzieren, das nicht bloß an angeblichen Tatsachen klebt, ist nicht erzwingbar, und es sind wohl auch nicht bei allen Menschen die psychischen Voraussetzungen dazu gegeben. Schon Schelling äußert sich in dieser Hinsicht eher skeptisch in bezug auf die Fähigkeit vieler Hochschullehrer:

»Freilich gibt es auch im Reich der Wissenschaft geschlechtslose Bienen genug, die, weil ihnen zu produzieren versagt ist, durch anorganische Absätze nach außen ihre eigene Geistlosigkeit in Abdrücken vervielfältigen.«[36]

Studentische Freiheiten sind nötig, weil autonomes Denken an eine autonome Praxis der Lebensgestaltung gebunden ist. Kritisches, selbständiges Denken ist ohne eine bewußt gestaltete Lebenspraxis unmöglich. Nur in Verbindung mit der Suche nach eigenen Wegen des Lernens und Lebens kann man die Fähigkeit erwerben, nach einer vernünftigen Gestaltung der sozialen Realität zu suchen. Die Entwicklung zu autonomem Denken verlangt, daß die eigene Existenz von Studierenden individuiert und bewußt gestaltet werden kann. Schleiermacher schreibt hierzu:

»Doch es ist wahrlich auch sehr leicht einzusehen, warum diese Freiheit stattfinden muß, und daß sie Beziehungen von der größten Wichtigkeit hat. Im allgemeinen ist die Zeit, wo der Mensch sein besonderes Talent unterscheiden lernt, wo er sich seinen Beruf bildet und aus dem Zustande des persönlichen Unterworfenseins, des Gehorsams, in ein selbständiges Dasein übergeht, zugleich auch die, wo sein Charakter sich festsetzt, wo sein Gemüt eine bestimmte Richtung nimmt und ein bleibendes Verhältnis von Neigungen sich entwickelt. Daß also hier der Übergang zur Selbständigkeit, daß das Werden des Lebens durch freie Wahl sich auch äußerlich ausprägt, ist natürlich, und es zeigt sich dies auch mehr oder weniger in allen Verhältnissen. Bei denjenigen aber, die sich der Erkenntnis ergeben haben, soll ja diese Entwicklung nicht nur die eigentümlichste sein, weil sie sonst auf einer niedrigeren Stufe zurückbliebe, als ihrem Streben nach Erkenntnis ziemt; sondern sie muß auch, damit nicht das Alte, Abgedroschene sich bewähre, daß die Gelehrtesten am wenigsten sehen, was vor den Füßen liegt, ebenfalls eine Sache des Erkennens sein, sie müssen sich selbst, wie sie werden, auf das bestimmteste finden.«[37]

Kritisches Denken ist also nicht bloß eine Sache des Kopfes, sondern der phantasievollen Lebensgestaltung. Mut zum Denken verlangt den Mut zum abweichenden Verhalten, es verlangt eine von der Norm abweichende Lebenspraxis. Studenten müssen deshalb die Freiheit haben, nonkonformistische Formen des Verhaltens zu gestalten. Hierzu Schleiermacher:

»Genau genommen möchte das Wesen dieser Freiheit nur darin bestehen, daß die Studenten unter sich von fast alle dem sich frei halten, was sonst in der Gesellschaft Konvenienz ist, daß sie sich an die Sitten nicht binden, denen hernach jeder in dem Stande, welchen er wählet, sich fügen muß, sondern daß sich auf der Universität die verschiedensten Sitten und Lebensweisen auf das freieste entfalten können. Auf der Straße leben und wohnen auf antike Art; sie mit Musik und Gesang, oft ziemlich rohem, erfüllen, wie die Südländer; schlemmen wie der Reichste, so lange es gehen kann, oder einer Menge von gewohnten Bequemlichkeiten bis zu zynische Unordnung entsagen wie der Ärmste, ohne eines von beiden zu sein; die Kleidung aufs sorgloseste vernachlässigen oder mit zierkünstlerischer Aufmerksamkeit eigentümlich daran schnörkeln; eigne Sprachbildung, eigene geräuschvolle Arten, Beifall oder Tadel zu äußern, und ein vorzüglich auf diese ungestörte Mannigfaltigkeit sich beziehender gewissermaßen öffentlich eingestandener und gestatteter Gemeingeist, dies ist unstreitig das Wesen der studentischen Freiheit und alles, was sich sonst noch daran hängt, nur zufällig.«[38]

Hochschullehrer, die auf institutionenkonformes Verhalten ihrer Studenten drängen, wären demnach keine geeigneten Lehrer für kritisches Denken.

Die Notwendigkeit, Studierende ihr Leben selbständig und mit Bewußtsein gestalten zu lassen, wirft die Frage auf, wie sie ihre gegenwärtigen Bildungsprozesse auf ihre zukünftige Lebens- und Berufspraxis beziehen sollen. Für

Schleiermacher ist dies mit der Frage verbunden: Darf man die Gegenwart, den Augenblick der Zukunft dadurch opfern, daß man das Studium nur im Hinblick auf zukünftige berufliche Anforderungen hin organisiert. Dann wäre das gegenwärtige Tun in der aktuellen Entwicklungsphase nur eine Vorstufe für eine zukünftige Form gesellschaftlicher Praxis. Für Schleiermacher ist das inhuman, weil jeder Lebensabschnitt auch seine Erfüllung in sich finden soll. »Die Lebenstätigkeit, die ihre Beziehung auf die Zukunft hat, muß zugleich auch ihre Befriedigung in der Gegenwart haben.«[39] Tut er das nicht, macht das nicht gelebte Leben dumm und staut sich als totes so auf, daß es die Zukunft verdirbt. Bezogen auf Bildungsprozesse stellt sich somit die Frage, wie in ihnen der Anspruch auf eine erfüllte Gegenwart mit zukünftigen Anforderungen, etwa im Beruf oder im Kampf um eine bessere Gesellschaft, verknüpft werden kann. Eine humanistische Bildungskonzeption muß das Spannungsverhältnis zwischen dem Lebensrecht der Gegenwart und zukünftigen sozialen Anforderungen produktiv austragen. Das heißt: Die Zeit an der Universität ist auch und nicht zuletzt Lebenszeit und muß als solche gestaltet werden. Jedes Mitglied der Universität sollte sich zu schade dafür sein, seine Aktivitäten als etwas zu betrachten, für das man Gratifikationen allenfalls in der Zukunft verlangen kann.

Die humanistische Universitätskonzeption hat, vor allem in diesem Jahrhundert, viele Kritiker gefunden. Deren Kritik opfert allzu häufig das Utopische des Entwurfs einer fragwürdigen Anpassung ans Bestehende. Sie enthält aber auch berechtigte Elemente, die im folgenden eher stichwortartig benannt werden sollen.

Die humanistische Utopie der Universität wurde in der Praxis niemals verwirklicht, auch wenn sie die deutsche Universitätslandschaft über ein Jahrhundert mitgeprägt hat und noch heute unterschwellig das Klima von Universitäten mitbestimmt, die noch nicht völlig zur Anpassungsfabrik heruntergebracht worden sind. Die Verwirklichung dieser Utopie wäre an bestimmte soziale Veraussetzungen gebunden gewesen; sie trägt problematische Züge, weil ihre Vertreter diese Voraussetzungen nicht zureichend reflektiert haben. Ihre führenden Repräsentanten werden nicht zu Unrecht als idealistische Theoretiker bezeichnet, die - formelhaft reduziert - davon ausgehen, daß gesellschaftliche Prozesse primär von der Entwicklung von Bewußtseinsformen abhängig sind und daß sich eine Sphäre des Geistes jenseits gesellschaftlicher Interessen etablieren kann. In der Praxis kommt aber das utopische Potential dieses Entwurfs nur solange zur Geltung, wie es von den Interessen sozialer Emanzipationsbewegungen kämpferisch getragen wird. Anstatt den unmöglichen Versuch machen zu wollen, Wissenschaft von allen sozialen Interessen zu lösen, ist es sinnvoller, sich unter Zuhilfenahme kritischer theoretischer Einsichten bewußt auf sie zu beziehen. Wer Berufen derart kritisch gegenübersteht wie die Vertreter des humanistischen Bildungsideals, gerät in Gefahr, die berufliche Praxis zu sehr aus dem Blickfeld zu verlieren. Er ist kaum noch in der Lage, den kritischen Umgang mit ihr durch die Bestimmung ihrer Grenzen und Möglichkeiten zu vermitteln. In den Anfängen der modernen deutschen Universität hatte die Utopie Macht, solange sie mit den Emanzipationsbestrebungen des aufsteigenden Bürgertums im Kampf gegen die Adelsherrschaft verbunden war. Aufgeklärte Vertreter des Bürgertums kämpften um ihre Durchsetzung, solange sich dieses als Vertreter des Gesamtinteresses der Gesellschaft bzw. der Menschheit interpretierte. Schon die zentralen Begriffe der Aufklärung, die in die Universitätsutopie eingehen, der des autonomen Individuums und der der Weltbürgerlichkeit, sind mit der ökonomischen Basis in der bürgerlichen Gesellschaft verknüpft. Das autonome Individuum erscheint geschichtlich als Begriff, wenn der Bürger als unabhängiger Privateigentümer auftritt; Weltbürgerlichkeit hat ihren realen Grund in einer Weltgesellschaft, die erstmals in der Geschichte von den universellen Verflechtungen eines kapitalistischen Weltmarktes hervorgebracht wird. In der gesellschaftlichen Praxis läßt sich eine geistige Sphäre niemals jenseits aller sozialer Bindungen etablieren, wie das den Anhängern des neuhumanistischen Bildungsideals vorschwebt.

Das humanistische Universiätsideal entspringt bestimmten gesellschaftlichen Verhältnissen und kann nicht unter beliebigen sozialen Zuständen realisiert werden. Die äußere und innere Unabhängigkeit der Universitätsangehörigen, die im Zentrum des Universitätsideals steht, ist allenfalls zu verwirklichen, wenn diese Individuen eine abgesicherte materielle Basis aufweisen und deshalb nicht gezwungen sind, ihre intellektuellen Interessen zum Mittel des Geldverdienens zu machen. Die Humboldtsche Universität ist eine Privilegiertenuniversität; das idealistische Freiheitsideal konnten sich vor 200 Jahren nur die leisten, für die andere die materielle Basis sicherten. Falsch ist es, daraus abzuleiten, daß sie als solche schlicht abzulehnen ist. Vielmehr wäre darüber nachzudenken, wie gesellschaftliche Verhältnisse beschaffen sein müßten, unter denen das Recht auf Bildung und möglichst freie Entfaltung nicht mehr Klassenprivileg wäre, sondern allen Menschen zugebilligt würde. Bildung abzulehnen, nur weil sie ein Privileg von Minderheiten ist, ist töricht. Niemand würde auf die Idee kommen, die Abschaffung der gesamten medizinischen Versorgung einer Gesellschaft zu fordern, solange sie das Privileg einer Minderheit ist. Mit dem gleichen Recht, mit dem hier vielmehr dieVerallgemeinerung gefordert wird, kann das Recht auf Bildung als Möglichkeit einer möglichst umfassenden individuellen und kollektiven Entfaltung für alle eingeklagt werden.

Das idealistische Freiheitspathos kann heute verdächtig klingen, weil man seine »Kosten« besser übersehen kann. Seine Abwehr lebt aber vor allem von der Resignation und dem angepaßten Zynismus, der heute die Norm ist. Wenn allzuviel von menschlicher Freiheit die Rede ist, sollte man sich überlegen, wo damit ihr Fehlen verschleiert wird. Solches Mißtrauen rechtfertigt es aber keinesfalls, auf diesen Begriff bei der kritischen Analyse von Bestehendem und der Planung von Besserem zu verzichten.

Das Humboldtsche Universitätsideal ist weitgehend an eine vorindustrielle Gesellschaft gebunden. Die eindeutige Dominanz der Philosophie und der Geisteswissenschaften, von der es ausgeht, läßt sich in einer industrialisierten Gesellschaft kaum aufrechterhalten. Diese fordert hochentwickelte, spezialisierte Kenntnisse, etwa im naturwissenschaftlichen und technischen Bereich, die sehr viel schwerer in umfassende Bildungsprozesse zu integrieren sind als das vergleichsweise beschränkte Wissen zu Beginn des 19. Jahrhunderts. Das klassische Konzept geht davon aus, daß sich theoretisches Wissen mit Hilfe der Philosophie in einer umfassenden Theorie verbinden läßt. Das Modell, das den »Gründervätern« dabei vorschwebt, ist die Philosophie des deutschen Idealismus, die bei Hegel ihre höchste Entwicklungsstufe erreicht hat. Heute fehlt eine allgemein akzeptierte Theorie. Verschiedene Theoriekonstruktionen konkurrieren miteinander: Ein absoluter Wahrheitsanspruch läßt sich praktisch ohne Zwang kaum durchsetzen. Die wissenschaftliche Arbeitsteilung führt zu sehr heterogenen theoretischen Modellen, die sich kaum verknüpfen lassen. Die »Kritische Theorie« der »Frankfurter Schule« (Adorno, Horkheimer, Marcuse u.a.) stellt einen letzten prominenten Versuch dar, in diesem Jahrhundert das Modell einer umfassenden Theorie nochmals zur Geltung zu bringen. Inzwischen ist auch das kritische Denken noch heterogener geworden.

Das neuhumanistische Bildungsideal ist allzu harmonistisch: Bei ihm sind Interessengegensätze und Konflikte an der Universität kaum vorgesehen. Daß verschiedene soziale Interessen die Universität beeinflussen und daß es damit verbunden z.B. auch notwendig Interessengegensätze zwischen den Hochschullehrern und zwischen Hochschullehrern und den Studierenden gibt, die kaum abgeschafft, sondern die allenfalls offen und produktiv ausgetragen werden können, wird kaum zur Kenntnis genommen. Die Universität ist in der bestehenden Welt weniger auf Harmonie als auf eine entwickelte Streitkultur angewiesen.

Das humanistische Bildungsideal ist um den Begriff der menschlichen Freiheit zentriert. Es geht davon aus, daß Menschen zur Freiheit fähig sind, daß sie als vernünftige Wesen individuell und kollektiv selbst über sich bestimmen können. Es stellt sich die Frage, unter welchen gesellschaftlichen Verhältnissen dieses Potential der Freiheit bei Menschen hervorgebracht werden kann. Ob der Mensch als auch von einer »asozialen« Triebhaftigkeit bestimmtes Wesen so vernunftgeleitet denken und handeln kann, wie idealistische Theoretiker sich das häufig vorstellen, ist mehr als fraglich. Wieviel innere Kontrollen, wieviel verinnerlichte gesellschaftliche Ordnungsstrukturen notwendig sind, damit äußere Ordnungen entfallen können, muß gründlich reflektiert werden. Das autonome Individuum existierte bisher allenfalls als Element eines sozialen Systems, was seine Autonomie tendenziell in Schein verwandelt. Daß auch die Vernunft polizeiliche Elemente enthält und nicht bloß befreiende, wie dies etwa Nietzsche oder Foucault aufgezeigt haben, wurde von den idealistischen Vertretern der Vernunft noch nicht wahrgenommen. Das Freiheitspathos der idealistischen Philosophie lebt z.B. nicht selten auch davon, daß es sich auch von der Sinnlichkeit »befreien« will. Bei Fichte heißt es z.B.:

»Es soll und kann der Einfluß der Natur immer schwächer, die Herrschaft der Vernunft immer mächtiger werden; die letztere soll über die erstere einen Sieg nach dem anderen davontragen.«[40]

Daß eine derartige Vernunft die Menschen in Unfreiheit hält, weil sie ihnen den freieren Genuß ihrer Sinnlichkeit und einen versöhnteren Umgang mit der Natur erschwert, wird dabei übersehen. Die französische Aufklärung zeigt ein ganz anderes Verhältnis zur menschlichen Naturhaftigkeit als die Vertreter eines rabiaten deutschen Idealismus. Bei Holbach, einem Zeitgenossen Fichtes heißt es:

»Physische Seelen und physische Bedürfnisse verlangen ein physisches Glück und wirkliche Gegenstände, den den Hirngespinsten vorzuziehen sind, mit denen man so viele Jahrhunderte lang unseren Geist gespeist hat. Wir müssen für das Physische des Menschen sorgen, es ihm angenehm machen, und bald werden wir sehen, daß seine Moral besser und glücklicher, seine Seele friedlich und heiter und sein Wille durch natürliche und faßliche Beweggründe, die man ihm zeigt, zur Tugend bestimmt wird. (...) Die Seelen werden immer verdorben bleiben, wenn die Körper Not leiden.«[41]

Die klassische Universität ist eine reine Männeruniversität. Wie sich das Verhältnis von Sinnlichkeit und Vernunft, von Allgemeinem und Besonderem oder von Theorie und Praxis an einer Universität darstellen würde, welche das Geschlechterverhältnis produktiv in sich aufnimmt, wird die Zukunft hoffentlich noch zu klären haben.

Die Entwicklung der deutschen Universität führt weg vom humanistischen Bildungsideal und von den Zielen der bürgerlichen Aufklärung. Je mehr Macht das Bürgertum erlangt, desto mehr ist es an der Sicherung seiner sozialen Interessen interessiert. Allgemeine Menschheitsinteressen sind dann kaum noch seine Sache. Die bürgerliche Idee der Befreiung aller Menschen wird weitgehend den materiellen Interessen des Bürgertums geopfert. Das Interesse an Gleichheit, Freiheit und Menschlichkeit geht an andere Emanzipationsbewegungen über, früher vor allem an die Arbeiterbewegung, heute etwa an die Frauenbewegung. Das Bürgertum an der Macht will nicht mehr die umfassende Kritik der von ihm geprägten sozialen Realitäten im Interesse der kollektiven und individuellen Emanzipation. Es will, seinen sozialen Interessen gemäß, keine grundlegende Kritik kapitalistischer Verhältnisse, sondern es ist auf spezialisiertes Fachwissen im Dienste des Funktionierens kapitalistischer Verhältnisse aus. Vor allem technisch verwertbares Wissen im Dienste des Bestehenden wird angestrebt und nicht die Infragestellung des Bestehenden. Humanistische Bildung, die einst die individuelle und die kollektive Emanzipation miteinander verknüpfen wollte, verkommt zum Privileg, mit dem gehobenen Stände demonstrieren wollen, daß sie nicht zu den Proleten gehören. Mit seinem Interesse etwa an der Antike oder an »gehobener« Literatur und Musik will man eher zeigen, daß man zu den »besseren« Menschen gehört, anstatt wie es einst intendiert war, eine bessere Gesellschaft erahnen helfen. Im gegenwärtigen Zeitalter einer konsumistischen Angestelltenkultur sind freilich selbst solche »Bildungsgüter« obsolet geworden.

Obwohl soziale Interessen stets seine Einschränkung und Bornierung mit sich gebracht haben, hat der Begriff der akademischen Freiheit, zumindest in verkürzter Form, lange Zeit die deutsche Universität mitbestimmt. Der heutige Drang, alles bürokratisch zu reglementieren und einer verschulungssüchtigen Beschränktheit zu unterwerfen, war zumindest ein Jahrhundert lang der deutschen Universität relativ fremd. Es gab zwar sehr problemtische, gewissermaßen feudale Privilegien für Professoren, diese waren aber üblicherweise nicht mit dem Anspruch verknüpft, Studierenden durch weitreichende formale Ordnungen vorzuschreiben, was sie während des Studiums zu tun haben.[42] In der Abschlußprüfung und der universitären Stellenvergabe konnte sich professorale Macht gegenüber Studenten Geltung verschaffen, üblicherweise beabsichtigte sie aber nicht, wie heute das gesamte Studium zu reglementieren. Aus Respekt vor der akademischen Freiheit oder aus Gleichgültigkeit wurde den Studenten die Organisation ihres Studiums relativ weitgehend selbst überlassen. Sigmund Freud etwa hätte als Absolvent eines heutigen psychologischen Studiengangs sicherlich nicht der Vater der Psychoanalyse werden können. Während seines Studiums befaßte er sich mit Medizin, Psychologie, Naturwissenschaften und Philosophie; die fachbornierte Beschränktheit, die heutige Psychologen auszeichnet, war ihm absolut fremd. Er verfügte darüber hinaus über eine literarische Bildung und, einer »humanistischen« Schulbildung entsprechend, über Kenntnisse der antiken Kultur, die in seine psychoanalytischen Theoriekonstruktionen und den Stil seiner Veröffentlichungen einflossen. Auch der umfassende intellektuelle und politische Horizont eines Mediziners wie Virchow oder eines Physikers wie Einstein entspringt noch dem Geist der klassischen Universitätsutopie. Einstein äußert sich über eine sinnvolle Universitätsausbildung ganz im Geiste des humanistischen Bildungsideals:

»Es ist nicht genug, den Menschen ein Spezialfach zu lehren. Dadurch wird er zwar zu einer Art benutzbarer Maschine, aber nicht zu einer vollwertigen Persönlichkeit. Es kommt darauf an, daß er ein lebendiges Gefühl dafür bekommt, was zu erstreben wert ist. Er muß einen lebendigen Sinn dafür bekommen, was schön und was moralisch gut ist. Sonst gleicht er mit seiner spezialisierten Fachkenntnis mehr einem wohlabgerichteten Hund als einem harmonisch entwikkelten Geschöpf. Er muß die Motive der Menschen, deren Illusionen, deren Leid verstehen lernen, um eine richtige Einstellung zu den einzelnen Mitmenschen und zur Gemeinschaft zu erwerben. Diese wertvollen Dinge werden der jungen Generation durch den persönlichen Kontakt mit den Lehrenden, nicht - oder wenigstens nicht in der Hauptsache - durch Textbücher vermittelt. Dies ist es, was Kultur in erster Linie ausmacht und erhält. Diese habe ich im Auge, wenn ich die 'humanities' als wichtig empfehle, nicht einfach trockenes Fachwissen auf geschichtlichem oder philosophischem Gebiet.

Überbetonung des kompetitiven Systems und frühzeitiges Spezialisieren unter dem Gesichtspunkt der unmittelbaren Nützlichkeit töten den Geist, von dem alles kulturelle Leben und damit schließlich auch die Blüte der Spezialwissenschaften abhängig ist.
Zum Wesen einer wertvollen Erziehung gehört es ferner, daß das selbständige kritische Denken im jungen Menschen entwickelt wird, eine Entwicklung, die weitgehend durch Überbürdung mit Stoff gefährdet wird (Punktsystem). Überbürdung führt notwendig zu Oberflächlichkeit und Kulturlosigkeit. Das Lehren soll so sein, daß das Dargebotene als wertvolles Geschenk und nicht als saure Pflicht empfunden wird.«[43]

Ihre letzte Blüte hat die humanistische Universitätsutopie im Rahmen der »Frankfurter Schule« erfahren. Horkheimers Schriften zur Universitätsbildung zeigen das Interesse, ihre wesentlichen Elemente zu bewahren.[44] In ihrer Ausrichtung auf eine umfassende kritische Gesellschaftstheorie ist der traditionelle Anspruch der Philosophie aufgehoben. Sie will philosophische, ökonomische, soziologische, psychologische und ästhetische Theoriekonstruktionen im Horizont einer kritischen Gesellschaftstheorie miteinander verbinden. Noch in den 60er Jahren war es möglich, in Frankfurt Soziologie zu studieren, ohne Scheine für die Prüfung beibringen zu müssen.[45]

Mit der Durchsetzung des industriellen Kapitalismus und des modernen, bürokratisch organisierten Verwaltungsstaates verliert die traditionelle Universitätsutopie an Einfluß. Die Universität macht einen Strukturwandel zu einer Forschungs- und Ausbildungsstätte durch, die den Charakter eines Großbetriebs annimmt. Die Universität wird immer mehr zur Institution, die spezialisiertes Funktionswissen für die bestehende Gesellschaft zur Verfügung stellen soll, anstatt diese grundlegend in Frage zu stellen.

»Der Gelehrte und seine Wissenschaft sind in den gesellschaftlichen Apparat eingespannt, ihre Leistung ist ein Moment bei der Selbsterhaltung, bei der fortwährenden Reproduktion des Bestehenden, gleichviel was er sich selbst für einen Reim darauf macht ... In der gesellschaftlichen Arbeitsteilung hat der Gelehrte die Auffassung und Einordnung von Tatsachen in begriffliche Ordnungen zu besorgen und diese so instandzuhalten, daß er selbst und alle, die davon Gebrauch zu machen haben, ein möglichst weites Tatsachengebiet beherrschen können.«[46]

Die besondere Spontaneität und Unkalkulierbarkeit intellektueller Produktion, die die »Klassiker« betonen, reduziert sich darauf, Tatsachenmaterial originell zu verarbeiten und für die Gewinnung neuer Tatsachen zu organisieren. Welche umfassenden sozialen Prozesse das hervorbringen, was als Tatsache genommen wird, gerät aus dem Blickfeld. Die Dominanz der Geisteswissenschaften bzw. der Philosophie, die die traditionelle Universitätsutopie vorsah, wird durch die Dominanz der Natur- und Ingenieurwissenschaften abgelöst, die instrumentelles Wissen anstatt spekulatives, umfassendes Denken anstreben. Die Produktionslogik dieser Wissenschaftszweige drückt der Universität heute in weitem Maße ihren Stempel auf. Mit der zunehmenden ökonomischen Bedeutung von naturwissenschaftlichem und technischem Wissen drängen die Verwertungsinteressen des Kapitals darauf, die Universität immer unmittelbarer in den Griff zu bekommen und höhlen damit die Wissenschaftsfreiheit aus. Für ihren Bestand benötigt die bestehende Gesellschaft eine Universität, deren Organisationsstrukturen denen des modernen kapitalistischen Großbetriebs oder staatlicher bürokratischer Institutionen entsprechen. Die Entwicklung der großen Industrie erfordert in Technik umgesetzte naturwissenschaftliche Kenntnisse, der bürokratische Verwaltungsstaat verlangt wissenschaftlich ausgebildete Beamte in Verwaltungen oder Schulen. Die Utopie der »freien Vereinigung von Gelehrten« weicht einer Institution, die immer mehr den Charakter einer Forschungs- und Lehrfabrik annimmt. Theoretische Produktion wird immer mehr zur Arbeit in einer Wissensfabrik. Die Bürokratisierung der universitären Organisationsstrukturen, die mit der Industrialisierung der Forschungsprozesse verknüpft ist, verwandelt die Universität in einen Großbetrieb mit bürokratischer Leitung. In von oben reglementierten Strukturen sollen, trotz anders lautender Beteuerungen, vor allem angepaßte Spezialisten für existierende ökonomische und staatliche Strukturen hervorgebracht werden. Wo die Universität noch mehr leisten will, wo sie sich noch umfassenden gesellschaftlichen Problemstellungen offenhalten kann und dabei Reste des humanistischen Bildungsideals bewahrt, müssen soziale Emanzipationsbewegungen, wie etwa die Studentenbewegung, die Frauenbewegung oder die Ökologiebewegung, auf sie einwirken und ihre autoritäre technokratische Formierung hemmen.

Wenn die Universität primär zur Produktionsstätte von technokratischem Spezialwissen wird und darauf ausgerichtet ist, Individuen mit beruflichem Know-how auszustatten, gewinnt die Universität den »betriebsförmigen Charakter«, der dem anderer gesellschaftlicher Großorganisationen entspricht. Der Soziologe Max Weber hat diesen Strukturwandel schon 1919 in seinem Vortrag *Wissenschaft als Beruf* dargestellt.

»Die großen Institute medizinischer oder naturwissenschaftlicher Art sind 'staatskapitalistische' Unternehmungen. Sie können nicht verwaltet werden ohne Betriebsmittel größten Umfangs. Und es tritt da der gleiche Umstand ein wie überall, wo der kapitalistische Betrieb einsetzt: die 'Trennung des Arbeiters von den Produktionsmitteln'. Der Arbeiter, der Assistent also, ist angewiesen auf die Arbeitsmittel, die vom Staat gestellt werden; er ist infolgedessen vom Institutsdirektor ebenso abhängig wie ein Angestellter in der Fabrik: - denn der Institutsdirektor stellt sich ganz gutgläubig vor, daß dies Institut 'sein' Institut sei und schaltet darin, - und er steht häufig ähnlich prekär wie jede 'proletaroide Existenz'... Diese Entwicklung, davon bin ich überzeugt, wird weiter übergreifen auf die Fächer, wo wie es heute noch in meinem Fach im starkem Maße der Fall ist, der Handwerker das Arbeitsmittel (im wesentlichen: die Bibliothek) selbst besitzt, ganz entsprechend, wie es der alte Handwerker in der Vergangenheit innerhalb des Gewerbes tat. Die Entwicklung ist im vollen Gang. Die technischen Vorzüge sind ganz unzweifelhaft, wie bei allen kapitalistischen und zugleich bürokratischen Betrieben. Aber der 'Geist', der in ihnen herrscht, ist ein anderer als die althistorische Atmosphäre der deutschen Universitäten. Es besteht eine außerordentlich starke Kluft, 'äußerlich und innerlich', zwischen dem Chef eines solchen kapitalistischen Universitätsunternehmens und dem gewöhnlichen Ordinarius alten Stils auch in der inneren Haltung.«[47]

Mit der Tendenz zur »Massenuniversität«, die steigende Absolventenzahlen mit angepaßten Qualifikationen auszustatten hat, wird die Universität zur »Megamaschine«, die Menschen darin werden immer mehr zu Rädchen in einem anonymen Großbetrieb. Die selbstbestimmte Reflexion muß einer verordneten, standardisierten Betriebsamkeit weichen. Wo die Universität, ausgehend besonders vom Bereich der Naturwissenschaften oder der Medizin, immer mehr auf riesige technische Apparate angewiesen ist, die hohe Kosten erfordern, werden

Professoren zu Institutsdirektoren mit einem Stab von wissenschaftlichen und technischen Mitarbeitern. Von den »Chefs« wird nicht primär die Fähigkeit zur distanzierenden Reflexion, sondern werden eher Qualifikationen verlangt, die denen entsprechen, die das Management in der Wirtschaft abverlangt. Professoren verwandeln sich immer mehr von Gelehrten zu einer Art von Abteilungsleitern oder Behördenchefs. Der Zwang zur effizienten Nutzung von teuren technischen Apparaturen oder der Zwang zur verplanten Auslastung der vorhandenen »Ausbildungskapazität« sorgt dafür, daß an der Universität immer mehr Formen der Fabrik- und Bürodisziplin um sich greifen. Die Arbeitsprozesse werden in zunehmendem Maß zeitlich und räumlich reglementiert. Der wachsende Aufwand an Arbeitskräften und Sachmitteln ist mit einer Bürokratisierung der Universitätsverwaltung verknüpft, die immer mehr alle Arbeits- und Beziehungsformen durchsetzt. Die zunehmende Technisierung der Arbeitsmittel für die empirische Forschung, nicht nur im naturwissenschaftlichen Bereich, erzwingt standardisierte kooperative Formen der Forschung: Sie verwandelt die einzelnen in kollektivierte Anhängsel von Apparaten.

Mit der Wissenschaftsentwicklung geht die Spezialisierung einher. Eine wachsende wissenschaftliche Arbeitsteilung reproduziert die Strukturen der gesellschaftlichen Arbeitsteilung. Die Universität wird immer mehr zur Institution, die spezialisiertes Wissen für bestimmte gesellschaftliche Teilbereiche produziert. Jede leitende Position in der arbeitsteilig organisierten Berufswelt verlangt heute eine Universitätsausbildung, die mehr oder weniger spezialisiert ist. Statt des umfassenden Bildungsinteresses der klassischen Universitätsutopie setzt sich eine Ausbildung durch, die Spezialwissen für Berufe vermittelt und eher mit Methoden und Techniken als mit Einsichten in umfassende Zusammenhänge ausstattet. Die verschulte Ausbildung von Arbeitskräften ersetzt die Bildung zur Selbsterzeugung autonomer Individuen. Es geht um die Produktion von Arbeitskräften, nicht um die Entfaltung von menschlicher Subjektivität.

Die betriebsförmige Organisation der Wissenschaft macht die Tätigkeit des Wissenschaftlers zum Beruf. Sie ist nicht mehr Berufung, in die möglichst die gesamte Subjektivität eingebracht wird und die die Arbeit an der subjektiven Entfaltung zur Voraussetzung hat. Nicht das umfassend gebildete und interessierte Individuum soll an der Universität forschen und lehren, sondern der spezialisierte und beruflich qualifizierte Chemiker, Jurist, Mediziner oder Psychologe. Mit dieser Wandlung setzt sich eine für die kapitalistische Produktionsweise notwendige Aufspaltung des Subjekts auch im Wissenschaftsbereich durch: die Aufspaltung in Person und Arbeitskraft. Als Personen sind die an der Universität Tätigen Individuen mit einer mehr oder weniger ausgeprägten Einmaligkeit, einer besonderen Lebensgeschichte, die zu besonderen Wünschen, Hoffnungen und auch Formen des Leidens führt. Als Arbeitskräfte müssen sie wissenschaftliche Kompetenzen aufweisen, die in gewisser Weise von ihrer

Person abgespalten sind. Sie müssen ihre erworbenen wissenschaftlichen Fähigkeiten zur Ware Arbeitskraft verdinglichen können, die sich in bestehende Institutionen, an die sie sie verkaufen müssen, einfügen läßt. Die berufliche Qualifikation wird von der Person auf spezifische Weise abgespalten, die Person wird zu deren bloßem Träger - eine Abspaltung, die natürlich in der Praxis nicht reibungslos gelingen kann. Für die Arbeitsprozesse an der Universität bedeutet das, daß die Subjektivität der Forschenden aus dem Wissenschaftsprozeß ausgeschaltet werden muß, sobald sie sich nicht mehr in die vorgegebenen betrieblichen Regeln einfügen läßt. Die persönlichen Interessen, Wünsche und Bedürfnisse werden im Wissenschaftsbetrieb typischerweise nur noch als potentielle Störfaktoren zur Kenntnis genommen. Das Interesse an der Entfaltung des Reichtums der Persönlichkeit gilt als Interesse, das nur außerwissenschaftlichen Charakter hat.

Dem entspricht die positivistische Wissenschaftslogik, die heute im Wissenschaftsbetrieb vorherrscht. Der positivistische Wissenschaftsbetrieb, der vom unpersönlichen Drang nach Kontrollierbarkeit und Berechenbarkeit bestimmt wird, gehorcht einer Logik, die der des industriellen Großbetriebs und der der bürokratischen Verwaltung verwandt ist. In der empirischen Forschung, die dem Positivismus zufolge allein ein wirklich gesichertes Wissen garantieren soll, muß die subjektive Besonderheit der forschenden Personen gleichgültig sein. Individualität darf sich allenfalls noch in der originellen Anwendung vorgegebener Verfahrensregeln äußern. Personen werden zu Anwendern von wissenschaftlichen Denkmaschinen, in die sich ihr intellektuelles Vermögen verwandelt hat. Der Forschungslogik entspricht strukturell eine Verschulung der Ausbildungssituation, die es mit sich bringt, daß die Subjektivität der Studierenden im Wissenschaftsbetrieb kaum noch produktiv zur Geltung kommen kann. Besondere lebensgeschichtliche Erfahrungen und individuelle Lebensrhythmen müssen in Theorie und Praxis der Universität einer dem gesellschaftlich herrschenden Industrialismus und Bürokratismus entspringenden autoritären Verwaltungslogik geopfert werden. Eine objektiv gesetzte Gleichgültigkeit gegenüber der Besonderheit des Einzelnen prägt immer mehr die Struktur der Institution ebenso wie die Forschung und Lehre, die in ihr betrieben werden.

Die Universität erzeugt ein künstliches Sondermilieu, das anderen Sondermilieus etwa in Firmen und Schulen entspricht. Die intellektuelle Produktion in diesem Milieu ist auf andere Art so weltfremd, wie man es dem einsamen Gelehrten im »Elfenbeinturm« vorgeworfen hat. Wo Wissenschafttreiben zum Beruf wird, verschwindet nicht nur das Subjekt hinter der Arbeitskraft, es verschwindet tendenziell auch der Bezug des Denkens auf umfassende gesellschaftliche Realitäten. Die positivistischen Denkmodelle verdoppeln undurchschaut die Reduktion von Menschen auf Arbeitskräfte, ebenso wie die fragwürdige Aufspaltung der gesellschaftlichen Realität, in der sie leben. Die Negation von Subjektivität, ebenso wie das Nicht-zur-Kenntnis-nehmen von umfassenden sozialen Zusammenhängen, entspricht der institutionellen Logik der Wissensfabrik und führt im Horizont der Psychologie zu abstrakten Theoriemonstern, die eine bürokratische Menschenverwaltung legitimieren helfen. Nicht zufällig entsteht die akademische Psychologie um die Jahrhundertwende zu einer Zeit, als bürokratische Verwaltungsstäbe in Industrie und Staat eine qualitativ neue Bedeutung erlangen. Das Desinteresse an der subjektiven Besonderheit wie an umfassenden sozialen Prozessen erlaubt es, daß unpersönliche, standardisierte Reglementierungen die Arbeits- und Beziehungsformen an der Universität bestimmen können. Der Verdinglichung von Verhaltensweisen entspricht die Verdinglichung des Denkens, die in der Dominanz des Methodischen und im Vorherrschen des Interesses an der Entwicklung von technischen Fertigkeiten Gestalt annimmt. Sie treibt dem Denken die Fähigkeit aus, sich lebendig auf seine Gegenstände einzulassen. Der bestehende Universitätsbetrieb taugt kaum für die Entwicklung von intellektueller Sensibilität gegenüber sozialem Leid, das Menschen deformiert. Er dient eher als Produktionsstätte für das Maß an Kälte, das zum Funktionieren bestehender ökonomischer und politischer Einrichtungen paßt.

Die Durchrationalisierung des Wissenschaftsbetriebes produziert nicht nur mehr technokratische Effizienz, sondern auch mehr unproduktives Chaos. Die Kultur- und Sozialwissenschaften, die sich durch einen anderen Typus des Denkens auszeichnen als die Naturwissenschaften, lassen sich der Betriebsstruktur nicht ohne weiteres eingliedern. Sie sind auf offenere Formen wissenschaftlicher Arbeit und ein weniger reglementiertes, subjekthaltigeres Denken angewiesen. Der Konflikt zwischen beiden Wissenschaftsrichtungen beschert der Universität Konflikte mit vielen Reibungsverlusten, deren bürokratische Bewältigung viele Energien einmauert. In allen Bereichen der Wissenschaft läßt sich die Subjektivität des Wissenschaftlers nicht ohne weiteres ausgrenzen, sie verschafft sich vielmehr hinterrücks, auf oft fragwürdige Art Geltung. Die von der bürokratischen Planung negierten subjektiven Wünsche und Interessen kehren in übersteigerten Eitelkeiten, in kleinkarierten Intrigen oder fragwürdigen Machtspielen wieder. Die entfesselte technokratische Rationalität, die den Subjekten nicht erlaubt, sich sinnvoll Geltung zu verschaffen, hat als Kehrseite einen chaotisierenden Subjektivismus. Eine reduzierte wissenschaftliche Vernunft und Formen sozialer Irrationalität sind miteinander verwandt. Nicht zufällig wird die Weiterexistenz unserer Welt heute von Individuen in Machtpositionen bedroht, die eine Universitätsausbildung hinter sich haben.

Das freiheitliche Potential der klassischen Universitätsutopie läßt sich allenfalls noch im Konflikt mit dem bestehenden Wissenschaftsbetrieb partiell bewahren. Der Kampf gegen die Verdinglichung von Verhaltensweisen und

Denkformen ist damit aber keineswegs antiquiert. Die zentralen gesellschaftlichen Probleme, von deren Bewältigung heute das Überleben der Menschheit abhängt, sind nämlich keineswegs mit borniertem Spezialwissen und allein von Experten zu bewältigen. Dies gilt auch, wenn die wissenschaftliche Arbeitsteilung heute sicher nicht so einfach begrenzt werden kann, wie man sich das zu Zeiten Humboldts vorstellte. Die großen ungelösten gesellschaftlichen Probleme im Bereich der Ökologie, der sozialen Gerechtigkeit oder des Geschlechterverhältnisses erfordern umfassende Strukturanalysen und gemeinsames demokratisches Engagement statt begrenztem Spezialwissen und berufsborniertem Handeln. Die Menschheit kann nur überleben, wenn die bestehende Kultur durch eine andere abgelöst wird, die ein grundlegend verändertes, gewaltloseres Verhältnis der Menschen zueinander wie zur Natur erlaubt. Über eine solche überlebensnotwendige kulturrevolutionäre Veränderung läßt sich nicht in einer bürokratisch reglementierten Universität nachdenken. Auch der universitäre Kampf um individuelle Autonomie und eine möglichst allseitige Entfaltung der Subjektivität ist nur für die antiquiert, die einem antidemokratischen, bürokratischen Zynismus verfallen sind, dem Glück und Leid der Menschen gleichgültig sind.

Eine Analyse wie diese setzt sich dem Vorwurf des Idealismus aus. Sie setzt, solcher Kritik zufolge, gegen die bestehende Misere ein schönes Ideal, anstatt sich an realen gesellschaftlichen Tendenzen und ihren Möglichkeiten zu orientieren. Solchen Positionen gegenüber ist an der Einsicht des idealistischen Philosophen Kant festzuhalten, der darauf hingewiesen hat, daß die Menschheit wohl nur dann vorankommen kann, wenn sie an dem festhält, was richtig ist, und sich nicht bloß an dem orientiert, was gegenwärtig Erfolg verspricht. Außerdem gibt es durchaus reale Kräfte, die die Tendenz in sich tragen, auf eine andere Universität zu drängen. Das kollektive Überlebensinteresse der Menschen, dessen Macht nach aller historischen Erfahrung sicher nicht zu überschätzen, aber auch nicht zu unterschätzen ist, kann sich auf Dauer nicht mit einer Wissenschaft abfinden, deren Denken so reduziert ist, wie es im gegenwärtigen Universitätsbetrieb üblich ist. Die Beschränktheit des bestehenden wissenschaftlichen Denkens wird durch sein Versagen gegenüber entscheidenden gesellschaftlichen Problemen immer mehr erfahrbar. Die existierende akademische Kleinkariertheit dient vielen bornierten Interessen - aber auf die Dauer kann sie selbst für die zu teuer werden, die sich bloß aufs Rechnen verstehen. Auch an der Universität sind Kräfte vorhanden, die die Potenz in sich tragen, ins Freiere zu drängen. Wissenschaftlerinnen und Wissenschaftler, die wirklich intellektuell interessiert sind, können sich mit der gegenwärtigen Universität und der Verzwergung, die sie hervorbringt, nicht abfinden. Die Frauenbewegung, die auf eine feministische Wissenschaft drängt, strebt, ihren führenden Vertreterinnen zufolge, heute etwas an, was dem klassischen Ideal verwandt ist. Die

Beachtung des Besonderen von Frauen, die verlangt, daß man ihre lebensgeschichtlichen Erfahrungen ernst nimmt, soll mit dem Interesse an umfassenden weiblichen Fragestellungen verknüpft werden, die allemal mit den großen Fragen der Menschheit zusammenhängen.

Die Studentenstreiks der vergangenen Jahre zeigen - trotz ihrer Defizite an intellektueller Einsicht und vorwärtstreibender sozialer Phantasie, in denen die Misere des bestehenden Universitätsbetriebs zum Ausdruck kommt - ein sehr verbreitetes, weitreichendes Unbehagen, dessen Kraft man nicht unterschätzen sollte. Wenn es diesem Unbehagen gelingt, einen Ausdruck zu finden, der die bestehende Realität zur Kenntnis nimmt und sie zugleich phantasievoll übersteigt, kann er diese durchaus erschüttern. Jürgen Habermas, der sicherlich ein bedeutender Theoretiker ist, hat zusammen mit anderen vor der 68er Studentenbewegung »überzeugend« empirisch nachgewiesen, daß in der Studentenschaft kaum ein politisches Potential aufzufinden ist, von dem man Veränderungen erwarten kann.[48] Wenn er sich dermaßen täuschen konnte, warum sollen sich nicht auch die täuschen, die heute begriffslos eine studentische Apathie beklagen. Und steckt nicht auch in der Apathie und Gleichgültigkeit vieler Studentinnen und Studenten eine verzerrte Art der Kritik am Bestehenden, von der nicht ausgemacht ist, ob sie nicht vielleicht noch lernt, auch anders zu Wort zu kommen.

Anmerkungen

1 Allgemeine Literatur zu diesem Kapitel:
H. Schelsky, *Einsamkeit und Freiheit*. Düsseldorf 1971
W. Nietsch u.a., *Hochschule in der Demokratie*. Frankfurt 1965

2 Siehe hierzu z.B.: J. Le Goff, *Die Intellektuellen im Mittelalter*. Stuttgart 1986

3 Zitiert nach H. Schelsky, a.a.O., S. 32

4 Ebd., S. 36

5 I. Kant, *Beantwortung der Frage: Was ist Aufklärung*. Zitiert nach: *Werke*. Hrsg.: W. Weischedel. Frankfurt 1977, Bd. XI, S. 53

6 Ebd., S. 53

7 I. Kant, *Über Pädagogik*. Werkausgabe Bd. XII, S. 704

8 Ders., *Was ist Aufklärung*. a.a.O., S. 55

9 W. v. Humboldt, *Über den Geist der Menschheit*. Werke, Bd. 1, (1804) Hrsg.: A. Flitner und K. Giel, Stuttgart 1961

10 W. v. Humboldt, *Theorie der Bildung des Menschen* (1793). Zitiert nach Schelsky, a.a.O., S. 62

11 J.G. Fichte, *Von den Pflichten des Gelehrten*. Jenaer Vorlesungen 1794/95. Hamburg 1971, S. 16

12 Ebd., S. 18

13 Ebd., S. 19

14 W. v. Humboldt, Über die innere und äußere Organisation der höheren wissenschaftlichen Anstalten in Berlin. In: *Schriften zur Politik und zum Bildungswesen*. Stuttgart 1964, S. 256

15 J.W. Fichte, *Von den Pflichten des Gelehrten*. a.a.O., S. 103

16 F.W.J. v. Schelling, *Vorlesungen über die Methode des akademischen Studiums*. Berlin 1802, S. 446

17 Ebd., S. 447

18 Ebd., S. 445
19 J.G. Fichte, *Von den Pflichten des Gelehrten.* a.a.O., S. 12
20 F.W.J. v. Schelling, a.a.O., S. 446
21 F.W.J. v. Schelling, ebd., S. 471
22 J.B. Fichte, a.a.O., S. 59
23 Ebd., S. 39
24 F. Schiller, *Über die ästhetische Erziehung des Menschen.* 1795, Reclam Stuttgart 1965, S. 93
25 Ebd., S. 20
26 Ebd., S. 21
27 Ebd., S. 63
28 F. Schleiermacher, a.a.O., S. 118 f.
29 W. v. Humboldt, *Über die innere und äußere Organisation der höheren wissenschaftlichen Anstalten zu Berlin.* a.a.O., S. 257
30 Ebd., S. 255
31 F. Schleiermacher, *Gelegentliche Gedanken über Universitäten im deutschen Sinn.* 1808, S. 114 f.
32 F.W.J. v. Schelling, a.a.O., S. 27
33 F. Schleiermacher, a.a.O., S. 83
34 Ebd., S. 125 f.
35 F.W.J. v. Schelling, a.a.O., S. 475
36 F.W.J. v. Schelling, a.a.O., S. 31
37 F. Schleichermacher, a.a.O., S. 129 f.
38 Ebd., S. 128 f.
39 F. Schleiermacher, *Zur Pädagogik.* Werke III. Aalen 1967, S. 425
40 J.G. Fichte, a.a.O., S. 26
41 Holbach, *System der Natur.* Berlin 1960, S. 79 f.
42 Eine Ausnahme bilden die Technischen Hochschulen, die schon immer verschult waren.
43 A. Einstein, *Mein Weltbild.* Frankfurt/M. 1955, S. 23 f.
44 Siehe hierzu: Horkheimer, *Gesammelte Schriften.* Band 18. Frankfurt 1985, S. 361 ff.
45 Es soll nicht verschwiegen werden, daß absurderweise zur Vordiplomprüfung Klausuren geschrieben werden mußten, was während der Studentenbewegung sogar zu Polizeieinsätzen führte.
46 M. Horkheimer, *Traditionelle und kritische Theorie.* Frankfurt/M. 1970, S. 19
47 M. Weber, *Wissenschaft als Beruf.* München-Leipzig 1921, S. 5
48 J. Habermas u.a., *Student und Politik.* Neuwied 1961

Curriculum macht alle dumm
- Zur Zerstörung der Psychologischen Lehre

Für die Vertreter der etablierten Psychologie dürfte die oben vorgetragene Kritik an ihrem Kontrolldenken allenfalls ein belustigendes oder ärgerliches Spiel mit Worten sein. Begriffe haben für sie den Charakter von Spielmarken, mit denen man relativ willkürlich umgehen kann, sie verweisen kaum auf eine in der Sache enthaltene Wahrheit. Daß die psychologischen Kontrolleure nicht nur einen eigentümlichen Umgang mit Worten haben, daß ihr Denken vielmehr eine Mentalität ausdrückt, die mit einem bestimmten praktischen Umgang mit Menschen verknüpft ist, kann an der universitären Ausbildung deutlich gemacht werden, die sie für Studierende organisieren. Hier materialisiert sich in der Praxis die Kontrollwut und der Kampf gegen die menschliche Subjektivität, die am theoretischen Denken ausgemacht wurden. Mit Prüfungs- und Studienordnungen und der Art ihrer Anwendung wird ein Kampf gegen Autonomieansprüche und das Interesse an kritischem Denken bei Studierenden geführt. In den Nachbarwissenschaften der Psychologie, etwa in der Soziologie oder in den Kulturwissenschaften, läßt sich ein ähnlich polizeiliches Regelwerk nicht ausmachen. Wenn in anderen Fächern oder in den Psychologien anderer Länder verwandte Einschränkungen gelten, macht das die Ordnungen, die in der hiesigen Psychologie Geltung haben, nicht harmloser. Das »Weltniveau«, an dem sich die etablierten Psychologen orientieren wollen, ist, wenn man den heutigen Zustand der Welt nüchtern betrachtet, keineswegs etwas besonders Erstrebenswertes.

I.

Die Westdeutsche Rektorenkonferenz und die Ständige Konferenz der Kultusminister der BRD haben unter dem Einfluß der Deutschen Gesellschaft für Psychologie, des Verbandes der Universitätspsychologen, eine »Rahmenordnung für die Diplomprüfung im Studiengang Psychologie« beschlossen.
In dieser Ordnung heißt es u.a.:

»§ 1

(2) Das Studium gliedert sich in
1. einen viersemestrigen ersten Studienabschnitt, der mit der Diplom-Vorprüfung abschließt,
2. einen fünfsemestrigen zweiten Studienabschnitt, der mit der Diplomprüfung abschließt.

(3) Lehrangebot und Studienplan sind so zu gestalten, daß alle Lehrveranstaltungen, an denen der Student teilzunehmen hat, in acht Studiensemestern besucht werden können. Das Stundenvolumen dieser Lehrveranstaltungen beträgt insgesamt höchstens 156 Semesterwochenstunden. Davon entfallen
1. auf die Pflicht- und Wahlpflichtveranstaltungen des ersten Studienabschnitts 76 Semesterwochenstunden und
2. auf die Pflicht- und Wahlpflichtveranstaltungen des zweiten Studienabschnitts 80 Semesterwochenstunden.

(4) Das 9. Studiensemester dient der Anfertigung der Diplomarbeit und der Ablegung von Fachprüfungen der Diplomprüfung.«[1]

Eine Studentin oder ein Student haben nach diesen Vorgaben pro Woche ca. 20 Stunden Veranstaltungen zu besuchen, bei denen der Inhalt mehr oder weniger vorgeschrieben ist, bevor sie sich genuinen eigenen theoretischen Interessen zuwenden dürfen. Damit ist garantiert, daß sie dies im Rahmen des Fachs praktisch nicht können und daß die Machthaber sie in ihrem Studiengang so unter Kontrolle haben, daß sie kaum in Versuchung geraten, sich auch in anderen Fächern umzuschauen. Dank dieser Einsperrung in den eigenen Studiengang ist die Gefahr gebannt, daß die Studierenden durch Erfahrungen mit anderen Fächern in die Lage kommen, die Misere ihres Faches besser bewerten zu können. Es ist auch gesichert, daß sie kaum auf die Idee kommen, daß man vielleicht in der Soziologie, der Philosophie oder in der Germanistik mehr über die wirklichen psychischen Probleme von Menschen erfahren kann als im Fach Psychologie.

Zu einer Zeit, als die akademische Freiheit von Studierenden noch etwas galt und man ihnen, als mit einem Zeugnis der Reife ausgestatteten, zutraute, das Studium - mit Hilfe der Unterstützung von Hochschullehrern - in weitem Maße selbst zu organisieren, ging man davon aus, daß sie pro Woche höchstens 8 bis 10 Veranstaltungsstunden absolvieren sollten. Nur so sah man garantiert, daß sie Zeit genug zur Bearbeitung und wirklichen Aneignung von angebotenen Stoffen haben. Wo mehr Stunden absolviert werden müssen, kommt das gründliche Nachdenken zu kurz, fehlt die Zeit, durch eigene Lektüre Kenntnisse zu vertiefen. Es besteht kein Raum mehr dafür, in selbstorganisierten, studentischen Diskussionszusammenhängen, ohne den Druck der Zensurmechanismen der offiziellen Veranstaltungen, wirklich zu Wort zu kommen. Beim Stand der heutigen zeitlichen Verplanung der Ausbildung im Fach Psychologie ist garantiert, daß Studierende, die schließlich erwachsene Menschen sind, nahezu wie unmündige Schüler in Jahrgangsklassen unter dem Zwang erfaßt werden, ein durch einen Stundenplan vorgegebenes Pensum abzusitzen. Damit ist dafür gesorgt, daß der Mangel an wirklicher intellektueller Originalität, der das Fach

Psychologie auszeichnet, auf absehbare Zeit nicht behoben wird. Ist seine Aufhebung doch daran gebunden, daß man gelernt hat, selbständig und produktiv nach einem eigenen Zeitrhythmus mit intellektuellen Gebilden umzugehen. Was Max Horkheimer, der ein großer Lehrer und Theoretiker war, 1953 als Rektor der Frankfurter Universität vor neu immatrikulierten Studierenden sagte, klingt im Angesicht heutiger universitärer Realitäten nahezu wie eine fiktive utopische Skizze aus einer fernen Epoche:

»Die akademische Freiheit zeigt sich bereits im Alltag des Lehrbetriebs. Wenn etwa die meisten Vorlesungen, selbst die ersten am Morgen, cum tempore beginnen und nur wenige sine tempore, so spiegelt die aus technischen Gründen notwendige Pause auch den Umstand wider, daß Sie, anstatt in feste Klassen eingeteilt zu sein, die Fächer, Kurse und Dozenten weitgehend selbst zu wählen haben, daß der Bildungsgang der Hörer einer Vorlesung nicht rigoros einheitlich ist, wie sehr wir immer durch die angesichts der steigenden Anforderungen knappen Mittel ins Reglementierte gestoßen werden. Das akademische Viertel erinnert im Sprachgebrauch daran, daß eine Unpünktlichkeit vorweggenommen, Unordnung in die Ordnung eingebaut, der akademische Bürger im besonderen Sinn Herr seiner Zeit ist. Damit hat es selbst heute trotz der Hast und dem Druck der Gesellschaft, die auch im Leben der Universität immer stärker sich geltend machen, noch seine Richtigkeit. Nicht nur hängt, vor allem in den ersten Semestern, die Einrichtung des Stundenplans weitgehend von der Interessenrichtung des Studenten ab, sondern es besteht in vielen Fällen auch kein Zwang, daß er die belegten Vorlesungen tatsächlich besucht, - niemand wird je glauben, daß etwa das Testat eine wirksame Kontrolle sei. Vor allem in den theoretischen Fächern wird nicht viel danach gefragt, auf welche Weise Sie die Kenntnisse entwickelt haben, die Sie in den Dissertationen und Prüfungen unter Beweis stellen. Der regelmäßige Besuch von Vorlesungen ist ein notwendiger und vielleicht der sicherste, keineswegs aber der einzige Weg, sich zu bilden. Was es für sich hat, Kenntnisse und zumal Gedanken und Denkweisen durch den lebendigen Vortrag zu empfangen, ist offenbar. Aber es hat seit je Studenten gegeben, denen das Studium in den Seminarbibliotheken oder im eigenen Zimmer noch mehr bedeutet hat; sie sind gewiß nicht die schlechtesten. Daß einer nächtliches Studium zuhause nicht bloß in den Wochen vor einem Examen, das heißt als 'Büffeln' kennenlernt, sondern an sich selbst das Glück erfährt, allein und fernab vom Lärm des Tages über einem juristischen oder mathematischen Problem oder über einem Text von Platon zu sitzen, als ein Glück, das mit allen erwartungsvollen Zügen seines Lebens in Wechselwirkung steht, das ist ein Anspruch, der sich eigentlich in jedem Studium erfüllen sollte. Lassen Sie sich nicht drum betrügen, trotz allen anderen Ansprüchen, die an Sie gestellt werden.«[2]

Die zeitliche Verplanung des Psychologiestudiums haben die Kontrolleure mit dessen inhaltlicher Verplanung verbunden, indem sie Leistungskontrollen installiert haben, die den Studenten ein bestimmtes Denken aufherrschen. In der Rahmenprüfungsordnung heißt hierzu:

»§ 17

(1) Zur Diplom-Vorprüfung kann nur zugelassen werden,

1. wer Leistungsnachweise erbracht hat über die erfolgreiche Teilnahme
   a. am Empiriepraktikum,
   b. an Kursen zum Fach Methodenlehre,
   c. an Lehrveranstaltungen zu mindestens drei der folgenden Fächer:
      aa. Allgemeine Psychologie I,
      bb. Allgemeine Psychologie II,
      cc. Entwicklungspsychologie,
      dd. Differentielle und Persönlichkeitspsychologie,
      ee. Sozialpsychologie,
      ff. nach Maßgabe der örtlichen Prüfungsordnung Biopsychologie oder Physiologische Psychologie;

2. wer an wissenschaftlichen Untersuchungen als Versuchsperson oder als Versuchsleiter mitgewirkt hat.«

»§ 18

(1) Die Diplom-Vorprüfung besteht aus Fachprüfungen in den folgenden Fächern:

1. Allgemeine Psychologie I,
2. Allgemeine Psychologie II,
3. Entwicklungspsychologie,
4. Differentielle und Persönlichkeitspsychologie,
5. Sozialpsychologie,
6. nach Maßgabe der örtlichen Prüfungsordnung Biopsychologie oder Physiologische Psychologie,
7. Methodenlehre.

(2) Die örtliche Prüfungsordnung legt für jede Fachprüfung fest, ob sie als mündliche Prüfung oder als Fragenklausur durchzuführen ist. Die Dauer der mündlichen Prüfung soll 30 Minuten, die der Klausur 120 Minuten betragen.«[3]

Bei diesen Bestimmungen ist zu beachten, daß es weitgehend im Ermessen des Hochschullehrers liegt, festzulegen, was für ihn als »erfolgreiche Teilnahme« seiner Lehrveranstaltung gilt. Es gibt zum Beispiel kaum eine Fachprüfung, die einen Arbeitsaufwand verlangt, der dem entspricht, den üblicherweise eine »erfolgreiche Teilnahme« in Quantitativer Methodenlehre erfordert.

Entsprechende Bestimmungen wie für die Diplom-Vorprüfung gelten für die Diplom-Prüfung.

»§ 21

(1) Zur Diplomprüfung kann nur zugelassen werden,

2. wer erbracht hat
   a. je einen Leistungsnachweis zu den Anwendungsfächern
      aa. Klinische Psychologie,
      bb. Pädagogische Psychologie,
      cc. Arbeits-, Betriebs- und Organisationspsychologie;
   b. zwei Leistungsnachweise zu den Methodenfächern
      aa. Diagnostik und Intervention
      bb. Evaluation und Forschungsmethodik;
   c. einen Leistungsnachweis zur forschungsorientierten Vertiefung.«[4]

»§ 22

(1) Die Diplomprüfung besteht aus
   1. der Diplomarbeit,
   2. den Fachprüfungen.

(2) die Fachprüfungen finden statt:
in den Anwendungsfächern
1. Klinische Psychologie,
2. Pädagogische Psychologie,
3. Arbeits-, Betriebs- und Organisationspsychologie,

in den Methodenfächern
4. Diagnostik und Intervention,
5. Evaluation und Forschungsmethodik,
sowie

6. im Wahlpflichtbereich zur forschungsorientierten Vertiefung,
7. im nichtpsychologischen Wahlpflichtfach.«[5]

Rechnet man die prüfungsrelevanten Leistungskontrollen zusammen, die in neun Semestern zum Diplom führen sollen, so kommt man auf ungefähr 30 (diese Situation verschärft sich noch dadurch, daß ein Semester für die Abfassung der Diplomarbeit vorgesehen ist). Der Autor dieses Textes hat vor seinem Psychologiestudium an der Universität Frankfurt ein Soziologiediplom erworben, für das er elf Prüfungsbestandteile bewältigen mußte und keinerlei Scheine zu erbringen hatte. Das theoretische Niveau war dort, bei Lehrern wie Adorno, Horkheimer oder Habermas, ungleich höher als es heute an allen psychologischen Studiengängen der Bundesrepublik ist. Ein wirkliche intellektuelle Leistungen anregendes Klima in einem Studiengang ist nämlich keineswegs durch Prüfungen zu erzwingen, es hängt sehr viel mehr von der intellektuellen Existenz ab, die Hochschullehrer Studierenden vorleben. Es hängt von einer intellektuellen Atmosphäre ab, die sie, zusammen mit Studierenden, zu erzeugen vermögen, die keineswegs primär von der Energie beim Prüfungstreiben abhängig ist. Wer glaubt, wie es anscheinend die Anreger der Rahmenprüfungsordnung tun, Niveau primär mit Hilfe einer Vielzahl von Prüfungen erreichen zu können, weist wahrscheinlich kein intellektuelles Niveau auf, das es erlaubt, Studenten durch das eigene Vorbild zum Denken zu verführen.

Die Verschulung, die mit derartigen Prüfungsordnungen erzwungen wird, wird noch durch die Curricularisierung der einzelnen Fächer potenziert. In den Lehrveranstaltungen vor allem des Grundstudiums wird von den Lehrenden zumeist ein verwaltetes Wissen auf standardisierte Art vorgeführt, das später in Prüfungen abverlangt wird. Dies ersetzt in der Regel ein lebendiges, produktives Denken, das die Studierenden mitreißt und zu selbständigen Denkleistungen motiviert. Die Vielzahl der Prüfungen sorgt dafür, daß Studierende nicht primär um intellektueller Einsichten willen lernen, sondern für Zwecke, die der Erkenntnis gänzlich äußerlich sind, nämlich für Noten. Selbst Forschungen der etablierten Psychologie haben ergeben, daß es, in ihrem Jargon formuliert, sehr viel besser ist, wenn Lernende bei Lernprozessen »intrinsisch« und nicht »extrinsisch« motiviert sind, wenn sie also aus eigenem Interesse an der Sache und nicht bloß für Noten lernen. Aber wenn Psychologen ihre Kontrollsysteme organisieren, scheinen sie sich selbst um ihre eigenen Einsichten nicht mehr zu kümmern. Wo in den verschulten Studiengängen noch Kritisches gelernt wird, ist dies fast automatisch mit Prüfungsvorbereitungen verknüpft. Kritisches Denken, das nur um einer Sache willen betrieben wird, die ihm so äußerlich ist wie Noten, wird so an etwas gebunden, das ihm letztlich entgegensteht. Der Zwang, kritisches Denken vor allem dafür zu lernen, daß man es einer Autorität für eine Note vorführen kann, frißt die ihm angemessene Intention auf: das

Bedürfnis nämlich, sich von vorgegebenen Autoritäten zu befreien, um mündiger zu werden.

II.

Die Curricularisierer und Reglementierer sind dem verfallen, was der lateinamerikanische Pädagoge Paulo Freire als »Bankiersmethode«[6] bezeichnet. Sie wollen Studenten zu »Anlageobjekten« machen, in die sie nach einer bestimmten Systematik ihr Theorie- und Methodenwissen »investieren« können. Um zu überprüfen, ob die Anlageobjekte »rentabel« sind, müssen sie in regelmäßigen Abständen mit Hilfe von Prüfungen einer bilanzierenden Kontrolle unterworfen werden. Die curricularisierenden universitären »Bankiers«, die meist glauben, das Banner der Demokratie über sich wehen zu sehen, haben bisher kaum angegeben, wie ihre Anlageobjekte zu Subjekten von demokratischen Lernprozessen und damit zu Trägern von demokratischen Strukturen werden sollen. Selbsttätigkeit, produktives Tun und die Ausbildung von sozialer Phantasie fallen, wo die Curricularisierer so unbeschränkt wie in der Psychologie regieren, allzuleicht Einstellungen zum Opfer, die primär auf die brave Anpassung und das geistlose Pauken für Prüfungen hinzielen. In den lerntheoretischen Modellen der experimentellen Psychologie tauchen die Menschen kaum als potentielle Subjekte ihres Schicksals auf, sie werden vielmehr auf Objekte einer äußeren, kontrollierenden Beeinflussung reduziert. In dieser Logik erscheinen sie als Objekte, die spezifisch dosierten Lernreizen ausgesetzt werden, um, nach einer Art maschineller Verarbeitung, spezifische Lernreaktionen hervorzubringen. Sie verdoppeln damit eine gesellschaftliche Realität, die die Menschen in verdinglichte Objekte der Macht verwandelt, anstatt diese Realität zu kritisieren. In der Ausbildung in psychologischen Studiengängen wird nicht nur das nicht kritisiert, was zu kritisieren wäre, es wird versucht, das in der Praxis hervorzubringen, dem man sich zu widersetzen hätte.

Die bürokratische Verplanung der Ausbildung blockiert sinnvolle Lernprozesse, weil sie niemals der Subjektivität der Studierenden angemessen sein kann. Wo das abprüfbare Curriculum Gesetz ist, breitet sich studentische Apathie aus. Es müssen Prüfungstreiber auftreten, die allenfalls dazu taugen, totes Wissen aufzuzwingen, das nach Prüfungen rasch dem Vergessen anheim fällt. Eine sinnvolle Ausbildung besteht keineswegs im curricular organisierten Anhäufen von Theoriekonstruktionen und Methoden in studentischen Lernobjekten. Für diese kann das Erlernen von theoretischen Gebilden allenfalls eine Voraussetzung für ein lebendiges Denken sein. Sie muß davon ausgehen, daß wirkliches Erkennen immer lebendiges Produzieren bedeutet. Der Philosoph Schelling hat dies so formuliert:

»Alle Regeln, die man Studenten vorschreiben könnte, fassen sich in der einen zusammen: Lerne nur, um selbst zu schaffen. Nur durch dieses göttliche Vermögen der Produktion ist man aber Mensch, ohne dasselbe nur eine leidlich klug eingerichtete Maschine.«[7]

Erkennen heißt lernen, mit Wissen, das man sich kritisch angeeignet hat, produktiv und phantasievoll umzugehen; es heißt keineswegs, bloß wissenschaftliche Konstruktionen nachzubeten und technisch anzuwenden. Das Begreifen intellektueller Gebilde ist ohne selbsttätiges Hervorbringen unmöglich: Man kann Theoriekonstruktionen nur verstehen, wenn man versucht, sie selbst denkend nachzuerzeugen. Das verlangt mehr als eine schlichte Reproduktion, es verlangt eine Erzeugung, die die sozialen und geistesgeschichtlichen Zusammenhänge, denen ein Denken entspringt, aus einer gegenwärtigen Perspektive phantasievoll in sich aufnimmt. Tiefgreifendes psychologisches Lernen verlangt von Studierenden die selbständige Leistung einer permanenten Uminterpretation der eigenen Lebensgeschichte, das ständige selbständige Suchen nach einer neuen Identität. Nur so bleibt Denken den Subjekten nicht äußerlich und bringt wirkliche Bildung hervor.

Studierende, die z.B. psychoanalytische Konstruktionen über die Bedeutung der frühkindlichen Sozialisation kennenlernen, können diese erst dann angemessen verarbeiten und bewerten, wenn sie zu erproben vermögen, ob mit diesen Konstruktionen die eigene Vergangenheit und Gegenwart sinnvoll umzuinterpretieren ist und ob damit eine Erweiterung des Selbstbildes erreicht werden kann. Wer, um ein anderes Beispiel zu wählen, Erkenntnisse der Vorurteilsforschung wirklich verarbeiten will, muß die Fähigkeit erlangt haben, eigene, gegenwärtige und vergangene Realitätswahrnehmungen mit Hilfe dieser Erkenntnisse umzuinterpretieren. Wer die Bedeutung der Arbeit für eine bestimmte psychische Verfaßtheit mit Hilfe von Tätigkeitstheorien erfassen will, muß überprüfen können, ob diese Konstruktionen es erlauben, den Anteil von verschiedenen Arbeiten an der eigenen Subjektwerdung deutlich werden zu lassen. Die ständige Uminterpretation der eigenen Erfahrungen und der eigenen Biographie mit Hilfe von erworbenem Wissen stellt zugleich das schwierige Finden eines neuen Selbst dar. Sie verlangt es permanent, die eigene Identität zu verändern, anstatt ein Wissen anzuhäufen, das dieser äußerlich bleibt.

Das lebendige Phantasie erfordernde, ständige Bemühen um die Uminterpretation der eigenen Lebensgeschichte und der eigenen Alltagspraxis, mit Hilfe der erworbenen Theoriekonstruktionen, können die Studierenden nur leisten, wenn ihnen hierzu Freiheiten gewährt werden oder wenn sie sich diese erkämpfen können. Produktives Lernen verlangt offene soziale Konstellationen, die es erlauben, den eigenen, lebensgeschichtlich begründeten Lernrhythmus zu finden. Subjektive Problemlagen, die diese Interpretationsleistungen begünstigen oder hemmen, fallen nicht bei allen Studenten gleichförmig aus. In inneren oder äußeren Krisenzeiten hat das soziale Lernen, das die Theorieaneignung darstellen sollte, einen anderen Rhythmus und andere Strukturen als in Zeiten relativer Ruhe. Die in Lernprozesse eingehende Erfahrungsfähigkeit oder die emotionale Basis des Lernens sind verschieden, je nachdem ob sich die Zukunft als offen darstellt oder als vermauert erscheint. Umwege und Abschweifungen in Lernprozessen, die einer straffen curricularen Logik widersprechen, können sich, auch wenn sie den Lehrenden als Störungen in Lernprozessen erscheinen mögen, längerfristig als sehr fruchtbar für die Studierenden erweisen. Wer mit Curricula bewaffnet Studenten zum Lernen zwingen will, reduziert deren Möglichkeit, ihre subjektiven Probleme und Interessen mit theoretischen Einsichten zu verknüpfen. Das Interesse an der subjektiven Entfaltung wird dadurch vom Umgang mit Wissenschaft abgespalten und verleiht diesem Umgang damit Züge einer offenen oder versteckten Theoriefeindschaft. Ohne die produktive Verbindung von Theorien und Erfahrungen kommt es zu der sterilen Betriebsamkeit, die für die heutige Universität typisch ist. Sicherlich sind antiintellektuelle Einstellungen bei Studierenden nicht allein das Produkt der Universität. Die Erfahrungen mit schulischem Pauken, die Zerstörung der öffentlichen Kritik durch dem Kommerz verfallende Massenmedien oder die gesellschaftliche Ohnmacht der Vernunft erzeugen Einstellungen, die nicht auf Aufklärung aus sind. Anstatt dem durch ein dem kritischen Denken angemessenen Lernmilieu entgegen zu arbeiten, zementiert die Universität eine mit Realitätsflucht verbundene Unlust am Denken durch ihre Ordnungen.

Das Wort Bildung, das darauf hinweist, daß die Aneignung von Wissen mit der Bearbeitung und Bereicherung der eigenen Subjektivität verknüpft sein sollte, verschwindet nicht zufällig immer mehr aus dem akademischen Sprachgebrauch. Das mag auch darauf hinweisen, daß verstaubte bildungsbürgerliche Zöpfe, für die dieses Wort steht, an der Universität abgeschnitten worden sind. Vor allem aber weist es darauf hin, daß bürgerliche Emanzipationsideale an der Universität preisgegeben wurden, anstatt sie verwandelt in einer demokratischen, egalitären Form aufzuheben. Angesichts der verschulungssüchtigen Kleinkariertheit, die heute die psychologischen Studiengänge dominiert, erlangen aufgeklärte bürgerliche Bildungsideale, die um den Begriff der menschlichen Freiheit zentriert sind, mit ihrer Großzügigkeit wieder neuen Glanz. Der gängige Ruf von Lehrenden - und leider auch von Lernenden - nach ordnenden polizeilichen Orientierungshilfen ist Ausdruck der Furcht vor der Freiheit. Er ist die Konsequenz einer intellektuellen und menschlichen Verzwergung, die Menschen nach Beschränkung hungern läßt. Jeder Lernprozeß ist auf eine geplante Strukturierung angewiesen. Wenn diese ihren Gegenständen und der Verfaßtheit von Lernenden und Lehrenden angemessen sein soll, muß sie von einer diskutierenden Hochschulöffentlichkeit, unter Berücksichtigung sozialer und psychischer Wandlungen, stets von neuem gesucht werden. Die Bürokratisierung der Universitätsstrukturen und die mit ihr verbundenen Verdinglichungen des positivistischen Denkens blockieren ein Bewußtsein, das individuellen und kollektiven Emanzipationsprozessen dienlich sein kann. Vor 200 Jahren hat Wilhelm von Humboldt eine Maxime für die Organisation der Universität formuliert, gegen die die Kontrolleure ständig verstoßen, obwohl eine wirkliche Universität ohne sie nicht sein kann. Nach ihr gilt

»daß bei der inneren Organisation der höheren wissenschaftlichen Anstalten alles darauf beruht, das Prinzip zu erhalten, die Wissenschaft als etwas noch nicht ganz Gefundenes und nie ganz Aufzufindendes zu betrachten, und unablässig sie als solche zu suchen.«[8]

Der mit positivistischen Theorien und verplanenden Curricula geführte Kampf gegen die Subjektivität der Lernenden steht Formen der individuellen und kollektiven Selbstreflexion entgegen, ohne die Emanzipationsprozesse von einzelnen und Gruppen unmöglich sind. Die Loslösung von Prozessen der kritischen Selbstreflexion reduziert die Vernunft auf ein technisches Instrument oder auf ein Mittel zur Verschleierung der Realität. Sie kann dann keine neuen Horizonte mehr öffnen, sondern wird vielmehr von schlechten Realitäten in Dienst genommen, an deren Überwindung sie zu arbeiten hätte.

III.

Der Willkür der Planungsprinzipien gegenüber den ihnen unterworfenen Individuen entspricht ihre Willkür bei der Festlegung von Inhalten des Denkens. Die Einteilung der psychologischen Grundlagenfächer, die in die Curricularisierung der Lehre eingeht, verdankt sich einer prekären Reduktion von theoretischem Wissen und mit ihm verknüpften Problembewußtseins.

Bei Nietzsche kann man lesen:

»Die unmittelbare Selbstbeobachtung reicht lange nicht aus, um sich kennenzulernen: wir brauchen Geschichte, denn die Vergangenheit strömt in 100 Wellen in uns fort; wir selber sind ja nichts als das, was wir in jedem Augenblick von diesem Fortströmen empfinden.«[9]

Bei Marx und Engel heißt es: »Wir kennen nur eine einzige Wissenschaft, die Wissenschaft der Geschichte«.[10] Lazarus, der als Begründer der »Völkerpsychologie« gilt, stellt in der Mitte des 19. Jahrhunderts fest:

»Der Mensch ist ein geschichtliches Wesen, alles in uns, an uns ist Erfolg der Geschichte, wir sprechen kein Wort, wir denken keine Idee, ja es belebt uns kein Gefühl und keine Empfindung, ohne daß sie von unendlich mannigfaltig abgeleiteten historischen Bedingungen abhängig ist.«[11]

Diese extrem gegensätzlichen Theoretiker sind sich mit so verschiedenenartigen Theoretikern wie Hegel, Horkheimer, Elias oder Foucault darin einig, daß nur die umfassende Analyse der historischen Gewordenheit eines sozialen und psychischen Phänomens und seines damit verbundenen ständigen Bedeutungswandels diesem gerecht werden kann. Im Horizont aller dieser großen Theoretiker ist Psychologie nur als historisch gerichtete Wissenschaft sinnvoll. Die positivistische Psychologie entzieht sich der Notwendigkeit des geschichtlichen Begreifens, indem sie mit Hilfe von bürokratischen Vordefinitionen die Geschichte in der Psychologie abschafft. Die »allgemeine Psychologie«, das entscheidende Grundlagenfach der positivistischen Psychologie, die den normalen Erwachsenen an allen Orten und zu allen Zeiten zum Gegenstand haben soll, glaubt, den Menschen begreifen zu können, auch wenn sie von seiner Geschichtlichkeit abstrahiert. Sie schafft dadurch eine curricularisierbare Ordnung in der Theorie, die aber nur unter Abstraktion von den wirklichen Menschen zustande kommt, die immer nur als historisch bestimmte existieren können. Mit Hilfe einer willkürlichen Festlegung schafft die positivistische Psychologie die Geschichte ab und damit zugleich auch eine Zukunft mit der Möglichkeit von neuen, anderen Menschen.

Nicht nur nach marxistischen Interpretationen existieren die Menschen in der bisherigen Geschichte typischerweise in Klassengesellschaften. Ihre Subjektivität ist demzufolge in ihrem Wesen dadurch bestimmt, daß sie Angehörige von Klassen sind und sie sich dadurch von Mitgliedern anderer Klassen unterscheiden. Eine Psychologie, die diese Einsicht ernst nimmt, müßte aufhören, »allgemeine« Psychologie sein zu wollen, sie müßte immer »differentielle« Psychologie sein. Die »allgemeine Psychologie« schafft die Realität von Klassengesellschaften begrifflich ab, sie dient damit der Verschleierung ihrer Existenz. Die feministisch inspirierte Frauenforschung hat aufgezeigt, daß es grundlegende Unterschiede zwischen Männern und Frauen gibt, daß die Menschen niemals dahinter zurückgehen können, daß sie geschlechtliche Wesen sind. Für Freud ist Erwachsenheit daran gebunden, daß man akzeptieren kann, daß die Geschlechterdifferenz alle psychischen Äußerungen durchdringt. Mit der »allgemeinen Psychologie« als Grundlagenfach, das die Geschlechterdifferenzen nicht zur Kenntnis nimmt, ist man dieser für den männlichen Wissenschaftsbetrieb bedrohlichen Einsicht entronnen.

Im positivistischen Ordnungsschema werden »allgemeine« und »differentielle« Psychologie und damit Normalität und Abweichung bürokratisch getrennt. Freuds revolutionäre Einsicht, daß das Abweichende, das Pathologische, das Kranke die verborgenen Züge des Normalen zu offenbaren vermag und allein über sein Verständnis eine kritische Analyse des Normalen gelingen kann, wird vom Positivismus mit Hilfe einer formalisierten Festlegung verdrängt. Nicht nur der Verarbeitung dieser psychoanalytischen Einsicht, sondern der Verarbeitung des psychoanalytischen Theoriegebäudes insgesamt, sperrt sich die bestehende Fächereinteilung im psychologischen Grundstudium. Die Psychoanalyse ist immer zugleich Persönlichkeitspsychologie, Entwicklungspsychologie, Lernpsychologie, Motivationspsychologie und Sozialpsychologie. Wenn man ihre Elemente, die eine solche Zuordnung erlauben könnten, voneinander trennt, zerstört man ihren inneren Zusammenhang und verhindert ein wirkliches Verständnis psychoanalytischen Denkens. Freud hat aufgezeigt, daß psychische Strukturen wesentlich durch frühkindliche Lernprozesse bestimmt werden, daß sie Interaktionen von Familienmitgliedern entspringen, daß sie durch eine bestimmte Triebökonomie angetrieben werden und daß dabei Bewußtseinsprozesse immer von unbewußten Prozessen mitbestimmt werden. Wie schon diese formelhaften Andeutungen zeigen, steht damit das psychoanalytische Theoriegebäude quer zum positivistischen Curriculum. Daß die Psychoanalyse in der etablierten Psychologie als unwissenschaftlich gilt, hängt nicht zuletzt damit zusammen, daß sie nicht zu einer bürokratisch verordneten Fächereinteilung paßt, mit der man ihren wesentlichen Einsichten nicht gerecht werden kann.

Kritisch denken lernen heißt vor allem, prozeßhaft und in Zusammenhängen denken lernen. Es verlangt die Einsicht in den lebendigen Gesamtzusammenhang des Psychischen, der jedem seiner Elemente seine besondere Bedeutung verleiht. Darüber hinaus fordert es die Analyse sozialer Zusammenhänge, auf die das Leben der Psyche bezogen ist. Psychische und auch soziale Strukturen lassen sich nicht wie maschinelle Systeme in Einzelteile zerlegen und nach deren Untersuchung wieder zusammensetzen. Eine maschinelle Logik, die die Zerlegung von Ganzheiten in Elemente zuläßt, ist psychischen Strukturen unangemessen, weil in ihrem Rahmen das Ganze und seine Elemente in einem lebendigen Wechselverhältnis zueinander stehen, in dem sie sich und ihr Verhältnis zueinander ebenso wie ihre Bedeutung ständig verändern.

Das moderne biologische oder physikalische Denken geht in der Zwischenzeit davon aus, daß Elemente der Realität nicht durch das definiert werden können, was sie an sich sind, sondern durch ihren Zusammenhang mit anderen Elementen.[12] Die naturwissenschaftlich orientierte Psychologie glaubt immer noch, die Psyche willkürlich in Elemente zerlegen zu können, die sie unabhängig von ihren Beziehungen zueinander und von der Struktur der gesamten Psyche analysieren kann. Die von ihr verordnete bürokratische Fächeraufteilung setzt sich willkürlich über innere Zusammenhänge hinweg.

Kritisches Denken ist gegen die fachidiotische Borniertheit, gegen die willkürliche Auftrennung von Gegenstandsbereichen, gegen die Fixierung auf unwesentliche Details gerichtet. Es widerspricht einem Glauben an Tatsachen, der nicht sieht, welche psychischen und sozialen Prozesse sie hervorgebracht haben. Die Fächereinteilung im Fach Psychologie, auf die die Studierenden mit Hilfe von Prüfungsordnungen fixiert werden, ist auf hervorragende Art geeignet, kritisches Denken zu blockieren, indem sie die Realität so fragmentiert erscheinen läßt, daß ihre wesentliche Probleme verschwinden. Sie trennt Zusammenhängendes so in Teilbereiche auf, daß die entscheidenden psychologischen Probleme zwischen den Teilbereichen liegen oder die Zusammenhänge von Teilbereichen betreffen, für die niemand zuständig ist. Die Fächeraufteilung trennt auch die Methodenlehre vom inhaltlichen psychologischen Denken oder das Erlernen von Theorien im Grundstudium von der Möglichkeit ihrer »Anwendung« in der Realanalyse im Hauptstudium. Sie sorgt so dafür, daß Auswendiglernen, technokratisches Verwaltungsdenken und die Unfähigkeit, sich durch lebendiges Denken intellektuell wirklich auf reale Probleme einzulassen, sozialisiert werden. Sie trennt in den »Anwendungsfächern« die klinische Psychologie von der Arbeits- und Organisationspsychologie und von der pädagogischen Psychologie und sorgt so dafür, daß z.B. die weitreichenden Formen seelischer

Verelendung, die die bestehenden ökonomischen und politischen Institutionen hervorbringen, kaum präzise thematisiert werden können.

Besonders absurde Konsequenzen hat die Fächertrennung im Bereich der Grundlagenfächer, wo nur der wirklich kritisch zu denken vermag, der sich an ihre Einteilung bewußt nicht hält. Wer zum Beispiel über Denkprozesse, die in der Psychologie dem Fach Allgemeine Psychologie I zugerechnet werden, kritisch nachdenken will und nicht durch einen psychologischen Studiengang verbildet ist, stellt sich wahrscheinlich die Frage mit welchen anderen Aspekten des Psychischen und des Gesellschaftlichen sie Zusammenhänge haben, auf die man eingehen muß, um ihre Logik angemessen zu erfassen. Sie oder er wirft die Frage auf, welche inneren Zusammenhänge mit anderen psychischen und sozialen Phänomenen zum Wesen des Denkens gehören. Das kann zum Beispiel zu folgenden Problemstellungen führen:

- Wie hängt Denken mit sozialen Prozessen, mit den Beziehungen der Menschen untereinander zusammen? - Damit darf sich die Psychologie des Denkens im Fach Allgemeine Psychologie I nicht beschäftigen, weil soziale Beziehungen zur Sozialpsychologie gehören.
- Wie hängt Denken mit Persönlichkeitsstrukturen zusammen? - Damit darf sich die Psychologie des Denkens im Fach Allgemeine Psychologie I nicht beschäftigen, weil Persönlichkeitsstrukturen im Fach Differentielle Psychologie und Persönlichkeitspsychologie abgehandelt werden.
- Wie entwickelt sich Denken im Laufe des Lebens? - Damit darf sich die Psychologie des Denkens im Fach Allgemeine Psychologie I nicht beschäftigen, weil die Entwicklung der Menschen zum Fach Entwicklungspsychologie gehört.
- Wie lernt man Denken, was motiviert Denken, oder was in der Psyche kann Denken blockieren? - Damit darf sich die Psychologie des Denkens im Fach Allgemeine Psychologie I nicht beschäftigen, weil Lernen und Motivation zu einem anderen Fach, nämlich dem Fach Allgemeine Psychologie II, gehören.
- Wie unterscheidet sich das Denken verschiedener Menschen, z.B. das Denken von Männern und Frauen oder das Denken von Angehörigen verschiedener Kulturen? - Damit darf sich die Psychologie des Denkens im Fach Allgemeine Psychologie I nicht beschäftigen, weil die Unterschiede zwischen Menschen im Fach Differentielle Psychologie behandelt werden.

Die Denkpsychologie muß sich, um zum psychologischen Fächerkanon zu passen, ein reines Denken ausdenken, das es in der Wirklichkeit gar nicht gibt und von dem gesichert ist, daß es mit der Intellektualität, die vonnöten wäre, um die Welt zu verbessern, nichts zu tun hat.

»Das Abpflöcken der Felder der Wissenschaften mag seinen großen Nutzen haben bei der Verteilung unter die Pächter; aber den Philosophen, der immer den Zusammenhang des Ganzen vor Augen hat, warnt seine nach Einheit strebende Vernunft bei jedem Schritte, auf keine Pflöcke zu achten, die oft Bequemlichkeit und oft Eingeschränktheit eingeschlagen hat.«[13]

Lichtenbergs Mahnung sollten nicht nur für Philosophen gelten, sondern für alle, die es mit dem kritischen Denken ernst meinen.

IV.

Die verregelte Ausbildung erlaubt es nicht, soziale Beziehungen auszubilden, auf die ein befreiendes Lernen angewiesen ist: Sie hält die Studierenden als einzelne in unmündiger Abhängigkeit. Ohne daß das bewußt intendiert sein muß, wirkt die professorale Macht über Studierende nach der Maxime: teile und herrsche. Das von oben verplante Studium sorgt dafür, daß studentische Lernprozesse sich fast nur an den Vorgaben der Lehrenden orientieren müssen. Den Studierenden wird damit der Raum genommen, gemeinsam selbständige Lernprozesse zu organisieren, in denen ihre Interessen aufgehoben sind. Das Erlernen solidarischer Kooperation in gemeinsamen Lernprozessen kann zumeist allenfalls noch das Produkt des Kampfes gegen die Zumutungen der Institution sein. Die Verschulung der Ausbildung spaltet die Studierenden weitgehend nach Jahrgangsstufen auf; die rigide Trennung zwischen Grundstudium und Hauptstudium isoliert jüngere Semester von höheren Semestern. Daß Studierende verschiedener Semester etwas voneinander und nicht nur von besoldeten Lehrkräften lernen, ist nicht vorgesehen. Alle Studierenden werden durch die von oben verordnete permanente Notenkonkurrenz in feindliche Rivalitätsbeziehungen getrieben. Die durch Studien- und Prüfungsordnungen hervorgebrachte Isolierung der Studierenden voneinander führt dazu, daß sie sich gegenüber der Macht der Professoren als ohnmächtig erfahren müssen. Die permanente Erfahrung des Ausgeliefertseins begünstigt die Angst vor der Freiheit, die die in Unselbständigkeit Gehaltenen nach klareren Vorgaben von oben anstatt nach offeneren Strukturen rufen läßt. Die bürokratisch aufgezwungene Aufspaltung und Isolierung der Studierenden blockiert das Entstehen von studentischer Öffentlichkeit, die helfen kann, Alternativen zum Bestehenden zu entwickeln und durchzusetzen. Die Entpolitisierung psychologischer Studiengänge ist nicht zuletzt die Konsequenz der vorhandenen Verplanung der Lehre. Die Verkümmerung der studentischen Hochschulpolitik, die Professoren gerne herablassend und begriffslos einer studentischen Unfähigkeit zuschreiben, ist nicht zuletzt Ausdruck der Strukturen, für die sie Verantwortung tragen.

Die autoritäre Reglementierung des Studiums belastet das Verhältnis von Hochschullehrern und Studierenden. Beziehungen zwischen Lehrenden und Lernenden, die emanzipatorischen Lernprozessen angemessen sind, können kaum noch zustande kommen. Die Verplanung des Studiums raubt den Studierenden die Selbständigkeit und erzeugt oder verfestigt damit unreife Verhaltensweisen. Die in Unmündigkeit gehaltenen, die sich nicht mehr auf erwachsene Art Geltung verschaffen dürfen, äußern ihre Kritik am Wissenschaftsbetrieb in der Art von Schulkindern. Durch antiintellektuelle Einstellungen, die dem

Denken zuschreiben, was allenfalls seiner institutionellen Deformation entspricht, durch Apathie, Desinteresse und Formen der Asozialität. Das von der institutionalisierten Kontrollwut erzeugte Klima des Mißtrauens begünstigt paranoide Realitätsbezüge. Viele Professoren erleben Studierende primär als Individuen, die, wenn man die Zügel schleifen läßt, ihre Anstrengungen durch Zusammenrottung zu sabotieren suchen. Viele Studierende erleben selbst demokratisch engagierte Professoren als übermächtige Autoritäten, die bloß darauf aus zu sein scheinen, sie mit Hilfe der Autorität der Wissenschaft kleinzumachen. Im bürokratisch erzeugten autoritären Klima, das von den Studierenden Bluff und Täuschung verlangt und Professoren zu Machtspielen verführt, bei denen autoritäre Willkür sich als sachliche Notwendigkeit tarnt, findet die Paranoia ihre ideale Basis: Wer von anderen Schlimmes annimmt, kann nie genau wissen, ob er recht hat oder ob er bloß Projektionen verfallen ist, die anderen das zuschreiben, was der geheimen eigenen Boshaftigkeit entspringt. Daß sozialwissenschaftliche Interpretationen, die es erlauben, universitäre Prozesse angemessen zu erfassen, selbst bei Professoren kaum anzutreffen sind, verstärkt die Tendenz zur falschen Psychologisierung sozialer Konflikte.

Wo Studierende in Unmündigkeit gehalten werden, blüht nun nicht nur ihre offene und latente Feindschaft gegen die Lehrenden, die sinnvolle Kooperationsbeziehungen mit ihnen erschwert, es blüht auch eine fragwürdige Suche nach professoralen »Eltern«, die im unpersönlichen Betrieb Schutz versprechen. Hilflos gemachte, verstörte Studentinnen und Studenten tendieren zur Suche nach professoralen Vätern oder Müttern, die seelische Wärme im kalten Betrieb versprechen. Die organisierte Anonymität speist nicht nur bei Studierenden ein der Institution unangemessenes Verlangen nach Zuwendung, dessen notwendige Enttäuschung zu Kränkungen führt, die die Arbeitsfähigkeit sabotieren. Die bürokratisch erzeugte Gleichgültigkeit begünstigt ein Bedürfnis nach falscher Nähe, das die Menschlichkeitsdarsteller am Rande der akademischen Psychologie für sich zu nutzen suchen. Die anonyme Lernfabrik und eine geheime Sehnsucht nach dem Familienmief gehören zusammen. Menschliches Getue von Psychologen, das vor Humanität trieft und die verwaltungsmäßig organisierte Zerstörung von menschlichen Möglichkeiten gehören zusammen. Menschliche Anteilnahme muß inszeniert werden, wo ihr die soziale Basis entzogen wurde.

Die institutionalisierte Kontrollwut erschwert nicht nur ein sinnvolles Zusammenwirken, sie erschwert auch die produktive Austragung von Konflikten. Kritisches Denken erlernt man nicht, indem man das nachplappert, was Prüfungsberechtigte vortragen, auch wenn dessen Inhalt noch so kritisch sein mag: Kritisches Denken ist an die konflikthafte Auseinandersetzung mit der Autorität gebunden. Nur Studierende, die versuchen, die Position der Lehrenden offen in Frage zu stellen, können sich von Autoritätsfixierungen lösen und damit freier denken. Nur wo die Kritik an der Autorität gelernt werden kann, wo der Streit, der sich intellektueller Mittel bedient, nicht als Störung, sondern als etwas Positives angesehen wird, sind ins Freiere führende Lernprozesse möglich. Eine lebendige Universität ist nicht auf eine »ordentliche« Betriebsamkeit, sondern auf eine entwickelte Streitkultur angewiesen. Eine übersteigerte Drohmacht von allgegenwärtigen Prüfern, die mit übersteigerten Prüfungsängsten bei Lernenden einhergeht, zwingt dazu, Konflikte zu verschleiern oder blind zu agieren, anstatt sie produktiv vorwärtstreibend zu bewältigen.

Mit Examina kann man untätige Studenten zum Arbeiten zwingen und dadurch ein Minimum an Kenntnissen durchsetzen. Sie können am Schluß des Studiums eine Ablösung von der Universität erleichtern. Wenn sie optimal gestaltet sind, erlauben sie einen intensiven Gedankenaustausch, der Studierenden Bestätigung und Anregungen verschafft oder Hinweise auf Mängel gibt, die zu bearbeiten sind. Das Kontrollinstrument Prüfung trägt aber viele irrationale Elemente in sich, die es in einen Widerspruch zum Erlernen des kritischen Vernunftgebrauchs setzen. Diese irrationalen Elemente verschaffen sich besonders dann Geltung, wenn das Kontrollinstrument so exzessiv genutzt wird wie in der Psychologie. Noten sind der Sache, die die Wissenschaft behandeln sollte, völlig äußerlich: Theoretisches Denken hat primär etwas mit der Suche nach Erkenntnis, aber nichts mit Noten zu tun. Die empirische Notenforschung hat aufgezeigt, daß es so etwas wie gerechte Noten kaum gibt.[14] Vor allem gibt es, wie Forschungen über Prüfungsängste aufzeigen können, kaum jemand, der ein gänzlich vernünftiges Verhältnis zu Prüfungen hat. Prüfungen sind bei Prüflingen und Prüfern nahezu zwangsläufig mit bewußten und unbewußten Ängsten und Versuchungen verbunden, die das Verhalten irrationalisieren können. Sie eignen sich besonders dazu, unbewältige infantile Autoritätsproblematiken wieder aufzuladen.[15] Bei Hochschullehrern erzeugen sie allzuleicht die Versuchung zum Machtmißbrauch, der es erlaubt, unterschwellige Aggressionen auszuleben. Auf Prüfungen kann unter den bestehenden gesellschaftlichen Verhältnissen nicht verzichtet werden, aber wo ihr polizeiliches Element ein zu großes Gewicht erlangt, werden Verkehrsformen und Einstellungen so deformiert, daß selbständigem, kritischem Denken die Basis entzogen wird.

Den übersteigerten Anforderungen der bestehenden Studien- und Prüfungsordnungen können Studentinnen und Studenten, besonders wenn sie noch eigenständige theoretische Interessen haben oder wenn sie, wie viele von ihnen, darauf angewiesen sind, Geld zu verdienen, nur gerecht werden, wenn sie in der Lage sind, sie soweit als möglich zu unterlaufen. Sie oder er muß wissen, wie man sich vor Anforderungen drückt, wo und wie man Scheine mit einem Minimum an Arbeit erlangt oder wie man in Klausuren das Abschreiben organisiert. Dabei lernt man ein taktisches Verhältnis zur Wahrheit, anstatt eines offenen, mutigen Festhaltens an einer unangenehmen Wahrheit, das zu den charakterlichen Voraussetzungen wirklicher wissenschaftlicher Leistungen gehört. Man lernt sehr viel mehr die Inszenierung des Scheins zur Erlangung von Scheinen, als das Beharren darauf, daß etwas offen zum Ausdruck kommt, damit es begreifbar werden kann. Hochschullehrer und Studierende wissen insgeheim, wenn sie halbwegs bei Verstand sind, daß niemand nach den vorgegebenen Ordnungen wirklich sinnvoll studieren kann. Aber sie leben von der Inszenierung der Lüge, die zum universitären Machtspiel gehört, von dem ihr Fortkommen abhängig ist. Die Lehrenden müssen in dieser Ausbildungsstruktur von der Illusion leben, daß ihr Wissen für Studierende mehr ist als Stoff, der für Prüfungen auswendig gelernt wird. Die Lernenden leben von der Hoffnung, daß sie nach ihrem Studienabschluß endlich selbständig denken und arbeiten dürfen - aber wo sollen sie es bis dahin gelernt haben oder noch nicht verlernt haben?

Die Kontrollwut, die in Studien- und Prüfungsordnungen materialisiert ist, lebt vom Mißtrauen gegen alle Studierenden. Diese Ordnungen erklären sie - gewollt oder ungewollt - zu desinteressierten Drückebergern, die kein eigenes Interesse am wissenschaftlichen Arbeiten aufbringen und zu selbständigem Arbeiten nicht in der Lage sind. Wer dem anhängt, braucht insgeheim die »Faulenzer«, die man zum intellektuellen Arbeiten zwingen muß. Die latente Gleichgültigkeit der Kontrolleure, die hier auf die Studenten projiziert wird, sorgt dafür, daß sie sich ihr entsprechend verhalten. Wenn man erwachsenen Menschen kein Vertrauen entgegenbringt, das ihnen eine Selbständigkeit erlaubt, die auch das Risiko des Scheiterns einschließt, und sie stattdessen wie unmündige Kinder behandelt, um sie bei der Stange zu halten, ist es nicht verwunderlich, daß sie allenfalls lernen, sich wie abgebrühte Jugendliche zu verhalten. Das institutionalisierte professorale Mißtrauen, das die Selbständigkeit der Studenten drastisch einschränkt, erzeugt weitgehend erst ein massenhaftes studentisches Verhalten voll Apathie und Desinteresse, das es zu legitimieren scheint.

Sicherlich kann die Universität, aufgrund des berechtigten Anspruchs der Gesellschaft, daß Hochschulabsolventen ein halbwegs fundiertes Wissen aufweisen sollten, unter den bestehenden Umständen auf Prüfungen nicht verzichten. Es gibt Studierende, die ohne Prüfungen kaum etwas oder zu wenig lernen würden. Wo aber die Kontrollen, die man deshalb allen Studierenden auferlegt, zu zahlreich werden und sie schon deshalb bloße bürokratische Rituale werden, erzeugen sie eine kollektive angepaßte Unterwürfigkeit anstatt kritischem Denken. Das mag zur intellektuellen Beschränktheit und zum versteckten menschenfeindlichen Zynismus der gegenwärtigen Psychologie passen, steht aber ihrer dringend notwendigen Erneuerung im Wege. Es mag zu einer Psychologie passen, an der allzu vieles auf so realitätsferne Art langweilig ist, daß man es aufzwingen muß, nicht aber zu einer befreienderen Psychologie, die darauf angewiesen ist, daß sie die Menschen wirklich intellektuell ergreift. Jedes kritische Denken und jede neue Einsicht ist an soziale Prozesse gebunden, die

die Ablösung von bisher bestehenden bewußten oder unbewußten Bindungen zulassen. Psychoanalytisch formuliert ist jedes neugewonnene, wirklich verarbeitete Wissen immer mit einem Stück Ablösung von unbewußten infantilen Bindungen verbunden. Man muß sich aus überkommenen äußeren und verinnerlichten sozialen Bindungen herausarbeiten können, wenn man die Welt mit anderen Augen sehen will. Die verplante Universität, die Studierende in unmündiger Abhängigkeit hält, steht solchen Ablösungsprozessen entgegen. Es bleibt nur die Hoffnung, daß in den Universitätsangehörigen so viel unzerstörte Lebenskraft und universitärer Wissensdurst vorhanden sind, daß sie, wenn schon nicht an der Universität, so doch wenigstens gegen sie sinnvoll studieren können.

V.

In einer vernünftig gestalteten Universität würden Hochschullehrer und Studierende gemeinsam in produktiven konflikthaften Wechselwirkungen am Fortschritt der Aufklärung arbeiten. In der existierenden Universität verkümmert hingegen die Psychologieausbildung zu einer Art permanentem Herrschaftsritual, mit dem die Generation, die an der Macht ist, den nachfolgenden Generationen die Einstellungen, Verhaltensweisen und Denkformen aufzwingen will, denen sie ihre Karriere verdankt. Die schmerzlichen Initiationsriten, mit denen in »wilden« Kulturen die Vätergeneration die heranwachsenden Jünglinge zum Akzeptieren ihrer Normen zwingt, bevor sie als Erwachsene anerkannt werden, haben in der modernen Universitätsausbildung ihre Entsprechung. Der »Fortschritt« der Wissenschaft lebt davon, daß Prozeduren mit archaischen Zügen perpetuiert werden. Anstatt Lernprozesse zu erlauben, die ins Freiere führen können, organisiert die Ausbildung eine Art permanenten Initiationsritus, bei dem mit Hilfe ängstigender Prüfungsrituale die Konformität mit dem Bestehenden erpreßt wird. Am Beginn ihres Studiums können es Studentinnen und Studenten oft noch sehr leidvoll erfahren, daß die bestehende Psychologieausbildung sie um das bringt, was sie eigentlich von der Psychologie erwarten, nämlich eine wissenschaftliche Menschenkenntnis, die hilft, innere und äußere Abhängigkeiten aufzubrechen. Aber da, wie schon Nietzsche bemerkt hat, nicht in erster Linie das Leiden, sondern die Sinnlosigkeit des Leidens als schmerzlich erfahren wird, sind die meisten von ihnen nach einiger Zeit bereit zu glauben, daß das, was ihnen an deformierenden, leidvollen Anpassungsleistungen abverlangt wird, den Sinn hat, Wissenschaftlichkeit zu garantieren. Da die Studierenden das, was ihnen mit Hilfe von Prüfungen aufgenötigt wird, nur bewältigen können, wenn sie sich zumindest partiell damit identifizieren, erscheint der Verzicht auf lebendiges, unreglementiertes Denken leicht bald, wie von oben propagiert, als wissenschaftliche Tugend. Wenn die Studierenden annehmen, daß diejenigen, die das Sagen haben, ihre Macht ihren intellektuellen Leistungen und nicht der Anpassung an den bestehenden Betrieb verdanken, ist es leichter, sich ihrer Autorität zu beugen. Potentiell kritische Einstellungen, die bei sehr vielen Studienanfängern noch vorhanden sind, können nach und nach mit Hilfe von rituellen positivistischen Strategien aufgeweicht werden, die in Prozessen der organisierten Anpassung mehr oder weniger verinnerlicht werden. Die Enttäuschung über eine fragwürdige Psychologie verwandelt sich bei denen, die zum Arrangement mit ihr gezwungen werden, leicht in ein Ressentiment gegen offenes kritisches Denken. Das Bewußtsein, dessen Aufgabe es sein sollte, die Realität kritisch zu durchdringen, wird dahingehend pervertiert, daß es dazu dient, die Anpassung an übermächtige Realitäten zu rationalisieren. Unreglementiertes Denken wird dann, entsprechend den etablierten Parolen, als subjektivistisch und unwissenschaftlich denunziert und abgewehrt. Eine Ausbildung, die in einer demokratischen Gesellschaft den Mut zu selbständigem Denken ohne Anleitung von anderen hervorbringen sollte, organisiert stattdessen permanente polizeiliche Anpassungsrituale, mit deren Hilfe das kritische Bewußtsein der blinden Anpassung an das schlechte Bestehende geopfert wird.

Die Verschulung der Ausbildung verleiht allen Beziehungsmustern, Arbeitsprozessen und intellektuellen Äußerungsformen an der Universität rituelle Züge. Wo sich blinde Herrschaft als notwendige Planung und Sachzwang tarnt, denen alles unterworfen werden soll, wird immer mehr Lebensäußerungen der Charakter eines Rituals aufgezwungen. Es gibt im fragwürdigen Sondermilieu der Universität nicht nur Prüfungsrituale, sondern überall, wo individuelle Lernprozesse durch eine räumliche, zeitliche und inhaltliche Verplanung vereinheitlicht werden, kommt es zu einer Verhaltensritualisierung. Besonders eng verwandt sind Ritualbildungen mit zwangsneurotischen Dispositionen, über deren Beziehung zur positivistischen Wissenschaftslogik hier schon hingewiesen wurde.[16] Durch die Ritualisierung von Verkehrsformen können, wie die Psychoanalyse aufgezeigt hat, affektive und triebhafte Elemente in den Beziehungen zwischen Menschen neutralisiert werden. Ängste ebenso wie aggressive und libidinöse Regungen können mit Hilfe von Ritualen mehr unbewußt als bewußt unter Kontrolle gebracht werden. Durch Ritualisierungen kann man Zusammenhängendes isolieren und damit seiner bedrohlichen Potenzen berauben. Was Peter Fürstenau über ritualisiertes schulisches Lernen schreibt, läßt sich unschwer auf universitäres Lernen übertragen:

»Eine wesentliche Funktion der Ritualbildung ist die Isolierung von Zusammengehörigem. Die Ersetzung des Lernens in Lebenssituationen durch ritualisiertes Lernen in artifiziellen Schulsituationen gliedert die Gehalte des Weltverständnisses auf, isoliert sie und zerstört damit ihren vorherigen Sinnzusammenhang und das diesem Zusammenhang entsprechende intensive Gefühlserlebnis. Dadurch wird die Welt angstfrei erlebbar, beherrschbar; die welthaften Beziehungen werden lehr- und lernbar, alles Erschreckende und Erregende, Überwältigende und Dunkle ist ihnen nun genommen. Diese gefühls- und eindrucksdämpfende Leistung der Isolierung ist im Schulunterricht bis zu einer beziehungslosen Verselbständigung traditioneller Lehrgänge vorangetrieben. Damit ist die Aufgabe der Aufklärung über die Welt ins Gegenteil einer Verwirrung und Verdunkelung verkehrt.«[17]

Mit Hilfe von Ritualen wird an der Universität dafür gesorgt, daß nichts das ihm eigene Leben entfalten kann. Beziehungen bleiben in genormten Mustern stecken, und die Inhalte der Wissenschaft werden willkürlich aus ihren ursprünglichen Bedeutungszusammenhängen mit der ihnen eigenen emotionalen Besetzung herausgerissen. Nichts soll in der universitären Psychologie seine außeruniversitäre Dynamik frei entfalten dürfen, alles wird der Logik der Institution unterworfen. Die Angst vor unreglementierten Beziehungen zu Kollegen und Studenten, in denen sich aggressive Regungen und Liebesansprüche Geltung verschaffen könnten, ebenso wie die Angst vor wesentlichen psychologischen Problemen, die notwendig mit Gewalt, Sexualität und Wahnsinn verknüpft sind, sorgt für ein Bedürfnis nach Ritualen, die bürokratisch verordnet werden können. Die belastenden seelischen Probleme, denen sich Psychologen stellen sollten, halten sie sich gerne bewußtlos mit Hilfe von Ritualen vom Leibe.

Die bedrohlichen Wünsche und Triebregungen, die mit Hilfe von Ritualen abgewehrt werden, verschwinden aber nicht einfach, sie kehren unbewußt wieder.

»Die Psychoanalyse versteht Zeremonien und Rituale jedoch nicht nur als Strategien der Triebabwehr und Affektbewältigung, sondern zugleich als Formationen, in denen das Abgewehrte und Vermiedene unerkannt, weil entstellt, intensiv wiederkehrt. Sie hat uns sehen gelehrt, daß das Praktizieren von Ritualen und Zeremonien, der Umgang mit Menschen in stark stilisierter Form, selbst bestimmte triebhafte Bedürfnisse befriedigt, außerdem zu einer Fixierung an diese Bedürfnisse und Befriedigungsweise verführt und auf die Partner einen Anreiz zu ähnlicher Fixierung ausübt.«[18]

Die ritualisierte Lehre begünstigt in besonderem Maße die Befriedigung latenter aggressiver Regungen: Das Durchsetzen von Ordnungen kann auf der psychischen Ebene leicht die Bedeutung einer lustvollen Machtausübung gegenüber Gruppen von Abhängigen erlangen. Das unbeirrte Durchziehen eines Pensums, ohne Rücksicht auf studentische Interessen und Wünsche, ebenso wie ein Hang zum pedantischen Einhalt von Ordnungen kann unbewußt vom Motiv des Quälens von Studenten durchdrungen sein. Unterschwellige Aggressivität kann überall eine fragwürdige Abfuhr erlangen, wo es darum geht, Ordnungen zu schaffen, aufrechtzuerhalten oder wieder zur Geltung zu bringen. Die Bindung der Aggressivität an formale Regelungen erlaubt es, sie auf kaschierte Art abzuführen. Erst wenn es zu offenen Machtkämpfen kommt, tritt der aggressive Gehalt dieses Tuns hervor. Daß an der Universität alles mit lähmenden, bürokratischen Ordnungen überzogen wird, zeigt nicht zuletzt, wie groß das latente aggressive Potential bei denen ist, die sich bewußt oder unbewußt vor der offenen Austragung von Konflikten mit Kollegen und Studenten drücken.

Wo Lehrende dem Abwehrmechanismus der Ritualbildung blind verfallen sind, hat das nicht nur für Studierende schlimme Auswirkungen, es beeinflußt auch ihre eigene psychische Verfaßtheit. Was Fürstenau über Lehrer an Schulen schreibt, gilt auch für solche an Universitäten:

»Fällt ein Lehrer dieser eigentümlichen Form triebhaften Verhaltens anheim, hat das beträchtliche Auswirkungen auf seine seelische Struktur. Es führt zu einer wesentlichen Einschränkung seiner schöpferischen, gestaltenden Fähigkeiten, seiner Initiative und geistigen Elastizität. Immer mehr geraten alle seine geistigen Fähigkeiten mitsamt seinem Wissen und seiner Phantasie, ferner seine emotionalen Möglichkeiten menschlicher Anteilnahme und Einfühlung in den Dienst einer sich als Selbstbehauptung mißverstehenden Machtausübung. Auch die Realitätseinschätzung und -prüfung wird stark geschädigt. Die Akzentuierung des Unbedeutenden, Unwichtigen, Trivialen zerstört sein Rang- und Maßgefühl, affektive Momente entstellen und verzerren die Wahrnehmung der mitmenschlichen Realität und trüben folglich auch die Beziehung zu den Schülern. Wirklichkeitsgerechte Wahrnehmung und realistisches Denken werden durch magisches Denken immer mehr verdrängt: Überall, wo sich Machttendenzen und Allmachtsphantasien eines Rollenträgers stark entfalten, werden die institutionsbezogenen und auf die Institution umfangmäßig begrenzten Maßnahmen des Betreffenden mit unbegrenzt wirksamen Handlungen gleichgesetzt und damit maßlos überschätzt.«[19]

Wo das bürokratisch organisierte Ritual zu viel Macht hat, dient es nicht nur dem Kampf gegen das befreiende Lernen von Studierenden, es besorgt auch die Verkümmerung des Denkens derer, die auf es angewiesen sind.

VI.

Die Psychologiestudentin und der Psychologiestudent, die zu Beginn ihres Studiums mit der positivistischen Psychologie konfrontiert werden, machen zumeist die schmerzliche Erfahrung, daß die Fragestellungen, denen ihr subjektives Interesse an der Psychologie entspringt, diese kaum zu interessieren scheinen. Warum man zum Beispiel von tausend Ängsten geplagt wird, warum man nicht aus seiner Haut kann, auch wenn äußere Zwänge fehlen, warum Menschen zwanghaft gegen ihre offensichtlichen Interessen handeln, oder warum der Zugang zum anderen Geschlecht so schwer sein kann, scheint die akademische Psychologie kaum zu beschäftigen. Ihre Forschungsmethoden verhindern entweder eine angemessene Antwort auf derartige Fragestellungen, oder sie entfallen ganz, weil sie sich dem vorgegebenen wissenschaftlichen Instrumentarium sperren. In ihren abstrakten theoretischen Modellen, in ihrer Kunstsprache, in ihren statistischen Verfahren findet sich kaum etwas, was dem eigenen Leiden, das letztlich ein sinnvolles Interesse an psychologischen Fragestellungen setzt, einen angemessenen Ausdruck verleiht. Subjektives Leiden ist mit Hilfe eines an den Naturwissenschaften orientierten Vorgehens aus methodischen Gründen kaum faßbar. Den schmerzlichen subjektiven Problemen, für die man von der Psychologie Aufklärung erhofft, steht eine Wissenschaft, die sich am Ideal der Quantifizierung orientiert, tendenziell gleichgültig gegenüber. Die eigenen Erfahrungen mit den Schwierigkeiten des alltäglichen menschlichen Verkehrs, die das Interesse an der Psychologie hervorbringen, werden vom Wissenschaftsbetrieb als unerheblich angesehen. Eine produktive Verbindung von Wissenschaft und lebenspraktischen Erfahrungen wird damit abgeblockt. Wenn die Studierenden ihre Enttäuschung über den unpersönlichen Wissenschaftsbetrieb, wie von ihnen verlangt, als zu vernachlässigende persönliche Regung zu interpretieren gelernt haben, klammern sie sich verzweifelt an die glorifizierten Methoden, die irgendwann einmal wesentliche Erkenntnisse hervorbringen sollen - aber sie lernen dabei eher Rechnen als Psychologie. Bis die Studierenden die ehrfurchtgebietenden methodischen Kniffe und die vielen abstrakten Theoreme, die der Willkür von prominenten Forschern zu entspringen scheinen, sich mühevoll eingepaukt haben, sind sie meist so verbildet, daß sie das manchmal noch auftauchende Gefühl, um wesentliche Lernprozesse betrogen worden zu sein, als »vorwissenschaftliche« Regung abzuwehren gelernt haben. Sie oder er hat gelernt, der offiziellen Interpretation zu glauben, die als redliche wissenschaftliche Bescheidenheit ausgibt, was in Wahrheit das Versagen gegenüber den wirklichen Problemen der Menschen ist. Man hat gelernt, die Verleugnung seiner subjektiven Probleme als notwendigen Beitrag zum Kampf gegen einen bedrohlichen Subjektivismus zu interpretieren. Es sei denn, man tröstet sich damit, das Psychologiestudium als notwendiges Übel zur Erreichung eines Diploms zu interpretieren, das erlaubt, Zugang zu einer Therapieausbildung zu finden, die endlich die Beschäftigung mit wirklichen psychologischen Problemen zulassen soll. Zum Glück gibt es freilich auch noch Studierende, die sich nicht durch Anpassung dumm machen lassen wollen und nach einer anderen Psychologie suchen.

Nach einer Schulung, die zur Verleugnung der eigenen Subjektivität und der an sie gebundenen Interessen und Bedürfnisse zwingt, erstarren selbst viele von denen, die außerhalb des Universitätsbetriebes recht menschliche und vernünftige Wesen sein können, unter lähmenden Denktabus, sobald sie von Berufs wegen denken sollen.[20] Daß offenes, lebendiges Denken den Studienerfolg oder die akademische Karriere bedroht, erzeugt eine Unlust am unreglementierten Denken, die in die Unfähigkeit dazu mündet. Psychologen, die die raffiniertesten methodischen Einwände finden, um ein offenes Denken abzuwürgen, vermögen es nicht, das simpelste psychologische Verständnis etwa für die psychologischen Probleme von Studenten oder für eine angemessene Organisation von Lernprozessen aufzubringen. Manche fürchten sich noch insgeheim, daß ihre geheime Unfähigkeit zum wirklichen psychologischen Verstehen offenbar wird. Aber die Anerkennung in der Scientific Community und die finanziellen Zuwendungen, die sie für ihre intellektuelle Askese erhalten, erleichtern es ihnen, diese Ängste, wenn nicht zu überwinden, so doch wenigstens zu verdrängen. Die verleugnete Subjektivität und die an sie gebundenen intellektuellen Regungen verschwinden aber nicht einfach, sie verschaffen sich vielmehr im Wissenschaftsbetrieb auf pervertierte Art Geltung. Die Fähigkeit des Menschen zu denken, dient dazu, das Denken zu zerstören, sie tritt in den Dienst boshafter Wucherungen, die gegen alles gerichtet sind, was sich weigert, diese masochistische Leistung zu vollziehen.

Die autoritäre Verriegelung der Psychologieausbildung, die sinnvolle Lernprozesse blockiert, ist Ausdruck der tiefen Krise des Faches. Zwar taugt die verordnete Betriebsamkeit, der die Mehrheit verfallen ist, noch dazu, sie zu verleugnen, aber eine Minderheit weist seit einiger Zeit darauf hin, wie dringlich die Erneuerung ist. Die Krise der Psychologieausbildung zeigt sich nicht zuletzt daran, daß keinerlei lernpsychologisches Wissen bemüht wird, um Prüfungs- und Studienordnungen zu entwickeln oder zu legitimieren. Daß akademische Psychologen nicht in der Lage sind, ihre eigene Praxis mit Hilfe psychologischer Einsichten zu fundieren, zeigt einen extremen Mangel an Problembewußtsein. Wo Studierenden notwendige akademische Freiheiten genommen werden, indem man sie unmäßigen Kontrollen von oben unterwirft, zeigen Professoren keineswegs, wie es scheint, ihre Stärke, sondern ihre geheime Schwäche. Daß man sein Denken mit der Macht verbinden will, es anderen aufzuherrschen, zeigt, daß man insgeheim wenig Vertrauen zu ihm hat. Wer von seiner Sache wirklich überzeugt ist, verfügt zumeist über soviel Kraft zur intellektuellen Verführung, daß er auf derartige Zwangsmittel weitgehend verzichten kann. Wer keinen Grund hat, die Konkurrenz anderer Wissenschaftsrichtungen zu fürchten, muß die seine nicht bürokratisch so festschreiben, daß andere Positionen kaum die Chance haben, sich zu entwickeln.

Heinz Heckhausen, ein führender Vertreter der positivistischen Psychologie, hat 1982 in seinem Rechenschaftsbericht als scheidender Vorsitzender der Deutschen Gesellschaft für Psychologie festgestellt, daß der Umgang mit Prüfungsordnungen in der Psychologie daran krankt, daß jeder Wissenschaftler sein eigenes Tun in ihnen verankern will.

»An manchen Instituten hat man auf den Entwurf einer Systematik von Prüfungsfächern und Studienplan-Veranstaltungen, auf deren Zuschnitt und Bezeichnung viel Zeit verwendet, als gelte es, die ortsübliche Psychologie-Flora zu einem Linnéschen System mit Weltgeltung aufzudröseln. Hochschullehrer haben das Wahlfreiheitsprinzip für die Kandidaten dazu mißbraucht, um zunächst ihre eigenen Spezialitäten als Fächer-Alternativen zu kanonisieren. An einzelnen Instituten gehen die örtlichen Idiosynkrasien so weit, daß schon die Mobilität von ein oder zwei Hochschullehrern das Prüfungsfächer-Kartenhaus mitsamt den ausgefeilten Studienplänen zum Einsturz bringt. Alles dies war vorhersehbar, erst recht für Psychologen.«[21]

Um derartige Auswüchse zu verhindern, verlangt er allgemeinverbindliche Ordnungen. Diese laufen aber letztlich nur auf eine Kartellabsprache der positivistischen Psychologen hinaus, mit der andere Richtungen der Psychologie ausgegrenzt und die Studenten weitgehend allein vereinnahmt werden können. Mit einer Vielzahl von Prüfungen können sich professorale Käfigbauer davor drücken, selbst geprüft zu werden. Indem man die eigene Position offiziell verordnet, kann man sich davor bewahren, mit Wissenschaftlern anderer Richtungen in einen offenen Diskurs verstrickt zu werden, in dem die eigenen Fähigkeiten geprüft werden. Wenn man sich Studierende mit Hilfe von Prüfungsordnungen zutreibt, kann man sich der wichtigen Prüfung durch sie entziehen. Hochschullehrer reden eigentümlicherweise vor allem am Semesterbeginn über Prüfungen. Es ist die Zeit, wo sie, wenn noch akademische Freiheiten vorhanden sind, von Studierenden dahingehend geprüft werden, ob diese mit ihnen zusammenarbeiten wollen oder nicht. Diese Prüfung sorgt dafür, daß sie stets von neuem gezwungen werden, über die Qualität ihrer Lehre nachzudenken. Sie sorgt dafür, daß Studenten nicht bloß Objekte des Lernens sind, sondern als Subjekte Ansprüche anmelden können, die die Lehrenden zwingen, sich weiter zu entwickeln. Wie es zu bewerten ist, wenn Hochschullehrer sich vor dieser Prüfung drücken wollen, indem sie sich Studierende mit Hilfe von Prüfungen oder Anwesenheitskontrollen zutreiben, hat der Philosophieprofessor Schelling schon vor 200 Jahren gezeigt:

»Kein Lehrer, der seines Berufs würdig ist, wird eine andere Achtung verlangen, als die er durch Geistesübergewicht, durch wissenschaftliche Bildung und seinen Eifer, diese allgemeiner zu verbreiten, erwerben kann. Nur der Unwissende, der Unfähige wird diese Achtung auf andere Stützen zu gründen suchen. Was mich noch mehr bestimmen muß, in dieser Sache ohne Rückhalt zu reden, ist folgende Betrachtung. Von den Ansprüchen, welche die Studierenden selbst an eine Akademie und die Lehrer derselben machen, hängt zum großen Teil die Erfüllung derselben ab und der einmal unter ihnen geweckte wissenschaftliche Geist wirkt vorteilhaft auf das Ganze zurück, indem er den Untüchtigen durch die höheren Forderungen, die an ihnen gemacht werden, zurückschreckt, den, welcher sie zu erfüllen fähig ist, zur Ergreifung dieses Wirkungskreises bestimmt.«[22]

Wissenschaftler haben ihre Karriere zumeist unter Einsatz eines großen Teils ihrer Lebenskraft zustande gebracht; auf dem Ansehen, das sie als Hochschullehrer genießen, basiert ihre soziale Identität. Wo dieser Identität die Bestätigung entzogen wird, indem Kollegen oder Studierende ihre Anerkennung durch Desinteresse verweigern, droht der schmerzliche soziale Tod. Wer sich dieser Bedrohung, die bewußt auszuhalten die Emanzipiertheit eines Hochschullehrers ausmacht, nicht stellen will oder kann, vermag sich in der bestehenden Universität in bürokratische Regelungen zu flüchten, die die eigene Position mit Hilfe polizeilicher Zwänge absichern, die auf andere ausgeübt werden. Wo die akademische Freiheit wenig gilt, die, wie alle Freiheit, nach Rosa Luxemburgs Einsicht, immer die Freiheit der Andersdenkenden ist, kann man solange in Planungsgremien sitzen, bis die eigene Position als für andere verbindlich festgeschrieben wird. Die Offenheit der Entwicklung wird dann den Monopolansprüchen derjenigen geopfert, die es nicht ertragen können, daß der Fortschritt der Wissenschaft verlangt, akzeptieren zu können, daß alles was vorhanden ist, wert ist, zu Grunde zu gehen, damit Neues entstehen kann.

VII.

Es ist für die Geschichte der Psychologie in Deutschland bedeutsam, daß die Professionalisierung des Faches hier während der Herrschaft des Nationalsozialismus erfolgte. Während der faschistischen Herrschaft wurde, wie Geuter ausgiebig dokumentiert hat, das Fach in Gestalt eines Diplomstudiengangs institutionalisiert.[23] Die deutschen akademischen Psychologen setzten, sofern sie nicht zur Emigration gezwungen wurden, die Psychologie als eigenständiges Fach an der Universität durch, indem sie die von ihnen gelehrte Psychologie den braunen Machthabern als in ihrem Sinn liegend schmackhaft machten. Ein Gremium der Deutschen Gesellschaft für Psychologie, des Verbandes der akademischen Psychologen, legte 1940 einen Entwurf zu einer Diplomordnung vor, den die nationalsozialistischen Machthaber in seinen entscheidenden Punkten akzeptierten.

Der Entwurf der Kommission legte eine Grundstruktur der Psychologieausbildung und eine Aufteilung der Disziplin in Teilfächer fest, die noch heute nachwirken. Die heute gültigen Prüfungsordnungen, die sich an der Rahmenprüfungsordnung der Ständigen Konferenz der Kultusminister orientieren müssen, haben in dieser Ordnung aus der Zeit, als der Nationalsozialismus die Welt mit Mord und Totschlag überzog, ihren Vorläufer. Die rigide Trennung von Grund- und Hauptstudium und damit von »Grundlagenfächern« und »angewandter Psychologie« durch die auch die Trennung von Theorie und Praxis bürokratisch verordnet wird, die ein realitätsfernes Denken sichert, ist schon in dieser unterm Faschismus erlassenen Ordnung zu finden. Die Etablierung der Grundlagenfächer Allgemeine Psychologie, Entwicklungspsychologie und Persönlichkeitspsychologie (sie hieß damals noch Charakterkunde und Erbpsychologie), deren Abgrenzung jedem wirklich kritischen Denken entgegensteht, erhielt zur Zeit des Faschismus ihre bürokratische Abstützung. Eigentümlicherweise ist die unterm Faschismus gültige Diplomprüfungsordnung formal sogar noch offener und weniger fachborniert als die heute gültigen Ordnungen. Sah sie doch noch die Beschäftigung mit Philosophie, mit Biologie, mit Medizin oder mit Kultur- und Völkerpsychologie vor.

Die im Dritten Reich erfolgte Institutionalisierung der Psychologie ist nach Regeln erfolgt, die die Entwicklung des Faches bis heute mitbestimmen. Wie in der Psychologie Forschung und Lehre aufgeteilt und organisiert sind und damit verbunden, welcher Typus von Wissenschaftlern sie vertreten darf, ist in dieser bis heute fortwirkenden Vergangenheit mit festgelegt worden, auch wenn sicherlich nach dem Krieg andere Inhalte in der Wissenschaft Geltung erlangten. Es gehört zur Misere der Psychologie, daß diese Tatsache bisher nur von sehr wenigen in ihrer Bedeutsamkeit zur Kenntnis genommen wurde und das Verdrängte so undurchschaut wiederkehren kann. Die politischen Wissenschaften oder die Soziologie zeigen ein von der Psychologie sehr verschiedenes intellektuelles Klima, nicht zuletzt weil ihre Institutionalisierung in Deutschland in der Nachkriegszeit erfolgte und sich erst während der Zeit der Studentenbewegung überall in der BRD durchsetzte. Die Lehrenden im Bereich der Psychologie haben üblicherweise eine Psychologieausbildung hinter sich, die Züge einer autoritären Konditionierung zeigt, von der sie geprägt worden sind. Sie haben kaum Erfahrungen mit unverschulten Lernprozessen und einem offenen intellektuellen Klima gemacht und fürchten sich deshalb zumeist davor, es sich auch nur vorzustellen. Nur wer andere Fächer studiert hat, hat erleben können, was ein anders organisiertes Studium bedeuten kann.

Die im Dritten Reich eingeführten Organisationsformen und die mit ihnen verbundenen Mentalitäten haben mit dazu geführt, daß sich die positivistische

Psychologie nach der Ausschaltung einer antiquierten und vom Faschismus korrumpierten geisteswissenschaftlichen Psychologie an der Universität nahezu ein Monopol sichern konnte. Mit Hilfe eines die offene Suche nach Erkenntnis hemmenden Rahmens, der unterm Nationalsozialismus etabliert wurde, konnte in der Nachkriegszeit die von wenig Kritik geleitete Anpassung an die in der amerikanischen Siegermacht dominierende positivistische Psychologie bewerkstelligt werden. Wer den Wissenschaftspluralismus in anderen Sozial- und Kulturwissenschaften kennt, der sicher auch dort durch gesellschaftliche Machtverhältnisse eingeschränkt ist, muß über die Borniertheit und intellektuelle und menschliche Kleinkariertheit erschrecken, die in der Psychologie offenes Denken blockieren. Die Psychologie ist in Deutschland das einzige Fach im Bereich der Sozial- und Kulturwissenschaften, in dem Prüfungsordnungen entscheidend dafür sorgen, daß es praktisch keinen funktionierenden Wissenschaftspluralismus gibt. Sie schränken die Wissenschaftsfreiheit zugunsten der bestehenden Psychologie so ein, daß ein kritischer, sozialwissenschaftlich orientierter Psychologe praktisch nur gegen diese Fächereinteilung forschen und lehren kann, wenn er sich nicht selbst aufgeben will. Mit Hilfe einer im Dritten Reich beginnenden Tradition bürokratischer Normierungen wird noch heute in der Psychologie kritisches Denken behindert oder ausgegrenzt. Die Unfähigkeit der etablierten Psychologie, ihre Vergangenheit wirklich aufzuarbeiten und damit zugleich das in ihr fortwirkende Undemokratische und Menschenfeindliche zu sehen, gehört leider zu ihrem Wesen. Eine naturwissenschaftlich orientierte Psychologie, die auf Gesetzesaussagen mit zeitlich unbegrenzter Gültigkeit aus ist, hat schon aufgrund ihrer logischen Struktur kaum ein Interesse an der Geschichte.

Die theoriefeindliche Fächereinteilung, die mit einem verschulungssüchtigen Autoritarismus in der Lehre verknüpft ist, ist leider kein Spezifikum der deutschen Psychologie, sie ist international an Universitäten verbreitet. Nicht zufällig haben sich in der Vergangenheit die Vertreter der positivistischen Psychologie und die Vertreter der vom Stalinismus geförderten Psychologie auf vielen Gebieten recht gut verstanden. Gegen Abweichler von der international gängigen Norm wird von Repräsentanten der deutschen Psychologie gern ins Feld geführt, daß sie es erschweren, daß die deutsche Psychologie den Anschluß an das »Weltniveau« behält. Als ob nicht jede wesentliche wissenschaftliche Neuerung und jedes wirklich kritische Denken die Abweichung von dem einschließt, was die Mehrheit im Wissenschaftsbetrieb als Norm setzen will. Warum hat die deutsche Psychologie nicht mit Hilfe der kritischen Aufarbeitung ihrer Geschichte dazu beigetragen, ein »Weltniveau« zu bekämpfen, das heute mit der globalen Umweltzerstörung, mit unermeßlichem materiellen Elend in der »Dritten Welt« und massenhafter seelischer Verelendung in der »Ersten Welt« verknüpft ist. Daß etwas richtig sein soll, bloß weil es allgemein verbreitet ist, sollte jeder kritische Psychologe, der sehen müßte, wieviel Wahnsinn heute die

Welt regiert, als Ausdruck von bloßem Konformismus erkennen können. Schon für Kant galt als Maxime der Auflärung, daß man den Mut haben soll, unabhängig von der Anleitung durch andere zu denken.

Die Autoritarismusforschung hat aufgezeigt, daß während der Ära des Faschismus, als sich die deutsche Psychologie institutionalisierte und professionalisierte, ein Sozialcharakter sehr verbreitet war, der sich u.a. durch folgendes auszeichnete:[24]

- das Bedürfnis, alles äußeren Kontrollen zu unterwerfen und von der Norm Abweichendes zu bekämpfen,
- ein Umgehen mit Menschen, das dem mit toten Dingen gleicht,
- das Interesse am technischen Funktionieren, gleichgültig wofür es eingesetzt wird,
- eine »manipulative« Einstellung zur Realität, die »alles und jeden als Objekt betrachtet, das gehandhabt, manipuliert und nach den eigenen theoretischen und praktischen Schablonen erfaßt werden muß«[25].

Diese Einstellungen sind an ein Denken gebunden, für das »starre Begriffe zu Zwecken statt zu Mitteln«[26] werden. Das Denken wird an einen Ordnungswahn fixiert, demzufolge »die ganze Welt in leere, schematische, administrative Felder eingeteilt ist«[27]. Über die Verbreitung dieser Charakterstruktur schreibt Adorno:

»Zahllose Beispiele für diese Struktur gibt es unter Geschäftsleuten und in zunehmendem Maße auch in der Schicht der aufstrebenden Manager und Technologen, die im Produktionsprozeß eine Mittelstellung zwischen dem alten Typus des Unternehmers und dem des Arbeiteraristokraten einnehmen.«[28]

Adorno vergißt bei seiner Aufzählung die akademischen Psychologen. Trotz der Einführung des Grundgesetzes, das die Freiheit von Forschung und Lehre garantiert, trotz der Studentenbewegung der 60er Jahre und trotz der Frauenbewegung scheint bei ihnen die Mentalität, die »autoritäre Charaktere« auszeichnet, - auch wenn es in den psychologischen Studiengängen der Bundesrepublik sicherlich keine Faschisten im engeren Sinne gibt - kaum wirklich gebrochen zu sein. Die bestehende Universitätspsychologie taugt zur Anpassung an eine Welt voller Gleichgültigkeit und Verdinglichung des Humanen. Eine wirklich demokratische Psychologie, die auf Ordnungen angewiesen ist, in der die Sachen, mit denen sich kritisches Denken zu beschäftigen hätte, und die Menschen, die dafür geeignet sind, wirklich zu ihrem Recht kommen, muß noch erkämpft werden.

Anmerkungen

1 *Rahmenordnung für die Diplomprüfung im Studiengang Psychologie*. Hrsg. Sekretariat der Ständigen Konferenz der Kultusminister der Länder der BRD. Bonn 1987, S. 3 f
2 M. Horkheimer, *Akademische Freiheit*. Gesammelte Schriften Band 8. Frankfurt/M. 1985, S. 421 f
3 *Rahmenordnung*, a.a.O., S. 13
4 Ebd., S. 14 f
5 Ebd., S. 15 f
6 Siehe hierzu: P. Freire, *Pädagogik der Unterdrückten*. Reinbek 1973, S. 57 ff
7 F.W. Schelling, *Vorlesungen über die Methode des akademischen Studiums*. 1802, S. 475
8 W.v. Humboldt, *Über die innere und äußere Organisation der höheren wissenschaftlichen Anstalten in Berlin*. In: *Schriften zur Politik und zum Bildungswesen*. Stuttgart 1964, S. 13
9 F. Nietzsche, *Menschliches, Allzumenschliches*. Zweiter Band 223. Nietzsche Werke I. Berlin 1976, S. 823
10 K. Marx, F. Engels, *Deutsche Ideologie I. Feuerbach*. MEW 3, S. 18
11 M. Lazarus in: *Zeitschrift für Völkerpsychologie und Sprachwissenschaft II*. 1860. Zitiert nach: G. Roskoff, *Geschichte des Teufels*. Nördlingen 1987, S. VII
12 Siehe hierzu zum Beispiel: P.H. Dürr, *Das Netz des Physikers*. München 1988. oder
F. Capra, *Wendezeit*. Bern, München, Wien 1982
13 Zitiert nach Schelling, *Vorlesungen über die Methode des akademischen Studiums*. a.a.O., S. 465
14 Siehe hierzu z.B. K. Ingenkamp, *Die Fragwürdigkeit der Zensuren*. Weinheim, Basel 1971
15 Siehe hierzu z.B.: M.L. Moeller, *Zur Psychoanalyse der Prüfungsangst*. In: *Der Beitrag der Psychoanalyse zur Erziehungswissenschaft*. Hrsg. P. Fürstenau. Darmstadt 1974, S. 309 ff
16 Siehe hierzu S. 70 dieses Buches
17 P. Fürstenau: Psychoanalyse der Schule. In: ders., Hrsg., D*er Beitrag der Psychoanalyse zur Erziehungswissenschaft*. Darmstadt 1974, S. 274 f
18 Ebd., S. 276
19 Ebd., S. 278
20 Dieser Abschnitt enthält Motive aus: Th.W. Adorno, *Minima moralia. Diagnose*. Frankfurt/M. 1962, S. 160
21 Heinz Heckhausen, Zur Lage der Psychologie. In: *Psychologische Rundschau*, H. 1, 1983.
22 Schelling, *Vorlesungen*. a.a.O., S. 462
23 U. Geuter, *Die Professionalisierung der deutschen Psychologie im Nationalsozialismus*. Frankfurt/M. 1984
24 Siehe hierzu: Th.W. Adorno, *Studien zum autoritären Charakter*. Frankfurt/M. 1980
25 Ebd., S. 335
26 Ebd., S. 334
27 Ebd.
28 Ebd., S. 335

Die Universität als Berufsfachschule
- Zum Verhältnis von Theorie und Praxis

Es gibt kaum einen Begriff, der mehr der theoretischen Analyse bedarf als der der Praxis. Das gilt auch und gerade dann, wenn diejenigen, die die praktische Orientierung von Wissenschaft propagieren, das gerne übersehen, weil Praxis für sie das Theoretisieren hinter sich lassen soll.

Der Begriff der Praxis und die Forderung nach praktischer Bedeutung der Wissenschaft können sehr Verschiedenes zum Inhalt haben. Sie können sehr verschiedene Interessen und Bedürfnisse zum Ausdruck bringen. Die folgenden Beispiele stehen auch für andere. Viele fordern heute von der Wissenschaft den »Praxisbezug«; schon in diesem Begriff schwingt bereits eine eigentümliche verwaltungstechnische Erstarrung des Denkens mit, die stutzig machen sollte. Für Vertreter des Staates bedeutet »Praxisbezug« von Wissenschaft, daß wissenschaftliche Ergebnisse von Nutzen für die Planungen der staatlichen Administration sein sollen. »Praxisbezug« kann auch von der Seite des Kapitals gefordert werden. Man strebt dabei die ökonomische Verwertbarkeit von universitär produziertem Wissen an. Gewerkschaftler und Unternehmer streben einträchtig den »Praxisbezug« als berufspraktische Ausrichtung an. Die Universität soll hiernach vor allem Individuen für Berufe ausbilden, d.h. für Formen der Praxis, mit deren Hilfe sich Geld verdienen läßt. Die Forderung, daß Wissenschaft auf Praxis bezogen sein soll, muß sie nicht bestehenden ökonomischen oder politischen Institutionen ausliefern. Sie kann auch auf eine Praxis zielen, die diese abzuschaffen trachtet, um andere Formen sozialer Praxis zu ermöglichen. Es ist eine theoretische Kritik des Bestehenden möglich, die danach fragt, welche alternativen Formen gesellschaftlicher Praxis ein besseres Leben für die Menschen ermöglichen und welche Formen verändernder politischer Praxis diese herbeiführen können. Wo umfassende soziale Veränderungen schwer zu erreichen sind und die Einzelnen sich zu kollektivem politischem Handeln nicht in der Lage sehen, kann die Forderung nach praktischer Relevanz der Wissenschaft bedeuten, daß man sich von der Wissenschaft Hilfe zur privaten Lebensbewältigung erhofft. Sie soll dabei helfen, Einsichten in die eigene Alltagspraxis und die mit ihr verknüpften subjektiven Schwierigkeiten zu gewinnen, um mit ihnen, ohne grundlegende soziale Veränderungen anzustreben, vernünftiger umgehen zu können. Alle diese angedeuteten Positionen gehen davon aus, daß Theorie im Dienste der Praxis, im Dienste des Handelns stehen soll, daß also Praxis letztlich wichtiger ist als theoretische Bildung. Sie verstehen aber sehr Verschiedenes unter Praxis, zu deren Rationalisierung auch sehr verschiedene Formen der Theorie notwendig sind. Hierüber nachzudenken wäre Aufgabe einer problembewußten Wissenschaft.

Diejenigen, die es mit der Praxis ernst meinen, blockieren leider oft die hierfür notwendigen theoretischen Anstrengungen. Der unter bestimmten Zielvorstellungen kaum sinnvoll abzuwehrende Anspruch auf die praktische Bedeutung von Wissenschaft ist leider häufig mit Theoriefeindschaft und antiintellektuellen Einstellungen verknüpft. Wo die Theorie als bloße Magd der Praxis zu etwas eher Sekundärem werden soll, muß sie allzu leicht verkümmern. Der Philosoph Schelling, ein intellektueller Stammvater der klassischen deutschen Universität, drückte schon vor 200 Jahren sein Mißtrauen gegenüber der Überbetonung der praktischen Orientierung von Wissenschaft aus. »Handeln, Handeln« ist der Ruf, der zwar von vielen Seiten ertönt, am lautesten aber von denjenigen angestimmt wird, bei denen es mit dem Wissen nicht fort will.«[1] Sicherlich sind Erfahrungen praktischer Art beim Umgang mit der Realität eine Voraussetzung für realitätshaltiges Denken: Bücher lesen kann die praktische Erfahrung nicht ersetzen, Erleben ist etwas anderes als eine bloß intellektuelle Konfrontation mit Realität. Richtig ist wohl auch, daß eine theoretische Betriebsamkeit problematische Züge trägt, die nicht auf die Verbesserung der Realität drängt und deren Vertreter sich nicht für diese engagieren. Trotzdem gilt, daß der Ruf nach Praxis oft vorschnell angestimmt wird, wenn man sich vor dem oft extrem schwierigen und anstrengenden Geschäft der Anstrengung des Begriffs drücken will. Die Angst vor bedrohlichen inneren und äußeren Realitäten, deren intellektuelle Bearbeitung belastende psychische Probleme aufwerfen kann, vermag einen fragwürdigen Ruf nach der Praxis zu begünstigen. Agieren kann, wie die Psychoanalyse aufgezeigt hat, der Abwehr der Angst vor dem Nachdenken dienlich sein. Allzuviel routinierte Betriebsamkeit, die heute die Universitäten kennzeichnet, lebt von der Angst vor dem bedrohlichen Nachdenken über die Sinnhaftigkeit der eigenen Existenz. Sie lebt von der Flucht vor der Reflexion über fragwürdige individuelle und kollektive psychische und soziale Verfaßtheiten.

Studierende werfen Hochschullehrern gerne vor, daß sie sich »bloß« mit theoretischer Arbeit beschäftigen und zu wenig praktisches Engagement zeigen. Wenn dieser Vorwurf darauf zielt, daß sie sich zu wenig in politische Angelegenheiten einmischen und daß ihr Denken an einem praxisfernen Realitätsverlust leidet, kann er berechtigt sein. Es gibt bei Theoretikern eine aus Bequemlichkeit oder Furcht resultierende fragwürdige Abwehr von Praxis. Wer im Reich der

Theorie König sein will, mag sich oft nicht einer beengenden Praxis unterwerfen. Der Vorwurf wird ungerecht, wenn er nicht zur Kenntnis nimmt, wie ungeheuer belastend die intellektuelle Arbeit sein kann. Theoretische Analysen ziehen ihre Kraft nicht zuletzt aus dem Leiden das mit ihrer Hilfe bearbeitet wird. »Das Bedürfnis, Leiden beredt werden zu lassen, ist die Bedingung aller Wahrheit«,[2] heißt es bei Adorno. Wer nicht bloß einer universitären Betriebsamkeit, sondern der wirklichen Suche nach Wahrheit verfallen ist, muß ein häufig sehr einsames Geschäft betreiben, das oft nur durch die Verzweiflung an der Realität hindurch vorangetrieben werden kann. Große theoretische Einsichten brachten zwar häufig narzißtischen Gewinn, sie wurden aber meist auch teuer bezahlt. Es ist oft ungeheuer anstrengend, sich von den Verhältissen nicht dumm machen zu lassen. Kant war ein verkrüppeltes Männchen, das wohl nie eine sexuelle Beziehung zu einer Frau erleben durfte. Sein Denken, das um die Antinomie von Vernunft und Sinnlichkeit zentriert ist, lebt vom Kampf des Ichs, gegen die sinnliche Unmittelbarkeit, den er leidvoll in sich selber austragen mußte. Marx schreibt in seinen Briefen verzweifelt, daß ihn sein Buch *Das Kapital* versklavt hat und daß die Arbeit daran ihn um sein Lebensglück betrogen hat. Nietzsche entwickelte sein Denken, während es ihn halb blind, krank und einsam durch die Schweizer Berge trieb. Freud gewann die wesentlichen Einsichten der Psychoanalyse, wie seine Briefe an Flies zeigen, während einer schweren Lebenskrise, als er einen sehr einsamen Kampf gegen seine Neurose und körperliche Erkrankungen führte. Adornos Denken oder das Denken von Günter Anders ist unvorstellbar ohne die schmerzlichen seelischen Erschütterungen, die beiden als Juden durch die faschistische Judenverfolgung auferlegt wurden. Großes theoretisches Denken ist eine Sache auf Leben und Tod, es stellt sich sozialen Realitäten entschiedener als die meisten Formen der Praxis. Die schwierige Anstrengung des Begreifens ist oft sehr viel belastender als ein handfestes praktisches Tun: die Theoriefeindschaft wäre sonst sehr viel weniger verbreitet. Wer es mit der Theorie wirklich ernst meint, macht nie »bloß« Theorie.

Exkurs: Zur Geistesgeschichte des Theorie-Praxis-Verhältnisses

Die heute an Universitäten bei Hochschullehrern und Studierenden gängige Abwehr gründlichen Nachdenkens zeigt sich unter anderem daran, daß das Verhältnis von Theorie und Praxis kaum zureichend theoretisch bearbeitet wird. Die Bearbeitung dieses schwierigen, sehr komplexen Problems hat zur Voraussetzung, daß genau darüber nachgedacht wird, was eigentlich unter Theorie und unter Praxis verstanden werden kann. Um das Verhältnis von Theorie und Praxis theoretisch bearbeiten zu können, ist eine geistesgeschichtliche Aufarbeitung dessen sinnvoll, was früher unter Theorie und Praxis und deren Verhältnis zueinander verstanden wurde. Zum heutigen intellektuellen Zustand der Universitäten gehört zumeist ein profunder Mangel an historischer Bildung. Das »geschichtslose« naturwissenschaftlich orientierte Denken begünstigt die Austreibung der Historie aus dem wissenschaftlichen Bewußtsein. Man kennt daher viel zu wenig von dem, was in früheren Zeiten über das Verhältnis von Theorie und Praxis entwickelt wurde. Wer aber hierüber Bescheid weiß, kann das Problem für die Gegenwart sehr viel problembewußter in Angriff nehmen. Die Beschäftigung mit der Geistesgeschichte sollte nicht den Zweck verfolgen totes Wissen anzuhäufen. Sie sollte vielmehr dazu dienen, sich das Gegenwärtige, mit Hilfe des Anderen, so fremd zu machen, daß man es neu überdenken kann. Frühere Formen des Denkens können uminterpretiert für die Gegenwart nutzbar gemacht werden. Es geht dabei nicht darum, sich frühere theoretische Positionen so anzueignen, daß man sie für die Gegenwart wieder verbindlich zu erklären vermag; es geht vielmehr darum, das Problembewußtsein, das sie entwickelt haben, in die gegenwartsbezogene theoretische Diskussion einzubringen. Im folgenden sollen deshalb sehr knapp - und sicher oft etwas zu eindimensional - prominente theoretische Positionen angedeutet werden, die Wesentliches über das Theorie-Praxis-Verhältnis aussagen.

Aristoteles

Aristoteles (384-322 v.Chr.), der einflußreichste antike Denker, vertritt in seinen Schriften zur theoretischen Philosophie eine ganz andere Position als das vorherrschende moderne Denken, das die Verbindung von Theorie und Praxis fordert. Für ihn darf philosophisches Denken im strengen Sinn keine Verbindung zur Praxis aufweisen[3]. Theoretische Philosophie darf nicht auf Formen gesellschaftlicher Praxis bezogen sein, weil sie nach Aristoteles dadurch notwendig verkümmern muß. In seiner Metaphysik, einem seiner grundlegenden philosophischen Texte, heißt es:

> »Philosophierte man also, um der Unwissenheit zu entkommen, so suchte man offenbar das Verstehen, um zu wissen, keineswegs aber um eines Nutzens willen. Das beweist auch der Gang der Dinge; denn erst, als alle Lebensnotwendigkeiten vorhanden waren und alles, was der Erleichterung und einem gehobenen Leben diente, begann man eine derartige Einsicht zu suchen. Es ist klar, daß wir diese nicht um eines anderen Nutzens willen suchen; sondern, wie unserer Meinung nach der ein freier Mensch ist, der um seiner Selbst und nicht um eines anderen willen lebt, so ist auch diese Wissenschaft als einzige von allen frei; ist sie doch allein um ihrer selbst willen da.«[4]

Wer analysieren will, was die Welt im Innersten zusammenhält, darf also Aristoteles zufolge dabei nicht nach einem Nutzen fragen. Philosophie muß sich in einer geistigen Sphäre jenseits von materiellen Interessen ansiedeln. Aristoteles liefert sehr bedenkenswerte Begründungen für seine Ablehnung der Verbindung von Theorie und Praxis. Philosophie entsteht ihm zufolge erst wo das Denken nicht mehr an die beengende Lebensnot gebunden ist. Es muß verkümmern, wenn es sich an praktische Probleme bindet, die immer nur einen begrenzten Ausschnitt einer umfassenden Realität zum Gegenstand haben. Erst ein Leben ohne Armut und materielle Unsicherheit erlaubt dem Geist, den Zwängen des Alltags zu entkommen und einen weiten Horizont zu entwickeln. Jede Form der Praxis, sei es im Beruf, in der Familie oder im Staat, verlangt Formen der Beschränkung. Die Bindung des Denkens an Interessen, die notwendig mit jeder Praxis verknüpft sind, verengt seinen Horizont. Philosophisches Denken muß deshalb darum kämpfen, sich von beschränkenden Verhältnissen frei zu machen und seine Bindung an praktische Zwänge aufzulösen.

Wenn Aristoteles die Trennung von Theorie und Praxis verlangt, hängt das auch mit seinem Verständnis von Theorie zusammen. Seiner Auffassung nach zielt Praxis auf Veränderung von besonderen historischen Realitäten, während Theorie im strengen Sinn die ewig geltenden allgemeinen Gesetze des Seins herauszufinden hat. Für Aristoteles ist nur logisch zwingend und damit theoretisch gültig abzuleiten, was sich nicht verändert, was sich immer gleich bleibt. Die Theorie darf sich für Bewegungsgesetze und Lebensprinzipien interessieren, aber nur für solche die ihrem Wesen nach unveränderlich sind. (Theoretisches Denken, das Gesetzmäßigkeiten von geschichtlichen Prozessen auffinden will, tritt erst in der Moderne auf.) Das Veränderliche ist nach Aristoteles nicht eindeutig gesetzmäßig zu erfassen, nur das, was ohne Veränderung ist, läßt dies zu. Die theoretische Einsicht, die sich strikt an die zwingenden Schlußfolgerungen der Logik bindet, kann nur auf Unveränderliches zielen. Praxis aber, die ihrem Wesen nach Veränderungen bezweckt, kann nur auf etwas zielen, dessen Voraussetzung Veränderlichkeit ist und jene Einsicht folglich nicht zuläßt. Strenge philosophische Erkenntnis ist für Aristoteles »eine Urteilsbildung über das Allgemeine und über das Notwendige« das als immer gültiges, »in Form zwingender Schlußfolgerungen«[6] dargestellt werden kann. »Praktisches Können und sittliche Einsicht haben als Gegenstände ein Seiendes, das Veränderung zuläßt»[7] und folglich den Ansprüchen strenger wissenschaftlicher Erkenntnis nicht genügt. Auf der Ebene der Erscheinungen mag die Welt die Hervorbringung von Neuem zeigen. Vieles, was entsteht, geht zugrunde, kaum etwas ist heute so wie es gestern war. Hinter diesem ständigen Wandel, hinter dem, was als Chaos erscheinen kann, hat der Philosoph verborgene Ordnungen zu suchen. Er hat ewig geltende göttliche Gesetze des Seins ausfindig zu machen.

Diese philosophische Suche ist Voraussetzung für höheres Leben. Dies nicht deshalb, weil philosophisches Denken für eine bestimmte Form von Praxis von Interesse ist, sondern weil es, in sich, die »höchste Form der Glückseligkeit ermöglicht«. In der nikomachischen Ethik schreibt Aristoteles:

»Wie wir ferner annehmen, muß Glück mit Lust vermischt sein; am lustvollsten aber unter den Formen hochwertiger Tätigkeit ist zugestandenermaßen das lebendige Wirken des philosophischen Geistes. Jedenfalls gilt von der Philosophie, daß sie eine durch ihre Reinheit und Dauer großartige Lust gewährt. Und es ist wohl begründet, daß dem aus seiner Erkenntnis heraus Wirkenden ein lustvolleres Dasein beschieden ist als dem, der den Weg dazu erst sucht.«

»Ferner gilt, daß diese Tätigkeit des Geistes die einzige ist, die um ihrer selbst willen geliebt wird, denn außer dem Vollzug der geistigen Schau erwartet man von ihr nichts weiter, während wir vom praktischen Wirken mehr oder minder großen Gewinn noch neben dem bloßen Handeln haben.«[8]

»Das vollkommenste Glück« ist: »ein Leben der aktiven geistigen Schau«[9], die Aktivität und Muße verbindet. Es ist das höchste Glück, weil es dem Wirken der Götter am nächsten verwandt ist und damit Seligkeit ermöglicht. Glück ist für Aristoteles »eine der Seele gemäße Tätigkeit«. Die Tätigkeit, die dem Wesen des Menschen am gemäßesten ist und ihn zugleich der Tätigkeit der Götter am meisten annähert, ist die theoretische Tätigkeit.

»Wenn nun (a) unter den hochwertigen Tätigkeiten das Handeln im öffentlichen Leben und im Krieg durch Glanz und Größe zwar hervorragt, aber der Muße entbehrt, nach einem (außerhalb liegenden) Ziel strebt und nicht an sich wählenswert ist, und wenn (b) andererseits gilt, daß das Tätig-sein des Geistes, als ein Akt des Schauens, durch seine ernste Würde sich auszeichnet, nach keinem außerhalb gelegenen Ziel strebt, ferner vollendete Lust - die ihrerseits wieder die Tätigkeit intensiviert - wesensmäßig in sich schließt; und wenn (c) das Selbstgenügsame, das Ruhevolle und, innerhalb der menschlichen Grenzen, das Unermüdbare und alles, was sonst noch dem Menschen auf der Höhe des Glücks zugeschrieben wird, an diesem Tätig-sein in Erscheinung tritt, so folgt, daß dieses Tätig-sein das vollendete Menschenglück darstellt, falls es ein Vollmaß des Lebens dauert - denn kein Teilaspekt des Glücks darf unvollkommen sein.

Es solches Leben aber wäre übermenschlich, denn man kann es in dieser Form nicht leben, sofern man Mensch ist, sondern sofern ein göttliches Element in uns wohnt. Und so groß der Unterschied zwischen diesem göttlichem Element und unserer zusammengesetzten Wesenheit ist, so weit ist auch das Wirken des göttlichen Elements von den übrigen Formen wertvoller Tätigkeit entfernt. Ist also, mit dem Menschen verglichen, der Geist etwas Göttliches, so ist auch ein Leben im Geistigen, verglichen mit dem menschlichen Leben, etwas Göttliches.«[10]

Das theoretische Denken ist der Tätigkeit der Götter verwandt, die die Welt mit interesselosem Wohlgefallen betrachten. Die Götter handeln im strengen Sinn nicht, ihr Geist bestimmt die Welt, ohne daß sie unmittelbaren, praktischen Einfluß auf sie nehmen. Sie sind nicht wie Kaufleute, sie sind nicht wie Krieger, sie nehmen nicht am öffentlichen Leben der Menschen teil, ihr Tun ist, bei Aristoteles anders als zu Zeiten Homers, das reine Schauen. Sie »handeln« nur als unbewegte Beweger. Der philosophische Theoretiker, der die Welt ohne praktisches Interesse interpretiert, nähert sich deshalb dem göttlichen Tun. Durch den Geist kann er sich in die ewigen geltenden göttlichen Gesetze des Seins einfügen. Philosophie muß deshalb kontemplativen Charakter haben.

Auch für große Teile der mittelalterlichen Philosophie hat theoretisches Denken nicht unmittelbar mit Praxis zu tun. Es hat die Wirkungen Gottes in der Welt ausfindig zu machen und dadurch einen Weg zum Glauben finden zu helfen. Diesen Weg zu finden, bedeutet in sich höchste Glückseligkeit ohne ein unmittelbar praktisches Interesse. Für Thomas von Aquin, den einflußreichsten katholischen Theologen, der stark von Aristoteles beeinflußt wurde, bedeutet theoretisches Bemühen Kontemplation, die zum Ziel hat, »eine geistige Wahrheit innerlich zu erfassen, sie zu lieben und sich ihrer zu erfreuen«.[11] Für das vorherrschende moderne Denken ist eine solche Position äußerst fragwürdig geworden. Im Horizont der modernen kritischen Gesellschaftstheorie ist das aristotelische Denken das Denken einer privilegierten Minderheit, die auf Kosten anderer lebt, die andere für sich arbeiten läßt und deshalb nicht unmittelbar an Praxis gebunden ist. Im Horizont des historischen Materialismus ist es das Denken einer Sklavenhaltergesellschaft, die einer privilegierten Gruppe die Loslösung von den Zwängen der materiellen Praxis auf Kosten anderer erlaubt.[12] Auch für Nietzsche, den Feind der Gleichheit, der Demokratie und des Sozialismus, ist eine kontemplative Einstellung, wie sie antike Philosophen propagieren, nicht Ausdruck von höchster Glückseligkeit, sondern Ausdruck der großen Krankheit der europäischen Kultur. Solche Philosophie lebt ihm zufolge von der Absperrung von sinnlicher körperlicher Praxis.[13] Abtrennung von Praxis bedeutet für Nietzsche, daß seelische Energien nicht nach außen ins Handeln einfließen dürfen, daß die Sinnlichkeit sich nicht unmittelbar mit der Realität konfrontieren darf. Energien müssen vielmehr, aufgrund äußerer Einschränkungen, nach innen gerichtet werden. Ein Mangel an äußerer Entfaltung wird so durch die fragwürdige Möglichkeit kompensiert, den inneren Reichtum als Ersatz zu entwickeln. Aber auch wer eine Position wie die aristotelische als »idealistisch« bekämpft, sollte zur Kenntnis nehmen, daß theoretisches Denken ohne ein Maß an Autonomie gegenüber der Praxis notwendigerweise verkümmern muß. Intellektualität, die nicht auch um ihrer selbst willen gepflegt wird, kann auch keine wirklich sinnvolle Praxis herbeiführen helfen. Sie muß notwendigerweise zu sehr den bestehenden Formen des Tuns verfallen, die sie damit nicht mehr zu kritisieren vermag. Vor 200 Jahren schrieb der idealistische Philosoph Schelling, der sich in der antiken Tradition sah:

»Die Wissenschaft aber hört als Wissenschaft auf, sobald sie zum bloßen Mittel herabgesetzt und nicht zugleich um ihrer Selbst gefördert wird. Um ihrer Selbst willen wird sie aber sicher nicht gefördert, wenn Ideen z.B. aus dem Grund zurückgewiesen werden, weil sie keinen Nutzen für das gemeine Leben haben, von keiner praktischen Anwendung, keines Gebrauchs in der Erfahrung fähig sind. Denn dies kann wohl der Fall sein, in Beziehung nämlich auf die Erfahrung, wie sie eben vorhanden ist, oder die Erfahrung, die man so nennt, welche eben durch die vernachlässigten aller Ideen das geworden ist, das sie ist und eben deshalb nicht mit ihnen übereinstimmen kann. Was Rechte, was wirkliche Erfahrung sei, muß erst durch die Ideen bestimmt werden. Die Erfahrung ist wohl gut, wenn sie echte Erfahrung ist, aber eben ob sie das ist, und inwiefern, und was denn in der Erfahrung des eigentliche Erfahrene ist, das ist die große Frage.«[14]

Schellings »Idealismus« wird wieder umso wahrer, je mehr ein vulgärer kapitalistischer Materialismus und sein instrumentell reduzierter Verstand das Denken versklaven.

Zum Verhältnis von Theorie und Praxis im modernen Denken

Das moderne theoretische Denken, das mit der bürgerlichen Gesellschaft verbunden ist, geht im Gegensatz zum philosophischen Denken von Aristoteles typischerweise vom Primat der Praxis aus. Wissenschaftliches Denken hat hier unmittelbar oder mittelbar im Dienste der Praxis zu stehen, im Dienste der Veränderung der Welt. Goethes »Faust«, der die Probleme des bürgerlichen Menschen literarisch zum Ausdruck bringt, zeigt diesen Geisteswandel. Faust will sich am Anfang des ersten Teils des Dramas umbringen, weil er sich mit Philosophie und Theologie, d.h. mit antiker Philosophie und mittelalterlicher Theologie beschäftigt hat, ohne darin einen Sinn für sein Leben finden zu können. Der Wandel seiner Einstellung zum Leben zeigt sich in Auseinandersetzung mit der Übersetzung des Anfangs des Johannes-Evangeliums an. Faust fragt sich, ob er übersetzen soll: »Im Anfang war das Wort«, ob also im Wort das Gute, das Wahre oder das Schöne liegt, und kommt zu dem Ergebnis, daß geschrieben werden muß: »Im Anfang war die Tat«. Nicht mehr der Logos, der den antiken Theoretiker bewegt, oder das Wort Gottes, das in der christlichen, vor allem der protestantischen Theologie die Menschen leiten soll, steht am Anfang, sondern die Praxis. Nur wer immer strebend sich aktiv bemüht, soll allenfalls noch Erlösung finden. Faust flüchtet aus der Studierstube und stürzt sich in die Praxis. In die sinnliche Praxis des Begehrens im ersten Teil, in die ökonomische und politische Praxis im zweiten Teil des Werks. Daß sich Faust nicht zuletzt aus Verzweiflung in die Praxis stürzt und daß seine Praxis notwendig mit Mord und Totschlag verknüpft ist, kann als Hinweis darauf dienen, daß die Überbetonung des Praktischen immer auch problematische Züge trägt.

Francis Bacons *Novum Organon*

Francis Bacon (1561-1626) kann als philosophischer Stammvater der modernen naturwissenschaftlichen und technischen Vernunft verstanden werden. Sein Verständnis von Wissenschaft ist dem für die Gegenwart Typischen verwandt. Bacon formuliert in seinem *Novum Organon*[15] ein Programm der naturwissenschaftlichen Erkenntnis, das, auch wenn es uns in manchen Zügen heute fremd erscheint, dem Geist moderner instrumenteller Vernunft einen ersten prägnanten Ausdruck verleiht. Bacon geht von einer Kritik des antiken Theorieverständnisses aus, das auch die mittelalterliche Wissenschaft entscheidend bestimmte. Er sucht eine philosophische Begründung des modernen naturwissenschaftlichen Denkens, die er in der Möglichkeit seiner technischen Verwertung sieht. Seine Position wird deutlich, wenn man ihre Beziehung zur Religion betrachtet. Bacon ist, ebenso wie die Bannerträger der modernen Naturwissenschaften Galilei oder Newton, kein Kritiker des Christentums, er ist vielmehr gläubiger Christ. Die Form der Erkenntnis, die er anstrebt, soll der Religion keineswegs ihren Platz streitig machen: Die von ihm propagierte Wissenschaft soll sich vielmehr auf ein bestimmtes Erkenntnisinteresse beschränken. Bacon interessiert sich nicht, im Sinne der klassischen Metaphysik, dafür, was das Wesen dieser Welt ausmacht, was sie im Innersten zusammenhält. Er interessiert sich nicht für allgemeine Gesetze, die das Sein bestimmen, oder dafür, warum die Welt so ist, wie sie ist. Auch was gut oder böse, was schön oder häßlich ist, ist nicht von Interesse für ihn. Darüber nachzudenken ist für ihn Sache der Religion, bzw.

war Sache der antiken und mittelalterlichen Philosophie. Die Realität ist so, wie sie ist, weil sie für Bacon von Gott so gemacht worden ist, wie sie ist. Gottes Ratschlüsse aber sind unerforschlich. Es wäre Anmaßung, Gottes Willen, der die Welt regiert, mit unserem begrenzten menschlichen Verstand wirklich begreifen zu wollen.

Uns darf deshalb nicht die Frage interessieren, warum die Welt so ist, wie sie ist, sondern wie wir mit den Dingen dieser Welt so umgehen können, daß sie für den Menschen nützlich werden können. Uns sollte bloß interessieren, wie Tiere, Pflanzen oder tote Dinge zum Nutzen des Menschen verwertet werden können. Naturkräfte sollen mit Hilfe der Wissenschaft dem Menschen nutzbar gemacht werden; die Natur soll so der menschlichen Kontrolle unterworfen werden, daß sie dem Menschen als Dienerin zur Verfügung steht. Die Menschen sollen mit Hilfe von wissenschaftlichem Denken Naturgesetze kennenlernen und dadurch Naturbeherrschung im Dienste der Menschen veranstalten können. Theoretisches Denken soll nicht mehr unmittelbar, wie bei Aristoteles oder im Mittelalter, der Glückseligkeit dienen. Theoretisches Denken kann nur mittelbar in den Dienst menschlichen Glücks treten, indem es in Instrumente der Naturbeherrschung eingeht, die dazu dienen, Hunger, Krankheiten, Arbeitsleid oder Naturkatastrophen zu überwinden.

Dieses instrumentelle Denken kann nach Bacon nur insofern auf die Glücksversprechen der Religion bezogen werden, als es dazu dienen kann, den Zustand vor dem Sündenfall wieder zu erreichen. Nach Bacons Werk *Valerius Terminus* soll mit Hilfe der Wissenschaft wie damals das Wort Gottes wieder gelten: »Macht euch die Erde untertan«. Bacon legt einen »Beobachtungsstandpunkt« fest, eine »Grenzbestimmung des Wissens«. Es soll gelten: »Alles Wissen soll von der Religion limitiert werden und auf praktisch nützliche Anwendung bezogen werden«.[16] Traditionelle philosophische Fragen sollen der Religion überantwortet werden, das theoretische Denken soll sich darauf beschränken, Instrument der Naturbeherrschung zu sein. Natur soll nicht mehr, wie in der Antike, bloß kontemplativ betrachtet werden, man soll sie mit Hilfe von Experimenten auf die Folter spannen, um ihr ihre Geheimnisse zu entreißen. Man soll sie nicht bloß betrachten, um ihr Wesen schauen zu wollen, man muß sie vielmehr mit Hilfe von Instrumenten und Maschinen, in die Naturkräfte gebannt sind, für den Menschen einspannen. Die Natur wird damit im Dienste des Menschen zum Material verdinglicht. Wie der Philosoph Schelling um 1800 zeigt, wird sie abgetötet und mechanisch wieder vom Menschen in Bewegung gesetzt.[17] Sie wird nach Gesetzen des menschlichen Verstandes, die ihr auferlegt werden, zerlegt und neu zusammengesetzt und so dem Menschen untertan gemacht. Der antike spekulative Philosoph sucht umfassende Gesetze des Kosmos, in die er sich eingliedern kann. Bacon sucht, dem *Novum Organon* zufolge, ein Verzeichnis der Naturdinge, in dem die Arten ihrer Brauchbarkeit für die Menschen festgehalten sind.[18] Ein antiker Theoretiker wie Aristoteles orientiert sich, zumindestens in seinen philosophischen Texten, am Ideal des Weisen, der die Welt betrachtet, um in ihr eine verborgene gute Ordnung zu finden. Man kann ihn als Konservativen betrachten, dem die Beziehung zur Praxis, die die Welt verändert, sekundär erscheint. Ihm gegenüber erscheint Bacon als Vorläufer des modernen Technokraten: Er sucht die Herrschaft über die Realität, um sie als Material seinen Interessen nutzbar zu machen und sie dadurch zu verändern.

Bacon und seine modernen Nachfolger gehen davon aus, daß die von ihnen propagierte instrumentelle Vernunft, die es erlaubt, die Natur zu beherrschen, der Befreiung der Menschen dient. Naturbeherrschung soll Hunger, Kälte und Krankheiten beseitigen helfen, indem sie die Bedrohungen überwinden hilft, die von der Natur ausgehen. Sie soll Naturkräfte so zu nutzen helfen, daß der Mangel verschwindet. Die Naturbeherrschung kann, wie Bacon es vorsieht, in den Dienst des Menschen treten, aber sie erzeugt auch neue Abhängigkeiten, die Bacon übersieht. Eine entfesselte Naturbeherrschung macht die Menschen keineswegs nur freier, sie macht sie auch, wie Adorno und Horkheimer in ihrer *Dialektik der Aufklärung* aufgezeigt haben, auch abhängiger. Wer die Natur, mit Hilfe der Wissenschaft und der industriellen Arbeit, unterwerfen will, muß sich, unter der Kontrolle von Institutionen, sehr weitgehend in ein entsinnlichtes Instrument der Forschung oder der Arbeit verwandeln, dem die Lebendigkeit ausgetrieben wird.

Eine Herr-Knecht-Dialektik sorgt dafür, daß die Herren, die die totale Herrschaft über die Natur anstreben, immer mehr zu ihren Knechten werden. Schon Bacon stellt fest: »Man beherrscht die Natur, indem man sich ihren Gesetzen unterwirft«.[19] Beherrschung der Natur und Unterwerfung unter ihre Macht hängen zusammen. Die Natur läßt sich von Menschen niemals völlig beherrschen, sie »rächt« sich für derartige Versuche, indem die Gewalten, die sie in sich trägt, die Menschen tödlich bedrohen. In Atomkraftwerken, in Vernichtungswaffen, in unsere Lebensgrundlagen bedrohenden Industrien haben Menschen, mit Hilfe von Wissenschaft und Technik, Naturkräfte eingefangen, die sie für ihre Interessen nutzen wollen. Moderne Vernichtungswaffen oder bedrohliche Technologien sind letztlich nichts anderes als von Menschen umgewandelte Naturstoffe und Naturkräfte, die als niemals völlig sicher beherrschbare alles Leben bedrohen. Wenn Menschen die Natur weiter unterwerfen wollen, als ihnen das sicher gelingen kann, werden sie von den von ihnen entfesselten Naturkräften bedroht, die sie glauben, für sich nutzen zu können. Übersteigerte Versuche instrumenteller Naturbeherrschung münden so in blinde Naturverfallenheit. Mitglieder moderner Gesellschaften sind in gewisser Weise bedrohlichen Naturgewalten noch hilfloser ausgeliefert als die Mitglieder wilder Stämme. Die »Beherrschung« der Naturbeherrschung, die ein versöhnteres Verhältnis zur Natur erlaubt, wird heute zur Überlebensnotwendigkeit. Die von antiken Theoretikern vertretene kontemplative Einstellung zur Natur müßte dafür wieder mehr Gewicht erlangen. Die Erfahrung des Naturschönen ist für den Philosophen Kant an das »interesselose Wohlgefallen« gebunden, in dem das utopische Potential der antiken Einstellungen aufgehoben ist. Eine Menschheit, die ein kooperativeres und solidarischeres Verhältnis zur Natur erreicht hätte, wäre zu ihm, ohne die Natur zu verkitschen oder zu verharmlosen, eher in der Lage.

Zum Theorie-Praxis-Verhältnis bei Marx

Karl Marx (1818-1883), der führende Theoretiker des »wissenschaftlichen Sozialismus«, hat wie kaum ein anderer die Bedeutung der Praxis in den Mittelpunkt seines theoretischen Denkens gestellt. Auf andere Art als der »Technokrat« Bacon hat er eine radikale Gegenposition zu praxisfernen Einstellungen entwickelt. »Die Philosophen haben die Welt nur verschieden interpretiert, es kommt aber darauf an, sie zu verändern«[20], heißt es in der berühmten elften Feuerbach-These. »In der Praxis muß der Mensch die Wahrheit, i.e. die Wirklichkeit und Macht, Diesseitigkeit seines Denkens beweisen«.[21] Marx ist entschiedener Propagandist einer praktischen Orientierung von Theorie. Ohne Bezug auf menschliche Lebenspraxis erscheint ihm Theorie als notwendig falsch. Viele Universitätslinke haben - zumindest in der Vergangenheit - den ungeheuer emphatischen Praxisbezug der Stammväter des Marxismus dazu benutzt, um an der Universität für eine praxisbezogene Ausbildung zu werben. Sie haben es dabei allzu häufig versäumt, genauer darüber nachzudenken, was Theorie und was Praxis bei Marx bedeutet.

Das Wesen dieser Begriffe bei Marx kann nur verstanden werden, wenn man den ungeheuer weitreichenden Anspruch zur Kenntnis nimmt, den sie enthalten. Bei Marx und Engels heißt es: »Die einzige Wissenschaft die wir kennen, ist die der Geschichte«.[22] Theorie hat die Aufgabe, die geschichtliche Gewordenheit der Gegenwart zu begreifen. Dies nicht als Selbstzweck, sondern unter der Perspektive der Revolutionierung der Verhältnisse, um eine neue Epoche der Menschheitsgeschichte zu eröffnen. Die gegenwärtige Gesellschaft soll begriffen werden, um herauszufinden, wie sie so verändert werden kann, daß die Emanzipation der Menschengattung möglich wird. Theorie soll helfen, die Befreiung von ökonomischer und politischer Gewalt zu organisieren, sie soll dazu beitragen, Elend, Unterdrückung und Einsamkeit zu überwinden. Theorie hat das Zerstörerische der bestehenden kapitalistischen Gesellschaft aufzuzeigen, seine Gewordenheit zu analysieren und zugleich deutlich zu machen, wo in ihr Potentiale der Befreiung auszumachen sind. Theorie hat die Aufgabe, den Geschichtsprozeß umfassend so zu analysieren, daß die Gegenwart begriffen werden kann und die zukunftsträchtigen Möglichkeiten, die sie enthält, sichtbar werden. Dieses ungeheuer anspruchsvolle Unterfangen verlangt nicht nur eine enorme Spannweite des zeitlichen Horizonts der Theorie, sondern auch ihres räumlichen Horizonts. Da der Kapitalismus, aus dem die sozialistische Gesellschaftsordnung hervorgehen soll, ein System weltweiter ökonomischer und politischer Abhängigkeiten erzeugt hat, muß die Theorie einen weltumspannenden Horizont aufweisen. Der ersten umfassenden Weltgesellschaft, die durch den kapitalistischen Weltmarkt hervorgebracht wird, muß eine globale Theoriekonstruktion entsprechen, die die »Weltrevolution« zu bewerkstelligen helfen soll. Theorie bedeutet also eine umfassende Analyse des gesellschaftlichen Ganzen, die notwendig erscheint, um die Befreiung aller Menschen anleiten zu helfen. Theorie tritt keineswegs nur mit dem begrenzten Anspruch gegenwärtig gängiger Theorien im natur- oder sozialwissenschaftlichen Bereich auf, ihr Anspruch ist ungleich viel umfassender. Sie will die Begrenztheit der Einzelwissenschaften überwinden und etwa philosophische, soziologische, politische oder ökonomische Ansichten in sich aufnehmen. Theorie ist sowohl Theorie im Singular als auch Theorie des gesellschaftlichen Ganzen. Ihr Anspruch ist also in extremer Weise hoch und weit gespannt.

Dem emphatischen Anspruch des Theoriebegriffs entspricht der der Praxis. Die angestrebte Praxis ist bei Marx nicht irgendeine Praxis, sondern revolutionäre Praxis, die die Gesellschaft grundlegend verändert. Dieser Praxis geht es nicht um irgendwelche Veränderungen, sondern um die »Verwirklichung der Philosophie«[23], d.h. um die Einlösung von großen Menschheitsträumen. Es geht ihr um die Einlösung des Versprechens der bürgerlichen Revolution, nämlich Freiheit, Gleichheit und Brüderlichkeit realisieren zu wollen. Bei Heine heißt es im Sinne von Marx: »Wir wollen hier auf Erden schon das Himmelreich errichten«. Die Menschen sollen aufhören, primär bloße Objekte des Geschichtsprozesses zu sein, mit Hilfe der Revolution sollen sie zu Subjekten ihres Schicksals werden. Die bestehenden Formen sozialer Praxis sind für Marx noch keine »wirklichen« Formen der Praxis. Sie sind »falsche« Praxis, die durch »richtige« Praxis abgelöst werden muß, welche durch die Veränderung der Gesellschaft erkämpft werden kann. Berufliche Praxis, wie sie für die gegenwärtige Gesellschaft entscheidend ist, ist für Marx als entfremdete Arbeit noch keine dem Menschen angemessene Praxis. Sie entfremdet die Menschen von ihren Produkten, von anderen Menschen und von ihrem »Gattungswesen«, d.h den kollektiven menschlichen Möglichkeiten, die der Geschichtsprozeß hervorgebracht hat.

Aufgrund der ungeheuer hohen Ansprüche, die Marx mit den Begriffen Theorie und Praxis verbindet, kann die unmittelbare Verbindung von Theorie und Praxis keineswegs immer gelingen. Wenn die Theorie ihre Wahrheit durch verändernde Praxis beweisen soll, dann bedeutet das, daß sie sie letztlich erst durch die Revolution beweisen kann. Erst das Gelingen der Revolution, als Akt der Befreiung, beweist die Wahrheit der sozialistischen Theorie. Solange die Theorie ihren Anspruch nicht durch die radikale Umgestaltung der Gesellschaft einlösen kann, ist eine unmittelbare Verbindung von Theorie und Praxis keineswegs immer sinnvoll und möglich. Um die Realität durch »praktisch-kritische« Tätigkeit verändern helfen zu können, muß die Theorie nicht nur den bestehenden Formen der Praxis angepaßt sein. Marx betont immer wieder, daß auch die Praxis zur Theorie drängen muß. Es müssen bestimmte historische bzw. gesellschaftliche Voraussetzungen vorhanden sein, die den Menschen ein bestimmtes Handeln abverlangen, damit Theorie sich in Praxis umsetzen kann. Die Praxis muß zur Theorie drängen, das bedeutet, daß die umfassende Krise der Gesellschaft zum gründlichen Nachdenken über ihre Strukturen zwingen muß. Es bedeutet, daß ein kollektives Interesse an theoriegeleiteter Veränderung vorhanden sein muß, daß soziale Kämpfe sich entfaltet haben, auf deren Träger sich die Theoriebildung beziehen kann oder daß Organisationen vorhanden sind, die die Veränderung durchsetzen können und die theoretischen Kenntnisse zu verbreiten vermögen, die dazu notwendig sind.

Bei einer historischen Konstellation, die keine revolutionären Züge zeigt, also durch die aktuelle Unmöglichkeit gekennzeichnet ist, die Theorie in die Praxis umzusetzen, wird sie nicht einfach falsch, wenn sie nicht in Praxis mündet. Es ist auch daran zu denken, daß die Kräfte in der Gesellschaft, die zur Barbarei drängen, zu stark sind, um den Wahrheitsbeweis der Theorie zu erlauben. Daß Theorie und Praxis keineswegs immer unmittelbar verknüpft werden können, zeigt auch die Lebensgeschichte von Marx. Marx zog sich, nach der gescheiterten Revolution von 1848, weitgehend aus der praktischen Politik zurück und schrieb das *Kapital*. Er war also lange Zeit fast nur als Theoretiker tätig, ehe er sich wieder der praktischen Politik zuwandte.

Auch in anderer Perspektive hat die materialistische Theorie sich Gedanken über das Verhältnis von Theorie und Praxis gemacht. Formelhaft verkürzt bestimmt für den historischen Materialismus das gesellschaftliche Sein das Bewußtsein. D.h. Menschen denken entsprechend den gesellschaftlichen Beziehungen und Verhältnissen, unter denen sie leben. Theoretische Positionen, die von der Unabhängigkeit des Denkens von der materiellen Lebenspraxis ausgehen, werden von der marxistischen Theorie als idealistisch bekämpft. Ihr zufolge ist die Unabhängigkeit des Denkens von der Lebenspraxis nicht möglich. Denken ist immer an die ökonomischen Strukturen gebunden, die der Gesellschaft ihren Stempel aufdrücken. Die Formen gesellschaftlicher Arbeitsteilung und die mit ihnen verbundenen gesellschaftlichen Eigentums- und Machtverhältnisse bestimmen notwendigerweise Inhalt und Form des Denkens. Die Trennung von Theorie und Praxis ist damit der materialistischen Theorie zufolge immer in gewisser Weise scheinhaft: Theoretisches Denken ist immer

Teil der gesamtgesellschaftlichen Praxis. Die Trennung von Theorie und Praxis fußt auf einer bestimmten Form gesamtgesellschaftlicher Praxis, die auf der Trennung zwischen geistiger und körperlicher Arbeit basiert. Theoretische Arbeit und praktische Arbeit sind, als Teile der gesellschaftlichen Gesamtarbeit, immer auf irgendeine Weise aufeinander bezogen. Wenn sich in der Struktur des Denkens notwendig die Struktur der Lebenspraxis niederschlägt, dann muß befreiendes Denken an das befreiende Potential der Lebenspraxis anknüpfen. Falsches Denken hingegen knüpft an unfreie, verdinglichte Züge der Realität an, es ist damit nicht zufällig, sondern aus einer gesellschaftlichen Notwendigkeit heraus falsch. Daß, der materialistischen Theorie zufolge, Denken und Sein, Theorie und Praxis nie wirklich völlig getrennt werden können, heißt nicht, daß Denken notwendig zum bloßen Anhängsel einer ökonomisch geprägten Lebenspraxis werden muß. Die soziale Bedeutung der Theorie läßt sich nicht abstrakt bestimmen, sondern ist von konkreten gesellschaftlichen Formationen abhängig. Eine freie Gesellschaft wäre in gewisser Weise »idealistischer«, weil die Vernunft in ihr mehr Macht und Unabhängigkeit hätte als in einer Gesellschaft, die von blinden ökonomischen Zwangsgesetzen bestimmt ist, die auch das Denken unterwerfen. Materialismus und Idealismus wären in ihr versöhnt.[24] Allgemeine Aussagen über das Theorie-Praxis-Verhältnis sind immer ungenügend; das Theorie-Praxis-Verhältnis muß bezogen auf die jeweilige gesellschaftliche Realität interpretiert werden.

Die Marxsche Theorie nimmt auf eigentümliche Weise Elemente des aristotelischen Denkens wie des von Bacon repräsentierten instrumentellen Denkens in sich auf. Die aristotelische Vorstellung vom Philosophieren als einem Tun, das um seiner selbst willen Befriedigung verschafft und der Lebensnot wie der beschränkenden Praxis entronnen ist, taucht in der Marxschen Utopie einer befreiten Praxis wieder auf. Für Marx ist philosophisches Denken intellektuelle Arbeit, die, zumindest mittelbar, mit der körperlichen Arbeit verbunden ist. Beide sollen in seiner Utopie einer kommunistischen Gesellschaft von den Zwängen der entfremdeten Ökonomie möglichst weitgehend befreit werden. Nicht nur für eine privilegierte Minderheit, sondern für alle soll dort, so Ernst Bloch, die »Zeit der Muße und Mußen« jenseits der Arbeit anbrechen. Statt der »Freiheit der Ökonomie« im Kapitalismus soll die »Freiheit von der Ökonomie« einen immer breiteren Raum einnehmen, in dem Denken und Handeln von der Lebensnot gelöst werden. Die Arbeit soll ihren Zwangscharakter verlieren und damit zu einem Lebensbedürfnis werden, das um seiner selbst willen befriedigt wird. Es soll gelten: »Meine Arbeit wäre freie Lebensäußerung, daher Genuß des Lebens«[25], ein Postulat, das seine Entsprechung in dem hat, was nach Aristoteles für den Philosophen gelten soll.

Das »Reich der Notwendigkeit«, das die Basis eines solchen »Reichs der Freiheit« bilden soll, würde hingegen von einer Vernunft beherrscht, die der

Baconschen verwandt ist. Die Entwicklung der industriellen Produktion mit Hilfe von Naturwissenschaften und Technik soll die möglichst weitgehende Abschaffung von entfremdeter Arbeit erlauben. Sie soll zugleich soviel gesellschaftlichen Reichtum ermöglichen, daß Armut und Elend überwunden werden können. Nach Marx' Auffassung liegt in der Entwicklung der Produktivkräfte, die auf die Sprengung ihrer Fesselung durch die bestehenden kapitalistischen Produktionsverhältnisse drängen, der geschichtlich wirksame Motor für den Fortschritt der Menschengattung. Es ist also in gewisser Weise die Baconsche instrumentelle Vernunft, die für Marx zur vorwärtstreibenden Kraft einer Geschichte werden soll, die auf Befreiung drängt. Die revolutionäre politische Praxis kann für Marx mit der instrumentellen industriellen Praxis im Dienst der Befreiung der Menschen verbunden werden. Daß instrumentelle Vernunft, die auf die Beherrschung der Natur drängt und damit den Menschen in ein Instrument der Arbeit und der Wissenschaft verwandelt, in einen Gegensatz zur befreienden sozialen Praxis wie zu einer befreiteren Muße geraten kann, wird von Marx kaum reflektiert.[26] Daß die Dominanz der Logik der Produktivkräfte die Logik der sozialen Emanzipation wie die Logik der Muße blockieren könnte, hat Marx nicht gesehen. Adorno und Horkheimer haben dieses Problem in der kritischen Gesellschaftstheorie zum Bewußtsein gebracht. Das messianische Begehren von Marx, mit seiner Theorie Lösungswege für alle entscheidenden Menschheitsprobleme liefern zu wollen, läßt ihn Widersprüche in der Realität übersehen, über die nachzudenken wäre, weil sie zu den Niederlagen der sozialistischen Bewegung beigetragen haben.

Der Marxismus ist nicht nur fragwürdig geworden, weil er derartige Probleme vernachlässigt. Wenn der auf die traditionelle Arbeiterbewegung bezogene Revolutionsbegriff des Marxismus, in den bestimmte historische Erfahrungen und Klassenkonstellationen eingehen, heute, aufgrund veränderter Erfahrungen und sozialer Umschichtungen, kaum noch gültig sein kann, so gilt das auch für sein Verständnis von Theorie und deren Beziehung zur gesellschaftlichen Praxis. Die Frage, was heute radikale Gesellschaftskritik sein könnte und wie sie auf umwälzende Praxis bezogen sein sollte, bedarf der umfassenden Analyse heutiger sozialer Verhältnisse, die deren Schranken und Möglichkeiten zur Kenntnis nimmt. Eine solche Analyse könnte wertvolle Elemente des Marxismus für sich nutzen, sie hätte aber z.B. anders und neu über die Rolle der Wissenschaft nachzudenken.

William James als Vertreter des Pragmatismus

William James (1842-1910) ist ein führender Vertreter des Pragmatismus, einer Richtung der Philosophie, die das theoretische Denken in den USA in diesem Jahrhundert entscheidend mitbestimmt hat. James gehörte um die Jahrhundertwende zu den Stammvätern der akademischen Psychologie in den USA, man hat ihn als Wegbereiter der behavioristischen Psychologie bezeichnet. Die Position des Pragmatismus entspricht in vielem den Bewußtseinsformen, die heute bei Hochschullehrern und vor allem auch bei Studenten an der Universität typischerweise anzutreffen sind, ohne daß diese sich dessen bewußt wären.[27]

Die philosophische Tradition Europas will, wo sie auf Praxis gerichtet ist, menschliches Tun auf die Ideen der Freiheit, der Gerechtigkeit, der menschlichen Würde, des richtigen Lebens oder auf die Versöhnung der Menschen untereinander und mit der Natur ausrichten. Sie bemüht sich darum, diese Ideen abstrakt oder in Auseinandersetzung mit der gesellschaftlichen Realität begrifflich zu entfalten. Der Pragmatismus will aus dieser philosophischen Tradition ausbrechen, derartige Begriffe gehören für ihn tendenziell zu einer verstaubten Metaphysik. Denken hat für den Pragmatismus nicht die Funktion, mit Hilfe umfassender Analysen die Welt zu erkennen und dabei die Realität an theoretisch durchreflektierten Ideen zu messen. Kein Ziel des menschlichen Handelns ist für ihn prinzipiell besser als ein anderes. Der Pragmatismus will keine theoretischen Systeme liefern, sondern bloß eine »Methode« des Denkens. Diese Methode soll Schemata für das Handeln liefern, sie soll brauchbare Arbeitsinstrumente für die Anpassung des menschlichen Organismus an die Umwelt zur Verfügung stellen. Die Fragen, die die europäische Philosophie bisher stellte, werden für James damit zumeist zu überflüssigen Rätselfragen. »Theorien sind dann nicht mehr Antworten auf Rätselfragen, Antworten, bei denen wir uns beruhigen können; Theorien werden vielmehr zu Werkzeugen.«[28]

Die Frage nach der Wahrheit eines Denkens soll auf die nach seiner Nützlichkeit reduziert werden. Handlungen, die sich am pragmatischen Denken orientieren, sind nicht mehr, wie dies besonders Kant vertreten hat, richtig, weil sie sich an intellektuellen Konstruktionen orientieren, die wahr sind. Sie sind richtig, wenn unsere Erwartungen mit ihrer Hilfe erfüllt werden: Richtiges Tun ist nicht mehr ein Tun, das einer richtigen Analyse entspricht, richtig wird vielmehr das, was Erfolg hat. »Wir müssen eine Theorie finden, mit der wir arbeiten können.«[29] Denn es gilt:

»Wahre Vorstellungen sind solche, die wir uns aneignen, die wir geltend machen, in Kraft setzen und verifizieren können. Falsche Vorstellungen sind solche, bei denen dies alles nicht möglich ist. Das ist der praktische Unterschied, den es für uns ausmacht, ob wir wahre Ideen haben oder nicht. Das ist der Sinn der Wahrheit, denn nur in dieser Weise wird Wahrheit erlebt.«

»Wahrheit ist für eine Vorstellung ein Vorkommnis. Die Vorstellung wird wahr, wird durch Ereignisse wahr gemacht.«[30]

Theorien, die richtige Einsichten in die Realitäten erhalten, aber nicht umsetzbar sind, weil ihnen bestehende Machtverhältnisse entgegenstehen, sind in einem derartigen Horizont nicht vorgesehen. Denken, das über das Bestehende hinaus will, aber im Hier und Jetzt keinen Nutzen verspricht, erscheint als überflüssig.

Wo das Denken, auch wenn es sich kritisch vorkommt, derart vor bestehenden Realitäten kapitulieren will, muß die Wahrheit ihren objektiven Charakter verlieren. Die Wahrheit eines Denkens bestimmt sich dann nicht mehr durch seine Angemessenheit an die Realität, sondern durch den Grad der Befriedigung, den das Denken gewährt. »Wahrheit in der Wissenschaft ist das, was uns einen möglichst hohen Grad von Befriedigung gewährt.«[31]

Es gilt nicht mehr die Suche nach einer allgemein gültigen, für alle Menschen verbindlichen Wahrheit, sondern bloß die nach Wahrheiten in der Mehrzahl, die dem entsprechen, was den Einzelnen Nutzen bringt. Für diese gilt: »Konkrete Wahrheiten, in der Mehrzahl, müssen nur dann anerkannt werden, wenn ihre Anerkennung zu etwas dient.«[32] Theoretisches Denken, das sich nicht lohnt, verdient nicht mehr unser Interesse.

»Es ist für unsere Ideen lohnend, daß sie bestätigt werden. Unsere Verpflichtung, Wahrheit zu suchen, ist nur ein Teil unserer allgemeinen Verpflichtung, das zu tun, was sich lohnt. Das Lohnende, das unsere wahren Ideen enthalten, ist der einzige Grund, der uns verpflichtet, uns an sie zu halten.«[33]

Vernunft wird auf ein bloßes Instrument zur Durchsetzung des eigenen Interesses reduziert. Es stellt sich die Frage, ob eine solche Reduktion der Vernunft, nicht letzten Endes sogar ihren instrumentellen Charakter zerstört.

James gibt sich pluralistisch, tolerant und zupackend optimistisch. Aber auf die Misere des Bestehenden will er sich, auch wenn er sich kritisch gibt, nicht wirklich einlassen. Deutlich wird das etwa in seinen Beiträgen zu ethischen und religiösen Fragen. Hier liest man etwa:

»Es ist das offenkundige Ergebnis unserer gesamten Erfahrung, daß man mit der Welt nach vielen Gedankensystemen umgehen kann, und derart gehen verschiedene Menschen mit ihr um; und jedesmal wird sie dem, der mit ihr umgeht, einen charakteristischen Nutzen stiften, um den es ihm zu tun ist, während zur gleichen Zeit eine andere Art von Nutzen versäumt oder verzögert werden muß. Die Wissenschaft gibt uns allen Telegraphie, elektrisches Licht und Diagnosen, und es gelingt ihr, in einem bestimmten Grade Krankheiten vorzubeugen und zu kurieren. Religion in Gestalt von Geistesheilung gibt einigen von uns Heiterkeit, moralisches Gleichgewicht und Glück und verhütet ganz wie die Wissenschaft, oder sogar besser, bei einer bestimmten Klasse von Personen bestimmte Krankheitsformen. Offenbar sind also beide, Wissenschaft und Religion, für denjenigen, der sich beider praktisch bedienen kann, echte Schlüssel, die Schatzkammer der Welt zu öffnen.«[34]

Max Horkheimer veranlaßt diese Feststellung im Angesicht des Faschismus zu folgender Bemerkung:

»Angesichts des Gedankens, daß Wahrheit das Gegenteil von Befriedigung gewähren und in einem gegebenen historischen Moment sich für die Menschheit als völlig schockierend erweisen könnte und so von jedermann abgelehnt würde, machten die Väter des Pragmatismus die Befriedigung des Subjekts zum Kriterium der Wahrheit. Für eine solche Lehre gibt es keine Möglichkeit, irgendeine Spezies von Glauben, an dem seine Anhänger sich erfreuen, zurückzuweisen oder auch nur zu kritisieren. Der Pragmatismus läßt sich mit Recht selbst von solchen Sekten als Verteidigung benutzen, die sowohl Wissenschaft wie Religion in einem wörtlicheren Sinne, als James es sich vorgestellt haben mag, als 'echte Schlüssel, die Schatzkammer der Welt zu öffnen' zu gebrauchen suchen.«[35]

Ein Denken, das Wahrheit mit Nützlichkeit im Hier und Jetzt gleichsetzt, muß sich an die gegebenen »Tatsachen« halten. Es braucht kaum zu fragen, welche problematischen sozialen und psychischen Prozesse das hervorgebracht haben, was als Tatsache erscheint. Es muß diese als gegeben akzeptieren, um seinen

Nutzen zu finden. Der pragmatische Philosoph hat »eine herzliche Beziehung zu den Tatsachen«[36], er ist ein »Tatsachenfreund«[37]. Der Geist, der alle Werte relativiert und sich als Überwinder jeder überkommenen Metaphysik sieht, lebt von einem festen Glauben: dem Glauben an die bestehenden Tatsachen. Ideen und Werte brauchen nicht allgemein akzeptiert zu werden, jeder kann sie auswählen, wie es seinen Interessen und Bedürfnissen entspricht, aber alle haben Gegebenes als Tatsache zu akzeptieren. Das Denken dient, auch wo es sich demokratisch, weltoffen und kritisch gibt, der Anpassung ans Bestehende.

Welcher Realität die Tatsachen entsprechen, an die James sich zu halten beabsichtigt, verrät die von ihm gebrauchte Sprache. Die folgenden Formulierungen sind zwar sicherlich metaphorisch zu verstehen, geben aber deutlich Auskunft darüber, mit welchen sozialen Realitäten der Geist des Pragmatismus verknüpft ist. Der Anhänger des Pragmatismus braucht Theorien, die er »arbeiten« läßt. Er hat zu fragen: »Was ist, kurz gesagt, der Barwert der Wahrheit, wenn wir sie in Erfahrungsmünze umrechnen?«[38] Denn es gilt:

»Die Wahrheit lebt tatsächlich größtenteils vom Kredit. Unsere Gedanken und Überzeugungen 'gelten', solange ihnen nichts widerspricht, so wie die Banknoten solange gelten, als niemand ihre Annahme verweigert. Dies alles weist aber auf augenscheinliche Verifikationen hin, die irgendwo vorhanden sind. Ohne diese muß unsere Wahrheitsfabrik ebenso zusammenbrechen, wie ein finanzielles Unternehmen, das überhaupt keine Kapitals-Grundlage hat.«[39]

Ideen, die zu nichts nütze sind, sind überflüssig, sie müssen sich rechnen lassen, sie müssen sich lohnen:

»Es ist für unsere Ideen lohnend, daß sie bestätigt werden. Unsere Verpflichtung, die Wahrheit zu suchen, ist nur ein Teil unserer allgemeinen Verpflichtung, das zu tun, was sich lohnt. Das Lohnende, das unsere wahren Ideen enthalten, ist der einzige Grund, der uns verpflichtet uns an sie zu halten.«[40]

James hat durch solche provozierend offenen Äußerungen die Gemüter mancher seiner Zeitgenossen erhitzt. Er hat sich ehrlicher und bewußter zu dem bekannt, was die meisten seiner zahllosen modernen Nachfolger an der Universität nicht zu denken und zu sagen wagen. Er orientiert sich offen an etwas, dem andere bewußtlos oder verschleiert durch kritische Absichtserklärungen verfallen sind. Das Verdienst des Pragmatismus ist es, darauf hinzuweisen, daß mit Theorien sinnvoll die Frage verknüpft werden kann, welchen subjektiven Interessen sie dienen und welchen psychischen Gewinn sie zu verschaffen vermögen. Friedrich Nietzsche, der wie James den Begriff einer objektiven Wahrheit bekämpft hat, hat mit Hilfe der Frage nach dem individuellen und kollektiven psychischen Gewinn, den verschiedenen Arten des Denkens einbringen, großartige theoretischen Einsichten gewonnen. Aber der subjektivistischen Reduktion des Erkenntnisinteresses verdankt die Philosophie Nietzsches auch ihre sehr fragwürdigen reaktionären Züge, die noch hinter das zurückfallen, was James, aufgrund seiner Verbindung zur demokratischen amerikanischen Tradition, in sich aufnimmt.

Nach Dewey, dem konsequentesten Vertreter des Pragmatismus, sollte für die theoretische Arbeit gelten:

»Daß Wissen wörtlich etwas ist, das wir tun; daß Analyse letztlich physikalisch und aktiv ist;

daß Bedeutungen ihrer logischen Qualität nach Standpunkte, Attitüden und Methoden des Verhaltens gegenüber Tatsachen sind und daß tätiges Experimentieren für die Verifikation wesentlich ist.«[41]

Ein Denken, das es derart unternimmt, geistige Konstruktionen möglichst bruchlos in praktische Verhaltensweisen aufzulösen, kann die soziale Realität und auch sich selber nicht wirklich begreifen. Es kann letztlich nur wie ein experimenteller Mechanismus funktionieren, der sein Modell in der industriellen Praxis findet. Denken reduziert sich, wie in der positivistischen Psychologie, weitgehend auf die Anwendung technischer Regeln, die der Macht des herrschenden Industrialismus verfallen sind. James äußert vor Studenten:

»Sie wollen ein System, das zwei Dinge in sich vereinigen soll: Wissenschaftliche Gerechtigkeit den Tatsachen gegenüber und Bereitwilligkeit ihnen Rechnung zu tragen, kurz den Geist der Anpassung. Zugleich aber auch das alte Vertrauen auf menschliche Werte.«[42]

Er verspricht, mit seinem Denken solch gegensätzlichen Anforderungen gerecht werden zu können. Seine Nachfolger, die heute im Geist des Positivismus den Universitätsbetrieb beherrschen, glauben noch immer, die Ideen der Demokratie und der Aufklärung mit der Anpassung an die Zwänge ihrer Forschungs- und Lernfabrik verbinden zu können.

Die Universität als Berufsfachschule

Wenn im Bereich der universitären Ausbildung das Verhältnis von Theorie und Praxis abgehandelt wird, wird zumeist bloß das Verhältnis von Universitätsausbildung und beruflicher Praxis thematisiert. Gegen eine angeblich oder wirklich realitätsferne universitäre Betriebsamkeit richtet sich dann der Vorwurf, sie würde späteren berufspraktischen Erfordernissen nicht oder zu wenig gerecht. Die Forderung nach einer engeren Verbindung von Theorie und Praxis zielt in der Konsequenz auf eine Anbindung der Ausbildung an die Ansprüche zukünftiger Berufsrollen. In der von der Westdeutschen Rektorenkonferenz und der Ständigen Konferenz der Kultusminister 1987 erlassenen »Rahmenordnung für die Diplomprüfung im Studiengang Psychologie« heißt es unter § 1: »Die Diplomprüfung bildet den berufsqualifizierenden Abschluß des Studiums der Psychologie.« Diejenigen, die die Psychologie verändern wollen, beklagen zumeist - und das zu Recht -, daß die bestehende Psychologieausbildung diesem Anspruch keineswegs gerecht wird. Sie vergessen aber zumeist, darüber nachzudenken, wie sinnvoll dieser Anspruch ist. Wo dergestalt Praxis mit Berufspraxis gleichgesetzt wird, wird übersehen, daß es andere wichtige Sphären sozialer Praxis gibt und daß berufspraktische Anforderungen in Widerspruch zu den Ansprüchen dieser Praxissphären geraten können.

Wenn der Begriff der Praxis bezogen auf bestehende soziale Verhältnisse thematisiert wird, läßt er sich - formelhaft reduziert - zumindest auf drei wesentliche Sphären beziehen: auf die Sphäre des Berufs, auf die Sphäre politischen Handelns und auf die Sphäre der privaten Lebenspraxis. Die Entwicklungsprozesse der kapitalistisch geprägten Industriegesellschaften haben diese drei Sphären auf problematische Weise aufgespalten und ausdifferenziert. Es gibt zwischen ihnen aber auch innere Abhängigkeitsverhältnisse und Überschneidungen. Vertreter der kritischen Gesellschaftstheorie haben aufgezeigt, daß die reale oder scheinhafte Abtrennung dieser Sphären zur Stabilisierung bestehender Herrschaftsverhältnisse beiträgt. Sie haben sich über Möglichkeiten Gedanken gemacht, wie im Interesse sozialer Emanzipationsprozesse diese Trennungen aufgehoben oder wenigstens abgebaut werden können. Das Private soll, aus dieser Perspektive, nicht mehr so wie jetzt vom Öffentlichen abgetrennt werden, Arbeit und Leben sollen anders verknüpft werden. Wer theoretisches Denken auf Praxis beziehen will, sollte sich darüber klar sein, welchen Praxisbereich er meint und in welche widersprüchlichen Abhängigkeiten dieser Bereich mit anderen verstrickt ist.

Berufe, an denen sich die etablierten Praxisbezügler vor allem orientieren, sind, wie man zum Beispiel schon in Goethes *Wilhelm Meister*, in Hölderlins *Hyperion*, bei Romantikern oder bei Marx nachlesen kann, nicht zuletzt Gefängnisse, in die Menschen tendenziell ein Leben lang eingesperrt werden. Jeder Beruf ist, diesen und anderen Autoren zufolge, ein die allseitige Entfaltung blockierender Verhaltenskäfig, der bestimmte Formen der menschlichen Verkrüppelung und der Realitätsblindheit verlangt. Form und Inhalt der beruflichen Praxis orientieren sich in der bürgerlichen Gesellschaft keineswegs primär an menschlichen Bedürfnissen, sie sind vielmehr Ausdruck einer von der Ökonomie erzwungenen Arbeitsteilung und damit primär durch die Anforderungen des Marktes bestimmt. Nicht die Fähigkeit, menschliche Bedürfnisse befriedigen zu können bzw. die, sinnvolle Gebrauchswerte herstellen zu können, legt in der Marktwirtschaft die berufliche Praxis in erster Linie fest. Sie ist vielmehr vor allem durch die Möglichkeit geprägt, mit ihr selbst Geld zu verdienen oder andere verdienen zu lassen.

In der Warenwirtschaft gibt es die Trennung zwischen der Person und der menschlichen Ware Arbeitskraft. Die Arbeitskraft muß in gewisser Weise von der Person mit ihren Hoffnungen und Wünschen abgespalten werden, damit sie als verdinglichte Ware auf dem Markt verkauft werden kann. Diese Spaltung zwischen Person und Arbeitskraft ist mit Leiden verknüpft. Dieses verschärft sich, wenn die berufliche Praxis entleert wird, wenn sie schlecht bezahlt wird oder wenn die Arbeitskraft, wie bei Arbeitslosen, keinen Abnehmer mehr findet. Die gegenwärtige Krise der westlichen Kultur ist nicht zuletzt eine Krise der überkommenen beruflichen Praxis und der mit ihr verbundenen Lebensentwürfe. Die Entleerung oder Abschaffung von Berufen, die mit kapitalistischen Rationalisierungstendenzen einhergeht, produziert ein massenhaftes soziales und seelisches Elend.

Jeder Beruf enthielt neben der Möglichkeit, bestimmte Talente entwickeln zu können, schon immer schmerzliche, die subjektive Entfaltung blockierende Schranken. Zuerst für die Mitglieder der Arbeiterklasse, nunmehr für nahezu alle Mitglieder der Gesellschaft, ist er immer mehr auf ein Gehäuse der Hörigkeit geschrumpft. Daß die Arbeitskraft heute zumeist so verkauft werden kann, daß sich einige Konsummöglichkeiten eröffnen und die Arbeitenden sich gegenüber den Arbeitslosen als sehr privilegiert erfahren können, macht eine Kritik von Berufen und des mit ihnen verknüpften Arbeitsleides keineswegs überflüssig. Die entfremdete berufliche Praxis erzeugt Formen seelischer und körperlicher Verelendung, die eine sinnvolle Lebenspraxis außerhalb des Berufs, etwa im Familien- und Freizeitbereich, sehr erschweren können. Die berufliche Praxis kann andere Formen der Praxis blockieren. Zustände körperlicher und psychischer Erschöpfung oder berufsspezifische Verhaltensdeformationen können die Möglichkeiten der Lebenspraxis nach Feierabend sehr einschränken. Selbst die Ausübung des Berufs kann durch Formen der seelischen und körperlichen Verkrüppelung erschwert werden, die der Beruf auf Dauer erzeugt.

Eine universitäre Ausbildung, die nur die Qualifikation für Berufe anstrebt, sieht die Menschen bloß als Arbeitskräfte und nicht als Individuen, die innerhalb und außerhalb des Berufs Glücksmöglichkeiten suchen. Sie verfällt damit einer durch die bestehenden ökonomischen Strukturen objektiv gesetzten Gleichgültigkeit. Anstatt angeblich nützliche Techniken für den Beruf des Psychologen anzuerziehen, hätte eine kritische Psychologie vor allem eine Psychopathologie der bestehenden Berufe zu liefern, die aufzeigen könnte, welche Formen seelischer Verelendung den Drang zu bestimmten Berufen hervorbringen oder welche seelischen Deformationen diese bei denen erzeugen, die sie ausüben. Eine Psychologie, die das nicht tut, läuft zu den entfremdeten Verhältnissen über, anstatt für die Menschen Partei zu ergreifen, die unter ihnen leiden.

Eine auf Praxis ausgerichtete Wissenschaft, die sich bloß auf die Berufspraxis konzentriert, fixiert ihr Erkenntnisinteresse einseitig auf Formen der Praxis, die sich warenförmig und marktkonform organisieren lassen. Eine kritische Universitätsausbildung hätte hingegen Grenzen und Möglichkeiten zu analysieren, die in Formen beruflicher Praxis enthalten sind. Sie hätte Menschen nicht auf entleerte, ritualisierte Pseudoaktivitäten zu fixieren, auch wenn sich mit ihnen Geld verdienen läßt. Kritisches Denken hat aufzudecken, wo die berufliche Praxis in Widerspruch zu einer sinnvollen Lebenspraxis innerhalb und außerhalb des Berufs gerät. Es hat auch aufzuzeigen, wo sie in einen Widerspruch zu sinnvollen und notwendigen Formen kollektiver politischer Praxis gerät. Die kapitalistische Ökonomie, von der die bestehenden Berufe ein Teil sind, zeigt Züge einer organisierten Form der Asozialität. Sie zwingt die Menschen als einzelne in feindliche Konkurrenzbeziehungen auf dem Arbeitsmarkt: Wer sich dort nicht behaupten kann, gerät unter die Räder. Firmen treten mit ihren Arbeitskräften in Konkurrenz zu anderen Firmen und können es sich in diesem Kampf meist kaum leisten, das Wohl des gesellschaftlichen Ganzen angemessen im Auge zu behalten. Die individualistische oder betriebsbornierte private Interessenorientierung, die in Berufen verlangt wird, steht kollektivem, solidarischem politischem Handeln entgegen, das die Sozietät für ihr Überleben braucht. Das öffentliche gemeinsame Interesse an sozialer Gerechtigkeit, am Umweltschutz oder an sozialen Einrichtungen wird allzu leicht von privaten beruflichen Interessen erdrückt. Die gesellschaftliche Arbeitsteilung, die Berufe hervorbringt, hat schon immer Verantwortungsbewußtsein im begrenzten Bereich des Berufs und Verantwortungslosigkeit in bezug auf das gesellschaftliche Ganze hervorgebracht. Berufspolitiker, die ihr Handeln primär auf die Sicherung ihrer Machtposition ausrichten müssen, heben diesen Widerspruch keineswegs auf. Eine qualifizierte, gewissenhafte Berufsausübung von vielen und eine gesamtgesellschaftliche Entwicklung zum Wohle aller fallen keineswegs automatisch zusammen. Günter Anders hat aufgezeigt, daß die »Summe der spezialisierten Gewissenhaftigkeiten die monströse Gewissenlosigkeit ergeben kann«[43], die die Entfesselung gesellschaftlicher Zerstörungspotentiale erlaubt, an denen die Menschheit zugrunde zu gehen droht. Die umfassende ökologische Katastrophe, die uns droht, ist nicht zuletzt einer durch Berufsbindungen bewerkstelligten individualistischen Interessenorientierung zu verdanken, die der Vertretung von allgemeinen gesellschaftlichen Interessen entgegensteht.

Kann eine Universität fortschrittlich sein, die Menschen auf Berufsmodelle fixieren will, die einer befreienden gesellschaftlichen Praxis entgegenstehen? Soll die Universität die notwendigen Formen der Beschränktheit lehren, ohne die kein bestehender Beruf ausgeübt werden kann? (Selbstverständlich fordert auch der Beruf dieses Autors seine Formen der Realitätsblindheit und Lebensfeindlichkeit.) Die gegenwärtige Krise der überkommenen Berufsmodelle läßt die Möglichkeit aufscheinen, das System der gesellschaftlichen Arbeitsteilung, das ihnen zugrunde liegt, grundsätzlich in Frage zu stellen. Die Krise nahezu aller Berufe erzwingt das Nachdenken über den Sinn überkommener Berufsvorstellungen. Eine Universität, die sich bloß der Berufsausbildung verschrieben hat, verkleistert ein überlebenswichtiges praktisches Problem, das durch die gesellschaftliche Entwicklung auf die Tagesordnung gesetzt wurde, anstatt über dieses nachzudenken. Manche, die sich heute sehr lebenspraktisch orientiert vorkommen, sind objektiv gesehen bloß noch Katastrophenpraktiker.

Kritiker der Schule beklagen ihre Praxisferne. Sie beklagen ihre Abtrennung vom »wirklichen Leben« durch die Schaffung eines künstlichen pädagogischen Sondermilieus, in dem alles die Züge von »Pseudoaktivitäten« annimmt. Eine entsprechende Kritik wurde für den Bereich der Psychiatrie entwickelt. Die psychiatrischen Institutionen schaffen, der antipsychiatrischen Kritik zufolge, isolierte Verwahrungsräume, in denen Patienten mit schlimmen Folgen aus normalen Lebenszusammenhängen ausgegrenzt sind. Eine berufspraktische Ausbildung für bestehende Schulen und psychiatrische Einrichtungen stellt, im Horizont solcher Kritik, eine Ausbildung für eine zu überwindende Art von »Unpraxis« dar. Diese Ausbildung verdoppelt hier eine Abspaltung von gesellschaftlicher Lebenspraxis - vor allem von den Sphären der Produktion und der Öffentlichkeit - anstatt Bestrebungen zu unterstützen, die diese »Pseudopraxis« hinfällig werden lassen. Was für die Berufe in Schule und Psychiatrie gilt, gilt auch für viele andere.

Bestehende Berufe, für die Akademiker eingestellt werden, sind typischerweise keineswegs dazu da, gesellschaftliche Emanzipationsprozesse in Gang zu setzen. Zwar kann man Tätigkeiten in Berufen, für die Akademiker verlangt werden, mitunter sinnvoll mit politischen Handlungsperspektiven verknüpfen, das hebt aber keineswegs die Tatsache auf, daß privilegierte Berufspositionen üblicherweise mit der Unterdrückung anderer verknüpft sind. Akademiker bekommen in einer hierarchisch organisierten Gesellschaft in ihren Berufen die Funktion übertragen, auf oft fragwürdige Art Herrschaft über andere Menschen auszuüben. Können für Psychologen, denen bestehende Institutionen die Aufgabe des Testens zuweisen, Menschen mehr sein als zu steuernde Objekte? Muß nicht auch ein kritischer Lehrer in der bestehenden Schule Unterschichtenkinder diskriminieren (z.B. durch Noten, Bildungsinhalte, Verkehrsformen)? Dient die schulische Notenkonkurrenz, die der Lehrer in Ausübung seines Berufes zu organisieren hat, etwa dem Erlernen von solidarischem Verhalten? Fortschrittliche Therapeuten in psychiatrischen Institutionen sind wohl wünschenswert, aber können sie das Faktum aufheben, daß diese Institutionen eher der kontrollierenden Verwaltung von gesellschaftlich erzeugtem Elend dienen als dessen Abschaffung? Hat die professionelle Organisation von sozialen Qualifikationen nicht immer auch die Entqualifizierung und Entmündigung anderer zur Konsequenz? Braucht der berufliche Experte nicht Unaufgeklärte und Ängstliche, die seine Hilfe suchen? Wer nicht begreift, wie sehr Berufe an fragwürdige vorhandene Verhältnisse gebunden sind, dessen Fortschrittlichkeit dürfte über das Bestehende kaum hinausreichen. Berufsbezogene universitäre Lehrpläne können vielleicht garantieren helfen, daß Studenten berufliche Techniken erlernen; wer aber übersieht, daß diese Techniken immer auch fatale Techniken der Machtausübung sind, mit denen Menschen sich und andere in Abhängigkeit halten, hat aufgehört kritisch zu sein.

Vielen Studenten, die heute an der Universität ausgebildet werden, droht die Arbeitslosigkeit, immer weniger von ihnen erreichen das Berufsziel, das ihnen vorschwebt. Eine berufsbezogene Ausbildung nimmt diesen Studenten die Möglichkeit der Entwicklung von für sie sinnvollen Lebensperspektiven oder auch nur Überlebensperspektiven. Sie erlaubt es nicht, an Lebensentwürfen zu arbeiten, die nicht an einen besonderen Beruf fixiert sind. Sie verstärkt damit die Unfähigkeit, sich gegen gesellschaftlichen Tendenzen zur Wehr zu setzen, die die eigene Subjektivität zerstören. Die Bildungsforscher und die staatliche Bildungsplanung haben sich weitgehend als unfähig erwiesen, den zukünftigen marktkonformen »Bedarf« an Akademikern und die Qualifikationsanforderungen, denen sie zu entsprechen haben, auch nur halbwegs angemessen vorauszusagen. Man denke nur an die unzähligen arbeitslosen Lehrer, denen man vor oder noch während ihres Studiums gute Stellenchancen prognostiziert hat. Wo der Wechsel des Berufs zur Überlebensnotwendigkeit werden kann und berufliche Anforderungen sich immer rascher verändern, gewinnen, wie auch die Vertreter des Kapitals betonen, »extrafunktionale« Fähigkeiten der Arbeitskräfte immer mehr Bedeutsamkeit. Nicht mehr einige engumgrenzte Fertigkeiten, sondern etwa die Fähigkeiten zu einem bestimmten Kooperationsverhalten, zu ständig neuem Lernen oder zur flexiblen Anpassung an wechselnde Gegebenheiten werden immer wichtiger. Die Universität, die zur Berufsfachschule schrumpft, dürfte selbst derartige Fertigkeiten nicht vermitteln können.

Die Lohnabhängigen haben seit über einem Jahrhundert Verkürzungen der Arbeitszeit durchgesetzt. Die Lebenszeit, die im Bereich des Berufs verbracht wird, ist drastisch gesunken und wird weiter sinken. Dadurch können sich Räume für soziale Praxis außerhalb der Berufssphäre öffnen. Soziales Handeln in Bürgerinitiativen, Vereinen oder politischen Parteien kann für immer mehr Menschen bedeutsam werden. Eine auf berufliche Praxis bezogene Ausbildung verfehlt die wachsenden Möglichkeiten für soziales Engagement außerhalb des Berufs. Sie leugnet die wachsende Bedeutung, die psychologische, soziologische oder naturwissenschaftliche Kenntnisse für soziales Engagement jenseits der Arbeit für Lohn oder Gehalt erlangen können.

Die Fixierung der Ausbildung an berufspraktische Erfordernisse bringt eine Zerstörung der Theoriebildung mit sich. Wo nur noch von Berufs wegen gedacht werden soll, verkümmert die Intellektualität. Die Theorie verkommt zur Magd einer fragwürdigen bestehenden Praxis, anstatt zu helfen, diese mit Hilfe der kritischen Analyse gründlich in Frage zu stellen. Ein umfassendes Erkenntnisinteresse, das der gesamtgesellschaftlichen Emanzipation dienlich sein will, wird auf ein tendenziell bloß technisches im Dienste einer fragwürdigen Berufspraxis heruntergeschraubt. Die Beschwörung der Praxisrelevanz von Wissenschaft, die bloß auf eine berufspraktische Orientierung hinaus will, hemmt die Reflexion auf das, was über bestehende Formen einer oft miserablen, katastrophenträchtigen gesellschaftlichen Praxis hinausweist.

Die befreienden Qualifikationen, die man der Universität notfalls abtrotzen sollte, dürfen nicht nur Qualifikationen für eine hier und jetzt mögliche Form der Praxis sein, sie müssen auch Qualifikationen für eine noch nicht mögliche Praxis sein. Die Universität sollte sich nicht kopflos Interessen und Bedürfnissen ausliefern, die sich jetzt oder in naher Zukunft waren- und marktförmig bemerkbar machen können. Sie sollte auch auf Qualifikationen hinzielen, die in einer besseren Gesellschaft, die noch erkämpft werden muß, sinnvoll und notwendig werden. Was Praxis sein soll, darf nicht verkürzt, durch Fixierung ans Bestehende, vordefiniert werden. Man muß es zum theoretischen Zentralproblem erheben, um herauszufinden, was richtige Praxis sein könnte und wie diese mit Theorien verbunden sein sollte. Die Begriffe Theorie und Praxis sind immer gesellschaftlichen Wandlungen unterworfen, die dazu zwingen, ihren Inhalt und ihre Form stets von neuem zu reflektieren. (Ganz abgesehen davon, daß Theoriebildung immer Teil einer auf spezifische Weise organisierten gesamtgesellschaftlichen Praxis ist.) Anstatt vorzudefinieren, wie Theorie und Praxis aufeinander bezogen sein sollten, wäre z.B. darüber nachzudenken, wie bestimmte Formen der Praxis andere behindern oder begünstigen. Sichert nicht vielleicht allein eine jetzt noch nicht mögliche Praxis, auf die Theorie hinzuarbeiten hätte, das Überleben der Menschheit?

Jedes kritische Denken sollte sich für eine verändernde soziale Praxis interessieren. Das bedeutet aber keineswegs, daß Theorie und Praxis immer unmittelbar verknüpft werden sollen und können. Daß nur noch gedacht werden soll, was hier und jetzt etwas bringt, ist Ausdruck eines verkommenen kapitalistischen Nützlichkeitsdenkens. Wer bei allem, was er denkt, nach seinem direkten Nutzen fragt, gehorcht einem instrumentellen Denken, das sich dem Bestehenden gegenüber opportunistisch verhält.

Eine kritische Sozialwissenschaft steht vor der Notwendigkeit, alle wesentlichen Formen sozialer Praxis zu analysieren, die das gesellschaftliche Ganze produzieren und reproduzieren. Sie hat die berufliche Praxis als Teil eines Ensembles von gesellschaftlichen Praxisformen zu begreifen. Fixiert sie sich an nur ein Element der gesamtgesellschaftlichen Praxis, wie es in Berufen organisiert ist, ohne seine Beziehung auf das arbeitsteilige gesellschaftliche Ganze zu analysieren, verfällt sie blind dem Bestehenden. In ihrer Fixierung auf eine begrenzte Form der Praxis wird die Wissenschaft leicht auf andere Art so weltfremd, wie man das den Professoren im universitären »Elfenbeinturm« vorgeworfen hat. Eine sinnvolle Universitätsausbildung muß sich natürlich mit der beruflichen Praxis, die ihre Absolventen später zu bewältigen haben, gründlich auseinandersetzen. Sie verfällt aber unkritisch dem Bestehenden, wenn sie darüber die Auseinandersetzung mit anderen Formen individueller und kollektiver Praxis vernachlässigt, von der das Glück des einzelnen oder das Überleben aller abhängig sind.

Kritische intellektuelle Arbeit als Teil der gesellschaftlichen Gesamtarbeit muß sich, um realitätshaltig zu sein, auf wirkliche soziale Beziehungen und Verhältnisse und die mit ihnen verknüpften Formen der Subjektivität beziehen. Sie sucht eine notwendige Verbindung zur gesellschaftlichen Praxis, die soziale

Strukturen und Prozesse, ebenso wie die mit ihnen verbundenen Formen psychischer Verfaßtheit erzeugt. Wo die sinnvolle Möglichkeit besteht, sollten sich kritische Intellektuelle unmittelbar in soziale Prozesse einmischen. Neben seiner Verbindung zur Praxis braucht das kritische Denken aber auch die Distanz zu ihr, die allein ihre kritische Bewertung zuläßt. Es braucht sie auch, um das Nachdenken über eine hier und jetzt nicht oder noch nicht mögliche Form der Praxis zustande zu bringen und um die Hindernisse, die ihrer Verwirklichung entgegenstehen, begrifflich zu erfassen.

Wenn aufklärerisches Denken auch die Distanz zu vorhandenen Formen der Praxis braucht, heißt das nicht, daß es die »Grundlagenforschung« neben der »anwendungsbezogenen Forschung« fördern sollte. Diese im Universitätsbetrieb institutionalisierte Trennung trifft die Realität nicht auf angemessene Weise. Eine Grundlagenforschung, die wirklich von der sozialen Praxis abgelöst ist, kann es gar nicht geben. Jede intellektuelle Arbeit ist unmittelbar oder mittelbar auf Praxis bezogen. In der am naturwissenschaftlichen Erkenntnisideal orientierten Grundlagenforschung in den Naturwissenschaften oder in der Psychologie werden Methoden benutzt, die bereits auf eine bestimmte Form der Verwertung von Erkenntnissen ausgerichtet sind. Die Logik des Experiments etwa entspricht, wie oben aufgezeigt wurde, institutionalisierten Formen industrieller und staatlicher Praxis.[44] Quantitative Methoden entsprechen einer gesellschaftlichen Praxis, die die Welt berechenbar machen will und sie damit zugleich zum Material verdinglicht, auf das technische Regeln anzuwenden sind.[45] Die »anwendungsorientierte Forschung« hat andererseits ihr Erkenntnisinteresse üblicherweise so reduziert, daß sie sich nur noch die Entwicklung und Anwendung von Techniken in bestehenden Berufen und Institutionen zum Ziel setzt. Die Orientierung an der formalen Trennung zwischen »Grundlagenforschung« und »anwendungsbezogener Forschung« erschwert es, das Verhältnis von Theorie und Praxis angemessen zu bestimmen und zu gestalten. Nur eine umfassende Analyse sozialer Realitäten ermöglicht es, ihm wirklich gerecht zu werden.

Die etablierten Praxisbezügler suchen zumeist aus theoretischen Analysen ableitbare, handwerklich-technische Regeln, die in der Praxis »angewandt« werden sollen. Für eine kritische Sozialwissenschaft, die auf eine umfassende Analyse sozialer Zusammenhänge angewiesen ist, um Formen sinnvoller Praxis bestimmen zu können, kann die Entwicklung und Einübung solcher technischen und methodischen Regeln allenfalls einen untergeordneten Stellenwert haben. Sie muß viel mehr darauf aus sein, theoretisch fundierte und durch soziale Erfahrungen gesättigte soziale Phantasie, anstatt bloß technische Fertigkeiten zu entwickeln. Um theoretische Analysen, die notwendig immer einen mehr oder weniger allgemeinen Charakter haben, auf die besonderen Realitäten beziehen zu können, mit denen man es in der Praxis zu tun hat, müssen sie mit Hilfe von sozialer Phantasie auf diese hin interpretiert werden. Umfassende theoretische

Konstruktionen sind nie unmittelbar auf konkrete Fälle »anwendbar«, sie müssen mit Hilfe eines lebendigen Denkens auf diese bezogen werden. Kritische theoretische Einsichten kann man nicht, zum Instrument verdinglicht, bloß technisch anwenden. Sie müssen durch lebendige Intellektualität stets von neuem so zum Fließen gebracht werden, daß sie sich der Realität anschmiegen können. Auch wer glaubt, in der Praxis auf Methoden und Techniken angewiesen zu sein, braucht, je mehr diese qualitativ ausgerichtet sind, nicht primär Regelwissen als vielmehr eine entwickelte soziale Phantasie, um sie sinnvoll zu nutzen.

Die Abwehr der Einsicht, daß Praxis mehr und anderes sein kann als berufliche Praxis, wird nicht nur durch institutionelle Festlegungen in Studien- und Prüfungsordnungen erschwert, in denen sich staatliche und ökonomische Interessen ausdrücken. Hochschullehrer, die ihre Unternehmungen auf gegebene ökonomische Realitäten hin ausrichten, können eher mit Forschungsgeldern rechnen, von deren Höhe heute das soziale Ansehen an der Universität abhängig ist. Bei Studenten ist die übermäßige Orientierung an der Berufsausbildung mit angstbestimmten Abwehrmechanismen verbunden. Studenten, die von zukünftiger Arbeitslosigkeit bedroht sind, verfallen häufig einem Dummstellmechanismus, der zur Überanpassung ans Bestehende führt. Sie richten, um bessere Berufschancen erlangen zu können, ihr Studium angstvoll auf angebliche berufspraktische Erfordernisse aus, wodurch ihre intellektuelle Neugierde und ihre soziale Phantasie oft sehr eingeschränkt werden. Diese Einschränkung blockiert häufig selbst die Entwicklung von Formen des sozialen Engagements und des Denkens, die notwendig sind, um vorhandene Stellen zu erlangen und auszufüllen. Hochschullehrer, die nicht wissen, ob und wie sie ihr vorhandenes Wissen noch an die studentische Frau oder an den studentischen Mann bringen können, spielen häufig mit dieser dummachenden Angst. Sie greifen gerne zu dem demagogischen Trick, ihr Wissen als absolut notwendig auf dem Weg zum beruflichen Erfolg anzupreisen. Diese Taktik nutzen nicht zuletzt empirisch orientierte Psychologen, die niemals den Nutzen ihrer Denkformen für die bestehende Berufspraxis auch nur halbwegs genau empirisch überprüft haben.

Wo sich die am naturwissenschaftlichen Modell orientierte Psychologie mit berufspraktischen Erfordernissen verbindet, gehorcht sie dem, was man als »technisches Erkenntnisinteresse« bezeichnen kann.[46] Diese Verbindung, die aufgrund der leeren Abstraktionen, von denen diese Psychologie lebt, nur in bestimmten begrenzten Bereichen, etwa dem der Test-Psychologie, möglich ist, hilft dabei, die Menschen als Objekte verwaltungstechnischer Steuerung zu verdinglichen. Sie erlaubt es mitunter, ihre kognitiven Fähigkeiten oder ihre Verhaltensrepertoires berechenbarer und kontrollierbarer zu erfassen und zu lenken als mit Hilfe methodisch unkontrollierter subjektiver Wahrnehmungen und Entscheidungen. Das mag außer den Institutionen auch mitunter den ihnen Unterworfenen dienen. Diese Psychologie kann aber, aufgrund ihrer Struktur, individuellen und kollektiven Emanzipationsprozessen kaum dienlich sein. Die Anwendung ihrer Methoden und Techniken macht, wie am Beispiel des Experiments gezeigt wurde, Menschen zu reduzierten Objekten herrschaftlicher Beeinflussung. Sie verfehlt dabei notwendig eine an Selbstreflexion und Selbsttätigkeit gebundene menschliche Subjektivität, für deren Entwicklung eine kritische Psychologie zu arbeiten hätte.

Die Subjektlosigkeit einer Psychologie, die Menschen nur als Objekte sehen kann, macht sie selbst für die meisten Berufe untauglich. Im Bereich der Therapie, der Pädagogik und selbst der Arbeitspsychologie besteht die Aufgabe des Psychologen vor allem darin, soziale Beziehungen zu knüpfen und Prozesse zwischenmenschlicher Verständigung zur Bearbeitung subjektiver und objektiver Probleme zu stiften. Die Praxis des Psychologen besteht zu weiten Teilen darin, zu reden oder zuzuhören und dadurch Prozesse der Selbstreflexion in Gang zu bringen. Für eine derartige Praxis ist die verdinglichende und »sprachlose« positivistische Psychologie ungeeignet, sie hemmt sogar die Entwicklung der für sie notwendigen Fähigkeiten. Wenn das diejenigen, die Psychologen einstellen, herausbekämen, wäre es mit der Macht der etablierten Psychologie vorbei. Daß ihre Vertreter das ahnen und ihre Pfründe deshalb bedroht sehen, motiviert die ritualisierte bürokratische Boshaftigkeit, mit der sie Vertreter einer anderen Psychologie auszugrenzen pflegen.

Eine Psychologie, die in der Lage wäre, Menschen als potentielle Subjekte ihres Schicksals zu sehen, und die ihnen dabei helfen würde, wirklich Subjekte zu werden, müßte sich Habermas zufolge an einem »emanzipatorischen Erkenntnisinteresse«[47] orientieren, das sich mit beruflichen Interessen oft nur schwer verbinden läßt. Das praktische Interesse einer sich so begreifenden Psychologie wäre es nicht zuletzt, Prozesse »kommunikativen Handelns« in Gang zu setzen, die eine individuelle und kollektive Selbstreflexion ermöglichen, durch die innere und äußere Schranken begriffen werden können, die der Entfaltung menschlicher Möglichkeiten entgegenstehen. Die positivistische Psychologie kann Menschen nur als technisch zu steuernde, zu verplanende oder zu manipulierende Objekte sehen, sie muß sie deshalb auch dann in Unmündigkeit halten, wenn sie für sie eintreten will. Eine andere Psychologie müßte sich bemühen, Menschen dabei zu helfen, ihre inneren und äußeren Barrieren zu zerbrechen, damit sie eine Praxis entfalten können, die sie zu Subjekten ihres Schicksals macht. Solche praktischen Prozesse der Emanzipation würden auch die Brechung der Macht der existierenden akademischen Psychologie verlangen.

Ein verengter Praxisbezug der universitären Ausbildung zerstört nicht nur die Theoriebildung, er behindert auch sinnvolle Formen von Lebenspraxis und politischer Praxis. Da niemand, der bei Verstand ist, heute genau sagen kann, welche Formen von politischer Praxis die bestehenden Zustände überwinden können, und weil Theorie sowieso wohl meist eher dazu taugt, existierende

Formen der Praxis kritisch zu überdenken als sie präzise anzuleiten, muß politische Praxis heute notwendig experimentierende Züge tragen (dies sicher nicht im positivistischen Sinn). Verschiedene Vorstellungen von sinnvoller Praxis müssen praktisch ausprobiert werden. Die Prozesse des Gelingens oder Scheiterns dieser Praxis ermöglichen die Erfahrungen, die wiederum theoretischen Bildungsprozessen als Basis dienen. Solche experimentierende Praxis verlangt Freiheitsspielräume anstatt institutioneller Verplanung. Die Genossen der 68er Bewegung, die heute an der Universität oft verbittert sind, weil soziale Bewegungen, wie etwa die Ökologiebewegung oder die Frauenbewegung, wenig Interesse an ihren Fähigkeiten gezeigt haben, übersehen leicht, daß diese Bewegungen ihre Stärke und Breite nicht zuletzt dadurch gewannen, daß sie sich von den Führungsansprüchen von linken Intellektuellen tendenziell abgelöst haben. Nur die Zurückweisung der Machtansprüche von besserwisserisch erscheinen den Universitätslinken hat in sozialen Bewegungen manche eigenständigen demokratischen Lernprozesse erlaubt. Diese Bewegungen zeigen, nicht zuletzt wegen ihres Mangels an theoretischem Bewußtsein, oft sehr problematische Züge; aber eingeschnürt in die besserwisserischen Ansprüche eines »Universitätsleninismus« wären sie gar nicht möglich geworden.

Studierende bringen an der Universität einen wichtigen Teil ihrer Lebenszeit zu. Viele von ihnen lösen sich mit dem Beginn ihres Studiums vom Elternhaus, indem sie in eine Stadt ziehen, die nicht ihr Heimatort ist. Damit können sie neue Freiheiten und neue Lebensperspektiven gewinnen. Sie lernen an der Universität andere Menschen kennen als bisher, sie werden mit anderen Denkfiguren vertraut und werden vielleicht politisch aktiv. Trotz aller Beschränkungen gewährt die Studienzeit üblicherweise mehr Freiheiten als die Schulzeit oder die spätere Zeit im Beruf. Damit ist potentiell die Chance gegeben, mit sich und seinen Möglichkeiten zu experimentieren. Man kann dabei lernen, Spielräume zu nutzen und Grenzen zu verschieben oder sie wenigstens anders zu erfahren. Die Studienzeit sollte von Studierenden nicht nur als Vorbereitungszeit für ein späteres Berufsleben verstanden werden: Sie ist Lebenszeit. Nicht nur, was während der Studienzeit theoretisch gelernt wird, sondern vor allem das, was während dieser Zeit kämpfend und liebend gelebt wird, erzeugt einen Reichtum der Subjektivität, ohne den ein befreiendes Denken oder Handeln keine Basis hat.

Lob des Nichtstuns

Das moderne westliche Bewußtsein ist auf Tun, auf Arbeit, auf Praxis hin zentriert: Die Wut des Machens beherrscht die kapitalistisch geprägte Gesellschaft. Auch die theoretischen sozialistischen Alternativen zum Kapitalismus zeichnet zumeist eine Orientierung auf das Machen aus. In nach-kapitalistischen Gesellschaften soll, ihnen zufolge, endlich vieles effektiver organisiert und durchgeführt werden, wenn die Fesselung durch die kapitalistische Produktionsweise gebrochen ist. Für den Marxismus ist das menschliche Wesen durch Arbeit bestimmt. Diese Position trifft zwar einen oder den zentralen Aspekt der bisherigen menschlichen Existenz, sie bleibt aber zugleich zu sehr an die bestehende Arbeitsgesellschaft gefesselt. Marx' Schwiegersohn Lafarque, der ein Buch mit dem Titel *Lob der Faulheit* geschrieben hat, gehört zu den Ausnahmen in der sozialistischen Tradition.

Eine industrielle Gesellschaft muß ihre ökonomische Praxis in bestimmter Weise effizient planen und durchführen, um sie zum Instrument der Überwindung der Lebensnot machen zu können. Sie muß notwendige Formen der Arbeitsdisziplin durchsetzen und ihren Mitgliedern deshalb ein notwendiges Maß an Arbeitsleid auferlegen. Ökonomisch effiziente Arbeit und Triebversagungen gehören, wie Freud herausgearbeitet hat, notwendig zusammen. »Allenfalls« das Maß und die Qualität des Arbeitsleids kann durch ein möglichst hohes Maß an Selbstbestimmung der Produzenten und durch die Verkürzung der Arbeitszeit reduziert werden. Wo Verplanung und Arbeit jenseits eines Reiches der Notwendigkeit zu viel Einfluß gewinnen, saugen sie ein mögliches besseres Leben auf. Eine bessere Gesellschaft ist zwar auf die Freisetzung sinnvoller Aktivitäten angewiesen, aber auch auf Ruhe, Gelassenheit und Frieden. Ein »männlicher« Aktivismus, der von der Angst vor Passivität und Hingabe lebt, die er dem Weiblichen zurechnet, gehört zur Misere des Bestehenden. Das aktive, auf verändernde Praxis ausgerichtete Bewußtsein ist allenfalls solange sinnvoll, solange die Welt im Interesse der Menschen verändert werden muß. »Der Fortschritt hat noch nicht stattgefunden«, heißt es bei Kafka. Wo er wirklich eingetreten wäre, hätten die Menschen die Welt so verändert, daß sie nicht mehr nach Veränderung schreien würde. Man könnte dann endlich vieles so lassen, wie es ist, um mehr Zeit für Ruhe und Muße zu finden.

Es geht heute für theoretisches Denken nicht bloß darum, zu reflektieren, was zu tun ist, was durch Praxis verändert werden muß. Es ist genauso nötig, darüber nachzudenken, welches Tun endlich gelassen werden sollte. Die Welt wäre um vieles besser, wenn endlich viele Aktivitäten unterlassen würden, wenn die Menschen sich endlich für viele ihrer Handlungen zu schade wären. Allzuviele Aktivitäten in der bestehenden Gesellschaft sind längst zu entleerten Pseudoaktivitäten degeneriert, die allenfalls dazu dienen, schlechte Verhältnisse aufrechtzuerhalten. Der Natur, die unsere Lebensgrundlage darstellt, würde es sehr gut tun, in vielen Bereichen endlich von menschlichen Aktivitäten verschont zu werden. Viele gängige Aktivitäten taugen allenfalls dazu, Geld zu verdienen oder zur fragwürdigen Zerstreuung, aber nicht dazu, wirkliche menschliche Bedürfnisse zu befriedigen. Ein Übermaß an Arbeitsdrang dient häufig keineswegs primär der Verminderung der Lebensnot. Es ist vielmehr Resultat einer perversen arbeitssüchtigen Psyche, die von einer wildgewordenen Ökonomie hervorgebracht wurde. Die Angst vor der Freiheit, die die bestehende Gesellschaft regiert, ist nicht zuletzt eine vor äußerer und innerer Ruhe, die die Menschen sich selbst überließe.

Auch die Krise der heutigen Universität besteht keineswegs primär darin, daß Hochschullehrer oder Studenten zu wenig tun. Sie besteht eher darin, daß sie zu viel machen oder machen müssen, was sie, im eigenen Interesse oder im Interesse anderer Menschen, besser unterlassen würden. Eine erzwungene Betriebsamkeit raubt allzu häufig die Zeit, die für ein ruhiges Nachdenken und Lesen oder für gründliche Diskussionen notwendig wäre. Die permanente Beschleunigung nahezu aller Arbeitsvollzüge führt zu immer mehr hektischen Aktivitäten, die einer Zeitstruktur entgegenstehen, die für eigenständiges Denken erforderlich ist. Denken und Handeln wird kaum ein Zeitrhythmus gegönnt, den sie brauchen, um zu reifen. Die ritualisierte Wut des Machens resultiert keineswegs nur aus objektiv gesetzten, institutionellen Zwängen, die aus staatlichen oder wirtschaftlichen Anforderungen an die Universität erwachsen. Sie hat auch mit kollektivierten subjektiven Befindlichkeiten der Universitätsangehörigen zu tun. Nicht nur der Staat, der die Universität von außen mit bürokratischen Mitteln seinen Zielen unterwerfen will, sorgt für eine zunehmende Reglementierung aller universitären Aktivitäten, auch eine selbstorganisierte fragwürdige Betriebsamkeit vieler Universitätsangehöriger verwandelt sie immer mehr in ein »Gehäuse der Hörigkeit« (Weber).

Diese Betriebsamkeit ist sowohl mit der eher unbewußten als bewußten Angst vor dem unreglementierten Denken verwandt als auch mit der Angst, sich mit anderen Menschen ohne aufwendige bürokratische und technische Rituale auseinanderzusetzen. Wo Subjektivität sich nicht entfalten durfte und darf, ist sie so brüchig, daß sie auf institutionelle Rituale zu ihrer Abstützung angewiesen ist. Sinnvolle Planungen werden dann von einer bürokratisierten Kontrollwut aufgefressen, die ihre Energien aus der Angst vor der Autonomie bezieht, an deren Überwindung das kritische Denken gebunden ist. Viele Aktivitäten von Professoren dienen bloß dem Erbauen von Käfigen, in denen sie sich mit ihrer intellektuellen und menschlichen Beschränktheit heimisch fühlen können. Die Angst vor der Freiheit geht bei vielen von ihnen soweit, daß sie sich im angsterfüllten Planungswahn selbst die eigenen Freiheiten rauben. Die Universität wird immer mehr von mit Titeln versehenen, theoretisierenden Verwaltungsbeamten beherrscht, deren Aktivitäten von der Angst vor selbständigem Denken und Tun bestimmt sind. (Diese Feststellung richtet sich keineswegs gegen qualifizierte Verwaltungsbeamte, die die Universität durchaus sehr nötig hat.) Diese produzieren immer mehr bürokratische Reglementierungen, die mehr mit der Zerstörung von unkontrollierbarer und angstbesetzter Selbsttätigkeit als mit notwendigen Ordnungen zu tun haben. Dabei ist niemand so sehr zur Produktion eines lähmenden universitären Chaos geeignet als diejenigen, die alles perfekt regeln wollen. Die Ordnungswütigen, die überall ein scheinbares Chaos bekämpfen müssen, haben eine unbewußte, heimliche Liebe zum Chaos. Der Aufwand, die Universität noch funktionsfähig zu halten, wird dadurch unermeßlich gesteigert, daß alle Planungen durch das bürokratische Nadelöhr gezwungen werden sollen.

Jede forschende Tätigkeit und jeder Bildungsprozeß ist auf eine gewisse geplante Strukturierung angewiesen. Solche Planungen sind der Sache, der sie dienen sollen, und den Menschen, die sie zu bearbeiten haben, am ehesten angemessen, wenn sie möglichst weitgehend von bürokratischen Ritualen freigehalten werden. In der bestehenden Universität verfallen sie immer mehr einer sexualisierten bürokratischen Zuhälterlogik, die, abgedeckt durch den Anspruch einer sparsamen und effektiven Mittelverwaltung, die Angst vor der Abweichung organisiert. Wer im bürokratisierten Machtspiel der Universität Geld und Einfluß haben will, verliert allzu leicht die äußere und innere Unabhängigkeit, die zum kritischen Denken gehört. Das Bedürfnis, sich im permanenten bürokratisierten Machtkampf behaupten zu wollen, begünstigt Charaktereigenschaften, die keineswegs dem entschlossenen Festhalten an der Wahrheit dienen, das der Prozeß wissenschaftlicher Aufklärung verlangt. Die Nötigung, sich ständig Menschen gegenüber, unter Nutzung bürokratischer Regeln, taktisch verhalten zu müssen, nagt an der intellektuellen Redlichkeit und fördert kaum die offene Diskussion, an die der Fortschritt des Denkens gebunden ist. Die bürokratischen Aktivitäten werden meist umso irrationaler, je mehr wesentliche Entscheidungen, die die Universität betreffen, vom Staat oder von der Universitätsspitze monopolisiert werden. Hat dies doch zur Konsequenz, daß viele Aktivitäten nachgeordneter Gremien zu bloßen Pseudoaktivitäten herunterkommen müssen.

Ein kritischer Intellektueller muß heute an der Universität ein großes Maß seiner Kraft im Kampf gegen Reglementierungen verbrauchen, die von den Agenten der Unfreiheit organisiert werden. Selbst diejenigen, die das befreiende Potential der Wissenschaft retten wollen, sind, um Schlimmeres zu verhüten, ständig mit der Mitarbeit an Regelwerken beschäftigt, aus denen ein perfekteres Gehäuse der Unfreiheit resultiert. Seit der Autor dieses Textes an der Universität lehrt, hat jedes Semester die bürokratische Entmündigung in Forschung und Lehre zugenommen. Es ist niemals vorgekommen, daß etwa eine Studien- und Prüfungsordnung, die Studenten und Hochschullehrern unsinnige Anforderungen auferlegt, entschärft wurde. Daß auch viele Individuen, die sich kritisch vorkommen, ständig an der weiteren Verplanung mitarbeiten, um irgendwelche eigenen Interessen durchzusetzen, zeigt, wie wenig sie in der Lage sind, kritisches Denken auf ihre eigene Praxis anzuwenden. In einer Universität, in der notwendige Prinzipien akademischer Freiheit wirklich Gültigkeit hätten, müßten alle planerischen Maßnahmen daraufhin überprüft werden, ob sie jetzt oder in Zukunft unnötige Einschränkungen von Freiheitsräumen nach sich ziehen. Daß dies kaum geschieht und daß die intellektuellen und psychischen Voraussetzungen bei den meisten Universitätsmitgliedern hierzu fehlen, ist Ausdruck der tiefen Krise der Universität.

Die weitgehende Mißachtung der für eine kritische Forschung und Lehre notwendigen Prinzipien der akademischen Freiheit, von denen allzuviele Universitätsangehörige keinen Begriff haben, sorgt dafür, daß bornierte subjektive Interessen und Bedürfnisse mit Hilfe scheinbar sachnotwendiger bürokratischer Regelungen durchgesetzt werden. Wer sich seiner selbst und seiner theoretischen Position nicht mehr sicher ist, gerät in Versuchung, sie gegenüber Studierenden und kritischen Kollegen mit Hilfe von Studien- und Prüfungsordnungen oder einengenden Gremienbeschlüssen zu zementieren. Die schwachen Herren bedürfen ihrer studentischen Knechte und Mägde, um ihre bedrohte Identität abzustützen. Daß das durch einen Mangel an kritischer Selbstreflexion erleichtert wird, der z.B. durch das naturwissenschaftliche Erkenntnisideal begünstigt wird, verleiht dem Bürokratismus besonders leicht seine Züge boshafter Wucherungen. Die sicherlich notwendige und sinnvolle Mitarbeit in Universitätsgremien kann eine fragwürdige, sie irrationalisierende subjektive Bedeutung erlangen, wenn sie dazu dient, Zweifel an der Sinnhaftigkeit des eigenen wissenschaftlichen Tuns oder das Leiden am Fehlen von Anerkennung oder mangelnder intellektueller Produktivität abzuwehren. Sinnvolle Planungen und ein Planungsfetischismus, der dazu dienen soll, sich auf problematische und oft unbewußte Art subjektive Bedeutsamkeit zu verleihen, sind heute zumeist unentwirrbar miteinander verschränkt.

Die verplante Universität begünstigt den falschen Subjektivismus. Die Individuen, die sich im institutionellen Gehäuse mit ihren Interessen und Wünschen nicht wirklich wiederfinden können, werden ständig auf sich selbst zurückgeworfen und tendieren deshalb dazu, sich auf giftige Art aufzublähen. Die Energien, die sich nicht sinnvoll vergegenständlichen können, die keine angemessenen Objekte finden, werden aufs eigene Selbst zurückgeworfen und drängen zur narzißtischen Wucherung. Ein verselbständigter Bürokratismus erzeugt einen boshaften Subjektivismus, der sich zu seiner Durchsetzung wiederum der bürokratischen Mittel bedient, die ihn hervorbringen. Den positivistischen Forschungsbetrieb kennzeichnet, wie oben am Beispiel der experimentellen Psychologie aufgezeigt wurde, eine eigentümliche Verbindung von wildgewordenem Subjektivismus und formalisierter methodischer Betriebsamkeit. Sie ist der Verbindung von autoritärer, subjektiver Borniertheit und Bürokratismus verschwistert, die die Hochschulpolitik in der akademischen Anpassungsfabrik prägt.

Anmerkungen

1 F.W.J. v. Schelling, *Vorlesungen über die Methode des akademischen Studiums.* Berlin 1802, S. 452
2 Th.W. Adorno, *Negative Dialektik.* Frankfurt/M. 1966, S. 27
3 Die Trennung von Theorie und Praxis gilt nur für seine Schriften zur theoretischen Philosophie. Er hat auch philosophische Schriften mit praktischer Orientierung, wie etwa seine Schriften zur Ehtik und zur Politik, geschrieben.
4 Aristoteles, *Metaphysik.* Stuttgart 1970, S. 22
5 Aristoteles, *Nikomachische Ethik.* Stuttgart 1969, S. 160
6 Ebd., S. 161
7 Ebd.
8 Ebd., S. 288 f.
9 Ebd., S. 292
10 Ebd., S. 209 f.
11 Zitiert nach B. Lang und C.McDannel, *Der Himmel.* Frankfurt/M. 1990, S. 128
12 Siehe hierzu: H. Marcuse, Der affirmative Charakter der Kultur. In: *Kultur und Gesellschaft.* Frankfurt/M. 1965
13 Siehe hierzu: F. Nietzsche, *Zur Geneologie der Moral.* Verschiedene Ausgaben
14 F.W.J. v. Schelling, a.a.O., S. 463
15 F. Bacon, *Neues Organ der Wissenschaften. Novum Organon.* Darmstadt 1981
16 F. Bacon, *Valerius Terminus.* Würzburg 1984, S. 35
17 Siehe hierzu: F.W.J. v. Schelling, *Ideen zu einer Philosophischen Natur.* Verschiedene Ausgaben
18 F. Bacon, *Novum Organon.* a.a.O., S. 137
19 Ebd., S. 96
20 Karl Marx, *Thesen über Feuerbach.* MEW 3. S. 7
21 Ebd., S. 5
22 K. Marx/F. Engels, *Deutsche Ideologie I. Feuerbach.* MEW 3. S. 18
23 K. Marx, *Anmerkungen zur Dissertation.* MEW Ergänzungsband I. S. 328
24 Siehe hierzu K. Marx, *Ökonomisch-philosophische Manuskripte.* MEW. Ergänzungsband I. S. 542
25 K. Marx, *Exzerpte 3.* MEGA I. S. 546
26 Allenfalls in Marxens Frühschriften gibt es darauf allgemeine Hinweise.
27 Zur Kritik des Pragmatismus siehe: M. Horkheimer, *Zur Kritik der instrumentellen Vernunft. Zum Verhältnis von Behaviorismus und Pragmatismus.* siehe W. Friedrich, *Zur Kritik des Behaviorismus.* Köln 1978
28 W. James, *Der Pragmatismus.* Hamburg 1977. S. 33
29 Ebd., S. 136
30 Ebd., S. 126 f.
31 Ebd., S. 137
32 Ebd., S. 147
33 Ebd., S. 146
34 *The Varieties of Religious Experience.* New York 1902, zitiert nach Horkheimer, a.a.O., S. 57 f.
35 M. Horkheimer, a.a.O., S. 58
36 W. James, *Pragmatismus*, S. 25
37 Ebd., S. 12
38 Ebd., S. 125
39 Ebd., S. 130
40 Ebd., S. 146
41 Dewey, *Essays in Experimentall Logic.* S. 330, zitiert nach Horkheimer, a.a.O., S. 59
42 W. James, *Pragmatismus.* S. 12
43 G. Anders, *Die Antiquiertheit des Menschen.* Band I, München 1980. S. 247
44 Siehe hierzu S. 62 ff dieses Buches
45 Siehe hierzu S. 86 ff dieses Buches
46 Siehe hierzu: J.Habermas, *Erkenntnis und Interesse.* Frankfurt 1968
47 Ebd.

Die Leugnung der Differenz
- Geschlechtlichkeit und wissenschaftliche Vernunft

Zur Psychoanalyse der Geschlechterdifferenz

Wer im Horizont der Psychologie über die Bedeutung der Geschlechterdifferenz nachdenken will, muß sich mit der Psychoanalyse auseinandersetzen. Sie hat Wesentliches darüber ausgemacht, wie die psychosexuelle Verfaßtheit von dieser Differenz bestimmt wird.

Die Psychoanalyse kann deutlich machen, daß psychisches Erwachsensein, das sie mit Liebesfähigkeit und Arbeitsfähigkeit verbindet, an das Akzeptieren der grundlegenden Bedeutung der Geschlechterdifferenz gebunden ist. Unbewußte infantile Bindungen, die Menschen in Unfreiheit halten, neurotische Symptome und perverse Triebschicksale haben ihr zufolge immer etwas mit dem Scheitern an der Geschlechterdifferenz zu tun. Es gibt für Erwachsene kein Zurück mehr hinter diese Differenz, sie können niemals bloß Menschen sein: Sie müssen als Frau oder Mann Menschen sein. Die Geschlechterdifferenz akzeptieren heißt, das Bewußtsein annehmen zu können, daß alle wesentlichen psychischen Leistungen durch diese Differenz mitbestimmt sind. Es bedeutet, in dem Wisssen leben zu können, daß die Sexualität, die an die Differenz gebunden ist, auf die psychische Verfaßtheit einen nicht zu unterschätzenden Einfluß hat. (Das gilt für die Heterosexualität wie für die Homosexualität. Auch die Homosexualität wird vom anderen Geschlecht, das sie scheinbar ausschließt, unbewußt entscheidend mitbestimmt.)[1]

Dieses psychoanalytische Postulat ist für das kritische Denken schwer zu konkretisieren. Das Wesen der Geschlechterdifferenz läßt sich nicht exakt mit Hilfe feststehender Tatsachen bestimmen. Das Geschlechterverhältnis sollte vielmehr als etwas gedacht werden, was als verinnerlichtes soziales Verhältnis die Beziehung der Gechlechter stets von neuem prozeßhaft erzeugt. Die Differenz ist im Unbewußten verankert und treibt nicht zuletzt von dort aus ihr »Spiel« mit Männern und Frauen. Männer und Frauen setzen sich meist kaum schlicht als zwei verschiedene Sorten Menschen zueinander ins Verhältnis, sie werden vielmehr durch die Differenz, die zu weiten Teilen unbewußt in ihnen wirkt, zueinander in wechselnde Beziehungen gesetzt. Sie machen meist weniger aus freien Stücken etwas mit ihrer Polarität, als daß die Polarität, als sich wandelnde, etwas mit ihnen macht. Die Kräfte, die sie aneinander binden, oder voneinander abstoßen, können sie immer nur begrenzt ihrem Willen unterwerfen. Die Geschlechterspannung[2] lebt sozusagen die Menschen, deren Freiheit darin besteht, sie ohne allzuviel Verdrängungen auf für Frauen und Männer erfüllende Art wirksam werden zu lassen. Auch in einer patriarchalischen Gesellschaft sind die Männer, trotz ihrer Macht über Frauen, nicht einfach Herren der Differenz. Sie können niemals ganz willkürlich festlegen, wie Männliches sich auf Weibliches bezieht. Die gesellschaftliche Organisation der Differenz wirkt in ihrem Rahmen vielmehr auf eine fragwürdige, die Frauen diskriminierende Art, legt dabei aber auch die Männer fest. Das Wirken der Differenz ist mit Machtwirkungen zwischen den Geschlechtern verbunden, aber kein Geschlecht ist in der Lage, diese Machtwirkungen eindeutig festzuschreiben. Das Bemühen, die Differenz eindeutig zu bestimmen, sie als dingfest gemachte Tatsache handhabbar zu machen, lebt von der Angst vor dem, was die lebendigen Wirkungen der Differenz mit uns zu machen vermögen. Psychische Emanzipationsprozesse erlauben niemals, die Differenz völlig beherrschbar zu machen. Sie erlauben allenfalls, den Wirkungen der Differenz einiges von ihrer Blindheit zu nehmen und sie der Bearbeitung durch das Ich zugänglich zu machen. Auch wo diese Wirkungen als bedrohlich erfahren werden, können sie niemals zum Verschwinden gebracht werden. Als abgewehrte entfalten sie eine bewußtlose, oft zerstörerische Dynamik. Wo das Bemühen vorherrscht, sie in theoretischer oder praktischer Absicht unter Kontrolle zu bringen, regiert eine Angst vor ihren lebendigen Wirkungen, die Menschen in Unfreiheit hält.

Durch die Geschlechterdifferenz werden Menschen zu Frauen oder Männern, aber sie werden dies auf eine widersprüchliche und vielschichtige Art. Der menschliche Charakter ist nach den Einsichten der Psychoanalyse ein Produkt vielfältiger Identifikationsprozesse, die in sozialen Beziehungen zustande kommen. In ihm schlagen sich immer lebensgeschichtlich zu verarbeitende Beziehungen zu beiden Geschlechtern nieder; was dem anderen Geschlecht zugerechnet wird, ist in der Psyche von Frauen und Männern deshalb immer auch vorhanden. In der Seele des Mannes hat der weitreichende Einfluß der Mutter während der kindlichen Erziehung Weibliches verankert; in der Psyche der Frau hat der Vater durch seinen patriarchalischen Einfluß Männliches untergebracht. Eine sexuelle Identität als Mann oder Frau zu erwerben verlangt es, daß das, was am eigenen Selbst dem anderen Geschlecht zugerechnet wird, zu großen Teilen verdrängt wird. Es muß weitgehend ins Unbewußte abgeschoben werden, verschwindet aber dadurch keinesfalls. Wir erleben uns als männliche oder weibliche Wesen, obwohl immer auch Anteile des anderen Geschlechts in uns sind. Die Geschlechterdifferenz wirkt also nicht nur zwischen den Geschlechtern, sie wirkt auch in jedem der beiden Geschlechter. Daß damit im Verschiedenen auch das Gleiche wirksam ist, erlaubt den Zugang zum anderen. Gäbe es das Identische im Nichtidentischen nicht, wären sich Männer und Frauen so fremd, daß sie keinen Zugang zueinander finden könnten. Beziehungen zwischen Männern und Frauen scheitern häufig nicht zuletzt daran, daß beiden kein produktiver Umgang mit den eigenen gegengeschlechtlichen Anteilen gelingt, weil diese zu sehr der Verdrängung anheim gefallen sind. Nur die Fähigkeit, im Fremden das Vertraute finden zu können, macht die orgiastische Lust möglich, die die Geschlechterspannung punktuell aufhebt, indem sie männliche und weibliche Subjekt- und Objektrepräsentanzen zum Verschmelzen bringt.[3]

Die Geschlechterdifferenz muß als zu weiten Teilen unbewußt wirkende Kraft gedacht werden. Sie bringt Vielschichtiges, niemals eindeutig Faßbares hervor. Das stellt das theoretische Denken, das sie zu erfassen sucht, vor enorme Probleme. Die Schwierigkeiten, die auch psychoanalytische Theoretiker mit der Geschlechterdifferenz haben, geben davon Zeugnis. Schon Freuds Theorie der Weiblichkeit zeigt seine Schwierigkeiten, der Geschlechterdifferenz gerecht zu werden. Die Probleme, die er bei der präzisen Erfassung dessen hat, was Weiblichkeit für die Psychoanalyse bedeuten soll, sind nicht nur in seinen patriarchalischen Vorurteilen begründet, sondern haben ihre Wurzel auch in einem Gegenstand, der auf die Geschlechterdifferenz bezogen ist. Wenn Freud in bezug auf die Weiblichkeit von einem »dark continent«[4], von »Schattenhaftem«[5], von einem unerklärlichen »Rest«[6] spricht, der sich der Aufklärung entzieht, hat das nicht primär mit einer Unschärfe seines Denkens zu tun, die ihn dazu bringt, sein Heil in einer Interpretation zu suchen, die aus der Perspektive eines phallischen Monismus entwickelt wird. Diese »Unschärfe« ist vor allem darin begründet, daß sie sich in Bezug auf das Unbewußte notwendig einstellt. Sie hat darin ihre Ursache, daß bei der Bestimmung des Weiblichen eine Bewegung des Werdens dargestellt werden muß, bei der der Pol des Weiblichen wesentlich vom Männlichen bestimmt wird, aber in dieser Bestimmung nicht aufgeht, weil Männliches auch umgekehrt vom Weiblichen prozeßhaft erzeugt wird. Männliches ist auf vielschichtige Art am Werden des Weiblichen beteiligt, ebenso wie umgekehrt Weibliches am Werden des Männlichen. Wir haben es mit psychischen Prozessen zu tun, die dem vorherrschenden Identitätsdenken, das alles möglichst eindeutig machen will, enorme Schwierigkeiten bereiten müssen. Freud mußte an einer Bewegung »scheitern«, in der das lebendige Spiel der Differenz sich eindeutigen Festlegungen sperrt. Dies »Scheitern« erhält damit als Notwendiges ein Element der Wahrheit.[7]

Die theoretischen Schwierigkeiten, dem Problem der Geschlechterdifferenz gerecht zu werden, sind keineswegs bloß intellektueller Art. Sie haben ihre Ursachen auch in den Wirkungen von Ängsten und den sie begünstigenden Abwehrmechanismen. Wie man sich vor ihnen drücken kann, zeigt ein psychoanalytischer Theoretiker wie Wilhelm Reich. Reich, dem das Verdienst zukommt, durch seine theoretische und praktische Arbeit die Sexualität als Politikum bewußt gemacht zu haben, und der deshalb die linke Sexualitätsdebatte wesentlich beeinflußt hat, bringt es fertig, über die Sexualität zu theoretisieren und dabei die Geschlechterdifferenz beinahe vollständig zu vernachlässigen. Daß es nicht die Sexualität im allgemeinen gibt, sondern nur weibliche oder männliche Sexualität, die durch das Wirken der Differenz geprägt sind, bleibt für ihn nahezu ohne Bedeutung. Die Sexualität wird bei ihm, etwa in der »Funktion des Orgasmus«[8], tendenziell auf etwas Biologisches reduziert, das nicht nur kaum etwas mit den Beziehungen zwischen Menschen zu tun hat, sondern auch von der Geschlechterspannung abgekoppelt ist. Seine »Sexualökonomie«, der auf der soziologischen Ebene das Verdienst zukommt, auf die Verbindung von Macht und Sexualität hingewiesen zu haben, lebt von einer Leugnung der Differenz, die als Ausdruck massiver psychischer Abwehr und repressiver gesellschaftlicher Gleichmacherei interpretiert werden muß.

Die Geschlechterdifferenz ist für die Psychoanalyse notwendig mit brisanten, lebensgeschichtlich zu verarbeitenden Konflikten verbunden. Sie ist nur schwer von Ängsten, Schrecken und Neidreaktionen abzulösen, die den Kampf der Geschlechter aufladen. Nach Freuds Einsicht ist die Erfahrung der Geschlechterdifferenz notwendig mit Kastrationsproblematiken verbunden. Sie ist mit Ängsten verknüpft, die mit der »tödlichen« Bedrohung der körperlichen Integrität oder dem Identitätsverlust verwandt sind. Für die klassische Freudsche Psychoanalyse ist das Akzeptieren der Geschlechterdifferenz mit der Bewältigung des Ödipuskomplexes und der mit ihm verbundenen Kastrationsproblematik verknüpft. Daraus folgt, daß die psychischen Mechanismen, die während des ödipalen Konfliktes wirksam werden, noch beim Erwachsenen unterschwellig das Verhältnis zum Unterschied der Geschlechter mitbestimmen. Die Verarbeitungsformen, die zum Gelingen oder Mißlingen der Bewältigung des Kastrationskomplexes führen, legen im Unbewußten den Umgang mit der Geschlechterdifferenz fest. Die genauen psychoanalytischen Konstruktionen hierzu können im Rahmen dieses Textes nicht vorgeführt werden, über sie ist an anderer Stelle genügend zu Papier gebracht worden.[9] Einige knappe Hinweise auf die von der Psychoanalyse aufgedeckten unbewußten Strukturen müssen hier genügen.[10] Ein heuristisches Modell soll lediglich auf Elemente der Freudschen Konstruktionen hinweisen, die für den Gegenstand dieses Textes von Bedeutung sind.

Das Akzeptieren der Geschlechterdifferenz ist beim Mann an die nie vollständig mögliche Überwindung von Kastrationsängsten gebunden. Diese haben ihre Wurzeln in der Erfahrungswelt des kleinen Jungen, der Frauen als penislos[11] wahrnimmt und diese Verfaßtheit der Tatsache einer erfolgten Kastration zurechnet. Freud schreibt über Genese dieser von Erwachsenen schwer nachvollziehbaren Erfahrung:

»Die Psychoanalyse hat neuerlichen Wert auf zweierlei Erfahrungen gelegt, die keinem Kind erspart bleiben und durch die es auf den Verlust wertgeschätzter Körperteile vorbereitet sein sollte, auf die zunächst zeitweilige, später einmal endgültige Entziehung der Mutterbrust und auf die täglich erforderte Abtrennung des Darminhaltes. Aber man merkt nichts davon, daß diese Erfahrungen beim Anlaß der Kastrationsdrohung zur Wirkung kommen würden. Erst nachdem eine neue Erfahrung gemacht worden ist, beginnt das Kind mit der Möglichkeit einer Kastration zu rechnen, auch dann nur zögernd, widerwillig und nicht ohne das Bemühen, die Tragweite der eigenen Beobachtung zu verkleinern.

Die Beobachtung, welche den Unglauben des Kindes endlich bricht, ist die des weiblichen Genitales. Irgend einmal bekommt das auf seinen Penisbesitz stolze Kind die Genitalregion eines kleinen Mädchens zu Gesicht und muß sich von dem Mangel eines Penis bei einem ihm so ähnlichen Wesen überzeugen. Damit ist auch der eigene Penisverlust vorstellbar geworden, die Kastrationsdrohung gelangt nachträglich zur Wirkung.«[12]

Die Entdeckung der Penislosigkeit des Weibes bringt das traumatische Erschrekken vor der Phantasie mit sich, von einem ähnlichen Schicksal bedroht zu sein. Eine Bedrohung, die der Junge während des Ödipuskomplexes von der väterlichen und auch der mütterlichen Macht ausgehen sieht, mit der er in Autoritätskonflikte und Rivalitäten verstrickt ist. Wenn Kastrationsängste an Gewicht gewinnen, wächst zugleich die Angst vor der Differenz, mit der sie assoziiert werden. Der Junge kann von seinen Ängsten dazu gezwungen werden, partiell auf seine Männlichkeit zu verzichten und in die Identifikation mit dem Weiblichen zu flüchten. Indem er so seine Differenz zu diesem leugnet, kann er versuchen, bedrohlichen männlichen Rivalitätskonflikten mit der väterlichen Macht auszuweichen. Nicht überwundene Kastrationsängste können im Unbewußten ständig die Angst oder den Wunsch speisen, in eine Frau verwandelt zu werden. Das kann als Reaktionsbildung zu einer Überbetonung der Männlichkeit führen, die mit der zwanghaften Abwehr des Weiblichen, darunter auch die weiblichen Anteile der eigenen Person, einhergeht. Die Geschlechterdifferenz muß dann, unter dem Diktat unterschwelliger Ängste, in starre Muster gepreßt werden - ihr freies Spiel, das erst erotische Lebendigkeit zuläßt, darf sich nicht entfalten.

Auch der Weg zur Weiblichkeit führt Freud zufolge über den Kastrationskomplex und die mit ihm verbundenen Schwierigkeiten, die Geschlechterdifferenz zu akzeptieren. Das Mädchen erfährt sich in einem bestimmten Alter in seinem kindlichen Interpretationshorizont als kastriert, weil es nicht mit dem Penis des Jungen ausgestattet ist. Diese Art der Erfahrung mündet in den »Penisneid«, an dessen Überwindung ein positives Verhältnis zur Geschlechterdifferenz gebunden ist. Freud schreibt hierzu:

»Sie hören, wir schreiben auch dem Weib einen Kastrationskomplex zu. Mit gutem Grund, aber er kann nicht denselben Inhalt haben wie beim Knaben. Bei diesem entsteht der Kastrationskomplex, nachdem er durch den Anblick eines weiblichen Genitales erfahren hat, daß das von ihm so hoch geschätzte Glied nicht notwendig mit dem Körper beisammen sein muß. Er entsinnt sich dann der Drohungen, die er sich durch seine Beschäftigung mit dem Glied zugezogen, fängt an, ihnen Glauben zu schenken, und gerät von da an unter den Einfluß der Kastrationsangst, die der mächtigste Motor seiner weiteren Entwicklung wird. Auch der Kastrationskomplex des Mädchens wird durch den Anblick des anderen Genitales eröffnet. Es merkt sofort den Unterschied und - man muß es zugestehen - auch seine Bedeutung. Es fühlt sich schwer beeinträchtigt, äußert oft, es möchte 'auch so etwas haben' und verfällt nun dem Penisneid, der unvertilgbare Spuren in seiner Entwicklung und Charakterbildung hinterlassen, auch im günstigsten Fall nicht ohne schweren psychischen Aufwand überwunden werden wird. Daß das Mädchen die Tatsache ihres Penismangels anerkennt, will nicht etwa besagen, daß sie sich ihr leichthin unterwirft. Im Gegenteil, sie hält noch lange an dem Wunsch fest, auch so etwas zu bekommen, glaubt an diese Möglichkeit bis in unwahrscheinlich weite Jahre, und noch zu Zeiten, wenn das Wissen um die Realität die Erfüllung dieses Wunsches längst als unerreichbar beiseite geworfen hat, kann die Analyse nachweisen, daß er im Unbewußten erhalten geblieben ist und eine ansehnliche Energiebesetzung bewahrt hat.«[13]

Der Penisneid des Mädchens ist nicht schlicht als Neid auf ein männliches Körperteil zu interpretieren, sondern ist als Neid auf Männliches gerichtet, das es symbolisiert. Er ist als Symptom zu interpretieren, hinter dem auch frühere Ablösungskonflikte des Mädchens mit der Mutter und eine verdrängte eigene Sexualität verborgen sind.[14] Das kleine Mädchen erfährt sich im Vergleich mit dem Jungen als minderwertig. Die dadurch erzeugten Eifersuchtsreaktionen bewirken, daß das Mädchen danach trachtet, sich das männliche Geschlechtsteil symbolisch anzueignen oder es durch symbolische Kastrationen zu zerstören. Das vom Penisneid erfaßte weibliche Wesen muß zwanghaft mit männlichen Wesen rivalisieren und sich dabei beweisen, daß es ihnen in nichts nachsteht. Es kann seine Sexualität nicht bejahen, weil es vom Neid auf eine männliche Sexualität besessen ist, die man ihm scheinbar vorenthalten hat. Eine erwachsene Frau mit derartigen vor allem unbewußt wirksamen Dispositionen ist noch an den Kastrationskomplex fixiert. Sie ist dem von ihm ausgehenden Drang verfallen, die Männlichkeit auf falsche Art zu glorifizieren oder zu negieren, anstatt die Andersartigkeit der Weiblichkeit als Möglichkeit zu erfahren. Aufgrund ihrer unbewußten Bindung an den Penisneid kann es für die Frau keine positive Einstellung zu ihrer Weiblichkeit geben, sie darf sich bloß als kastrierter Mann, nicht aber als Frau mit einer spezifisch weiblichen Potenz erfahren. Erst wenn von der Frau akzeptiert werden kann, daß die Weiblichkeit gegenüber der Männlichkeit nichts Minderwertiges sein muß, daß die Vagina keine Wunde, sondern eine Höhle ist, die die Möglichkeit gibt, das Geschlecht des Mannes, das sie nicht hat, zusammen mit ihm zu genießen, kann sie ihre Sexualität bejahen. Erst dann kann die Differenz mit der Frau ein reifes, lustvolles Spiel treiben. Daß das nicht nur, wie Freud meint, von der »Anatomie als Schicksal« sondern vor allem auch durch »reale Kastrationen« von Frauen in einer patriarchlischen Gesellschaft erschwert wird, sollte nicht übersehen werden. Die Erfahrung des Mangels, die die weibliche Psyche zu verarbeiten hat, steht durchaus auch in Beziehung zur realen gesellschaftlichen Mangelerfahrungen.

Die Erfahrung, daß das andere Geschlecht Züge aufweist, die einem fehlen, braucht nicht nur Unsicherheit und Neid zu provozieren. Sie bildet auch die Basis des Begehrens, das auf die Vereinigung mit dem anderen zielt. Die narzißtischen Kränkungen, die von der Erfahrung der Differenz provoziert werden, können unter günstigen Umständen so verarbeitet werden, daß in Liebesbindungen ein anderer Mensch das einbringen darf, was einem fehlt. Diese Feststellung gilt keineswegs nur für Frauen, auch Männer müssen, wenn sie Frauen lieben wollen, akzeptieren, daß sie ihnen gegenüber defizitäre Wesen sein können. Es gibt kein Begehren ohne die Bearbeitung der »Kastration«: Wer sich als vollkommenes Wesen erfahren will und ohne Defizite gegenüber anderen sein möchte, der kann auch niemanden begehren, der seinen Mangel aufheben soll. Schon Platon zeigt, daß der Eros die Liebe zu etwas ist, woran man Mangel leidet. »Was er nicht hat und nicht selbst ist und wessen er bedürftig ist, das sind die Dinge, worauf die Begierde und die Liebe gerichtet sind«.[15]

Wo Männer und Frauen, aufgrund ihrer Fixierung an infantile, unbewußte Problematiken, die Differenz leugnen müssen, weil sie mit zuviel Angst und Aggressivität verknüpft ist, kann sie nicht als etwas erfahren werden, das lebendiges Begehren zu spenden vermag. Wo sie mehr Angst einträgt, als das Subjekt gekonnt zu verarbeiten vermag, drängt sie zur Flucht in die Neurose, die Perversion oder die Homosexualität. Die Differenz kann zur einschränkenden Bedrohung werden, anstatt Lebendigkeit, Tatkraft und Klugheit zu stiften.

Sexuelle Neugierde und Intellektualität

Was die Geschlechterdifferenz mit den Menschen macht oder was sie mit ihr machen, geht entscheidend in ihre Denkformen ein. Intellektuelle Neugierde, soziale Phantasie, theoretisches Denken werden vom Umgang mit der Geschlechterdifferenz stark beeinflußt. Nach psychoanalytischen Einsichten werden Erfahrungen, die Kinder beim frühen Umgang mit der an die Differenz gebundenen Geschlechtlichkeit machen, im Bewußten und Unbewußten verankert und bestimmen so später den Realitätsbezug entscheidend mit. Besonders die während der ödipalen Phase zu verarbeitenden Verstrickungen in sexuelle Probleme prägen nach Freuds Feststellungen später die Einstellungen zu anderen Menschen und zum eigenen Selbst mit.

Die intellektuelle Neugierde ist Freud zufolge eng mit der sexuellen Neugierde des Kindes verknüpft.

»Um dieselbe Zeit, da das Sexualleben des Kindes seine erste Blüte erreicht, vom dritten bis zu fünften Jahr, stellen sich bei ihm auch die Anfänge jener Tätigkeit ein, die man dem Wiß- oder Forschertrieb zuschreibt. Der Wißtrieb kann weder zu den elementaren Triebkomponenten gerechnet noch ausschließlich der Sexualität untergeordnet werden. Sein Tun entspricht einerseits einer sublimierten Weise der Bemächtigung, andererseits arbeitet er mit der Energie der Schaulust. Seine Beziehungen zum Sexualleben sind aber besonders bedeutsame, denn wir haben aus der Psychoanalyse erfahren, daß der Wißtrieb der Kinder unvermutet früh und in unerwartet intensiver Weise von den sexuellen Problemen angezogen, ja vielleicht erst durch sie geweckt wird.«[16]

Das erste »theoretische« Interesse des Kindes erwacht nach Freuds Erkenntnissen mit der Entwicklung von infantilen »Sexualtheorien«.[17] Die auf die Sexualität bezogenen Fragen, mit denen die kindliche Psyche konfrontiert wird, sind es, »die das Werk der Forschertätigkeiten beim Kind in Gang bringen.«[18] Das Interesse zu erfahren, woher die Kinder kommen, warum weibliche Wesen keinen Penis haben, ob man kastriert werden kann oder was die Eltern beim Geschlechtsverkehr miteinander machen, provoziert das Kind zu frühen intellektuellen Leistungen. Alle diese Fragen zwingen das Kind zu Auseinandersetzungen mit der Differenz zwischen Männlichem und Weiblichem. Das Ergebnis der frühen Bemühungen der »infantilen Sexualforschung« fließt unterschwellig in spätere theoretische Anstrengungen ein.

Es besteht die Gefahr, daß die Erkundungen des Kindes in einem von Angst bestimmten Verzicht enden, der »nicht selten eine dauernde Schädigung des Wißtriebes zurückläßt.«[19] Die Sexualforschung der frühen Kinderjahre bedeutet »einen ersten Schritt zur selbständigen Orientierung in der Welt«.[20] Wenn die kindliche Forschung in einem sexualfeindlichen Klima zu vielen Einschränkungen unterliegt, muß die spätere intellektuelle Entwicklung ebenfalls gehemmt bleiben.

Die frühen Denkleistungen mit ihrer eigentümlichen, für Erwachsene oft befremdlichen Logik gehen in späteres intellektuelles Bemühen ein. Die oft schmerzliche Anstrengung des frühen Akzeptierens der Differenz zwischen den Geschlechtern erleichtert es auch, später andere Differenzen zu akzeptieren. Das kindliche Ringen um die Überwindung der Angst vor der Andersartigkeit des anderes Geschlechts erleichtert später die Überwindung der Angst vor dem Fremden, vor allem, was nicht ist wie man selbst. Fällt aber diese Angst zu massiv aus, so leitet sie Verdrängungsprozesse ein, die zur Abwehr all dessen führen, was nicht der Vorstellung vom eigenen Selbst gleicht. Aus Angst vor dem offenen Spiel der Differenzen muß dann alles auf falsche Art homogenisiert werden, die Wahrnehmung anderer Menschen muß in vorgegebene starre Muster gepreßt werden. Was sich den willkürlichen Mustern, an die sich das geschwächte Ich klammern muß, nicht fügt, erfährt eine offene oder versteckte aggressive Ablehnung.

Der Umgang mit der Differenz zwischen Männlichem und Weiblichem hat große Bedeutung für einen allgemeinen Umgang mit Differenzen. Wie mit der Andersartigkeit des anderen Geschlechts umgegangen wird, bestimmt entscheidend mit, ob Differenzen als Bedrohung oder als Bereicherung erfahren werden können. Die Beziehungen zwischen Männern und Frauen können nur gelingen, wenn die Andersartigkeit als positive Möglichkeit erfahren werden kann. Nur wenn das Bewußtsein es zu dulden vermag, daß das andere Geschlecht nie ganz zu verstehen ist, kann die Differenz in der Psyche ihre produktiven Potenzen entfalten. Männer und Frauen haben verschiedene Leiber; beide Geschlechter haben eine verschiedene Geschichte hinter sich. Eine andersartige Erziehung führt zu andersartigen Formen des Wünschens. Aufgrund einer unterschiedlichen psychischen Verfaßtheit von Männern und Frauen müssen sich weibliches und männliches sexuelles Begehren meist auf irgendeine Art verfehlen.[21] Man kann die Liebe als Mißverständnis bezeichnen. Jedes Geschlecht »spricht« mit dem anderen von einem anderen seelischen »Ort« aus. Trotz aller Verständigungsmöglichkeiten führt eine mit der Geschlechterdifferenz verbundene Fremdheit stets von neuem zu Ängsten und Verunsicherungen. Dies kann zu Versuchen der Leugnung oder zu reglementierenden Festschreibungen des Unterschiedes führen. Die unaufhebbare Differenz kann aber auch Raum für Wünsche und Sehnsüchte öffnen; an ihr kann sich die Phantasie entzünden, die für das erotische Spiel notwendig ist.

Der Zusammenhang zwischen dem Umgang mit der Geschlechterdifferenz und dem Umgang mit anderen Differenzen läßt sich empirisch belegen. Daß die Beziehung zur Geschlechterdifferenz mit der Beziehung zu anderen Differenzen in sozialen Beziehungen verknüpft ist, kann gezielt erfahrbar gemacht werden. In psychoanalytischen Selbsterfahrungsgruppen, in denen sich Gruppenprozesse ohne thematische Vorgaben entfalten können, zeigt sich, daß erst die produktive Bearbeitung der Geschlechterdifferenz soziale Beziehungen zuläßt, die es erlauben, individuelle Differenzen verschiedenster Art positiv zu würdigen. Wenn hingegen die Angst vor dem Auftauchen der Geschlechterdifferenz in der Gruppe zu groß bleibt, können individuelle Unterschiede zwischen den Gruppenteilnehmern kaum positiv besetzt werden und ihre sozialen Beziehungen zeigen wenig individuierte Züge. Die Wahrnehmung von individuellen Besonderheiten gewinnt sprunghaft an Bedeutung, sobald die Geschlechterdifferenz thematisierbar wird. Wenn nach konflikthaften Auseinandersetzungen in Gruppenprozessen das »ödipale Niveau« erreicht wird, können mit dem Unterschied der Geschlechter zugleich auch die Unterschiede zwischen den Gruppenteilnehmern und der Autorität, die der Gruppenleiter repräsentiert, anders erfahren werden. Die Erfahrung des Unterschieds der Geschlechter ist mit der Erfahrung des Unterschieds der Generationen verbunden.

Die Psychoanalytikerin Chasseguet-Smirgel hat anhand von Fallstudien deutlich gemacht, daß Individuen mit psychischen Störungen dazu tendieren, mit dem Unterschied der Geschlechter auch andere Unterschiede zu verwischen. Für den »Perversen«, dessen offene sexuelle Störung, der psychoanalytischen Theorie zufolge, auch die verdeckte Kehrseite der Neurose darstellt, gilt, daß er dazu neigt, »den doppelten Unterschied zwischen den Geschlechtern und den Generationen zu verwischen. Tatsächlich versucht er, alle Unterschiede zu beseitigen, welche die Realität ausmachen«. Das Material von Analysen belegt, »daß diese Rückkehr zur Undifferenziertheit und zum Chaos, das der Trennung, der Teilung, der Unterscheidung, der Benennung, dem Gesetz des Vaters (oder dem Gesetz Gottes in der Bibel) vorausgeht, typisch ist für die analsadistische Phase, in die der Perverse regrediert«.[22] Chasseguet-Smirgel versucht herauszuarbeiten, daß derartige psychische Dispositionen keineswegs nur für die Neurosentheorie und -behandlung von Interesse sind, sondern daß sie unterschwellig, mit fatalen Konsequenzen in totalitäre politische Einstellungen einfließen können.[23]

Auch die psychoanalytisch orientierte Autoritarismusforschung der »Frankfurter Schule«[24] zeigt einen Zusammenhang zwischen dem Umgang mit der Geschlechterdifferenz und einem allgemeinen Umgang mit Differenzen auf. Die Neigung zur totalitären Gleichmacherei geht, wie ihre Ergebnisse zeigen, mit einem gestörten Verhältnis zur Geschlechtlichkeit einher, die kein emanzipiertes Verhältnis zu der mit ihr verknüpften Differenz zwischen Männlichem und Weiblichem zu finden erlaubt. Eine unterschwellig stark angstbesetzte Frauenfeindlichkeit ist bei männlichen »autoritätsgebundenen Charakteren« mit »ethnozentristischen« Einstellungen verknüpft. Die Ablehnung der Weiblichkeit bei Männern, nicht zuletzt auch die Ablehnung der weiblichen Anteile der eigenen Person, verbindet sich mit der Abwehr alles Fremden, Unbekannten, Abweichenden an anderen Menschen. Dort, wo Frauenfeindlichkeit auftritt, werden üblicherweise auch Juden, Ausländer, Homosexuelle oder linke Minderheiten diskriminiert. Die Beziehung des Mannes zur Frau bestimmt entscheidend die Beziehung zu allem, was nicht dem entspricht, was die Angehörigen der Gruppe auszeichnen soll, der man sich zurechnet. Eine offene oder verborgene Ablehnung der Mutter, die in eine allgemeine antifeminine Einstellung mündet, läßt die Toleranz gegenüber dem Andersartigen mißlingen.

»Ein anti-femininer Affekt, der auf der Ablehnung der Mutter beruht, gibt das Modell ab für die spätere Ablehnung all dessen, was als 'anders' eingeschätzt wird. Die von den Faschisten abgelehnten Fremdgruppen, vor allem die Juden, werden oft mit 'femininen' Zügen wie Schwäche, Gefühlsbetontheit, Mangel an Selbstdisziplin und Sinnlichkeit ausgestattet. Verachtung für Züge des anderen Geschlechts, sobald sie bei Mitgliedern des eigenen Geschlechts auftreten, scheint regelmäßig mit einer stark verallgemeinerten Unduldsamkeit gegenüber allem, was anders ist, verbunden zu sein.«[25]

Der Antisemitismus von Männern, der die Vernichtung der Juden zum Ziel hat, negiert, dieser Interpretation zufolge, insgeheim das Weibliche. Für den faschistischen Schriftsteller Céline gibt es »keine Juden mehr, nur noch Frauen überhaupt«.[26]

Nach den Befunden der Autoritarismusforschung hat die Abwehr der an die Differenz gebundenen Geschlechtlichkeit weitreichende Folgen für soziale Beziehungen. Sie verfallen einer »eigentümlichen Abstraktheit und Verhärtung«[27], die dem Lebendigen feindlich gegenübersteht. Dort, wo das offene Spiel der Geschlechterdifferenz abgewehrt werden muß, macht sich eine Ordnungswut breit, die alles Vielschichtige, Mehrdeutige, Unreglementierte zum Verschwinden bringen will. Die Beziehungen zu anderen Menschen müssen in starre Muster gepreßt werden, und diese sollen als Exemplare von Gattungen eindeutig zuzuordnen sein. Differenzen, die nicht lebendig gelebt werden dürfen, müssen zum Verschwinden gebracht werden oder in starre Muster gepreßt werden. Die Vorstellungen von Männlichkeit und Weiblichkeit müssen klischeehaft starr zugerichtet werden. Frauen sollen zu Geschöpfen der Männer werden, damit sie in ihrer bedrohlichen Andersartigkeit beherrschbar erscheinen können. Wo die Angst vor dem offenen Spiel erotische Differenzen regiert, darf es nirgends etwas Neues, Anderes, Unbekanntes geben. Jede grundlegende Veränderung der bestehenden Ordnung erscheint als extrem bedrohlich. Das Lebendige, das nicht zugelassen werden kann, muß verdinglicht werden, es muß seiner Prozeßhaftigkeit beraubt werden, damit seine herrschaftliche Kontrolle möglich erscheint. Die extreme Ritualisierung von Verhaltensweisen, die mit der Erstarrung des Denkens und dem Erkalten des Fühlens einhergeht, lebt von der Angst vor der lebendigen Wirkung erotischer Differenzen. Das Andere, Fremde weckt allzu bedrohliche Horizonte für das Wünschen und Begehren, es wird mit einer Angst verknüpft, die den Drang nach seiner Ausgrenzung, Kontrolle oder Vernichtung weckt.

Die Leugnung der Differenz in der Wissenschaft

Wie geht die Wissenschaft Psychologie mit der Geschlechterdifferenz um? Kann sie es zulassen, daß diese ein lebendiges Spiel mit Psychologen treibt, das deren Intellektualität auflädt? Für die dominierende Richtung der akademischen Psychologie, die sich am naturwissenschaftlichen Erkenntnisideal orientiert, erscheint die Geschlechterdifferenz typischerweise als etwas Unwesentliches, den Wissenschaftsbetrieb eher Störendes. Ihre Art zu denken sperrt sich einer produktiven Verbindung mit der Geschlechterdifferenz auch, wo deren Bedeutsamkeit von einzelnen Individuen, außerhalb ihrer Rolle als Wissenschaftler, akzeptiert werden mag. Die Geschlechterdifferenz, ebenso wie andere Differenzen, an die die subjektive Besonderheit von Menschen gebunden ist, werden für diese Wissenschaft tendenziell zum Störfaktor.

Eine aufgeklärte Psychoanalyse kann darauf hinweisen, daß wir als Erwachsene akzeptieren sollten, daß alle unsere Lebensäußerungen entscheidend dadurch bestimmt sind, daß wir Frauen oder Männer sind. Für das wichtigste Grundlagenfach der akademischen Psychologie, die »Allgemeine Psychologie«, gilt hingegen, daß entscheidende Elemente der menschlichen Psyche ohne die Beachtung der Geschlechterdifferenz analysiert werden sollen und können. Sie orientiert sich an einem Theoriemonster, dessen psychische Dispositionen bei allen normalen Erwachsenen zu allen Zeiten und an allen Orten vorfindlich sein sollen. Sie abstrahiert damit nicht nur von der Geschichtlichkeit und Gesellschaftlichkeit des Menschen, sondern auch von seiner Geschlechtlichkeit. Sofern die Differenzen zwischen den Menschen in den Grundlagenfächern dieser Psychologie ins Blickfeld geraten, werden sie bürokratisch an eine Sonderabteilung der Psychologie in Gestalt der »Differentiellen Psychologie« delegiert, wo die Geschlechterdifferenz nur als eine Variable unter anderen vermessen wird.

Den Königsweg der Erfahrungsgewinnung, der möglichst alle Theoriekonstruktionen legitimieren soll, glaubt die naturwissenschaftlich orientierte Psychologie in der experimentellen Methode gefunden zu haben. Für diese Methode ist gesicherte Erfahrung an die Wiederholbarkeit von Experimenten gebunden. Diese Wiederholbarkeit verlangt den austauschbaren Beobachter, ebenso wie die austauschbare Versuchsperson. Diese Forderung nach Austauschbarkeit enthält eine Negation der Geschlechterdifferenz. Forschungsergebnisse dürfen - wenn diese nicht zum besonderen Gegenstand der Untersuchung gemacht wird - nicht durch die Geschlechterdifferenz beeinflußt werden. Seriöse wissenschaftliche Erfahrungen sollen unter Absehung vom Geschlecht der Forschenden gewonnen werden; Forschende sollen in der Wissenschaft nur als abstrakt allgemeine Wesen auf den Plan treten dürfen.

Die Tabuisierung der mit der Differenz verbundenen Geschlechtlichkeit zeichnet nicht nur die Logik der Forschung aus, auch die Organisation der Ausbildung der Studierenden ist ihr verfallen. Das Gelingen psychologischer Bildungsprozesse steht und fällt damit - wie im Kapitel zur Kritik der universitären Lehre aufgezeigt wurde -, daß subjektive Erfahrungen auf lebendige Art zu Theoriekonstruktionen in Beziehung gesetzt werden können. Die Aneignung von Theoriekonstruktionen erlangt ihren Sinn erst dadurch, daß sie es erlaubt, eigene soziale Erfahrungen auf phantasievolle und zugleich präzise Art zu verarbeiten. Wirkliche Bildungsprozesse schließen eine Bearbeitung der Subjektivität ein, die eine Bereicherung der Erfahrungsfähigkeit begünstigt. Die verschulte Psychologieausbildung verhindert hingegen ein Studium, das die gekonnte Bearbeitung der eigenen Subjektivität und der an sie gebundenen Formen der Realitätsverarbeitung zuläßt. Die institutionell verordnete Blockierung der Auseinandersetzung mit der eigenen Subjektivität schließt auch ein, daß geschlechtsspezifische Erfahrungsprozesse nicht zur Kenntnis genommen werden. Das Denken muß entleert bleiben, weil es sich nicht produktiv auf die mit dem Geschlecht verbundene Subjektivität beziehen kann. Die bürokratische Reglementierung der Ausbildungsgänge zielt auf gleichermaßen subjekt- wie geschlechtslose Studierende. Die standardisierten Ordnungen sehen nicht vor, daß Bildungsprozesse durch einen lebendigen Umgang mit der Geschlechterspannung befruchtet werden können.

Die etablierte wissenschaftliche Vernunft gibt sich geschlechtsneutral. Richtige, methodisch abgesicherte Erkenntnis ist für sie unabhängig vom Geschlecht. Die Wahrheit - wenn es sie für diese Wissenschaft noch gibt - erscheint als geschlechtslose. Aber verschwindet die Geschlechterdifferenz aus der Wissenschaft, wenn man ihre Bedeutung leugnet? Wirkt sie nicht vielleicht unterschwellig gerade auf die wissenschaftlichen Prozesse ein, die sie nicht beachten wollen? Eine kritische Psychologie hätte aufzudecken, wie diese Differenz als verdrängte in ihnen unbewußt wiederkehrt. Dazu sollen im folgenden einige Vermutungen angestellt werden.

Die Wissenschaft ist traditionell eine männliche Domäne, zu der Frauen über Jahrtausende keinen Zugang haben durften. Obwohl Frauen der Eintritt in die Sphäre der Wissenschaft seit einiger Zeit nicht mehr verschlossen ist, stellen sie in Forschung und Lehre immer noch eine kleine Minderheit dar, auch wenn zum Beispiel in der Psychologie der Anteil der weiblichen Studierenden den der männlichen erreicht hat. Besonders die naturwissenschaftlich orientierten Wissenschaftszweige werden nach wie vor fast ausschließlich von Männern geprägt. An der Universität rivalisieren normalerweise Männer mit Männern um Posten und die Anerkennung anderer Männer. Hier orientieren sich Männer an männlichen Vorbildern; hier arbeiten Männer mit Männern zusammen. In der Wissenschaft regiert eine gleichgeschlechtliche männliche Betriebsamkeit. Schon die philosophische Tradition, aus der die modernen Einzelwissenschaften hervorgegangen sind, ist durch die Ablehnung der Frau geprägt. Bereits Nietzsche hat darauf hingewiesen, daß in der europäischen Geistesgeschichte zum Philosophieren ein Desinteresse an Frauen gehört.[28] Die antiken Philosophen kennzeichnet üblicherweise die Frauenverachtung und die Hinwendung zu Männerfreundschaften. Das mittelalterliche philosophische Denken wird von im Zölibat lebenden Klerikern betrieben; die wissenschaftliche Disziplin stammt von der asketischen Disziplin des Klosters ab. Für die theoretisierenden Kleriker geht von Frauen eine sinnliche Verführung aus, die die Wissenschaft ständig zu untergraben droht. Frauenfeindlichkeit ist nicht nur auf antike und mittelalterliche Philosophen beschränkt. Weischedel, der sich mit dem Einfluß des Alltags auf das Denken prominenter Philosophen befaßt hat, deckte dabei zumeist ein weitgehendes Desinteresse an Frauen auf.[29] Sehr intensive Männerfreundschaften, die zu überragenden intellektuellen Leistungen führen, lassen sich hingegen viele finden. Hegel und Schelling, Marx und Engels, Freud und Fließ oder Horkheimer und Adorno können hier als Beispiele gelten.

Man kann einen Wissenschaftsbetrieb, in dem sich nahezu nur Männer auf Männer beziehen, als heimliche homosexuelle Veranstaltung interpretieren. In diesen Betrieb fließt notwendig eine ausgeprägte, wenn auch unbewußte, gleichgeschlechtlich ausgerichtete Triebhaftigkeit ein, die die Bindung von Männern an Männer und die Ausgrenzung von Frauen begünstigt. Der traditionelle Wissenschaftsbetrieb nimmt die Geschlechterdifferenz nur dahingehend sehr ernst, daß er Frauen aussperrt. Das Verhältnis von Männern und Frauen soll zwar in der Wissenschaft thematisiert werden können, aber nicht durch Frauen und Männer in intellektuellen Arbeitsbeziehungen.

Die latente Homosexualität, von der die Wissenschaft lebt, dürfte Einfluß auf das wissenschaftliche Denken haben. »In der Homosexualität ist immer ein Zug des Gleichseinwollens«[30]. Sie lebt von der Abwehr der Andersartigkeit des anderen Geschlechts, während die Heterosexualität ein stärkeres Akzeptieren des Unterschieds enthält, das gleichmacherischen Orientierungen entgegensteht.[31] Die

Homosexualität zeigt starke narzißtische Züge, ihr Interesse gilt Liebesobjekten, die dem eigenen Selbst ähneln. Ein reduziertes Interesse an der Auseinandersetzung mit dem anderen Geschlecht begünstigt, nach Adorno, bei männlichen Homosexuellen eine Art »Farbenblindheit der Erfahrung«[32], eine Störung des Interesses am Besonderen, »ihnen sind alle Frauen im doppelten Sinne gleich«.[33] Diese problematische Seite homosexueller Dispositionen kommt besonders dann zum Tragen, wenn diese durch ihre Verdrängung und Tabuisierung der Bearbeitung durch das Ich entzogen sind und dadurch die spezifischen sensiblen Möglichkeiten, die die Homosexualität auch enthält, nicht ausgebildet werden können. Könnten die gleichmacherischen Züge der wissenschaftlichen Vernunft nicht mit latent homosexuellen Einstellungen männlicher Wissenschaftler verknüpft sein? Paßt ein Identitätsdenken, das Differenzen feindlich gesonnen ist, das dazu tendiert, Unterschiedliches auf ein fragwürdiges Allgemeines zu reduzieren, nicht zu einer männlichen Wissenschaft, die auf der Flucht vor dem Weiblichen ist?

Die gängige wissenschaftliche Vernunft hat bewußt oder unbewußt das Ziel, die Realität intellektuell unter Kontrolle zu bringen. Sie kann kaum mit ihrem Denken etwas öffnen oder zum Fließen bringen. Hat ihr polizeilicher Bemächtigungszwang, der die Realität auf distanzierte Art berechenbar machen will, nicht vielleicht ebenfalls etwas mit dem Geschlechterverhältnis zu tun? Fox Keller hat aufgezeigt, daß der Bemächtigungswille, der die moderne Naturwissenschaft auszeichnet, zu deren Beginn einer Natur galt, die mit dem Bild des bedrohlichen Weiblichen verknüpft ist.[34] Die Wissenschaft, die glaubt, mit Hilfe ihrer »neutralen« Methoden Begierden und Wünschen entronnen zu sein, ist, wie Keller plausibel machen kann, mit der Angst von Männern vor dem bedrohlichen Weiblichen verbunden. Danach ist die Materie, die mit Hilfe des naturwissenschaftlichen Denkens beherrscht werden soll, einem weiblichen Prinzip verwandt, das Männer, von unterschwelligen Ängsten bestimmt, beherrschen wollen.

Die Psychoanalyse hat sichtbar gemacht, daß in kontrollierende psychische Instanzen, die sich auf äußere und innere Realitäten beziehen können, das Wirken väterlicher Autoritäten eingeht. Das Über-Ich, das einen Kontrollzwang setzt, entstammt zu weiten Teilen verinnerlichten Beziehungen zum Vater. Der Kontrollblick des Wissenschaftlers ist mit dem kontrollierenden Blick der patriarchalischen Macht verwandt. Eine verinnerlichte Zwangsstruktur, die zu großen Teilen der Auseinandersetzung des Kindes mit dem Vater entsprungen ist, kann eine Beziehung zur äußeren Realität stiften, die darauf aus sein muß, sie ihrer verführerischen Aspekte zu berauben und dadurch beherrschbar zu machen. Vieles am normierenden Gestus des Wissenschaftlers dürfte in unter dem Einfluß des Vaters verinnerlichten Einstellungen wurzeln, die bezwecken, das verwirrende Weibliche auf Distanz zu halten.[35]

Die Abhängigkeit des theoretischen Denkens von väterlichen, von männlichen Elementen hat keinesweg nur negative Konsequenzen, es können auch befreiende Potentiale aus ihr hervorgehen. Auch darauf kann mit Hilfe der Psychoanalyse hingewiesen werden. Das Kind lernt die Grenzziehung zur Mutter, mit der die Individuierung einsetzt, durch die Einwirkung des Vaters kennen. Die Subjektwerdung ist nur durch die Ablösung von der Mutter möglich, die unter dem Einfluß des Vaters zustande kommt. Dem tödlichen, die Subjektivität auslöschenden Wunsch nach dem Wieder-Einswerden mit der Mutter wirkt ein väterliches Prinzip entgegen, das seine Ordnung in der Psyche installiert. Nur eine väterliche Ordnung kann in der Psyche Schutz vor der überwältigenden Macht des Mütterlichen geben. Väterliche Prinzipien, die ersatzweise auch von Frauen repräsentiert werden können, gewähren männlichen und weiblichen Kindern Hilfe gegen die Bedrohung durch die archaische Macht des Mütterlichen. Sie stiften eine lebbare psychische Ordnung, die vom Willen zur Selbsterhaltung geprägt ist. Die Ordnungsstrukturen des Väterlichen, die gegen die Zerstückelung, das Zerfließen und die Aufhebung von Grenzen gerichtet sind, machen erst theoretisches Denken möglich. Sie gehen auch in jedes befreiende Denken ein. Dieses zieht seine Kraft einerseits aus den Wünschen, die in der Kindheit mit der Mutter verknüpft waren, wie andererseits aus der Sehnsucht nach einer väterlichen Ordnung, in der Menschen zu ihrem Recht kommen können. Die Suche nach Wahrheit wird immer entscheidend von der Sehnsucht nach einer guten väterlichen Ordnung gespeist, die der reale Vater für das Kind verspricht, ohne sie wirklich stiften zu können. Die Psychoanalytikerin Chasseguet-Smirgel formuliert:

»Eine Welt, in der die die Mutter repräsentierenden Frauen keine Rechte haben, in der sie 'erniedrigt und beleidigt' werden, verrät eine tiefe Unsicherheit sowie die Furcht, von der überwältigenden Macht der mütterlichen Ur-Imago vernichtet zu werden. Eine Welt, in der der Vater verschwunden ist, ist eine Welt, in der auch die Fähigkeit zu denken abhanden gekommen ist. Die Vereinigung von Vater und Mutter gebiert nicht nur das Kind, sondern auch den Intellekt in seiner ganzen Kraft.«[36]

Die verdrängte Geschlechterdifferenz beeinflußt unbewußt nicht nur scheinbar geschlechtsneutrale Theoriekonstruktionen und Forschungsmethoden, sie geht auch in eine bürokratisch geordnete Struktur der Lehre ein, die scheinbar keine Unterschiede zwischen Männern und Frauen kennt. Die formalisierten Ordnungen des Lernens stehen den geschlechtsspezifischen Formen des Begehrens scheinbar gleichgültig gegenüber - aber sie leben von einer eigentümlichen Sexualisierung des Ordnungsdenkens. Diese Sexualisierung könnte auf das verweisen, was mit Hilfe der Ordnungsrituale abgewehrt wird. Sind sie nicht vielleicht unbewußt mit der verdrängten Differenz, die im Geschlechtlichen wirkt, verbunden? Die universitäre Lehre wird heute von »mittelalterlichen« Männern beherrscht, die sich fragen, ob sie von Studentinnen noch als männliche sexuelle Wesen wahrgenommen werden. Bewußt oder unbewußt sind diese somit in sexuelle Rivalitäten mit jüngeren Männern verstrickt, die als Studenten leichter Zugang zu Studentinnen finden können. Geht in die bürokratisierte Kontrollwut der Älteren nicht vielleicht auch der Neid auf eine jüngere männliche Generation ein? Hat der Kampf um die Durchsetzung von Ordnungsritualen nicht vielleicht mit unterschwelligen sexuellen Rivalitäten zwischen Männern verschiedener Generationen zu tun? Die universitären Machthaber, die immer mehr Lebensäußerungen von Studierenden ihrer Kontrolle unterwerfen wollen, erstreben vielleicht auch insgeheim, ohne es zu bemerken, die Kontrolle über lebendige sinnliche Körper. Die offene oder verdeckte professorale Wut auf chaotische, faule und desinteressierte Studierende, die sie nach immer mehr Reglementierungen rufen läßt, ist vielleicht auch eine geheime Wut auf deren lebendigere Sinnlichkeit. Will man mit Ordnungsritualen nicht vielleicht auch da Zuwendung erzwingen, wo die Kraft zur erotisch getönten intellektuellen Verführung nicht ausreicht?

Die etablierte Wissenschaft ist eine von Männern gemachte Wissenschaft, die sich geschlechtslos gibt. Sie ist auf der Flucht vor der Geschlechterdifferenz, die Männer erst wirklich zu Männern macht. Die feministische Wissenschaftskritik bekämpft diese Wissenschaft als männliche Wissenschaft - aber genau genommen ist diese Wissenschaft noch nicht einmal männlich. Eine wirklich männliche Wissenschaft würde sich in ein lebendigeres und produktiveres Verhältnis zur Geschlechterspannung setzen lassen. Eine von Männern gemachte Wissenschaft, die der Differenz und damit auch einer freieren Männlichkeit zu ihrem Recht verhilft, steht noch aus.

Liebe und Erkenntnis

Eine Analyse, die theoretisches Denken zur Geschlechterdifferenz und deren erotischen Potenzen in Beziehung setzen will, muß sich Gedanken über das Verhältnis von Liebe und Erkenntnis machen. Wo es darum geht, das Unterscheidende, Offene, Fließende intellektuell zur Kenntnis zu nehmen, muß theoretisches Denken die Erstarrung überwinden, der es heute üblicherweise verfallen ist. Es muß lernen, sich seinen Objekten anzuschmiegen, sich ihnen zu überlassen, anstatt sie bloß mit Hilfe methodischer Prozeduren verstandesmäßig unter Kontrolle bringen zu wollen. Anstatt Qualitatives auf Quantitatives zu reduzieren, um es berechenbar zu machen, muß es sich darum bemühen, dieses zum Ausdruck zu bringen. Zu solchem Streben gehört das behutsame Tasten nach dem, was anders ist als das, was einem selbst eigentümlich ist, ein Tasten, das Liebe und wirkliche Wahrheitssuche gemeinsam haben.

Hans Jürgen Eysenck, der vielleicht prominenteste Vertreter der naturwissenschaftlich orientierten Psychologie formuliert: »Wir könnten alle unsere Angelegenheiten wesentlich besser regeln, wenn wir alle Emotionen beiseite ließen.«[37] Das moderne instrumentelle Denken, das auf die affektneutrale Beherrschung der Realität abzielt, hat geistesgeschichtliche Traditionen zum Verschwinden gebracht, die Liebe und Erkenntnis verbinden wollten. In der platonischen Philosophie ist der Drang nach Erkenntnis mit dem Eros verknüpft. Bei Platon heißt es: »Die Weisheit gehört nämlich zu den schönsten Dingen, Eros ist Liebe zum Schönen, so daß Eros notwendig Weisheit suchend ist.«[38] Das Denken, das das Gute und Schöne sucht, ist einem sinnlichen Begehren verwandt, das es transzendiert. Auch die christliche Tradition verbindet Liebe und Wahrheitssuche. In der Sprache des alten Testaments wird den sexuellen Akt zu vollziehen als Erkennen bezeichnet. In der christlichen Auffassung kann die göttliche Wahrheit nur von Menschen gefunden werden, in deren Denken und Handeln die Liebe zu Christus und zum Nächsten eingeht. Nur der kann die Wahrheit der göttlichen Ordnung finden, der Gott, vermittelt über seinen Mensch gewordenen Sohn, liebt.

Die Psychoanalyse hat eine Tradition, die Liebe und Erkenntnis verbindet, auf ganz andere Art wieder aufgenommen. Sie reaktiviert sie im Horizont eines modernen aufklärerischen Denkens. Freud, dessen Wissenschaftsverständnis naturwissenschaftlich geprägt war, hat freilich diese Dimension der Psychoanalyse, die er in der psychoanalytischen Praxis sichtbar gemacht hat, kaum als brisantes theoretisches Problem zur Kenntnis genommen. Die Praxis der analytischen Therapie demonstriert, daß die Einsicht in die unbewältigten Probleme der eigenen Geschichte von der Kraft der Liebe abhängig ist. Zugleich zeigt sich auch, daß die psychologische Aufklärung, die den Sinn neurotischer Symptome transparent macht, die Liebesfähigkeit freisetzen kann. Positive Übertragungen zum Therapeuten, d.h. Liebesbindungen an diesen, die von früheren Liebesbindungen herstammen, geben allein die Kraft, die schmerzlichen, bisher verborgenen Wahrheiten der eigenen Subjektivität auszuhalten. Die »künstliche« Liebe zum Analytiker und später die freigesetzte Liebe zu anderen Menschen verleiht, wie die psychoanalytische Erfahrung lehren kann, den Mut, sich der Wahrheit der eigenen Existenz zu stellen. Umgekehrt gilt auch: Die bewußte Einsicht in Probleme, die die Seele zum Gefängnis gemacht haben, erlaubt, die innere Unfreiheit aufzubrechen und damit bisher auf falsche Art gebundene Liebesenergien freizusetzen.

Die wahren Universitäten, an denen vor allem psychologische Fähigkeiten erworben werden, sind nicht die Universitäten. Es sind die Liebesbeziehungen, die Menschen als Kinder, Jugendliche oder Erwachsene gelebt oder nicht gelebt haben. Sie bringen eine intensive Auseinandersetzung mit einigen Menschen mit sich, die das Verhältnis zu allen anderen Menschen entscheidend mitbestimmt. Ihnen entspringt primär psychologische Erfahrungsfähigkeit oder deren Mangel. Die Liebe stiftet nicht nur Beziehungen zwischen Menschen, sondern sie bringt sie als Menschen überhaupt erst hervor. Zur Liebe gehört für Hegel das

»Verlorensein seines Bewußtseins in dem anderen, dieser Schein von Uneigennützigkeit und Selbstlosigkeit, durch welchen sich das Subjekt erst wiederfindet und zum Selbst wird.«[39]

Die Liebe der Eltern und die Elternliebe des Kindes hilft entscheidend, die Grundstruktur der Persönlichkeit in der Kindheit zu erzeugen. Primäre Liebesbindungen gehen in Verbindung mit primären Versagungen in die Basis der menschlichen Psyche ein. Weil Liebe Psychisches erzeugt hat, kann sie auch daran mitwirken, es zu erkennen. Sie stiftet eine Verwandtschaft zwischen der Hervorbringung und dem Erkennen des Psychischen, ebenso wie zwischen den Subjekten und den Objekten der Erkenntnis.

Die Schwierigkeiten, die mit Liebesverhältnissen notwendig verbunden sind, erzwingen ein gründliches Nachdenken über sich und andere oder sorgen für so viele Ängste, daß man sich dumm stellen muß gegenüber eigenen und fremden psychologischen Problemen. Ob jemand eigene psychologische Probleme begreifen kann und darüber vermittelt zugleich zu einem Verständnis von seelischen Problemen anderer gelangt, erweist sich vor allem in einer intensiven menschlichen Konfrontation, die mit Wünschen und Ängsten verbunden ist. Nur die Versuche der Hingabe an einen anderen Menschen stiften eine intensive Erfahrung seiner selbst wie des anderen, auf deren Basis erst wirkliche psychologische Einsichten gedeihen können. Ob das, was an psychologischen Interpretationsmustern an der Universität erworben wird, für ein Subjekt wirkliche Bedeutsamkeit hat, zeigt sich nicht zuletzt an deren Nutzen für die Verarbeitung von Erfahrungen, die mit Liebesbeziehungen verknüpft sind. Bei Hegel heißt es:

»So ist in der Liebe vielmehr das Höchste der Hingebung des Subjekts an ein Individuum des andern Geschlechts, das Aufgeben seines selbständigen Bewußtseins und seines vereinzelten Fürsichsein, das erst im Bewußtsein des anderen sein eigenes Wissen von sich selbst zu tun haben sich gedrungen fühlt.»[40]

Nur wo sich Intellektualität mit Hingabefähigkeit paart, können psychologische Gedankengebäude - wenn sie etwas taugen - wirklich verarbeitet werden und bleiben nicht bloß angelernt. Der Zwang, über Wünsche und seelische Gefährdungen nachdenken zu müssen, die intensive seelische Abhängigkeiten von anderen mit sich bringen können, verleiht dem psychologischen Denken seine Intensität. Psychologische Einsichten ziehen ihre Kraft nicht zuletzt aus dem seelischen Leiden, dem sie sich stellen. Solches Leiden überfällt Menschen vor allem beim Scheitern von Liebeswünschen.

»Niemals sind wir ungeschützter gegen das Leiden, als wenn wir lieben, niemals hilfloser unglücklich, als wenn wir das geliebte Objekt und seine Liebe verloren haben.«[41]

Indem Menschen sich diesem Scheitern stellen und zur Trauerarbeit fähig werden, können sie Zugang zu schmerzlichen psychischen Problemen finden. Die Grenzerfahrungen, die während gelingender oder mißlingender Liebesbeziehungen eintreten können, verleihen die Möglichkeit, sich das, was in alltäglichen sozialen Beziehungen abgewehrt wird und sie dennoch unterschwellig bestimmt, deutlicher zu machen.

Der Erfahrungsgewinnung in Liebesbeziehungen kann ein paradigmatischer

Charakter für das Gewinnen lebendiger Erfahrungen zugeschrieben werden. Sie zeigt Züge, die in sublimierter, gewandelter Form in anderen gelingenden Erkenntniszusammenhängen wiedergefunden werden können. Die Bewußtseinsbildungsprozesse in Liebesbeziehungen weisen Strukturen auf, an denen sich modellhaft zeigen läßt, in welcher Perspektive sich ein verdinglichtes Denken überwinden läßt, das unfähig ist, sich auf seine Gegenstände einzulassen. Was bereichernde Erfahrung bedeuten kann, läßt sich an ihrem Beispiel aufzeigen. Das soll dadurch deutlich gemacht werden, daß die Erfahrungsgewinnung in Liebesbeziehungen mit der in psychologischen Experimenten verglichen wird, die für die naturwissenschaftlich orientierte Psychologie paradigmatischen Charakter haben. Elemente von Erfahrungsprozessen in beiden sozialen Situationen sollen so miteinander konfrontiert werden, daß ihre Spezifität deutlich wird. Dies kann im Rahmen dieses Textes nur durch formelhaft verkürzte Andeutungen geschehen, obwohl dem Autor bewußt ist, daß sie dem von ihm propagierten lebendigen Denken eigentlich entgegenstehen.

- In Liebesbeziehungen kann es zu sehr intensiven Erfahrungen des anderen wie des eigenen Selbst kommen, weil sich in sie Individuen der Tendenz nach in ihrer Totalität einbringen. In Experimenten werden hingegen nur äußerst begrenzte Segmente von Personen in eine Interaktion eingebracht. Austauschbare Beobachter ohne Individualität werden hier üblicherweise zu bloßen »Merkmalsträgern« in Beziehung gesetzt.
- In Liebesbeziehungen werden lebensgeschichtliche Erfahrungen, bis hin zu den frühesten kindlichen Erfahrungen, eingebracht.[42] Vergangenes und Gegenwärtiges in den Subjekten wirkt sehr intensiv zusammen. Im Experiment wird beim austauschbaren Beobachter wie bei den austauschbaren Versuchspersonen von der individuellen Geschichte abstrahiert.
- Liebesbeziehungen leben von ihren spontanen Zügen, die eingeschliffene Verhaltensweisen und Erlebnisstrukturen aufbrechen. In Experimenten soll es hingegen nur den normierten Einsatz von Versuchspersonen und Beobachtern geben, die ihre Erfahrungen in vorgegebene Raster zu zwingen haben.
- In Liebesbeziehungen verbinden sich Erfahrungen des anderen wie des eigenen Selbst eng mit körperlichen Erfahrungen. Körperliche Berührungen stiften besonders intensive Kontakte und setzen Denken und Sinnlichkeit in eine enge Beziehung zueinander. Die lebendige Sinnlichkeit kann in ihnen der Erstarrung des Denkens entgegenwirken. In experimentellen Situationen sind körperliche Berührungen zwischen den Subjekten und Objekten der Erkenntnis tabuisiert. Es zählt nur der distanzierende, kontrollierende Blick. Die sinnlichen Erfahrungen und der Verstand des Wissenschaftlers werden so normiert, daß eine lebendige Wechselwirkung zwischen ihnen kaum zustande kommen kann.

- In Liebesbeziehungen ist Denken mit Gefühlen der Zuneigung, der Angst oder auch des Hasses verknüpft. Experimentelle Untersuchungen verlangen hingegen einen Beobachter mit affektlosem Kontrollblick. Emotionale Beziehungen zwischen Versuchspersonen und Versuchsleitern stören den kontrollierten Einsatz des Forschungsinstruments.
- In Liebesverhältnissen beziehen sich Erfahrungen auf soziale Interaktionen, in denen andere Menschen Objekte des Begehrens sind und zugleich Subjekte sein dürfen, die die Möglichkeit haben, die Liebesbeziehungen mitzugestalten. Menschen treten als Subjekte und Objekte des Denkens und Wünschens zueinander in Beziehung. Durch die Struktur von Experimenten werden Versuchspersonen in bloße Objekte des intellektuellen Interesses verwandelt, die kaum die Möglichkeit haben, soziale Beziehungen als Subjekte mitzugestalten.
- Die Liebe hat mit Verwandlung zu tun.[43] Durch die intensive Einwirkung von Menschen aufeinander werden starre Grenzziehungen zwischen ihnen aufgehoben, jeder leitet beim anderen Prozesse der Veränderung ein. In experimentellen Situationen kann keine verändernde, bereichernde Wechselwirkung zwischen Menschen zustande kommen. Sie sind an starre Muster gefesselt, die sie in einer bestimmten Rolle festschreiben. Offene Prozesse der Veränderung stehen der angestrebten Kontrolle von Variablen entgegen. Bereichernde Erfahrungen in Liebesbeziehungen haben damit zu tun, daß im unterschiedlichen anderen Menschen das mit ihm Gemeinsame, daß im Fremden das Vertraute gefunden werden kann. Zugleich sind sie an das Akzeptieren der Differenz gebunden, das die erotische Spannung auflädt. In den standardisierten, unpersönlichen Beziehungen, die das Experiment verordnet, können der Wechsel von Nähe und Distanz und das Zusammenwirken von Gleichheit und Verschiedenheit niemals die Erlebnisfähigkeit entzünden.

Die Gegenüberstellung der Logik der Erfahrungsgewinnung in Liebesbeziehungen und experimentellen Situationen soll die These stützen, daß das, was in intensiven menschlichen Beziehungen geschieht, in transformierter Gestalt für das wissenschaftliche Denken genutzt werden sollte. Verlangt ein Denken, das den psychologischen Problemen von wirklichen Menschen gerecht wird, nicht, daß man in eine lebendige Beziehung zu anderen Menschen treten kann, daß man sich von ihnen emotional berühren lassen kann, daß wirkliches Interesse an ihnen vorhanden ist, daß man sich auf ihre Probleme einläßt, daß die Erfahrungen, die man mit ihnen macht, einen selbst bereichern und verwandeln? Wird nicht auf sublimierte, intellektualisierte Art in jedem wirklichen Erkenntnisprozeß etwas von dem wirksam, was die erotisch aufgeladene Neugierde auszeichnet?

Daß Liebe und Erkenntnis verwandt sind, bedeutet keineswegs, daß Psychologen die allgemeine Menschenliebe ausrufen sollten. Psychologen, die sich als

Menschlichkeitsdarsteller profilieren wollen, machen sich und anderen etwas vor und dienen damit kaum der Wahrheit. Eine Propaganda der unterschiedslosen Menschenliebe macht die Menschen austauschbar und verkennt, daß die Zahl der Menschen, zu denen wirklich intensive Beziehungen möglich sind, recht begrenzt ist. Freud bemerkt: »Eine Liebe, die nicht auswählt, scheint uns einen Teil ihres eigenen Werts einzubüßen, indem sie an dem Objekt ein Unrecht tut. Und weiter: Es sind nicht alle Menschen liebenswert.«[44] Wer alle Menschen zu lieben glaubt, nimmt auf ihre Besonderheiten und ihre abstoßenden Seiten wenig Rücksicht und liebt damit auf fragwürdige Art vor allem sich selbst. Diejenigen, die vor Menschlichkeit triefen, sind einem problematischen Narzißmus verfallen, der zwar das eigene Selbst hebt, aber kaum mit einem wirklichen Interesse an der subjektiven Besonderheit anderer Menschen zu verbinden ist, das zur Liebe gehört. Wer alle Menschen lieben will, will insgeheim bloß, daß alle Menschen ihn lieben. Eine kritische Psychologie muß sich vor dem Menscheln hüten und Distanz wahren, wo diese angemessen ist - aber sie braucht einen Intellekt, in dem ein sinnliches erotisches Moment aufbewahrt ist, das das Interesse an anderen Menschen entzündet. Die künstlichen, von Institutionen vorgegebenen und von materiellen Interessen abhängigen Beziehungen, die Psychologen in ihrem Beruf üblicherweise zu anderen eingehen, zeigen keineswegs eine Struktur, die als besonders menschlich gelten sollte. Wenn in ihnen, trotz ihrer notwendigen Distanz und Gleichgültigkeit, psychologische Einsichten gelingen sollen, muß, intellektuell aufgearbeitet, etwas von einem intensiven Erleben wirksam bleiben.

Die psychologische Forschung hat darüber nachzudenken, wie auch in künstlichen, Distanziertheit schaffenden Untersuchungssituationen noch lebendiges Erleben und teilnehmende Identifikation wirksam werden können. Die psychoanalytische Praxis liefert mit ihrem analytischen Setting ein Beispiel dafür, wie es gelingen kann, mit diesem Widerspruch fertig zu werden. Dieses erlaubt dem Analytiker schützende Distanz zum Patienten und zugleich ein intensives, emotional getöntes Eingehen auf dessen Probleme. Dem Patienten gestattet es, sein Liebesbegehren in die Beziehung zum Analytiker einzubringen und zugleich reflektierende Distanz zu diesem zu gewinnen. Das um die Couch zentrierte Geschehen erspart dem Analytiker eine falsche, inszenierte Nähe und gibt ihm zugleich die Möglichkeit, sich auf den Patienten einzulassen. Dem Patienten ermöglicht das analytische Setting, auf »künstliche« Art Liebesbeziehungen und die mit ihnen verknüpften Erlebnisintensitäten herzustellen; zugleich wird er in die Lage versetzt, deren Fragwürdigkeiten zu durchschauen und sie dadurch aufzulösen. Das Bewußtmachen und »Durcharbeiten« von Liebeswünschen und Liebesenttäuschungen in einer von den Realitätszwängen des Alltags entlastenden Situation erlaubt den Zugang zu den zentralen lebensgeschichtlichen Konflikten, aus deren Verarbeitung psychische Strukturen hervorgegangen sind. Läßt sich die Verbindung von Künstlichkeit und Spontaneität, von Nähe und Distanz, von Triebhaftigkeit und kritischer Selbstreflexion, die für das Gewinnen von psychoanalytischer Einsicht notwendig ist, nicht vielleicht auch unter anderen Beziehungskonstellationen herstellen? Lassen sich Vernunft und Begehren, theoretisches Denken und lebendige Erfahrung nicht auch anderswo und auf andere Art produktiv verknüpfen?

Die Fähigkeit zu befreiendem psychologischem Denken ist nicht nur von Liebesenergien abhängig, sie zieht - und das ist noch ausgeprägteren Tabus verfallen - ihre Kraft auch aus dem Haß. Wer freier denken will, muß ein anderes Verhältnis zur Aggressivität gewinnen. Eine lebendige Beziehung zur Realität, die einen lebendigen Intellekt speist, ist auch auf einen aggressiven Triebuntergrund angewiesen. Die Aggressivität kann einem die Energie verleihen, dem Schlechten intellektuell zu Leibe zu rücken. Ohne einen »bösen Blick« ist dieses nicht zu durchschauen. Erst der Mut zum Neinsagen erlaubt die kritische Analyse des Bestehenden. Wer sich vom übermächtigen Bestehenden nicht dumm machen lassen will, braucht eine lange Wut auf dessen menschenfeindliche Züge.

Aggressivität vermag der Wahrnehmung dessen, was unsere Ablehnung verdient, Konturen zu verleihen. Sie macht hellsichtig, wenn sie auf Objekte trifft, denen sie angemessen ist. Man kann sich nicht liebevoll auf andere Menschen beziehen, wenn man das Schlimme nicht hassen kann, das man ihnen antut. Man respektiert sie nur, wenn man das ablehnt, was sie mit abstoßenden Zügen ausstattet. Eine scheinbar unter Kontrolle gebrachte latente Aggressivität stiftet gleichgültige instrumentelle Beziehungen zur Realität. Erst wenn Aggressivität auf lebendigere Art zum Ausdruck kommt, kann man auch in eine lebendigere Beziehung zu ihr treten. Wer Emotionen, die psychische Erstarrungen aufbrechen können, freisetzen will, muß zu libidinösen und aggressiven Triebenergien ein positiveres Verhältnis finden. Wer seine Gefühle nicht blockieren will, muß beides zulassen können, es ist nicht möglich, die einen mit einem strengen Tabu zu versehen und sich den anderen zu überlassen. Man kann Aggressivität durch Liebesenergien binden, aber das verlangt ihre Bearbeitung und nicht das Tabu, das sie unsichtbar macht. Neurotische Hemmungen, die zu Störungen der Liebes- und Arbeitsfähigkeit führen, sind immer mit einem fragwürdigen Umgang mit der Aggressivität verknüpft.

Intellektuelle Unabhängigkeit hat die Überwindung von einschüchternden Abhängigkeiten von Autoritäten zur Voraussetzung. Solche psychischen Ablösungsprozesse, ohne die es keine neuen intellektuellen Möglichkeiten gibt, sind ohne Äußerungen von Aggressivität nicht möglich. Nur Konflikte, durch die bestehende Bindungen zerstört werden, öffnen neue Entwicklungsmöglichkeiten für das Denken. Nicht nur Liebesbindungen sind für seelische Entwicklungen notwendig, auch Möglichkeiten zur aggressiven Ablehnung von Bindungen sind für sie unabdingbar. Wo Aggressivität unter dem Einfluß von Ängsten zu sehr gehemmt wird, muß es zur Fixierung von innerer Unfreiheit kommen. In Therapien ist die Freisetzung und Bearbeitung von eingeklemmter Aggressivität eine Voraussetzung für Reifungsprozesse. Schon in Kindheit und Jugend, wenn die Basis der Erwachsenenpersönlichkeit hervorgebracht wird, schafft, wie die Psychoanalyse deutlich gemacht hat, ein aggressiv geladenes Neinsagen die Möglichkeit von Entwicklungsfortschritten. Die Individuierung beginnt beim Kleinkind mit der Verneinung, mit der die Absetzbewegung von der Mutter und damit die Entdeckung eigener Bedürfnisse ermöglicht wird. In der analen »Trotzphase« entwickelt sich das Ich durch die aggressive Verweigerung elterlicher Anforderungen. Während des Ödipuskomplexes sorgt die aggressive Rivalität mit dem gleichgeschlechtlichen Elternteil für die Entwicklung der Psyche. In der Pubertät gelingt die Ablösung von den Eltern nur in Verbindung mit aggressiven, »asozialen« Ausbruchsversuchen aus den familiären Bindungen. Nur wo frühere Konflikte mit Reifungsfortschritten für das Ich bewältigt wurden, können auch spätere Konflikte, die für Emanzipationsprozesse notwendig sind, sinnvoll in Angriff genommen werden.

Wer nicht Nein sagen kann, kann auch nicht Ja sagen. Man kann auf andere Menschen nur liebevoll eingehen, wenn man die Fähigkeit erworben hat, sich auch aggressiv getönt von ihnen abzugrenzen, wo das nötig ist. Ohne Aggressivität gibt es keine Grenzziehungen, die gebraucht werden, um die psychische Integrität zu behaupten. Wer sich nicht abgrenzen kann, wo das notwendig ist, muß zu sehr fürchten, in hilflose Abhängigkeiten zu geraten, und wird dadurch seiner Liebesfähigkeit beraubt. Ein besonderes Problem unserer Gesellschaft besteht darin, daß es in ihr kaum eine Kultur des Neinsagens gibt. Die Menschen haben eher gelernt, ja zu sagen, wo es unangemessen ist, als nein zu sagen, wo das nötig ist. Das bringt es mit sich, daß dann, wenn das Neinsagen gefordert ist, übersteigerte irrationale Ängste und Schuldgefühle auftreten. Auch eine blinde Destruktivität hat mit der Unfähigkeit zu tun, auf gekonnte Art nein zu sagen. Wer zu rücksichtsloser, zerstörerischer Gewalt greift, hat meistens nicht gelernt, auf sinnvollere Art sein Nein gegen unangemessene Anforderungen zu stellen.

Zum Verhältnis von Allgemeinem und Besonderem

Zwischen Männern und Frauen gibt es Gemeinsamkeiten und Differenzen. Sie sind beide Menschen, aber auf jeweils besondere Art. Das Allgemeine, das sie gemeinsam haben, nimmt nur in der Besonderheit ihres Geschlechts Gestalt an. Das Verhältnis von Gemeinsamem und Unterschiedenem zeigt sich in Liebesbeziehungen in vielfältiger Gestalt. Die geliebte Frau repräsentiert als einmalige

Person für den Mann das Weibliche. Der geliebte Mann repräsentiert als einmalige Person für die Frau das Männliche. Das Gegenüber in einer Liebesbeziehung ist ein besonderer Mensch in seiner Unaustauschbarkeit, der sich von allen anderen Menschen unterscheidet, der aber zugleich auch Vertreterin oder Vertreter eines Geschlechts ist und damit gemeinsame Züge mit seinen Geschlechtsgenossinnen oder -genossen hat. Die oder der andere ist immer Vertreter einer sexuellen Gattung und zugleich einmaliger, unaustauschbarer Mensch. Er ist immer zugleich der Vertreter eines Allgemeinen und etwas Besonderes. Die Liebesverhältnisse zwischen den Geschlechtern verweisen das Denken auf besonders eindringliche Art auf ein zentrales Problem des psychologischen Denkens, wie des theoretischen Denkens überhaupt: Auf das Verhältnis von Allgemeinem und Besonderem, auf das Problem der Differenz im Allgemeinen.

Wie geht das psychologische Denken damit um, daß Menschen Gemeinsamkeiten mit anderen Menschen haben, daß sie sich also durch Allgemeines auszeichnen und daß sie sich zugleich von anderen unterscheiden, also eine besondere Individualität aufweisen? In der Psychologie wird das Verhältnis von Allgemeinem und Besonderem in seiner Bedeutsamkeit kaum begriffen. Die akademischen, naturwissenschaftlich orientierten Psychologen wollen sich typischerweise nur dem Allgemeinen an Menschen zuwenden. In den therapeutischen Subkulturen behaupten Psychologen hingegen üblicherweise, sich vor allem für ihre Besonderheit zu interessieren. Theo Herrmann, ein repräsentativer Vertreter der nomologischen Psychologie, konstatiert »den Fehlschlag von Versuchen, für die Psychologie das Besondere, das Einzigartige zu finden«[45], und legt dies zu Gunsten seiner Wissenschaftsrichtung aus. Für Maslow, einen prominenten Vertreter der »Humanistischen Psychologie«, gilt hingegen: »Ich muß einem Menschen als einem Individuum begegnen, als einzigartig in seiner Besonderheit, als das einzige Individuum seiner Klasse.«[46] Beiden Positionen ist gemeinsam, daß sie Allgemeines und Besonderes an Menschen unvermittelt gegenüberstellen und deren innere Zusammenhänge nicht erkennen. Sie bleiben damit hinter zentralen Einsichten z.B. des Philosophen Hegel zurück, der auf die Dialektik von Allgemeinem und Besonderem schon vor 200 Jahren hingewiesen hat. Über das Besondere von Menschen kann nur nachgedacht werden, wenn man es von dem absetzt, was sie mit anderen Menschen gemeinsam haben; das Allgemeine an Menschen kann nur durch Prozesse der Abstraktion von Besonderem hindurch intellektuell gefaßt werden. Beides verweist darauf, daß es falsch ist, Allgemeines und Besonderes unvermittelt gegenüberzustellen. Wer das Interesse für das Allgemeine oder das Besondere als schlichte Alternative setzt, muß die zentralen Fragen der menschlichen Existenz verfehlen. Das große philosophische und sozialwissenschaftliche Denken Europas ist immer um das Spannungsverhältnis zwischen dem Allgemeinen und dem Besonderen an der menschlichen Existenz zentriert -leider haben Psychologen davon kaum etwas bemerkt.

Schon das mit der christlichen Religion verbundene Denken erlaubt es, den inneren Zusammenhängen von Allgemeinem und Besonderem nachzugehen. Der christliche Seelenbegriff stellt eine Denkmöglichkeit zur Verfügung, mit deren Hilfe die Erfahrung der eigenen Einmaligkeit und die Erfahrung, Teil eines Kollektivs zu sein, das identische Züge trägt, miteinander verbunden werden können. Der christliche Gott ist ein persönlicher Gott. Die einzelnen Gläubigen, die ihn anrufen, haben ein einzigartiges, unverwechselbares Verhältnis zu diesem Gott. Die Menschen haben die Freiheit, Gutes oder Böses zu tun, und müssen sich dafür als einzelne vor ihm verantworten. Gott lenkt das Schicksal jedes einzelnen auf besondere Weise und läßt während des jüngsten Gerichts nach seinen Taten und seinem Glauben über ihn urteilen. In die Beziehung zu ihrem Gott bringen die Gläubigen ihre besonderen Wünsche, Nöte und Hoffnungen ein: In der Beziehung zum göttlichen Vater ist jeder oder jede einzelne etwas Einmaliges, Besonderes. Zugleich sind alle Menschen Geschöpfe Gottes, alle zeichnet die Gottesebenbildlichkeit aus. Als Kinder und Untertanen einer gemeinsamen Schöpfungsmacht sind sie miteinander geschwisterlich verbunden. Als Teil der Kirche sind sie Teil des Volkes Gottes, das vom selben heiligen Geist beseelt wird. Gottes Gesetz bringt alle Menschen hervor und regiert sie, dadurch sind sie miteinander verwandt und tragen etwas Allgemeines in sich. Im neuen Testament tragen selbst die kleinen Leute, also auch Bauern, Fischer oder Zöllner, besondere Züge; zugleich sind diese Menschen durch den Geist, der sie gemeinsam beseelt, also durch etwas Allgemeines, einander gleichgestellt. Die Menschen sind als Christen, vermittelt über ihre Beziehung zu Gott, immer etwas Besonderes und Allgemeines zugleich.

Das Vertrauen in die theoretische Vernunft soll für die Vertreter der europäischen Aufklärung die Nachfolge des Glaubens an den Heiligen Geist antreten. Die »von oben« verordneten Gesetze Gottes sollen durch Gesetze ersetzt werden, die die menschliche Vernunft gibt. Im Denken von großen Repräsentanten der europäischen Vernunft wirkt das Verhältnis von Allgemeinem und Besonderem als wesentliches Problem in anderer Gestalt weiter. In den theoretischen Konstruktionen von Rousseau, Kant, Hegel, Nietzsche, Freud oder Adorno hat es einen zentralen Stellenwert.

Die europäische Aufklärung ist um zwei Zentralbegriffe zentriert: den Begriff des autonomen Individuums und den Begriff der Menschheit.[47] Ihr Ziel ist es, Menschen mit Hilfe der Vernunft zu unverwechselbaren Persönlichkeiten und zugleich zu Weltbürgern zu machen, die sich als Teil der Menschheit verstehen. Jeder Mensch soll seinen besonderen, einmaligen Wert haben und seine Individualität entwickeln dürfen, er stellt für sich eine besondere Welt im kleinen dar. Zugleich haben die einzelnen mit anderen Menschen Vernunft und Arbeitsfähigkeit gemeinsam, die es ermöglichen, nicht nur das eigene Wohl, sondern das aller zu fördern. Sie können gemeinsam einen Verband freier

Menschen hervorbringen, in dem alle Menschen zu ihrem Recht kommen. Bei Holbach, einem führenden Vertreter der französischen Aufklärung, heißt es:

»Die Menschheit ist ein Band, das unsichtbar den Bürger von Paris mit dem Bürger von Peking verbindet. Sie ist eine Übereinkunft, die gleichermaßen alle Mitglieder der großen Familie verpflichtet, in der die verschiedenen Völker der Erde nur die zerstreuten Individuen sind. Diese Übereinkunft ist das Unterpfand unserer Art; sie gibt jedem von uns das Recht, Gerechtigkeit, Mitleid und Wohltaten von jedem empfindenden Wesen zu verlangen gleich welchem Land, welcher Religion oder welchem Stande es entstammen mag. Krieg, Grausamkeit, Eroberungen, Intoleranz und Härte sind der Menschheit entgegengesetzt.«[48]

Jeder Mensch soll lernen, als Teil eines herzustellenden solidarischen Verbandes freier Menschen zu denken und handeln. Durch die Wechselwirkung untereinander sollen die Menschen zugleich das Allgemeine und das Besondere an sich fördern. Indem die einzelnen sich an den großen gemeinsamen Geschäften aller beteiligen, erfahren sie Beziehungen zu vielen Menschen, die ihre Individualität bereichern. Indem der einzelne Mensch auf jeweils besondere Art das in sich aufnimmt, was die Menschheit hervorgebracht hat, entfaltet sich seine Persönlichkeit. Das Individuum verdankt den Reichtum seiner Persönlichkeit dem Reichtum seiner Beziehungen und Verhältnisse zu anderen Menschen und damit dem Sich-Abarbeiten am Allgemeinen. Das bornierte Pochen auf die eigene Einmaligkeit dient kaum der Entfaltung des Subjekts, sie läßt es eher verstockt und isoliert verarmen.

Die Versöhnung von Gesellschaftlichkeit und Individualität des Menschen ist in der Praxis der europäischen Kultur nicht gelungen. Eine bürgerliche Gesellschaft, die von einer atomisierenden Konkurrenz und privaten Interessen beherrscht wird, gegen die eine repressive Staatsgewalt das allgemeine Interesse durchsetzen soll, kann die Versöhnung zwischen Allgemeinem und Besonderem nicht zustande bringen. Zwischen beiden besteht vielmehr ein spannungsreiches, oft leidbringendes Verhältnis. Daß Menschen einzelne und zugleich soziale Wesen sind, daß sie Individuen sind und zugleich Teile von sozialen Kollektiven, daß sie einmalig sind und zugleich Exemplare von Gattungen, bestimmt als Widerspruch ihre soziale Existenz. Wirklich bedeutsames soziales Denken hat sich an diesem Widerspruch abgearbeitet. Das traditionelle bürgerliche Denken zeigt in diesem Konflikt üblicherweise die Tendenz, Partei für das Allgemeine zu ergreifen, auch wenn ihm das historische Verdienst zukommt, allen Menschen ein Recht auf Besonderheit zuzubilligen, das frühere Gesellschaften nicht kennen. Rousseaus *Contrat Social*, ein Werk, das das radikale Denken, welches die französische Revolution begünstigt hat, entscheidend beeinflußt hat, glaubt den Widerspruch zwischen Einzelinteressen und allgemeinem Interesse dadurch lösen zu können, daß ein Gesellschaftspakt, den die einzelnen schließen, ihn aufhebt. In einem politischen Gemeinwesen, das durch diesen Pakt hervorgebracht wird, soll gelten:

»Jeder von uns unterstellt der Gemeinschaft seine Person und alles, was sein ist, unter der höchsten Leitung des Gemeinwillens; und wir können als Körperschaft empfangen jedes Mitglied als vom Ganzen unabtrennbaren Teil. Im gleichen Augenblick erschafft dieser Akt der

Vergesellschaftung - anstelle der Einzelperson jedes Vertragsschließenden - einen moralistischen und kollektiven Körper, der sich aus ebenso vielen Mitgliedern zusammensetzt, wie die Versammlung Stimmen hat. Dieser erhält durch diesen Akt seine Einheit, sein gemeinsames Ich, sein Leben und seinen Willen.«[49]

Das Individuelle soll im Allgemeinen aufgehen und damit etwas bloß Sekundäres sein. Auch Kant, dessen Sozialphilosophie von Rousseau inspiriert wurde, sieht die soziale Emanzipation an die Vorherrschaft des Allgemeinen gebunden. In der *Kritik der praktischen Vernunft* sucht er allgemeinverbindliche Regeln des sozialen Handelns und gelangt dabei zum kategorischen Imperativ, der gebietet, daß die Prinzipien, die das Handeln des einzelnen lenken sollen, zugleich zu Prinzipien einer allgemeinen Gesetzgebung taugen müssen. Mit der menschlichen Sinnlichkeit verbundene individuelle Interessen und Bedürfnisse sollen aus der Vernunft abgeleiteten, allgemeinen Gesetzen nachgeordnet werden. Individuelle Wünsche sollen allgemeinen Tugendregeln unterworfen werden, die aus allgemeingültigen Gesetzen der Vernunft, an der jedermann teilhaben kann, abgeleitet werden sollen. Für Kant ist jemand umso mehr Persönlichkeit, je mehr er sein Denken und Handeln an allgemeine Menschheitsinteressen bindet.

Die Theorie des Sozialismus und vor allem dessen Praxis haben häufig eine repressive Gleichmacherei begünstigt, obwohl Marx, der Stammvater des wissenschaftlichen Sozialismus, sich gegen eine erpreßte Versöhnung von Allgemeinem und Besonderem gewandt hat. Nach seiner Auffassung kann eine freie Gesellschaft nicht unter dem Vorrang des Allgemeinen zustande kommen. In ihr soll weder das Kollektiv dem einzelnen vorgeordnet werden, noch soll das allgemeine Interesse bornierten subjektiven Wünschen und Interessen geopfert werden. Privilegierte einzelne sollen nicht soziale Zusammenhänge für sich funktionalisieren können, und Kollektive sollen nicht auf repressive Art die einzelnen zur Unterordnung zwingen können. Die freie Entfaltung des einzelnen soll vielmehr mit der freien Entfaltung aller versöhnt sein, Allgemeines und Besonderes sollen gemeinsam zum Zuge kommen. Die Entfaltung von einzelnen soll nicht mehr, wie in den bisherigen Gesellschaften, der Entfaltung privilegierter anderer geopfert werden. An ihre Stelle sollen Assoziationen treten, »worin die freie Entfaltung eines jeden die Bedingung für die freie Entfaltung aller ist.«[50] In krassem Gegensatz zur früheren »realsozialistischen« Praxis Osteuropas soll eine bessere Gesellschaft auf ihre Fahnen schreiben: »Jeder nach seinen Fähigkeiten, jedem nach seinen Bedürfnissen«.[51]

Gegen ein Denken, das den Vorrang des Allgemeinen, des Sozialen, des Gesellschaftlichen propagiert oder die falsche, erpresste Versöhnung von Allgemeinem und Besonderem begünstigt, haben vor allem psychologisch inspirierte bürgerliche Intellektuelle Einspruch erhoben. Nietzsche hat, wie kaum ein anderer, das Recht des besonderen Individuums gegen die Ansprüche des gesellschaftlichen Allgemeinen verteidigt. Er wettert gegen »Herdenmenschen«, die sich allgemeinen Regeln unterwerfen, dem Gleichmachenden gilt seine Wut.

Die Demokratie, der Sozialismus, die Frauenbewegung, alle Bewegungen, die auf mehr Gleichheit pochen, leben, seiner Auffassung nach, von der lebensfeindlichen Wut auf die Entfaltung bedeutender Einzelner. Sein elitärer Blick hat vielen Reaktionären ins Konzept gepaßt, aber ihm kommt das Verdienst zu, die repressiven Aspekte von Einstellungen, die sich aufs Allgemeine berufen, deutlich gemacht zu haben. Nietzsche hat seine Position mit dem Weg in den Wahnsinn bezahlen müssen. Wo es nichts Allgemeines, für alle Gültiges gibt, an das sie sich halten können, können die Menschen kaum Zugang zueinander finden und gemeinsam ihr Leben organisieren. Wo es nichts Gemeinsames gibt, das die Menschen verbindet, sind sie zu einer eisigen Einsamkeit verurteilt, an der sie zugrunde gehen müssen.

Auch Freud hat auf die Unversöhnlichkeit von allgemeinen Interessen und besonderen Wünschen hingewiesen. In seiner Schrift *Das Unbehagen in der Kultur* hat er herauszuarbeiten versucht, daß jedes gesellschaftliche Allgemeine den einzelnen notwendig Leid und Versagungen auferlegen muß. Individuelle Glücksansprüche müssen, seiner Analyse zufolge, geopfert werden, damit die Kultur ein allgemeines Überleben sichern kann, das notwendig auf repressive kollektive Disziplin als Basis von gemeinsamen Arbeitsleistungen angewiesen ist. Er konstatiert:

»Es ist unmöglich zu übersehen, in welchem Ausmaß die Kultur auf Triebverzicht aufgebaut ist, und wie sehr sie gerade die Nichtbefriedigung von mächtigen Trieben zur Voraussetzung hat.«[52]

Dieser für die Kultur notwendige Triebverzicht kommt für ihn zustande, »wenn sich eine Mehrheit zusammenfindet, die stärker ist als jeder einzelne und gegen jeden einzelnen zusammenhält.«[53]

Individuelles sinnliches Begehren und allgemeine Überlebensinteressen müssen nach Freud in der Kultur notwendig unversöhnt bleiben. Das kritische bürgerliche Denken, das in seinen Anfängen auf die Notwendigkeit der Übermacht des Allgemeinen pochte, tendiert in seinen Spätformen dazu, das Recht der einzelnen gegenüber der Gesellschaft einzuklagen und die Opfer zu benennen, die das Allgemeine den einzelnen abverlangt.

Das Verhältnis von Allgemeinem und Besonderem ist keineswegs nur ein Problem für abstrakte sozialphilosophische Spekulationen. Eine kritische Psychologie, die sich mit den wesentlichen Problemen wirklicher Menschen in alltäglichen Lebenszusammenhängen beschäftigt, ist ständig damit konfrontiert. Die Widersprüche, die dieses Verhältnis in den Subjekten hervorruft, müssen diese leidvoll in ihrer Psyche austragen.

Menschen existieren einerseits als Elemente von Kollektiven, die gemeinsame Züge tragen, andererseits sind sie Individuen mit unverwechselbaren Zügen. Sie sind zum Beispiel als Menschen Teil der Menschheit, als Arbeitskräfte Teil einer betrieblichen Belegschaft oder als Schüler Teil einer Schülerschaft und zugleich unaustauschbare Produkte einer einmaligen Lebensgeschichte. Sie haben zugleich eine soziale Identität als Mitglieder sozialer Gruppen und eine persönliche Identität, die sie mit niemandem teilen. Beide Identitäten existieren nicht nebeneinander, sondern sind auf spannungsgeladene Art miteinander verknüpft. Menschen müssen, um ihr Überleben zu ermöglichen, allgemein festgelegte Rollen »spielen«, die ihnen soziale Institutionen auferlegen. Aber sie können und müssen diese Rollen auf ihre jeweils besondere Art »spielen«. In das Allgemeine, das die Gesellschaft von ihnen fordert, müssen sie ihre Besonderheit auf irgendeine Art einbringen, wenn sie nicht zugrunde gehen wollen. Sie sind Kinder, Schüler, Studierende, Arbeiter und können und müssen diese allgemeine Rolle auf ihre besondere Art ausfüllen. Die Menschen müssen das, was sie aufgrund ihrer Lebensgeschichte geworden sind, auf irgendeine Art mit dem verbinden, was Menschen unter bestehenden sozialen Verhältnissen abverlangt wird. Ihre persönliche Identität muß auf schwierige, leidvolle Art mit ihrer sozialen Identität verbunden werden. Das Besondere an ihnen kann sich nur im Rahmen eines allgemeinen Generalnenners halten.

Zugleich können aber auch allgemeine Anforderungen den Zwang setzen, die Individualität zu entwickeln. Gesellschaftliches liefert die Basis der Individuation. Als Kind unter Kindern oder als Wissenschaftler unter Wissenschaftlern findet man unter Umständen die Aufmerksamkeit, die man für die Entwicklung braucht, nur wenn man allgemeine Ansprüche, die an einen gestellt werden, auf originelle, besondere Art erfüllen kann. Die Konkurrenz, der alle in der bestehenden Gesellschaft unterworfen sind, führt zur Gleichmacherei, weil sie alle zwingt, sich den Anforderungen des Marktes zu unterwerfen; aber sie kann auch den Zwang zur Individuierung bei der Durchsetzung von Einzelinteressen verstärken.

Alle Studierenden an der Universität müssen bestimmte Eigenschaften aufweisen, um dort bestehen zu können, aber sie können diesen allgemeinen Anforderungen nur in einer besonderen Ausformung gerecht werden, in der auch ihre individuelle Geschichte zum Zuge kommt. An Frauen werden in der bestehenden Gesellschaft allgemeingültige Ansprüche gestellt, die sich, vermittelt über Sozialisationsprozesse, in ihrem Geschlechtscharakter niederschlagen. Aber jede Frau wird dem, was von allen Frauen verlangt wird, trotz aller Standardisierung auf besondere, einmalige Art gerecht. Die Menschen sind als soziale Wesen nicht einerseits etwas Besonderes und andererseits etwas Allgemeines, beides ist miteinander vermittelt. Das Allgemeine, das sie sein müssen, sind sie immer auf eine besondere Art, und das Besondere, das sie sind, ist meist kaum mehr als die besondere Ausprägung von etwas Allgemeinem. In der bestehenden Gesellschaft führt ein Überhang des Allgemeinen, der mit der Übermacht politischer und ökonomischer Strukturen gegenüber den einzelnen zusammenhängt, dazu, daß die Besonderheit der Menschen allzu leicht durch eine repressive Gleichmacherei erdrückt wird. Die Anpassung an gesellschaftliche Zwänge, die im Interesse privilegierter Minderheiten auf vielen lasten, gelingt häufig nur um den Preis der Zerstörung lebensgeschichtlich erworbener individueller Möglichkeiten. Die Übermacht eines erzwungenen Konformismus verhindert die Entwicklung von Individualität oder nötigt die einzelnen, ihre Besonderheit zu zerstören. Gegen diese Vergewaltigung wehren sich die einzelnen allzu leicht in falscher Weise, indem sie nicht zusammen mit anderen, durch politisches Handeln, auf eine bessere Organisation des Sozialen drängen, die der Besonderheit mehr Entwicklungsmöglichkeiten läßt, sondern indem sie borniert auf ihre individuelle Besonderheit pochen. Die einzelnen, die ihre Individualität bedroht sehen, blähen sich auf narzißtische Art auf und werden dadurch bloß hohl. Anstatt durch die Wechselwirkung mit anderen Menschen ihre Subjektivität zu bereichern, wollen sie sich von anderen Menschen bloß absetzen und müssen damit seelisch verarmen. Ein bornierter Subjektivismus verkennt, daß nur die Abarbeitung am Allgemeinen die Subjektivität bereichert.

Die Misere des in unserer Gesellschaft vorherrschenden Verhältnisses von Allgemeinem und Besonderem wird besonders in Verbindung mit der Geschlechtlichkeit erfahren. Wo können Menschen sich in ihr so aufeinander beziehen, daß ihre Differenz als Geschlechtswesen keinem der beiden Geschlechter zum Schaden gereicht? In anderen Worten: Wo können sie das Allgemeine, das sie als Menschen verbindet, auf eine unterschiedliche Weise so zum Ausdruck bringen und leben, daß beide Geschlechter bereichert werden? Wo gelingt es, die Differenz nicht so starr festzuschreiben, daß Übergänge zwischen den Geschlechtern bleiben, die den Zugang zum jeweils anderen ermöglichen. Frauen stehen in einer patriarchalischen Gesellschaft unter dem Zwang, als Geschlechtswesen bestimmten allgemeinen Anforderungen gerecht werden zu müssen, die unter dem Diktat männlicher Macht an sie gestellt werden. Aber wie können sie diesen Anforderungen gerecht werden, ohne zugleich individuelle Wünsche und Sehnsüchte zu opfern? Männer sind Frauen gegenüber in dieser Gesellschaft häufig mit Privilegien ausgestattet. Aber wenn sie an dem teilhaben, was ihrem Geschlecht im allgemeinen an Vorteilen zugebilligt wird, müssen sie notwendigerweise ihre individuellen Beziehungen zu Frauen mit allzu viel Fremdheit belasten. Eine freiere Gesellschaft würde es erlauben, daß ihre Mitglieder auf vielfältigere Art als heute Menschen, Frauen, Männer, Eltern, Kinder oder Jugendliche sein dürften. Eine Gesellschaft wird freier, wenn sie mehr Vielfalt duldet und zugleich eine reifere Allgemeinheit erlangt, in der das Gemeinsame der Menschen in politischen und kulturellen Zusammenhängen zur Geltung gelangt.

Kritisches Denken mißt die Vernünftigkeit gesellschaftlicher Ordnungen daran, welche Vielfalt an Entwicklungsmöglichkeiten diese allen Menschen zubilligen. Es benennt die unnötigen Opfer, die einzelnen oder vielen durch allgemeine Regeln auferlegt werden, die privilegierte Minderheiten dazu nutzen, ihre Interessen durchzusetzen. Es ist an einer reichen Allgemeinheit interessiert, die den einzelnen offene Möglichkeiten bietet, ihre Unterschiede zu entwickeln. Die etablierte nomologische Psychologie taugt kaum für ein solches Denken. Ihr ist die Dialektik von Allgemeinem und Besonderem fremd. Die Differenz im Gemeinsamen, die sich besonders im Bereich des Geschlechtlichen bemerkbar macht und an deren Bearbeitung sich alle Humanität entfaltet, zieht kaum ihr Interesse auf sich. Dieses gilt stattdessen einer leeren Allgemeinheit, aus der die Besonderheiten und Differenzen getilgt sind. Ihre Forschungsmethoden, an die sie ihre Theoriekonstruktionen bindet, kennen Menschen nur als austauschbare »Merkmalsträger« und nicht als Wesen, die Allgemeines auf individuelle Art zeigen und entwickeln können. Die austauschbare Versuchsperson, die als Untersuchungsobjekt gewählt wird, darf bloß eine leere Allgemeinheit repräsentieren, die keine Individuierung kennt. Die Allgemeinheit des Positivismus ist leer und auf falsche Art abstrakt, weil sie nicht in Verbindung mit dem Besonderen der Menschen ein Gesicht erlangt. Das Wesen des Psychischen als Allgemeines in seiner Differenz will diese Psychologie nicht zur Kenntnis nehmen. Wo die »Differenzielle Psychologie« die Unterschiede zwischen Menschen thematisiert, tut sie es nur in der Pespektive, allgemeine Dimensionen des Psychischen zu ermitteln, die es erlauben, Menschen zu klassifizieren. Sie will sie keineswegs als Besondere zu ihrem Recht kommen lassen.

Das leere, austauschbare, allgemeine Unwesen, dem das Interesse der naturwissenschaftlich orientierten Psychologie gilt, ist nicht der Mensch, der mit seinen Nöten und seinen Wünschen am Gesellschaftlichen teilhat, das seine Verwandtschaft mit anderen Menschen stiftet. Seine Individualität ist für sie ohne Interesse, sie muß hinter allgemeinen Mustern verschwinden, anstatt kritisch zu diesen in Beziehung gesetzt zu werden. Ein derartiges Denken hat sich, ohne es zu bemerken, bestehenden gesellschaftlichen Machtapparaten überantwortet, indem es deren Funktionslogik verdoppelt. Machtausübung nimmt in der bestehenden Gesellschaft immer mehr den Charakter von unpersönlicher bürokratischer Verwaltung an. Im Bereich der Ökonomie, des Staates oder der Kultur werden die Menschen immer mehr auf bloße Verwaltungsobjekte reduziert, denen es verwehrt ist, Subjekte ihres Handelns zu sein. Für solche Art der Machtausübung zählt kaum das Besondere von menschlichen Schicksalen, Lebenszusammenhängen, Wünschen oder Ängsten, es zählen Menschen nur als Objekte, die sich nach dem Gesetz der großen Zahl erfassen lassen. Die Norm, die Mittelwerte setzt, von denen die Abweichung nicht zu groß sein darf, prägt hier die Herrschaftslogik. Für diese zählen allgemeine Regeln, unter die sich Menschen subsumieren lassen, damit sie als verdinglichte Objekte klassifizierbar sind und gelenkt werden können. Aktivitäten, die es erlauben sollen, menschliche Verhaltensweisen nach bestimmten Schemata zu regulieren, treten an die Stelle des selbsttätigen Handelns von menschlichen Subjekten. Eine kritische Psychologie hat diese Machtlogik nicht wie die nomologische in ihren Methoden und Theoriekonstruktionen bewußtlos zu verdoppeln, sondern zu fragen, was es für die Seelen der einzelnen bedeutet, daß sie ihr unterworfen sind. Sie hat sich für das Recht auf Differenzen, Besonderheiten und Abweichungen einzusetzen, die dem Sozialen erst seine Fülle verleihen.

Anmerkungen

1 Siehe hierzu G. Vinnai, *Das Elend der Männlichkeit*. Reinbek 1977
2 Zum Begriff der Geschlechterspannung siehe R. Reiche, *Geschlechterspannung*. Frankfurt/M. 1990
3 Siehe hierzu Reiche, a.a.O., S. 19 ff
4 S. Freud, *Über weibliche Sexualität*. GW XIV, S. 519
5 Ebd.
6 Ebd., S. 533
7 Siehe hierzu E. Löchel, *Umgehen (mit) der Differenz*. In: *Psyche* 9, Stuttgart 1990, S. 826 ff.
8 W. Reich, *Die Funktion des Orgasmus*. Frankfurt/M. 1972
9 Siehe hierzu z.B. R. Reiche, *Geschlechterspannung*. Frankfurt/M. 1990, J. Chasseguet-Smirgel, Hrsg., *Psychoanalyse der weiblichen Sexualität*. Frankfurt/M. 1974, oder E. Löchel, *Verschiedenes. Untersuchungen zum Umgehen (mit) der Differenz*. Dissertation, Bremen 1987
10 Die folgenden Ausführungen beziehen sich auf die orthodoxe Freudsche Analyse. Melanie Klein z.B. setzt den ödipalen Konflikt schon früher an und konstatiert andere Verarbeitungsformen.
11 Die für die Psychoanalyse wesentliche Differenz zwischen Penis und Phallus wird hier vernachlässigt. Der Junge erschreckt genau genommen darüber, daß die Mutter nicht den mit symbolischen Bedeutungen aufgeladenen Phallus aufweist, den er ihr zugerechnet hat.
12 S. Freud, *Der Untergang des Ödipuskomplexes*. GW XIII, S. 397 f.
13 S. Freud, *Die Weiblichkeit*. GW XV, S. 133 f.
14 Siehe hierzu: M. Torok, Die Bedeutung des Penisneides bei der Frau. In: *Psychoanalyse der weiblichen Sexualität*. Frankfurt/M. 1974, S. 192 f.
15 Platon, *Das Gastmahl*. Stuttgart 1974, S. 72 f
16 S. Freud, *Drei Abhandlungen zur Sexualtheorie*. GW V, S. 95
17 Ebd., S. 96
18 Ebd., S. 95
19 Ebd., S. 97
20 Ebd.
21 Siehe hierzu S. Freud, *Die Weiblichkeit*. GW XV, S. 119 ff
22 J. Chasseguet-Smirgel, *Zwei Bäume im Garten*. München-Wien 1988, S. 107
23 Siehe hierzu ebd.
24 Th.W. Adorno u.a., *Studien über Autorität und Vorurteil*. Frankfurt/M. 1973
25 M. Horkheimer, Autorität und Familie in der Gegenwart. In: *Zur Kritik der instrumentellen Vernunft*. Frankfurt/M. 1967, S. 282. Ähnlich argumentiert K. Theweleit in: *Männerphantasien*. 2 Bde, Frankfurt/M. 1977
26 Zitiert nach M.A. Macciochi, *Jungfrauen, Mütter und ein Führer*. Berlin 1979, S. 90 f
27 Horkheimer, a.a.O., S. 281
28 Siehe hierzu z.B. F. Nietzsche, *Zur Genealogie der Moral*. Dritte Abhandlung 8. Werke III, Hrsg., K. Schlechta, München 1976, S. 852
29 W. Weischedel, *34 große Philosophen in Alltag und Denken*. München 1966. Eine Ausnahme bilden die Denker der materialistischen Tradition wie Marx, Adorno oder Bloch
30 E. Fromm, *Autorität und Familie. Sozialpsychologischer Teil*. Paris 1936, S. 78
31 Siehe hierzu S. Freud, *Massenpsychologie und Psychoanalyse*. GW XIII, S. 158 f
32 Th.W. Adorno, Zum Verhältnis von Soziologie und Psychologie. In: *Sociologica I*. Frankfurt/M. 1958
33 Ebd.
34 E. Fox/Keller, *Liebe, Macht und Erkenntnis*. München-Wien 1986

35 Siehe hierzu auch S. 70 ff dieses Buches
36 J. Chasseguet-Smirgel, a.a.O., S. 14. Daß die Autorin Männliches und Weibliches etwas zu archetypisch und geschichtslos faßt, kann hier nicht diskutiert werden
37 H.J. Eysenck, *Die Experimentiergesellschaft*. Reinbek 1973, S. 16
38 Platon, *Das Gastmahl*. Stuttgart 1974, S. 77
39 G.W.F. Hegel, *Ästhetik I*. Berlin-Weimar 1965, S. 540
40 Ebd., S. 539
41 S. Freud, *Das Unbehagen an der Kultur*. GW XIV, S. 441
42 Siehe hierzu G. Vinnai, *Das Elend der Männlichkeit*. a.a.O., S. 18
43 Goethes Gedicht *Selige Sehnsucht* macht das besonders deutlich
44 S. Freud, *Das Unbehagen an der Kultur*. GW XIV, S. 461
45 J. Herrmann, *Psychologie als Problem*. a.a.O., S. 27
46 A.H. Maslow, *The psychology of science*. Chicago 1960, S. 19, zitiert nach Bühler/Allan, *Einführung in die humanistische Psychologie*. Berlin-Wien 1983, S. 31
47 Siehe hierzu S. 103 ff dieses Buches
48 Holbach, *Systeme social*. Bd. 1, zitiert nach G. Mensching, *Einleitung zur Enzyklopadie*. Essay, Frankfurt/M. 1989, S. 140
49 J.J. Rousseau, *Staat und Gesellschaft*. München 1959, S. 18 f
50 K. Marx, F. Engels, *Manifest der kommunistischen Partei*, zitiert nach Fetscher, *Der Marxismus*. Bd. 3, S. 428
51 K. Marx, *Kritik des Gothaer Programms*, zitiert nach Fetscher, a.a.O., S. 428
52 S. Freud, *Das Unbehagen an der Kultur*. GW XIV, S. 457
53 Ebd., S. 454

Zur Rekonstruktion der Erfahrungsfähigkeit

Wer seine Alternativen zur bestehenden, an bestimmte Methoden fixierten Psychologie darstellen will, hat es nicht einfach. Eine andere Psychologie kann nicht von einem einzelnen hervorgebracht werden, sie kann nur das Ergebnis eines offenen sozialen Prozesses sein, an dem Lehrende und Lernende beteiligt sind. Sie kann nur das Produkt des Kampfes um eine Universität sein, die demokratischere Strukturen aufweist, welche kritisches Denken als Basis benötigt. Eine Psychologie, die der menschlichen Subjektivität mehr gerecht werden will als die bestehende, darf nicht von Regeln wissenschaftlichen Vorgehens ausgehen, die sie äußerlich ihren Gegenständen aufherrscht: Sie muß sich bemühen, vom Primat ihrer Forschungsgegenstände auszugehen. Ihr Vorgehen muß auf Formen des Denkens und Ordnungen des Untersuchens aus sein, die der qualitativen Verfaßtheit ihrer Gegenstände entsprechen und nicht bloß den »verwaltungstechnischen« Prozeduren des etablierten Forschungsbetriebes. Sicherlich richtet jedes wissenschaftliche Vorgehen seine Gegenstände in gewisser Weise zu. Die Ordnungen wissenschaftlicher Diskurse bestimmen, wie z.B. Foucault aufgezeigt hat, was in der Wissenschaft als Realität erscheint, und erzeugen diese aufgrund von Machtwirkungen, mit denen sie verknüpft sind, zugleich mit.[1] Es kann kaum theoretisch bestimmt werden, wie die von der Wissenschaft untersuchte Realität unabhängig von den dem wissenschaftlichen Denken vorgegebenen Strukturen der Realitätsauffassung aussieht. Darauf hat die Philosophie seit Kant hingewiesen. Trotzdem muß kritisches Denken, soweit als irgend möglich, an der unerreichbaren Utopie einer Wahrheit festhalten, die der Sache selber zur Sprache verhilft. Ohne die Verteidigung der normativen Idee einer objektiven Wahrheit, die in den Sachen selbst und nicht bloß in Prozessen der methodisch organisierten Verständigung über sie liegt, muß kritisches Denken sich letztlich aufheben.

Der Positivismus hat einen emphatischen Begriff von objektiver Wahrheit geopfert, seine Wissenschaftstheorie hat dies unter Umgehung von zentralen Einsichten von über 300 Jahren europäischer Philosophie legitimiert. Wer aber an der Suche nach Wahrheit festhalten will und sich deshalb darum bemüht, die Qualitäten von Sachen auszudrücken, dem müssen alle allgemeinen Aussagen über den Weg zur Wahrheitsfindung problematisch werden. Man kann keine allgemeingültigen Regeln wissenschaftlichen Vorgehens liefern, wie sie der Positivismus anbietet, wenn man weiß, daß sie notwendig die besonderen Qualitäten verschiedener Realitäten verfehlen müssen.

Die komplexen, widersprüchlichen und uneindeutigen psychischen Realitäten und die vielschichtigen gesellschaftlichen Zustände und Prozesse, auf die sie bezogen sind, verlangen umfassende und zugleich detaillierte Analysen, in deren Rahmen wissenschaftstheoretische Fragestellungen und damit auch Methodenfragen erst sinnvoll angegangen werden können. Wer über Methoden unabhängig von der jeweils besonderen Qualität der Forschungsgegenstände diskutiert und sie damit notwendigerweise bloß äußerlich auf sie anwenden kann, handelt wie ein Verwaltungsbeamter, der nur alles nach vorgegebenen Regeln ordnungsgemäß erfassen will. Unabhängig von sachbezogenen Analysen müssen Äußerungen über das Vorgehen einer kritischen Psychologie einen tendenziell essayistischen Charakter annehmen. Sie lassen sich dann zwar nicht genau genug auf qualitative Besonderheiten und Details ein, erlauben aber dem Denken eine Offenheit, die zum Nach- und Weiterdenken Spielraum läßt. Bei der Lektüre der folgenden Zeilen sollte man berücksichtigen, daß ihre Tendenz zu Andeutungen, Umschreibungen oder scheinbaren normativen Setzungen, in der etwas Falsches liegen mag, ein notwendiges Moment ihrer Wahrheit ist. Die Wahrheitsfindung kann immer nur Prozeßcharakter haben, sie muß durch vorläufige Bestimmungen hindurch, die als zu vage und unpräzise erscheinen können.

Nicht nur positivistische auch postmoderne Theoretiker haben dazu geraten, den Begriff der objektiven Wahrheit aufzugeben. Sie haben darauf hingewiesen, daß dieser Begriff »polizeiliche« Konsequenzen zeitigt, weil er das offene Spiel der Möglichkeiten blockiert und den Dissens und die Pluralität von Denkmustern zu wenig akzeptiert. Da Vernunft, wenn sie nicht verkümmern will, darauf angewiesen ist, sich ihre repressiven Züge stets von neuem vor Augen zu führen, ist dieser Einwand ernst zu nehmen. Auch wer nicht beim Relativismus und Ästhetizismus von gegenwärtig modischem Denken landen will, sollte doch akzeptieren, daß die Wahrheitsfindung ein vielfältiges Spiel mit Möglichkeiten zulassen muß und daß die Wahrheit in verschiedener Gestalt zum Ausdruck kommen kann. Da befreiendes Denken mehr anstreben muß, als ein korrektes Abbild der Wirklichkeit zu liefern, sondern immer auch auf offene und damit unterschiedliche Möglichkeiten hinweisen sollte, muß der Begriff der Wahrheit sich heute mehr öffnen, als es die traditionellen theoretischen Systeme zulassen.

Ob es eine objektive Wahrheit gibt, deren Suche alle binden sollte, oder ob es sie nicht gibt, darf nicht durch dogmatische Setzungen vorentschieden werden. Solche Fragen können sinnvoll nur in bezug auf Analysen behandelt werden, die sich auf eine bestimmte Realität beziehen. Man kann die Wahrheit niemals wie ein Banner vor sich hertragen, auf dessen Besitz man allein Anspruch hat; sie ist immer an eine Widerlegung von vorhandenem oder neu auftauchendem anderen Denken gebunden. Die Wahrheit kann nicht, wie im Christentum, von oben verkündet werden; es ist unmöglich, sie, wie im Stalinismus, vom Staat zu verordnen. Ob es sie überhaupt gibt, ist niemals gesichert. Sie ist ihrem Wesen nach nicht an autoritäre Setzungen und Besitzansprüche gebunden, sondern an die bestimmte Negation von Bestehendem und darum ihrem Wesen nach historisch. Wenn es so etwas gibt wie eine Wahrheit, die alle bindet, ist das keineswegs etwas besonders Erfreuliches, es ist vielmehr vor allem Ausdruck der schlechten Verfaßtheit der Welt. Eine allgemeingültige Wahrheit ist daran gebunden, daß alle Menschen in einer Gesellschaft in gewisser Weise in einem Boot sitzen, in das man sie mehr oder weniger mit Gewalt hineingezwungen hat. An ihre gemeinsamen Lebensinteressen - die häufig immer mehr bloß noch Überlebensinteressen werden - ist der Prozeß der Wahrheitsfindung gebunden: Er bezieht sich nicht zuletzt auf Bedrohungen, denen alle in dieser Welt ausgesetzt sind. Das postmoderne Denken zeigt die Tendenz, vor den bedrohlichen einheitsstiftenden Zügen des Bestehenden, an deren Verneinung die Wahrheit gebunden ist, in eine Vielfalt zu flüchten, die in der gesellschaftlichen Realität erst noch praktisch durchgesetzt werden müßte. In der bestehenden, kapitalistisch verordneten Welt ist die Vielfalt, die Pluralität, meist mehr Schein als Wirklichkeit. Die allzuviel gegen das Allgemeingültige auf das Besondere setzen, sind allzuleicht bloß dem falschen Glauben verfallen, etwas ganz Besonderes zu sein, das sich jeder allgemeinen Festlegung entzieht. Erst eine offenere Welt, die weniger vereinheitlichende Züge trüge, die ihr von ökonomischer und politischer Macht aufgezwungen werden, könnte - auf der Basis eines demokratischen Grundkonsenes - einer Vielfalt von Wahrheiten Raum geben.

Denken statt Technik

Die Universität wird immer mehr eine Stätte zur Abschaffung des Denkens, indem man es durch die Anwendung von Techniken zu ersetzen sucht. Das bedeutet nicht primär, daß immer mehr technische Apparate angeschafft werden, die denkende Subjekte ersetzen sollen, es bedeutet vor allem, daß Denken selbst auf bloße Technik reduziert wird. Die psychologischen Studiengänge werden von theoretisierenden Verwaltungsbeamten beherrscht, die totes Bewußtsein verwalten, anstatt lebendig zu denken; sie werden von akademischen Schlosserinnungen regiert, die standardisierte Techniken anwenden, anstatt sich offener auf die Realität einzulassen.

Im Rahmen der etablierten Psychologie wird Denken an Methodenwissen gefesselt. Studierende sollen vor allem Methoden wissenschaftlichen Vorgehens erlernen; wo der Praxisbezug betont wird, gilt es, Techniken der Diagnose, der Therapie oder der Beratung zu erwerben. Die Vorherrschaft des Methodenwissens macht Hochschullehrer zu einer Art von Kontrolleuren, die Studenten einbleuen, welche Formen und Techniken des Denkens als legitim zu gelten haben. Sie versäumen sie primär zu lehren, mit welchen Inhalten sich Denken kritisch zu beschäftigen hätte, und erst in Verbindung damit danach zu fragen, welches Vorgehen zu ihrer Untersuchung notwendig ist. Die Dominanz der Methodenausbildung hat zur Konsequenz, daß Denken weitgehend auf das Fragen nach dem methodisch korrekten Registrieren von Fakten und Daten reduziert wird. Dem Vorrang der erstarrten Forschungsmethoden entspricht typischerweise ein auf spezifische Weise reduziertes Theorieverständnis, das an sie gefesselt ist. Es werden meist den Methoden entsprechende Wenn-Dann-Regeln aufgestellt, denen so simplifizierte Kausalitätsprinzipien zugrunde liegen, daß sie einer komplexen und widersprüchlichen psychischen Realität und ihren umfassenden sozialen Verstrickungen kaum angemessen sind. Zugleich sind diese Theorien zumeist auf einer Abstraktionsebene angesiedelt, die von der existierenden Realität so weit entfernt ist, daß man extra für sie eine Kunstsprache entwickeln mußte, die nur für Insider aus der akademischen Szene Sinn stiftet.[2]

Auch Wissenschaftler, die vom quantifizierenden Wissenschaftsideal des Positivismus abweichen und qualitatives Denken durchsetzen wollen, sind unter dem Einfluß des Methodenzwangs sofort bestrebt, dieses methodisch sauber abzusichern. Mit Hilfe von methodischer Betriebsamkeit wird versucht, Ergebnisse zu produzieren, die gegen die schonungslose Kritik im Wissenschaftsbetrieb immun sind, auch wenn dabei entscheidende Inhalte verloren gehen. Die wissenschaftlichen Methoden, die Psychologen in Verbindung mit von ihnen abhängigen Theoriekonstruktionen und Handlungsstrategien erlernen, erlauben es meist nur, leere Abstraktionen hervorzubringen. Manchmal erleichtern sie es vielleicht, Menschen effizienter zu beeinflussen und zu behandeln; sie können diesen aber kaum helfen, die Wahrheiten ihrer Existenz auszudrücken. Solche Methoden sind allenfalls einer Berufspraxis angemessen, die Menschen im Dienste der Macht zu verwalten, zu steuern und zu manipulieren hat.

Richtigeres Denken müßte sich der Reduktion auf etwas bloß Handwerkliches widersetzen und sich dagegen wehren, daß Theorien zu technokratischen Mythologien werden, die offenes, qualitätsträchtiges Denken blockieren. Anstelle der cleveren Anwendung erlernter Methoden und Theoriekonstruktionen, die psychischen Befindlichkeiten ihre Fremdheit raubt, hätten Psychologen zu lernen, sich zuerst einmal über sie zu wundern oder zu erschrecken. Sie hätten sich die psychologischen Phänomene so fremd zu machen, daß sie für das

Denken eine Provokation würden. Mit Hilfe von theoretischen Einsichten hätte sie eine »sekundäre Naivität« einzuüben. Adorno formuliert: »Seele wäre erst das Tasten nach dem, was sie nicht selbst ist.«[3] Die akademischen Techniken sind seelenlos, weil sie zu starr und zu grob für das Tasten sind und weil sie von der Angst vor dem geprägt sind, was anders ist, als ihre Anwender es vorsehen. Anstatt mit Hilfe von Techniken Herrschaft über einen Gegenstand zu erlangen, müßte man sich mit seinem Denken darum bemühen, sich diesem zu überlassen, um seiner Qualität gerecht zu werden. Das Denken müßte lernen, sich auch von der Realität verführen zu lassen, anstatt sie bloß beherrschen zu wollen. Es hat vom Primat des Gegenstandes auszugehen - auch wenn klar ist, wie problematisch es ist, dieses Postulat realisieren zu wollen - und nicht vom Primat der Forschungsmethoden, die die historische und individuelle Besonderheit der Menschen mit ihren vielfältigen Möglichkeiten überwältigen, anstatt ihnen zu ihrem Recht zu verhelfen.

Die Reduktion des Denkens auf Technik hat die Ausschaltung der qualitativen Besonderheit des denkenden Subjekts zur Voraussetzung. Wo das Denken zur Methode verkümmert, sollen die Forschenden prinzipiell austauschbar werden. Demgegenüber lebt ein kritisches Denken, das sich seinen Gegenständen anschmiegen will, vom reflektierten Einbringen der subjektiven Besonderheit, die sich nicht auf ein abstrakt Allgemeines nivellieren lassen will. Nur dort, wo auch die qualitative Besonderheit des Denkenden Geltung erlangt, kann mit dem Denken die Qualität seiner Gegenstände erfaßt werden. Bei Adorno heißt es:

> »In schroffem Gegensatz zum üblichen Wissenschaftsideal bedarf die Objektivität dialektischer Erkenntnisse nicht eines Weniger, sondern eines Mehr an Subjekt. ... Sich dem Objekt überlassen ist soviel wie dessen qualitativen Momenten gerecht zu werden. In der Sache wartet das Potential ihrer Qualitäten. Es fordert das volle Subjekt, nicht dessen transzendentales Residuum. Je mehr von seinen Reaktionen als angeblich subjektiv bloß verpönt werden, um so mehr an qualitativen Bestimmungen der Sache entgeht der Erkenntnis.«[4]

In ein Denken, das seinen Gegenständen gerecht werden will, muß reflektiert das eingehen, was diese ihm - aufgrund einer sozialen Beziehung zu ihnen, die qualitativ bestimmt ist - bedeuten. Es nimmt, auf der psychischen Ebene, den Haß auf eine zu analysierende schlechte Realität in sich auf, ebenso wie es die Sehnsucht nach einer besseren in sich trägt. Kritisches Denken zieht seine Kraft aus dem Leiden, das die zu analysierende Realität dem Denkenden auferlegt, wie aus seiner Hoffnung, sie zu verändern. Es hat sich die Fähigkeit nicht austreiben lassen, sich von etwas rühren zu lassen. Das antike philosophische Denken, verlangt, etwa Platon zufolge, die »Liebe zur Weisheit«. Ein Denken, das sich lebendig auf die Realität einlassen will, hätte sich daran zu erinnern. In diesem Begriff der Liebe steckt, daß das Denken ein Prozeß sein sollte, der sein lebendiges Objekt behutsam sucht und das deshalb nicht etwas Starres und Fixiertes sein kann, wie es die etablierten wissenschaftlichen Methoden vorschreiben. Lebendiges Denken läßt sich, was der Begriff der Liebe auch enthält, von seinen Objekten ergreifen, anstatt sie bloß in vorgegebenen Ordnungen einzurangieren. Nicht verdinglichtes Denken wäre auch deshalb Liebe zur Weisheit, weil der Begriff der Weisheit mit der Suche nach einem »richtigen« Leben verbunden ist, der jedes wirklich kritische Denken motivieren sollte.

Methodisch kontrollierte empirische Untersuchungen können in den Sozialwissenschaften kaum mehr als Hinweise auf Zusammenhänge geben und helfen aufzuzeigen, wo es falsch sein dürfte, solche anzunehmen. Der Begriff der Wahrheit, den das positivistische Denken nicht zufällig immer mehr geopfert hat, um sein Versagen gegenüber den wirklichen Problemen den Menschen zu rationalisieren, schließt ungleich mehr ein als die Bewährung im methodisch gesicherten Prüfverfahren. Ein kritisches Denken begreift den offenen Prozeßcharakter der Wahrheitsfindung, es klebt nicht an den »Tatsachen«, an die der Positivismus durch seine Methoden fixiert ist. Ein Prozeß wirklicher Wahrheitsfindung will nicht bloß bestehende Realitäten methodisch abgesichert widerspiegeln. Er macht sich auf eine unabschließbare Suche nach neuen Möglichkeiten, die die Realität enthalten könnte; er will eingefahrene Denkmuster aufbrechen und dadurch verändernde Perspektiven für Denken und Handeln öffnen; er erzeugt Provokationen, indem er alles scheinbar Selbstverständliche erschüttert. Eine kritische Forschung zielt nicht auf Ergebnisse, die die Realität schlicht verdoppeln: Sie strebt intellektuelle Konstruktionen an, die wichtiges pointiert und befremdend zum Ausdruck bringen. Kritisches Denken kann das, was als Tatsache erscheint, nicht einfach hinnehmen: Es zielt darauf, die Prozesse intellektueller Verdinglichung, die Realitäten als solche erscheinen lassen, zum Fließen zu bringen und Versteinerungen in der sozialen Realität, die sie möglich machen, aufzubrechen. Ein gelingender Prozeß der Wahrheitsfindung will nicht nur Tatsachen registrieren, die den Forschenden äußerlich bleiben. Er schließt ein, daß die forschenden Subjekte sich mit Hilfe von Einsichten verändern und damit ihr Verhältnis zur Welt so gestalten können, daß sie ihren Problemen eher gerecht werden können. Im Prozeß des Denkens können die Denkenden von der Wahrheit so ergriffen werden, daß sie sich teilnehmend verwandeln.

Was bis hierher formuliert wurde, gilt meist allgemein für ein kritisches sozialwissenschaftliches Denken und es gilt besonders für die Psychologie. Ihr besonderer Erkenntnisgegenstand, die menschliche Psyche, schließt die Verwandtschaft zwischen Subjekt und Objekt der Erkenntnis ein. Diese Verwandtschaft erlaubt soziale, dem menschlichen Wesen angemessene Beziehungen zwischen beiden. Diese werden durch die positivistischen Forschungsmethoden verhindert, weil sie sich an Modellen orientieren, die zuerst in der Physik, im instrumentellen Umgang mit toten Dingen, entwickelt wurden. Die Psychologie verlangt lebendige soziale Beziehungen und ein lebendiges Subjekt, das Techniken allenfalls als Schutz vor Überforderungen benutzt. Psychologisches Verstehen verlangt keine Menschen, die sich zu »technischen Apparaten« verdinglichen wollen und darauf aus sind, andere mit Hilfe von ihnen äußerlichen Techniken zu kontrollieren. Es verlangt, soviel lebendige Phantasie entwickeln zu können, daß man sozusagen in andere Menschen hineinkriechen kann und dabei zugleich das Bewußtsein ihrer Fremdheit behält. Solches Denken muß sich mitfreuen und mitleiden können, ohne freilich seine analytische Distanz einzubüßen. Es verlangt die Identifikation, die den anderen als Subjekt ernstnehmen kann, anstatt ihn bloß als zu manipulierendes Objekt zu betrachten. Das erfordert, daß man mit Hilfe von aufgearbeiteten lebensgeschichtlichen Erfahrungen nachvollziehen kann, was im anderen vorgeht. Richtige psychologische Einsichten verlangen ein erarbeitetes Mehr an Subjektivität, als es den Menschen in dieser Gesellschaft üblicherweise zur Verfügung steht und nicht ein Weniger, wie es der Positivismus vorschreibt. Die eigene Subjektivität muß als kunstvoll theoretisch und praktisch bearbeitetes Medium der Analyse wirksam werden können. Die Analyse wird umso substantieller, je gekonnter die eigene Subjektivität mit der von anderen Menschen konfrontiert wird und je genauer ein durch Psychologie und andere Wissenschaften gebildetes Bewußtsein diese Konfrontation zu reflektieren vermag. Die Qualität psychologischen Denkens ist von erreichten Stufen subjektiver Emanzipiertheit abhängig. Das bedeutet nicht, daß man keine großen Probleme mit sich und der Realität haben darf. Die Emanzipiertheit, die ein gelingendes psychologisches Verständnis vorausetzt, verlangt keineswegs, daß man eine innere Harmonie gefunden hat, wie sie die Menschlichkeitsdarsteller im Bereich der therapeutischen Subkultur vorspielen. Sie verlangt »allenfalls«, daß man seine eigenen Schwierigkeiten relativ weitgehend durchschaut und dadurch gelernt hat, seine Beschädigung nicht allzusehr auf eigene Kosten oder die Kosten anderer auszuleben.

Die Wahrheit, die ein nicht technokratisch verdinglichtes Denken produziert, hat auch und gerade dort, wo sie wirklich theoretisch fundiert ist, notwendig etwas Zerbrechliches an sich. Sie läßt sich, auch dort, wo sie klar strukturiert ist, nicht auf Formeln reduzieren, wie sie der Positivismus anstrebt und mit angeblich objektiven Methoden gewinnt. Wirkliche Wahrheitssuche trägt notwendig und bewußt das Risiko des Scheiterns in sich. Wer dieses Risiko mit Hilfe methodischer Veranstaltungen ganz ausschalten will, verfehlt notwendig die entscheidenden psychologischen Probleme. Denken, das sich mit Hilfe der etablierten Methoden ganz von Falschheit freihalten will, produziert letztlich nur Tautologien. Es muß seine Forschungsgegenstände so vordefinieren, daß seine empirischen Ergebnisse letztlich nur diese Vordefinition bestätigen können. Wo die Anwendung von Methoden Fehler ganz ausschließen soll, bringt sie die Gegenstände der Forschung zum Verschwinden.

Auch kritisches Denken ist keineswegs harmlos: Es ist wie das positivistische mit dem Moment des Beherrschenwollens behaftet, und es muß auch notwendig durch kalte Abstraktionen hindurch. Aber es muß sozusagen die

Buße für dieses Unrecht gegenüber dem lebendigen Besonderen der zu analysierenden Menschen in sich aufnehmen. Richtige Abstraktionen haben ihre Wurzeln in realen sozialen Abstraktionen, die mehr oder weniger gewaltsam an den Menschen vorgenommen werden. Gedankliche Abstraktionen treffen nur dann kritisch die Realität, wenn sie sich auf Prozesse der Fragmentierung, der Vereinheitlichung oder der Standardisierung beziehen, die gesellschaftliche Machtverhältnisse in der Praxis an den Menschen vornehmen. Die intellektuelle Mißachtung des Besonderen ist nur dann legitim, wenn soziale Institutionen so funktionieren, daß sie der individuellen Besonderheit der Menschen gleichgültig gegenüberstehen, und wenn dieser Zustand zugleich der Kritik unterzogen wird. Befreiendes Denken muß Abstraktionen mit der Trauer und der Wut darüber verbinden, daß sie notwendig sind. Lebendiges Denken hat sich keineswegs bloß feige mit Lebendigem zu beschäftigen, es muß sich nicht zuletzt mit dem Mechanischen, Erstarrten, Verdinglichten an den Menschen auseinandersetzen. Aber es bleibt insofern lebendig, als es die notwendige Angleichung an das Tote, die zu seiner Analyse notwendig ist, mit dem Protest gegen dieses zu verbinden vermag. Es ist immer auch Trauerarbeit über Leben, das unter dem Gesetz des Todes steht. Der Positivismus verdoppelt unkritisch eine reale Verdinglichung, Mechanisierung und Quantifizierung, an der die Menschen unterm Diktat der bestehenden sozialen Institutionen zu leiden haben. Er rationalisiert bewußtlos die Kapitulation vor einem Zustand, den er zu kritisieren hätte.

Befreiendes psychologisches Denken hat mehr mit einem Spiel als mit der cleveren Anwendung von Techniken zu tun. Wo Menschen als Kinder noch spielen können, spielen sie mit einem heiligen Ernst und sind dabei dem Spielgegenstand ganz verfallen.[5] Sie versuchen im Spiel präzise darzustellen, was ihnen im Leben, im positiven wie im negativen, großen Eindruck gemacht hat, um es psychisch bearbeiten zu können: Spielende Kinder müssen sich dem angleichen, das sie zu überwältigen droht. Zugleich haben sie die Fähigkeit zum freien Umgang mit diesen zwanghaften Verdoppelungen. Durch beides können sie lernen, mit der Realität sinnvoll umzugehen. Lebendiges psychologisches Denken nimmt in aufgeklärter Weise dieses »mimetische« Verhalten, dieses Spiel als Gedankenspiel, in sich auf. Es ist fähig, seinem Gegenstand zu verfallen, was ihm dadurch erleichtert wird, daß es mit ihm verwandt ist, und zugleich fähig zu reflektieren, warum und auf welche Art es ihm verfallen ist, wodurch es seine Freiheit realisieren kann. Richtigeres Denken verlangt nicht, daß die eigene Subjektivität zu einem toten, mechanischen Instrument gemacht wird, das dazu genutzt werden soll, die Realität kontrollierend und berechnend zu beherrschen. Es verlangt vielmehr, daß die eigene Subjektivität in ein möglichst kunstvolles Instrument verwandelt wird, das die Realität zum Spielen bringen kann. Zugleich muß das Subjekt das, was die Realität in ihm zum

Klingen bringt, mit konstruktiver Phantasie so bearbeiten, daß eine aufklärende Beziehung zu dieser Realität möglich ist. Wer lebendig denken kann, kann es geschehen lassen, daß die Realität etwas mit einem macht, zu dem man ein produktives Verhältnis gewinnen kann. Es wurde gewagt zu behaupten, vernünftiges Denken hätte etwas mit Spiel zu tun. Man stelle sich spielende Menschen an der Universität vor. Es würden sich sofort vergreiste Kinder auf sie stürzen, die ihr Spiel zerstören müßten, aus Angst, von ihm angesteckt oder blamiert zu werden. Sie wollen nur ein Todesspiel dulden, bei dem Menschen in Registrierautomaten und Behandlungsmaschinen verwandelt werden.

Zur Bedeutung der Subjektivität der Forschenden

Der mit psychologischen Fragestellungen befaßte Wissenschaftsbetrieb kann in seiner positivistischen Ausrichtung als Veranstaltung zur Verhinderung von psychologischer Reflexion wie zur Zerstörung der Fähigkeit zu ihr interpretiert werden. Seine hochentwickelten Forschungsmethoden garantieren keineswegs ein psychologisches Wissen, das seinen Gegenständen angemessen ist. Die Aura, mit der seine Forschungstechniken behaftet sind, vermag den Blick auf die Phänomene zu trüben. Was in der positivistischen Psychologie als oberste methodische Regel gilt, nämlich die fragwürdige Subjektivität des Forschenden auszuschalten, bringt sie um die Erkenntnis ihres Gegenstandes. Da ihr die individuelle Psyche des Erkennenden im wesentlichen als auszuschaltender Störfaktor erscheint, ist ihr die Einsicht in entscheidende psychologische Sachverhalte versperrt. Die Psychologie als wissenschaftliche Menschenkenntnis ist nämlich auf verstehende Prozeduren angewiesen, die es erlauben nachzuvollziehen, was in der Psyche anderer Menschen vorgeht. Solches verstehende Nachvollziehen, solches »hermeneutische« Vorgehen, erschließt sich nur vermittelt über die Reflexion der eigenen individuellen psychischen Verfaßtheit. Um zu verstehen, was in anderen Menschen vorgeht, um den Sinn ihres Verhaltens zu begreifen, muß der Psychologe überprüfen, ob er Erfahrungen gemacht hat, die sich mit denen des Gegenüber decken könnten. Eigene psychische Verfaßtheiten müssen auf andere projiziert werden, und die Reflexion muß daraufhin überprüfen, ob diese Projektionen deren psychische Befindlichkeiten treffen. Die Einsicht in die psychische Verfaßtheit anderer setzt daher immer die Selbsterkenntnis voraus. (Der Versuch, andere zu verstehen, bringt freilich auch die Fähigkeit zur Selbsterkenntnis hervor.)

Auch der Positivismus ist, entgegen seinem Selbstverständnis, auf ein verschwiegenes hermeneutisches Verstehen angewiesen.[6] Zur Interpretation seiner Befunde muß er, ob er will oder nicht, auf verstehende Prozesse zurückgreifen, an die die Subjekte in ihrer zwischenmenschlichen Alltagspraxis gebunden sind.

Die leere Abstraktheit der meisten psychologischen Theorien macht es notwendig, diese zu ihrem Verständnis und bei ihrer praktischen Umsetzung stillschweigend mit Alltagserfahrungen zu verknüpfen, die als wissenschaftlich nicht legitim gelten. Die gängigen Theorien des Lernens, des Handelns oder sozialer Beziehungen sind so fragwürdig abstrakt, daß sie überhaupt nur einen Sinn ergeben können, wenn man sie willkürlich mit Alltagserfahrungen verbindet. Alle, die sie nutzen wollen, müssen sie automatisch mit einer theoretisch nicht reflektieren Alltagspsychologie aufladen, damit sie überhaupt auf soziale Realitäten bezogen werden können. Die positivistische Psychologie ist damit auf eigentümliche Art mit der Astrologie verwandt: Beide können nur dadurch wirksam werden, daß man die eigenen Erfahrungen und Probleme bewußtlos in die leeren Hülsen schiebt, die zur Verfügung gestellt werden.

Experimente, die in der naturwissenschaftlich orientierten Psychologie von zentraler Bedeutung sind, sind nur machbar, wenn man sich in die Perspektive der Versuchspersonen zu versetzen vermag. Den Perspektivenwechsel verlangen auch die Regeln zur Steuerung der Alltagspraxis, die die positivistische Psychologie hervorbringen will. Erst wenn das Individuum sich in Interaktionsprozessen nicht nur aus seiner eigenen Perspektive, sondern auch aus der Perspektive des anderen sehen kann, ist ein gemeinsames Handeln möglich, das die Anwendung der vom Positivismus angestrebten Theoreme lenken soll. Die mit seiner Hilfe ermittelten Regeln können nur dann sinnvoll auf die Lebenspraxis bezogen werden, wenn diejenigen, die sie anwenden wollen, sich mit den Augen der anderen zu sehen fähig sind, mit denen Interaktions- und Kooperationsprozesse erfolgen sollen. Sich mit den Augen des anderen zu sehen beinhaltet aber das, was der Positivismus vernachlässigt: Selbstreflexion.[7]

Eine kritische Psychologie muß eine der positivistischen Psychologie entgegengesetzte Einstellung zu der an Selbstreflexion gebundenen Subjektivität des Forschenden einnehmen. Sie muß sich einer nicht nur an der Universität, sondern von nahezu allen Bildungsinstituten propagierten Position entgegenstellen, die behauptet, daß Wissenschaft erst anfängt, wo subjektive Interessen und Bedürfnisse ausgeschaltet werden. Sie darf die vorwissenschaftliche Erfahrungsfähigkeit der Subjekte nicht denunzieren, sondern muß zu ihrer Entfaltung beitragen. Sie muß sie, vermittelt über theoretische Bildung und die Teilhabe an organisierten Prozessen der Erfahrungsgewinnung - zum Beispiel in psychoanalytischen Settings -, auf ein wissenschaftliches Niveau heben. Die Psychologie wird umso realitätshaltiger, je subjektiver sie in gewisser Weise wird, je gekonnter die Subjektivität des Forschenden als Instrument der Erkenntnis eingesetzt wird. Die Fähigkeit, den eigenen Erfahrungen auf reflektierte Art vertrauen zu können, die durch die Aufarbeitung von lebensgeschichtlichen Erfahrungen zustande kommen kann, ist eine Voraussetzung für profunde psychologische Einsichten.

Die Auswirkungen gesellschaftlicher Trends, die zur Zerstörung der Erfahrungsfähigkeit der Subjekte führen, erlauben Zweifel an der Fähigkeit des Normalverstandes, psychologische Phänomene angemessen erfassen zu können. Die Erziehungsprozesse in familiären Krisenzusammenhängen, der Stumpfsinn von schulischem Lernen, eine die Lebendigkeit abtötende Arbeitsorganisation oder die Manipulation durch die Massenmedien können die Entfaltung von Erfahrungsfähigkeit und sozialer Sensibilität blockieren. Auch der Alltag in der akademischen Erziehungsfabrik fördert zumeist kaum die Entfaltung einer besonderen psychologischen Sensibilität. Die positivistische Psychologie, die gegen Abweichler den Kampf ums »Weltniveau« propagiert, erreicht zumeist nur das Niveau einer weltweit produzierten verkümmerten Erfahrungsfähigkeit. Der begründete Zweifel an der Erfahrungsfähigkeit der Subjekte darf nicht zur Begründung der Ausschaltung der Subjektivität aus dem Wissenschaftsprozeß führen: Dieser Zweifel muß vielmehr Überlegungen zu der Frage anstoßen, wie eine verstümmelte Erfahrungsfähigkeit rekonstruiert werden kann. Daß man ständig die Erfahrung macht, daß die abgedroschensten Platitüden folgen, wenn jemand seine »ganz persönlichen Erfahrungen« kundtut, darf nicht dazu verleiten, daß das Subjektive abgelehnt wird, weil offensichtlich kein Verlaß darauf ist. Dieser Zustand muß vielmehr die Frage aufwerfen, wie ihm abzuhelfen ist. Sozialwissenschaft, besonders psychologische Wissenschaft, kann heute nicht mehr erst beginnen, wenn die Sphäre der Erscheinungen überschritten wird, weil die Subjekte den präzisen Blick auf Erscheinungen zumeist nicht gelernt haben oder wieder verlernt haben. Die gesellschaftlich organisierte Verbildung der Subjekte ist heute soweit fortgeschritten, daß diese es - nicht zuletzt mit Hilfe von theoretischen Einsichten - erst einmal lernen müssen, Phänomene genau anzuschauen und ihrer Erfahrungsfähigkeit zu vertrauen. Erst danach können theoretische Abstraktionen vorgenommen werden, die die Sphäre der Erscheinungen hinter sich lassen. Das Maß an Erfahrungsfähigkeit und Sensibilität gegenüber anderen Menschen, das eine Gesellschaft ihren Mitgliedern zubilligt, ist ein Index für die ihnen zugestandene Freiheit. Eine Gesellschaft, die Menschen im Bereich der Wissenschaft dazu zwingt, Muster für die Organisation der Erfahrung auszubilden, die andere Menschen als austauschbare und manipulierbare maschinelle Objekte erscheinen lassen, demonstriert damit ihre Unfreiheit. Das übermäßig abstrakte und verdinglichte Denken des Wissenschaftsbetriebes entspricht einer gesellschaftlich verordneten Unfähigkeit zur lebendigen Erfahrung. Die Erstarrung mit der der herrschende Industrialismus in der bestehenden Gesellschaft trotz aller Bewegung alles Lebendige überzieht, zerstört die sensible Wahrnehmung: Der Positivismus ist die Theorie der Liebesunfähigen und Gleichgültigen.

Die Psychologie muß, um die Erfahrungsfähigkeit der Subjekte entwickeln zu helfen, Wesentliches von dem in sich aufnehmen, was früher der ästhetischen

Bildung zugerechnet wurde. Sie muß sich der Bildung und Kultivierung der Sinne annehmen. Sie muß lehren, dadurch den Alltag mit einem veränderten Blick zu sehen. Die schroffe Abtrennung des Bereichs der Kunst vom Bereich der Wissenschaft, die die bestehende Kultur verordnet, ist besonders für die Psychologie verhängnisvoll. Bürgerliche Romanciers wie Stendhal, Flaubert, Dostojewski oder Proust wußten unendlich viel mehr über die menschliche Psyche als der durchschnittliche zeitgenössische akademisch gebildete Psychologe, der sich an seine Testbatterien klammert, hinter denen ihm die Realität verschwindet.

Der Subjektivität des Forschenden in der Psychologie zu ihrem Recht zu verhelfen, bedeutet auch, die Fähigkeit zu spontanen Einfällen, zu phantasievollen Gebilden und zu spekulativem Denken zu legitimieren. Manche Methoden der empirischen Forschung, die den Wissenschaftsbetrieb bestimmt, können ein Recht haben, wenn es gilt, wildgewordene Denkungsarten zu zähmen. Wo sie aber mehr sein wollen als Korrektur und Hilfe zu gründlicheren Reflexionen, gehen sie einem Denken an den Kragen, das neue Horizonte öffnen will. Die Übermacht des Methodischen im Forschungsbetrieb hat die Tendenz, das Denken zu kastrieren. Sie reduziert es auf das mehr oder weniger begriffslose Registrieren von Signalen, die die Forschungsapparate produzieren, und raubt ihm die Fähigkeit, sich einer Sache zu überlassen. Wo aber nur noch Gedanken zählen, die von den Daten gestützt werden, die die standardisierten empirischen Verfahren hervorbringen, muß sich das Denken so entleeren, daß es der Realität nicht mehr gewachsen ist. Die Rettung des denkenden Subjekts im Wissenschaftsbetrieb verlangt die Entfaltung seiner Fähigkeit zur sozialen Phantasie, die verhindert, daß das Denken an isolierten Fakten kleben bleiben muß, die mit Hilfe verselbständigter Methoden willkürlich aus dem sozialen Zusammenhang herausgelöst wurden.

Im Gegensatz zur positivistischen Psychologie bekennt sich die Psychoanalyse, sofern sie ihre Praxis wissenschaftstheoretisch reflektiert hat, zu hermeneutischen Prozeduren, die den Einsatz der Subjektivität verlangen.[9] Die psychoanalytische Theorie und Praxis weicht insofern von an naturwissenschaftlichen Modellen orientierten Positionen ab, als für sie die Fähigkeit des Analytikers, seine eigene psychische Verfaßtheit zu begreifen, Voraussetzung für eine richtige Erkenntnis ist. Freud entfaltete die psychoanalytische Theorie im Kontext seiner Selbstanalyse. Psychoanalytisches Verstehen ist auf Versuche des subjektiven Nachvollzugs dessen angewiesen, was im anderen vorgeht. Dazu muß der Analytiker wissen, was dieser in ihm auslöst. Der Psychoanalytiker »überträgt« eigene psychische Verfaßtheiten in seine Beziehung zum Analysanden und untersucht daraufhin diese Übertragungen, um einen Zugang zu ihm zu finden. Die Rettung der Erfahrungsfähigkeit des Subjekts für das psychologische Verstehen, die die Psychoanalyse, gebunden an ihr analytisches Setting vornimmt, ist freilich begrenzt. Die Folien, die sie zur Schilderung von Lebensgeschichten und den aus ihnen resultierenden Beziehungen des Subjekts zur Realität benutzt, sind so restringiert, daß sie nur bestimmte Aspekte des Psychischen einfangen können. Die sozialen Beziehungsmuster, denen psychische Strukturen entspringen, reduzieren sich für die Psychoanalyse weitgehend auf die des Kindes zu seiner Familie. Übergreifende gesellschaftliche Realitäten, mit denen psychische Prozesse verschränkt sind, werden von psychoanalytisch Orientierten allzuleicht aufs Vater-Mutter-Kind-Schema reduziert. Die Psychoanalyse, die die geheimen Wahrheiten des Subjekts aufdecken will, bekommt dann die Funktion, die Einsicht in gesellschaftliche Zusammenhänge, in die die individuelle Existenz eingebettet ist, zu verschleiern.

Subjektivismus und Subjektverleugnung

Ein Ansatz wie der hier vertretene, wird von Vertretern der positivistischen Psychologie als subjektivistisch bekämpft. Der Verdacht des Subjektivismus ist ernstzunehmen; im Zeitalter eines bornierten Individualismus ist jedes theoretische Denken davon bedroht, subjektivistisch zu verkümmern. Wo der Vorwurf des Subjektivismus allerdings von seiten der etablierten Psychologie kommt, muß er an diese zurückgegeben werden. Ihre Analysen sind nämlich in einem strengen Sinn subjektivistisch, was nur deshalb nicht auffällt, weil dieser Subjektivismus an der Universität kollektiviert ist.[9] Sie sind subjektivistisch, weil sie sich nicht wirklich auf die Qualität ihrer Gegenstände einlassen können, weil ihr Methoden- und Theorieverständnis kein Denken erlaubt, das der Qualität zentraler psychologischer Probleme gerecht wird. Der positivistische Kampf um »objektive Erkenntnis« lebt von willkürlichen Setzungen, die man als subjektivistisch bezeichnen muß. Der Positivismus verfällt dem Subjektivismus, gerade weil er keine besondere Reflexion in bezug auf die konkreten Menschen anstellt, die Erkenntnisprozesse organisieren. Wenn die Subjektivität der Forschenden nicht besonders beachtet wird, verschwindet sie keinesweg aus dem Forschungsprozeß, sie setzt sich vielmehr blindlings und hinterrücks durch. Subjektive Interessenlagen und Bedürfnisse und die sozialen Verhältnisse, aus denen sie hervorgehen, gehen notwendigerweise in Denkprozesse ein, sie können niemals durch methodische Veranstaltungen aus ihnen ausgeschaltet werden. Wenn sie von der Reflexion nicht aufgearbeitet werden, entfalten sie bewußtlos eine Dynamik, die den Erkenntnisprozeß verzerrt. Ihre sozialen Interessenlagen, ihre geheimen Machtphantasien und Formen der Liebesunfähigkeit beherrschen die Denkprozesse von positivistischen Psychologen gerade dann, wenn sie glauben, dem Ideal der reinen Erkenntnis zu huldigen. Die Denkmodelle der etablierten Psychologie geben vor, mit Hilfe von methodischen Prozeduren die subjektive

Willkür zu bannen. Sie gehorchen in Wirklichkeit einem kollektivierten Subjektivismus, der im Dienste sozialer Interessen willkürlich mit den Menschen umspringt, anstatt ihnen zu helfen, die Wahrheit ihrer Existenz zu finden.

Die Prozesse subjektiven Erlebens, die in die psychologische Forschung bewußt einfließen sollten, sind keineswegs, wie positivistische Psychologen glauben machen wollen, »bloß« subjektiv. Wenn die Subjekte innerhalb einer bestimmten Gesellschaft Sozialisationsprozesse hinter sich haben, die strukturell im wesentlichen identisch sind, und wenn sie gemeinsam Produktions- und Herrschaftsverhältnissen ausgesetzt sind, die sie auf verwandte Art zu erfahren lernen müssen, ist das, was ein Subjekt zu erfahren fähig ist, notwendig mit dem verwandt, was andere erfahren. Subjektives hat eine objektive gesellschaftliche Basis, die es der Willkür des einzelnen weitgehend entzieht. Objektive gesellschaftliche Realitäten schlagen sich, vermittelt über Sozialisationsprozesse, in psychischen Strukturen nieder, die wiederum Erfahrungsmöglichkeiten festlegen. Die Kommunikation über Erfahrungen ermöglicht es, sie zu differenzieren und sie aus ihrer Besonderheit zu reißen, so daß das Allgemeine an ihnen eingefangen werden kann. Für allgemeingültige Aussagen braucht man nicht die »allgemeingültigen« Methoden des Positivismus, weil das Allgemeine primär im Forschungsobjekt, nämlich im sozialen Wesen des Menschen, zu finden ist. Der Mensch ist ein soziales, ein gesellschaftliches Wesen: Als solches hat er ein Wesen, zu dem das Allgemeine gehört, weil er sein Schicksal und seine psychischen Befindlichkeiten zu weiten Teilen mit anderen Menschen teilt. Das Allgemeine am Menschen wird durch seine Zugehörigkeit zu sozialen Kollektiven gestiftet, vermittels der Sprache kann dieses Allgemeine zum Ausdruck kommen. Der Subjektivismus des Positivismus, der durch die Unangemessenheit seines Denkens gegenüber der menschlichen Subjektivität zustande kommt, ist auch in der Tatsache begründet, daß er das soziale Wesen des Menschen nicht zu erfassen vermag. Ihre Fixierung an die überkommene wissenschaftliche Arbeitsteilung läßt die etablierte Psychologie die Bezogenheit psychischer Strukturen und Prozesse auf übergreifende gesellschaftliche Strukturen und Prozesse verkennen, die den Menschen als allgemeinen hervorbringen. Die individuelle Psyche und die an sie gebundene besondere Erfahrung hat eine Prägung durch ein Allgemeines erhalten, das zumindest prinzipiell die Möglichkeit einer theoretischen Verallgemeinerung zuläßt.

»Weil sie in sich allgemein ist, und soweit sie es ist, reicht individuelle Erfahrung auch an das Allgemeine heran. Anders als in der Bewegung einzelmenschlichen Bewußtseins läßt Allgemeines vom Subjekt überhaupt nicht sich ergreifen. Würde das Individuum coupiert, spränge kein höheres, von den Schlacken der Zufälligkeit gereinigtes Subjekt heraus, sondern einzig ein bewußtlos nachvollziehendes.«[10]

Dem Subjektivismus ist nicht durch methodisch bewerkstelligte positivistische Subjektverneinung beizukommen, er verlangt ein anderes Gegenmittel. Das Einbringen der Subjektivität des Forschenden in die Theoriebildung, das Mehr an Subjektivität gegenüber dem Positivismus, verlangt, um dem Subjektivismus entgegenzuarbeiten, die objektiv gerichtete Gesellschaftsanalyse als Kontrapunkt. Die Analyse muß zugleich mehr subjektive Realität und mehr objektive Realität in sich aufnehmen, als dies der Positivismus zuläßt. Die objektiv gerichtete soziologische oder politökonomische Analyse kann ermitteln, welche gesellschaftlichen Strukturen und Verhältnisse bestimmte Formen der Subjektivität, und damit bestimmte Formen der Erfahrung und des Denkens, hervorbringen. Diese Analyse der sozialen Basis der Subjektivität der Forschenden wie der der zu untersuchenden Individuen, die sich in deren Psyche niederschlägt, erleichtert es, das Allgemeine im Besonderen auszumachen und damit dem Subjektivismus entgegenzuarbeiten.

Seine eigene Subjektivität als Theoretiker ernst zu nehmen sollte keineswegs bedeuten, sich allzusehr auf die eigene Innerlichkeit zu fixieren. Man wird dadurch auf die Dauer hohler, anstatt sein Selbst zu finden. Man kann sich selbst nur erkennen, wenn man sich auch mit der gesellschaftlichen Realität auseinandersetzt, in der man lebt. Man muß sich intellektuell und praktisch an äußere Realität verlieren können, um sich selbst zu finden. Subjekt kann man nur in bezug auf andere Menschen und die Beziehungen und Verhältnisse sein, in die man zusammen mit ihnen verstrickt ist. Menschen erkennen sich selbst, indem sie sich theoretisch und praktisch, liebend und kämpfend, mit sozialen Realitäten auseinandersetzen und dabei ihre Grenzen und Möglichkeiten erfahren. Das steht seit Jahrhunderten in bürgerlichen Bildungsromanen und ist bereits bei Hegel nachzulesen.

So findet sich in Goethes *Wilhelm Meister* der Held, indem er Reisen macht, also die Welt kennenlernt, indem er Liebesbeziehungen eingeht, indem er sich an künstlerischen Produktionen beteiligt, indem er gemeinsam mit anderen arbeitet oder politisch handelt. Hegel stellt in der *Phänomenologie des Geistes* dar, daß die Menschen nur ein richtiges Bewußtsein ihrer Selbst erlangen können, wenn ihr Bewußtsein sozusagen eine Reise durch die Weltgeschichte macht, deren Produkt sie sind. Ein angemessenes Selbstbewußtsein stellt sich demnach erst ein, wenn sich das Bewußtsein umfassend an der Realität abgearbeitet hat.

Das Selbst, das das Bewußtsein in der Auseinandersetzung mit der äußeren Realität findet, ist nichts Statisches, sondern verändert sich mit den äußeren Veränderungen bzw. den Erfahrungen, die man mit ihnen macht. Daß heute immer mehr Menschen glauben, ihr Selbst schon dadurch finden zu können, daß sie sozusagen ständig bloß in sich hineinzukriechen suchen, ist Ausdruck einer gesellschaftlich erzwungenen Regression. Diese Einstellung lebt von der zwanghaften Fixierung an unbewältigte innere Konflikte wie von der mit ihnen verbundenen Angst, sich auf äußere Realität einzulassen. Sie ist damit häufig nicht zuletzt der Angst vor der eigenen Veränderung zu verdanken, obwohl diese angeblich durch solches Tun angestrebt wird. Wo die Selbstfindung auf das

Herumstochern in der eigenen Psyche reduziert wird, erscheint das Selbst als etwas Statisches, Festgelegtes, das im geheimen vorhanden ist und bloß noch nicht an das Tageslicht gebracht wurde. Wenn aber das gesuchte Selbst als etwas bereits Vorhandenes gefaßt wird, regiert die Angst vor wirklicher Veränderung. Diese gerät erst ins Blickfeld, wenn das Selbst auch als etwas Offenes und Abzuwerfendes erscheint, das in Auseinandersetzung mit der Realität stets von neuem gesucht werden muß. Sich verändern wollen heißt, Selbstfindung als prinzipiell unabschließbaren sozialen Prozeß zu akzeptieren. Die Bearbeitung innerer Problematiken erlangt erst dadurch einen Sinn, daß sie ein anderes Verhältnis zur äußeren Realität erlaubt, das auch das Subjekt verändert.

Ohne die Analyse der gesellschaftlichen Realität, unter der sie leben, sind die Menschen nicht zu begreifen. Die gesellschaftlichen Verhältnisse drücken sich in ihrem Wesen aus; ihre psychische Verfaßtheit ist nur zu verstehen, wenn man sie als Antwort auf gesellschaftliche Anforderungen analysiert. Wissenschaftler, die den Menschen ohne weitreichende sozialwissenschaftliche Kenntnisse analysieren, landen bei den Theoriemonstern des Positivismus. Der »allgemeine Mensch« in den Grundlagenfächern der Psychologie, über den sich Aussagen mit räumlich und zeitlich unbegrenzter Gültigkeit machen lassen sollen, existiert nur im Kopf positivistischer Theoretiker. Allgemein Menschliches kann es geben - es kann etwa durch die physiologische Ausstattung des Menschen gesetzt sein - aber dieses verschafft sich nur in historisch besonderen Zusammenhängen und Formen Geltung. Seine psychologische Bedeutung kann nur erfaßt werden, wenn der soziale Kontext begriffen wird, unter dem es wirksam wird. Real existieren Menschen als Männer oder Frauen, als Sklaven oder als Arbeiter, als Könige oder als Bürger unter bestimmten sozialen Verhältnissen und sind dadurch in ihrem Wesen bis in die sublimsten psychischen Regungen hinein bestimmt. Wer sich nicht dafür interessiert, was Kapitalismus ist oder was Faschismus, Stalinismus oder Patriarchat bedeutet, kann auch die Psyche der Menschen in unserer Zeit nicht wirklich begreifen. Ohne politökonomische, ohne soziologische und historische Einsichten gerät der psychologischen Analyse das konkrete Individuum aus dem Blickfeld. »Je strikter der psychologische Bereich als in sich geschlossenes, autarkes Kraftfeld gedacht wird, um so vollständiger wird Subjektivität entsubjektiviert.«[11] Die wissenschaftliche Arbeitsteilung darf nicht einfach hingenommen werden, sie ist vielmehr, auch wenn sie manchmal nützlich sein mag, als Ausdruck fragwürdiger gesellschaftlicher und wissenschaftlicher Entwicklungen zu begreifen, die eine Verkrüppelung des Denkens mit sich bringen. (Ebenso wäre die Trennung von geistiger und körperlicher Arbeit, von künstlerischer und wissenschaftlicher Produktion, von Normalbewußtsein und wissenschaftlichem Bewußtsein stets von neuem zu reflektieren.)

Die meisten Psychologen fühlen sich überfordert, wenn man von ihnen erwartet, daß sie von allen Sozialwissenschaften wenigstens einige Grundkenntnisse besitzen sollten. Aber ohne diesen Anspruch werden psychologische Wahrheiten notwendig verfehlt; sie sind einfacher nicht zu erlangen. Und diese Wahrheiten tragen außerdem noch notwendigerweise falsche Züge, weil sie vom Denken etwas fordern, was es eigentlich nicht leisten kann. Richtiges Denken muß sich in der Tat beständig überfordern, es muß sich darum bemühen, etwas auszudrücken, dem es sich allenfalls annähern kann. Wissenschaftliche Begriffe suchen die Realität zu erfassen, ohne ihr jemals ganz angemessen sein zu können, die Realität ist notwendigerweise immer reichhaltiger, vielschichtiger und chaotischer. Aufgeklärtes Bewußtsein lebt von der Einsicht in seine Grenzen. Die kritische Vernunft muß sich stets von neuem darum bemühen, das Lebendige vor der Erstarrung zu bewahren und sich dem Fremden, Unbekannten gegenüber offen zu halten. Sie ist auf offene soziale Räume angewiesen, die es erlauben, »das Prinzip zu erhalten, die Wissenschaft als etwas noch nicht ganz Gefundenes und nie ganz Aufzufindendes zu betrachten, und unablässig sie als solche zu suchen.«[12]

Anmerkungen

1 Siehe hierzu M. Foucault, *Die Ordnung des Diskurses*. Berlin 1970 oder *Sexualität und Wahrheit I*. Frankfurt/M. 1977

2 Damit soll nicht gesagt werden, daß komplizierte Theoriesprachen, die der Sache angemessen sind, nicht auch sinnvoll sein können.

3 Th.W. Adorno, *Zum Verhältnis von Soziologie und Psychologie*. In: *Sociologica I*. Frankfurt/Main 1956, S. 149

4 Th.W. Adorno, *Negative Dialektik*. Frankfurt/M. 1966, S. 48 ff.

5 Die folgenden Bemerkungen zum Spiel lehnen sich an die psychoanalytische Spieltheorie an

6 Siehe hierzu auch Seite 56 ff dieses Textes.

7 Schon Hegel hat das in seiner *Phänomenologie des Geistes* aufgezeigt. Georg Herbert Mead hat darauf im Rahmen des *Symbolischen Interaktionismus* hingewiesen

8 Siehe hierzu z.B. die Schriften von A. Lorenzer

9 Siehe hierzu S. 54 f dieses Textes

10 Th.W. Adorno, *Negative Dialektik*. a.a.O., S. 116

11 Th.W. Adorno, *Zum Verhältnis von Soziologie und Psychologie*. In: *Sociologica I*. Frankfurt/Main 1956, S. 49

12 W. v. Humboldt, *Über die innere und äußere Organisation der Höheren Wissenschaftlichen Anstalten zu Berlin*. In: *Schriften zur Politik und zum Bildungswesen*. Stuttgart 1964, S. 257